中國學術思想 研究輯刊

十三編

林慶彰 主編

第 16 冊

胡寅思想研究

康義勇 著

花木蘭文化出版社

國家圖書館出版品預行編目資料

胡寅思想研究／康義勇 著 — 初版 — 新北市：花木蘭文化出版社，2012〔民 101〕

目 2+330 面；19×26 公分

（中國學術思想研究輯刊 十三編：第 16 冊）

ISBN：978-986-254-800-4（精裝）

1.（宋）胡寅 2. 學術思想 3. 宋元哲學

030.8　　　　　　　　　　　　　　　　101002168

ISBN-978-986-254-800-4

9 789862 548004

中國學術思想研究輯刊

十三編　第十六冊　　　　　　ISBN：978-986-254-800-4

胡寅思想研究

作　　　者　康義勇
主　　　編　林慶彰
總 編 輯　杜潔祥
出　　　版　花木蘭文化出版社
發 行 所　花木蘭文化出版社
發 行 人　高小娟
聯絡地址　新北市永和區中正路五九五號七樓
　　　　　　電話：02-2923-1455／傳真：02-2923-1452
網　　　址　http://www.huamulan.tw 信箱 sut81518@gmail.com
印　　　刷　普羅文化出版廣告事業
封面設計　劉開工作室
初　　　版　2012 年 3 月
定　　　價　十三編 26 冊（精裝）新台幣 42,000 元

胡寅思想研究

康義勇　著

作者簡介

康義勇，台灣省宜蘭縣人，民國三十六年生。民國五十九年畢業於東吳大學中文系，民國六十二年畢業於國立台灣師範大學國文研究所，民國八十五年畢業於東吳大學中文系博士班。曾任教於國立高雄師範大學國文系、美和科技大學通識中心，現為文藻外語學院應用華語文系副教授。曾獲教育部評選為七十八學年度大學暨獨立學院教學特優教師。民國八十三年以《論語釋義》一書獲國科會研究獎助。著有《王肅之詩經學》、《唐宋散文選注》、《論語釋義》、《胡寅思想研究》及學術論文數十篇。

提　　要

　　本書撰述之初，原欲就湖湘學派之學術思想，進行全面而深入之研究。乃先從湖湘學派主要理學人物之著作入手，考其存佚，索其版本，輯其佚文，撰成〈湖湘學派主要理學人物著作存佚考〉。再徵諸史傳，蒐其文集，編為〈湖湘學派主要理學人物生平著述年表〉。在處理相關資料之過程中，深覺此一學派成員眾多，著述豐富，在南宋號稱「當時最盛」。若欲逐一探討，述其源流，析其思想，實力有未逮。於是選擇湖湘學派之奠基者之一——胡寅為深入研究之對象。蓋學者研究湖湘學派之奠基者，多集中於胡宏，而少留意於胡寅。主題既已確立，乃經營架構，擬定綱要，並再深入研讀胡寅專著，條分縷析，組成系統，撰為此書。先於緒論之中，論述湖湘學派興衰之過程及其學術思想特徵，次述胡寅之生平著作，再依次詳論其理學思想、經世思想、教育思想、史學思想，並於結論中總括全書之要點，以展現胡寅思想之完整圖像。

目次

第一章 緒 論

　　有宋一代，理學勃興，下迄清初，六百餘年之間，學派林立，或同時並興，或先後相承，心、性、理、氣之本體論述，各擅勝場，可謂漪歟盛哉！而其覆育之廣，影響之深，亦未有能出其右者。宋代理學，奠基於程顥、程頤，集大成於朱熹，分化於陸象山。當南宋之初，二程已歿，朱熹理學，象山心學，體系尚未形成之際，胡安國潛隱衡門，教授子弟，開創「湖湘學派」，對於宋代理學之發展，有承先啓後之獨特貢獻。〔註1〕

一、湖湘學派之開創及其學術風格

　　湖湘學派之傳承，創始於胡安國，奠基於胡寅、胡宏兄弟，經由張栻發展，成爲「在當時爲最盛」之重要學派。〔註2〕

　　胡安國字康侯，諡文定，福建崇安人，生於宋神宗熙寧七年（西元1074年），卒於宋高宗紹興八年（西元1138年），享年六十五歲。安國幼聰慧，七歲能詩，有「自任以文章道德」之句。年十七，入太學，與伊川程先生之友朱長文及穎川靳裁之游，相與論經史大義。〔註3〕年二十四（宋哲宗紹聖

〔註1〕胡安國及其弟子主要學術及教育活動，皆在湖南長沙一帶，朱熹與門人屢次評論胡安國父子、張栻及其弟子之理想思想，統稱之爲「湖湘學者」、「湖南學」、「湖南一派」。黃宗羲、全祖望編纂《宋元學案》時，沿用朱熹「湖湘學」之稱。全祖望在〈武夷學案·黎明傳〉中云：「湖湘學派之盛，則先生最有功焉。」（卷三十四，頁682）確立「湖湘學派」之名，爲後人所沿用。（參《湖湘學派源流》頁30～31）

〔註2〕《宋元學案·南軒學案》黃宗羲案云：「湖南一派，在當時爲最勝。」（卷五十，頁910）

〔註3〕朱長文字伯原，吳縣人，從孫復學《春秋》，得《發微》深旨。（《宋元學案·

四年）中進士，歷任川、鄂、湘諸路學使，所至設學校，訪人才，禮賢下士，凡有所薦，皆一時名士。宋徽宗崇寧四年，胡安國提舉湖北路學事，楊時爲府學教授，謝良佐爲應城宰。安國質疑訪道，禮之甚恭，而義兼師友，由此對於二程理學，有更深入之認識。崇寧五年，胡安國以薦舉永州布衣鄧璋、王繪應詔，爲蔡京所忌，罷官。乃「問舍求田於漳水之濱，治農桑，甘淡薄，一意養親，服勤子道，得閒，則專意經史及百家之文。」宋欽宗靖康元年（西元 1126 年），金人開始大舉進兵，圍攻京師，軍情危急。六月，胡安國以朝廷促旨沓降，幡然有復仕之意。七月，至京師，欽宗召見，奏對，言「明君以務學爲急，聖學以正心爲要……談論古今，無益於聖人心術者，非帝王之學也。」此外，更提出振興朝綱，改紀舊制，抵禦外侮之方略與措施，語甚剴切。九月，宣旨任命，除中書人，賜三品服。十月，胡安國以議論坐黨李綱，改任右文殿修撰知通州。十二月，金人陷汴京。次年，俘徽、欽宗北去。高宗繼位，改元建炎，詔胡安國爲給事中，會宰相黃潛善專權妄作，斥逐忠賢，安國辭免。建炎三年，兵戈擾攘，胡安國家在荊門，已爲盜區，乃舉家渡洞庭而南，寓居於湘潭之碧泉。高宗紹興元年，因秦檜薦，詔胡安國爲中書舍人兼侍講，安國辭免，朝廷不許。乃以《時政論》先獻，暢言「定計」、「建都」、「設險」、「制國」、「卹民」、「立政」、「覈實」、「尙志」、「正心」、「養氣」、「宏度」、「寬隱」等軍政大計。〔註 4〕充分反映其治國安邦之卓越才識與治事之能力。《論》中力主抗金復仇，恢復中原，不僅成爲湖湘學者之共識，更是湖湘子弟重視民族氣節之指標。紹興二年七月，胡安國入對於臨安行在。八月，高宗命除胡安國侍讀，專講《春秋》。會除故相朱勝非同都督江、淮、荊、浙諸軍事，胡安國因其嘗主和議，貽誤社稷，上奏論之，爲呂頤浩所忌，遂落職提舉建昌軍仙都觀。十一月，離開臨安，寓居豐城半載，次年四月，乃渡江而西，休於衡岳，買山結廬，名曰書堂，爲終焉計。此後，即絕意仕進，潛心學術，教育後進。紹興六年，完成《春秋傳》一書。宋高宗屢對近臣稱道，謂「深得聖人之旨，非諸儒所及也。」紹興八年四月十三日，胡安國以年老體衰，歿於書堂正寢。同年九月一日葬於潭州湘潭縣龍穴

泰山學案》卷二，頁 69）胡安國在太學期間，經由朱長文而認識孫復《春秋》之學，對於爾後重視《春秋》學之研究，窮畢生精力撰述《春秋傳》，具有決定性之影響。（參《湖湘學派源流》頁 50）靳裁之，潁昌人，《宋元學案・明道學案》將其列爲明道私淑。并云：「少聞伊、洛程氏之學，胡文定入太學時，以師事之。」（卷十四，頁 338）胡安國之學歸向伊、洛，當有得於靳氏之啓發。
〔註 4〕見《斐然集》卷二十五，〈先公行狀〉，頁 538～549。

山。〔註5〕所著有《春秋傳》三十卷、《資治通鑑舉要補遺》一〇〇卷、《文集》十五卷。《春秋傳》今存，爲元、明兩朝科舉取士之經文定本，對後世影響極大。

安國一生，極重操守，忠信耿直，不阿權貴。胡寅於《先公行狀》中，對其人格特徵有如下之描述：

> 公見善必爲，爲必要其成。知惡必去，去必除其根。強學力行，以聖人爲標的。〔註6〕

又云：

> 言必有教，動必有法，燕居獨處，未嘗有怠容慢色，尤謹於細行。麟經之外，《語》、《孟》、《易》、《詩》、《書》、《中庸》、《資治通鑑》周而復始，至老孜孜，常不自足。每子弟定省，必問其習業，合意，則曰：「士當志於聖人，勿臨深以爲高。」不，則顰蹙曰：「流光可惜，無爲小人之歸。」咸屬後生艱難窮阨，但勉以進修，使動心忍性，不爲濡沫之惠。士子問學，公教之，大抵以立志爲先，以忠信爲本，以致知爲窮理之門，以主敬爲持養之道。開端引示，必當其才，訓屬救藥，必中其病。〔註7〕

謝良佐嘗語朱震曰：「胡康侯正如大冬嚴雪，百草萎死，而松柏挺然獨秀者也。」〔註8〕朱熹嘗云：「胡文定剛勁，諸子皆然。」〔註9〕又云：「文定氣象溫潤，卻似貴人。」〔註10〕對於胡安國之人格氣節都有極高評價。

胡安國於歸隱湖湘期間，專心撰述《春秋傳》，並創辦書堂，從事講學。湖湘士子，多來受教。造就人才甚眾，尤其胡氏子弟，學術成就更是非凡。《宋元學案》中，除胡安國與次子胡寧立〈武夷學案〉之外，長子胡寅有〈衡麓學案〉，季子胡宏有〈五峰學案〉，從子胡憲，與劉致中同爲朱熹之師，呂祖謙亦嘗來學，有〈劉胡諸儒學案〉，胡宏季子大時，從學於張栻，亦入〈嶽麓諸儒學案〉。胡氏一門並立五學案，兩宋三百年間，無出其右者。此外，胡安國從子胡實，胡寅長子大原，胡寧之子大本，皆有名於當時，散見於前述各

〔註5〕有關胡安國之傳記資料，以胡寅所撰〈先公行狀〉最爲詳贍。載《斐然集》卷二十，頁518～561。
〔註6〕《斐然集》卷二十五，頁555。
〔註7〕同前書，頁556。
〔註8〕同前書，頁558。
〔註9〕《朱子語類》卷一〇一，頁2582。
〔註10〕同前書，頁2579。

學案中。茲列胡氏家學系統簡表如下：

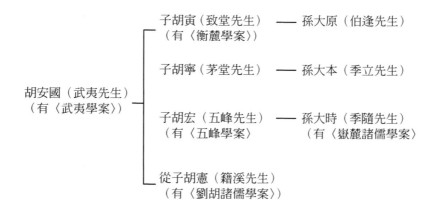

胡安國之學術，其系統有二，一是《春秋》學，一是二程學。

胡安國撰述《春秋傳》之動機與經過，具見於胡寅所撰〈先公行狀〉，其言曰：

> 初，王荊公以《字說》訓釋經義，自謂千聖一致之妙，而於《春秋》不可以偏傍點畫通也，則詆為斷爛朝報，廢之不列於學官。下逮崇寧，防禁益甚。公自少留心此經，每曰：「先聖親手筆削之書，乃使人主不得聞講說，學士不得相傳習，亂倫滅理，用夷變夏，殆由此乎！」於是潛心刻意，備徵先儒，雖一義之當，片言之善，靡不采入。歲在丙申（宋徽宗政和六年），初得伊川先生所作傳，其間大義十餘條，若合符節。公益自信，研窮玩索者二十餘年，以為天下事物無不備於《春秋》，喟然歎曰：「此傳心之要典也。」翰林朱震久從公游，方侍講此經，欲見公所著。公曰：「某之初學也，用功十年，遍覽諸家，欲多求博取，以會要妙，然但得其糟粕耳。又十年，時有省發，遂集眾傳，附以己說，猶未敢以為得也。又五年，去者或取，取者或去，己說之不可於心者尚多有之。又五年，書向成，舊說之得存者寡矣。及此二年，所習似益察，所造似益深，乃知聖人之旨旨無窮，信非言論所能盡也。」〔註11〕

胡安國以為，《春秋經》乃先聖親手筆削之書，儒家傳心之要典，而王安石詆

〔註11〕《斐然集》卷二十五，頁552～553。參胡安國《春秋傳‧序》。

爲斷爛朝報，廢之不列於學官，卒使世亂亟變，僭僞失絕，故窮心研索，發憤著述。及宋室南渡，國步日艱，將相大臣多去戰主和，爲偏安之計，寖忘東京宮闕西京陵寢而不有。安國感懷時事，反復斟酌，卒成其書，本《春秋》大一統之義，宣揚華夷之辨。於尊君父，討亂賊，攘夷狄，正人心，無不屢書而致詳焉。《春秋傳》一書，開創湖湘學由人道而及天道，注重在日用倫常中獲得本體性超越之途徑，以及將義理之學與經世致用相結合之傳統，奠定湖湘學派之學術風格。〔註 12〕

　　南宋後期之理學家眞德秀以爲，二程洛學南傳有二系，其言曰：

　　二程之學，龜山（楊時）得之而南，傳之豫章羅氏（羅從彥），羅氏傳之延平李氏（李侗），李氏傳之朱氏（朱熹），此其一派也。上蔡（謝良佐）傳之武夷胡氏（胡安國），胡氏傳其子五峰（胡宏），五峰傳之南軒張氏（張栻），此又一派也。〔註 13〕

此說指出湖湘學與閩學皆源出二程，所見極是。唯二程兄弟由於性格之異，其學亦有不同，〔註 14〕其異同之處，實爲宋代理學學脈分合之源頭。〔註 15〕楊時傳伊川之學，下啓閩學一系，爲理學之所自；謝良佐傳明道之說，下開湖湘一派，爲心學之淵源。朱熹嘗云：

　　文定之學，後來得於上蔡者爲多。所以尊上蔡而不甚滿於游、楊二公。〔註 16〕

黃宗羲亦云：

　　先生之學，後來得於上蔡者爲多。蓋先生氣魄大，不容易收拾。朱子云：「上蔡英發」，故胡文定喜之。想見其與游、楊說話時悶也。〔註 17〕

然則，明道、上蔡以至於文定，所以一脈相承，亦與其性格資質相關。〔註 18〕

〔註 12〕參《湖湘學派源流》頁 76～81。

〔註 13〕《西山讀書記》卷三十一，頁 106。

〔註 14〕黃宗羲云：「二程子雖同受學濂溪，而大程德性寬宏，規模闊廣，以光風霽月爲懷。二程氣質剛方，文理密察，以削壁孤峰爲體，其道雖同，而造德自各有殊也。」（《宋元學案·明道學案上》卷十三，頁 315～316。）

〔註 15〕參錢穆《朱子新學案》冊三〈朱子對濂溪、橫渠、明道、伊川四人之稱述〉一節。

〔註 16〕《伊洛淵源錄》卷十三，頁 433。

〔註 17〕《宋元學案·武夷學案》卷三十四，頁 672。

〔註 18〕關於謝良佐與胡安國之間究竟是師生關係，抑是師友關係，歷來即有爭議。

謝良佐之思想，其獨特之處有五：

（一）論「道」：強調「道」存在日常生活之中。嘗語朱震曰：「夫聖人之道，無顯無微，無內無外，由灑掃應對進退以至於天道，本末一貫。」〔註19〕

（二）論「仁」：以知覺言仁。嘗云：「心者何也，仁是已；仁者何也，活者爲仁，死者爲不仁。今人身體麻痺不知痛癢，謂之不仁。桃杏之核可種而生者，謂之桃仁、杏仁。言有生之意，推此仁可見矣。」〔註20〕其說與明道「生之謂性」，「萬物之生意最可觀」，境界相同。

（三）論「心」：以「眞心」爲道德本心，心之發用，即是「天理」。嘗云：「人須識其眞心，見孺子將入井時，是眞心也，非思而得也，非勉而中也。」〔註21〕又云：「其心怵惕，所謂天理也。」〔註22〕「眞心」一詞出自佛教，表示眞如實相之心，上蔡巧用於儒門之中，且與孟子之怵惕惻隱之心相結合，成爲儒家心性論之一重要命詞。眞心之實質乃天理之主張，與不認天理之權威之佛教，大相逕庭。〔註23〕

（四）論「心」、「性」、「意」之界說。嘗云：「佛之論性，如儒之論心；佛之論心，如儒之論意。」〔註24〕又云：「性，本體也。目視耳聽，手舉足運，見於作用者，心也。」〔註25〕視「性」爲本體，「心」爲作用，「意」爲私意，指出儒佛之間心性論之相異，剖析極精。

（五）論窮理居敬之工夫：程顥言成德工夫有云：「學者須先識仁……識

朱熹〈上蔡祠記〉認爲胡安國「以弟子禮稟學」，肯定胡安國爲謝良佐之弟子。所持之理由在於今存《上蔡語錄》，本由胡安國、曾恬所記。依當時情況，記錄講學內容之事，一般都是及門弟子所爲。其後，眞德秀、黃宗羲皆主此說。清代學者全祖望在修訂《宋元學案》時，根據胡安國自言與謝、楊、游三先生「義兼師友」「自得於《遺書》者爲多」，遂認定胡安國非謝良佐弟子。然而全氏亦不否認胡安國之學，主要受謝良佐之影響。以上二說，各有所據，然而對於胡安國學術思想淵源之實質問題，並無分歧。（參《湖湘學派源流》頁27～28）

〔註19〕《上蔡語錄》頁92～93，胡憲〈上蔡語錄跋〉。
〔註20〕同前書，卷上，頁4。
〔註21〕同前書，卷中，頁43。
〔註22〕同前書，卷上，頁9。
〔註23〕荒木見悟〈上蔡語錄解題〉頁2。
〔註24〕《上蔡語錄》卷中，頁64。
〔註25〕同前書，卷上，頁3。

得此理，以誠敬存之而已。」〔註26〕上蔡繼承其說，主張「先有知識，以敬涵養」，嘗云：「既有知識，窮得物理，卻從敬上涵養出來。」〔註27〕而「窮理只是窮個是處」，且「一處理窮，處處皆通。」〔註28〕至於「敬」，一則是心有所主，「事至應之，不與之往。」〔註29〕再則是心常覺醒。「敬是常惺惺法」，〔註30〕為上蔡獨到之說。「常惺惺」一語，據云始出于禪僧瑞巖師彥，上蔡借用其語，而賦予儒家獨自之意念。〔註31〕

　　胡安國之理學思想，具有由人道而及天道，注重在日用倫常中獲得本體性超越之理論特色。其論「道」有云：

　　　　吉甫嘗問：「今有人居山澤之中，無君臣，無父子，無夫婦，所謂道者果安在？」曰：「此人冬裘夏葛，飢食渴飲，晝作入息，能不為此否？」曰：「有之。」曰：「只此是道。」〔註32〕

其論「仁」，有云：

　　　　大哉乾元，萬物資始，天之用也；至哉坤元，萬物資生，地之用也……

　　　　元，即仁也；仁，人心也。〔註33〕

此言日用倫常，天地生化，皆是「道」之體現。「道」無所不在，不離乎人倫日用之間。「道」之內容即「仁」，乃天地生生不息之「理」，而「仁」即是人之「心」。故「理」與「心」皆是宇宙之本體。胡安國嘗云：

　　　　夫自本自根，自古以固存者，即起滅心是也。不起不滅心之體，方起方滅心之用。體用一元，顯微無間，能操而常存者，動亦存、靜亦存，雖百起百滅，心固自若也。〔註34〕

「自本自根」，用以說明心體在時空上之永恆性。雖然心之用「方起方滅」，並不影響其作為永恆之宇宙本體，蓋「體用一元，顯微無間」也。胡安國又云：

〔註26〕《二程集·遺書》卷二，頁16。

〔註27〕《上蔡語錄》卷上，頁8。

〔註28〕同前書，卷中，頁47。

〔註29〕同前書，卷上，頁35。

〔註30〕同前書，卷中，頁66。

〔註31〕上蔡云：「敬是常惺惺法，心齋是事事放下，其理不同。」儒學之「敬」旨在維護內在之道德本體，佛教之「惺惺」則缺乏本體之依託。（參《善的歷程》頁293）

〔註32〕《宋元學案·武夷學案》卷三十四，頁675。

〔註33〕《春秋傳》卷一，頁5。參卷三，頁10。

〔註34〕《斐然集》卷二十五，〈先公行狀〉，頁557。

> 無所不在者，理也；無所不有者，心也。〔註35〕

又云：

> 四端固有非外鑠，五典天敘不可違，在人則一心也，在物則一理也。
>
> 充四端可以成性，惇五典可以盡倫，性成而倫盡，斯不二矣。〔註36〕

理無所不在，心無所不有。「在人則一心，在物則一理」，故心與理一，理由心顯。其意在強調主觀之倫理意識與客觀之倫理規範之不二，道德心性之完成，因人倫責任之實踐而彰顯；人倫責任之實踐，因道德心性之完成而升進。由人道而天道，達於天人合一之境界。

胡安國既將「心」與「理」並列為宇宙本體，倡導「心與理一」，其修養工夫論亦以達到此一境界為目的，具體方法為「致知窮理，主敬持養」。嘗云：

> 窮理盡性，乃聖門事業。物物而察，知之始也，一以貫之，知之至也。無所不在者理也，無所不有者心也。物物而察，宛轉歸己，則心與理不昧。故知循理者，士也。物物皆備，反身而誠，則心與理不違。故樂循理者，君子也。天理合德，四時合序，則心與理一，無事乎循矣。故一以貫之，聖人也。〔註37〕

理無所不在，心無所不有。物物而察，宛轉歸己，以心證理，則心與理俱顯。然而，作為本體之心，雖是不起不滅，卻有方起方滅之用。若不能「持之以敬，養以和」，則本體之良心亦將亡而不存。雖物物皆備一理，唯有反身而誠，始能達到心與理一之境界。胡安國倡導「致知窮理」、「主敬持養」內外並進之工夫論，為湖湘學派之後學者所繼承。

二、湖湘學派之奠基及其分流

胡安國因謝良佐得傳伊、洛之學，遂開湖湘一派。胡氏一門俊傑，文定之子，以胡寅、胡宏之學術成就最高，為湖湘學派之奠基者。胡寧之主要學術活動為協助胡安國修纂《春秋傳》。《宋史·胡寧傳》云：「安國之傳《春秋》也，修纂檢討盡出寧手。寧又著《春秋通旨》以羽翼其書。」〔註38〕

胡宏，字仁仲，生於宋徽宗崇寧四年（西元 1105 年），卒於宋高宗紹興三十一年（西元 1161 年），享年五十七歲。因長期寓居湖南衡山五峰之下，學

〔註35〕同前書，頁 556。
〔註36〕同前書，頁 556～557。
〔註37〕同前書，頁 556。
〔註38〕《宋史》卷四三五，頁 5299。

者稱爲五峰先生。胡宏嘗從學於程門高弟楊時，侯仲良自三山避亂來荊門，又從之游，而卒傳其父之學。所著有《知言》六卷、《皇王大紀》八十卷、《五峰集》五卷。〔註39〕胡宏終生布衣，躬耕山野，從事學術研究與教育活動。其理學思想之創見爲倡導性氣一體，以性爲本之本體論。要點有四：

（一）性立天下之大本

以「性」爲宇宙萬有之根源，創生之原理，以「氣」爲萬物形成之質料。性藉氣而顯，氣因性而動。故性氣一體，以性爲本。胡宏云：

> 性，天下之大本也。〔註40〕

又云：

> 大哉性乎，萬理具焉，天地由此立矣。〔註41〕

又云：

> 性外無物，物外無性。〔註42〕

又云：

> 非性無物，非氣無形，性其氣之本乎！〔註43〕

（二）性無善惡

胡宏以爲，作爲本體之「性」，超越是非善之道德評價，不可以善惡言。故曰：

> 凡人之生，粹然天地之心，道義完具，無適無莫。不可以善惡辨，不可以是非分，無過也。無不及也，此中之所以名也。〔註44〕

又云：

> 性也者，天地鬼神之奧也。善不足以言之，況惡乎？〔註45〕

又云：

> 凡天命所有而眾人有之者，聖人皆有之……人以欲爲不善也，聖人不絕欲……然則何以別於眾人乎？聖人發而中節，而眾人不中節也。中節者爲是，不中節者爲非。挾是而行則爲正，挾非而行則爲邪。正者

〔註39〕《宋史‧胡宏傳》卷四三五，頁 5297～5299。
〔註40〕《知言》卷一，頁 112。
〔註41〕同前書，卷四，頁 133。
〔註42〕同前書，卷一，頁 113。
〔註43〕同前書，卷三，頁 127。
〔註44〕同前書，卷二，頁 121。
〔註45〕同前書，卷四，頁 133。

爲善，不正者爲惡，而世儒乃以善惡言性，邈乎邊哉！〔註46〕

（三）天理人欲，同體異用，同行異情。

胡宏既以爲性氣一體，故不能以善惡之道德評價描述之，而必須肯定「性」對善惡之超越，由此必然引出理欲同體異用之結論。故曰：

> 天理人欲，同體而異用，同行而異情。進修君子，宜深別焉。〔註47〕

「同體異用」之「體」，指形而上之本體，即「性」。依胡宏之意，人欲不是惡，人欲「不中節」才是惡，人欲「中節」即是天理，故天理亦不能外於人欲中求。

（四）心以成性，察識爲先。

胡宏理欲同體之說，肯定天理人欲皆出於人之本性，皆具有本體之依據。唯人欲之用既有「中節」、「不中節」之異，因而有善有惡。必使人欲之用中節合義，工夫全在於「心」。故曰：

> 天命之謂性。性，天下之大本也。堯、舜、禹、湯、文王、仲尼六君子先後相詔，必曰心而不曰性，何也？曰：心也者，知天地宰萬物以成性者也。〔註48〕

又曰：

> 氣主乎性，性主乎心。心純則性定而氣正，氣正則動而不差，動而有差者，心未純也。〔註49〕

性立天下之大本，而不可以善惡言，理欲同具於人性之中，故善惡在「心」不在「性」，「心純則性定而氣正，氣正則動而不差。」即「以心成性」也。修「心」之道，以察識爲先。胡宏嘗云：

> 齊王見牛而不忍殺，此良心之苗裔，因利欲之間而見者也。一有見焉，操而存之，存而養之，養而充之，以至于大，大而不已，與天同矣。此心在人，其發見之端不同，要在識之而已。〔註50〕

「識」有「貫通」之義。當心與外物接觸時，當下貫通吾心之「內」與事物之「外」，透過心對外物之「知」，逆覺內在之「理」。「識」表示良心當下呈

〔註46〕同前書，頁 133～134。
〔註47〕同前書，卷一，頁 114。
〔註48〕同前書，卷一，頁 112。
〔註49〕同前書，卷二，頁 122。
〔註50〕同前書，卷四，頁 135。

露，圓滿無缺。唯良心之呈露乃一時之「覺」，若不加以凝定，則時空轉移，終必又歸於隱沒。故當良心呈露之後，必須「操而存之，存而養之，養而充之，以至於大。」故胡宏之工夫論以「察識心之端倪爲先」，「先」表示工夫之始，其後猶須存養擴充。

胡宏之理學思想，源於程顥〈定性〉、〈識仁〉兩篇文字，亦受謝良佐「以知覺言仁」說之影響，以及對胡安國「心與理一」觀念之進一步發揮。朱熹建立思想體系時，曾經受到胡宏之影響。唯其思想成熟之後，堅持孟子性善論之原則，將「天理」絕對化成爲宇宙之本體，故對胡宏「性無善惡」、「理欲同體」、「察識心之已發」諸說，嚴加批評。蓋朱熹將道德之善歸於先驗之本體（天理），胡宏則強調道德之後天性，將善惡、是非歸於人之自覺意識（良心）。欲評斷胡宏之思想，非脫離朱子理學之見地，予以虛心研討，不爲功也。胡宏又撰有《皇王大紀》八十卷，始於盤古氏而終於周之末，貫通經典，採摭史傳，靡所不載。又因事而爲之論，所以述去取之原，釋疑似之惑。〔註51〕蓋欲藉歷史以探討宇宙運動、生命起源、社會出現與發展，貫通天人思考以證明性理之先驗性與永恆性。透顯出湖湘學派由早期之史學轉變爲理學之端倪。〔註52〕

胡寅，本是胡安國再從堂兄之子，安國收養以爲己子，並諄諄教誨，卒成湖湘學派奠基時期之健將。《宋元學案》敘湖湘學派奠基時期之學者，特輯〈衡麓學案〉，明表十餘人；以胡寅爲首。全祖望云：

> 武夷諸子，致堂、五峰最著，而其學又分爲二。五峰不滿其兄之學，故致堂之傳不廣。然當洛學陷入異端之日，致堂獨嶷然不染，亦已賢哉！故朱子亦多取焉。〔註53〕

胡寅之學術，據其自述，淵源有二，即「過庭之訓」與「伊、洛至教」。〔註54〕

（一）過庭之訓：胡安國對胡寅影響極大。首先是出處進退，取捨去就之分際，一絲不苟。安國一生，忠信耿直，守道不屈。諸子在其身教言教啓發之下，皆風骨凜然，不阿權貴。宋高宗紹興五年，胡寅以起居郎遷中書舍人，胡安國戒之曰：

〔註51〕《郡齋讀書志附志》卷五上，頁 1407。

〔註52〕參《宋代史學思想史》頁 17，《湖湘學派源流》頁 186。

〔註53〕《宋元學案・衡麓學案》卷四十一，頁 762。

〔註54〕《斐然集》卷二十一，〈魯語詳說序〉云：「愚不肖，幸聞伊、洛至教，承過庭之訓，而冥頑怠廢，不早用力。」（頁405）卷十七，〈寄張教授書〉云：「某……早聞父師餘論，誨以克己之學。」（頁371）卷十八，〈寄趙、秦二相〉云：「某幼承義方之訓……雖時艱虞，不令自逸，教以致身事主。」（頁384）

凡出身事主，本吾至誠懇惻、憂國愛君、濟民利物之心。立乎人之本朝，不可有分毫私意。議論施爲、辭受取舍、進退去就，據吾所見義理上行。勿欺也，故可犯。至誠而不動者矣，不誠未有能動者也。善人君子吾信重之，不輕慢之；惡人小夫吾憫憐之，不憎惡之。天下事猶一家，如仲舉於甫、節，元規於蘇峻，皆懷憤疾之心，所以誤也。諸葛武侯心如明鏡，不以私情有好惡也，故黃皓安於卑賤而不辭，李平、廖立甘於廢黜而不怨，馬謖入幕上賓，流涕誅之，不釋也。孔明此心，可爲萬世法。〔註55〕

胡寅受此教誨，積極入仕，以豪傑爲職志，以聖人爲鵠的。唯不肯枉道以取世資，故屢遭廢黜。總括其一生從政之經歷，「西掖南宮，持橐摠經于八月，嚴陵瀟岸，分符併計于三年。自餘寢飯之辰，皆是退閒之日……不虞貴肆之遐蹤，終掛賤拘密網。」〔註56〕蓋處事多奇，不閑時習之態有以致之。胡氏家風，樂善好施，對於財物去取尤嚴於義利之辨。安國原居建州崇安，其家素貧。《崇安縣志》載：

胡淵字澤之，籍溪里人。少聰敏能文，父罕，少任俠稱，遂至室窶，熙寧間，淵授學江浙，歲一歸省，度父母所需者，悉市以獻。後母老病，即里閭受生徒，會食有旨，即持遺母，母亦每爲強飯，溫清菽水，晏如也。娶吳氏仙州居士羨門公女，是生安國。在官時以其俸壽，淵分贍兄弟之子，又躬教之。故游公酢爲之銘曰：「孰不爲事，事莫嚴于親；孰不爲守，守莫先于身。惟此兩者，公得之於己，而又以成其子之仁。」〔註57〕

胡安國奮跡寒鄉，策名熙世，猶稟此家風，以立身行事，訓誨子弟。故胡氏子弟雖轉徙屢空，然取捨一介，必度於義，未有以貧妻累其心者。

其次，胡安國之學術思想，亦爲胡寅所繼承。安國之學，謂道無所不在，不離乎日用之間，而無益心術者，非帝王之學。胡寅更明確將「道」解釋爲「路」，〔註58〕又云：「道以濟物爲用，大丈夫用道者也。」〔註59〕又云：「談

〔註55〕《斐然集》卷二十五，〈先公行狀〉，頁552。

〔註56〕同前書，卷七，〈自便、謝政府及中司啓〉，頁182。

〔註57〕《崇安縣志》卷七，頁1062～1063。

〔註58〕《讀史管見》卷二十五，頁1703。

〔註59〕同前書，卷五，頁297。

經尙論而無益於今，則腐儒而已。」〔註60〕故其學主「道與身一」，「心與
理一」最重經世致用，務實去虛。胡寅於高宗建炎三年撰〈上皇帝萬言書〉
〔註61〕探究北宋積弱之由，總結建炎謀國之失，並提出撥亂反正之道，在
宋代歷史上，以「虛」、「實」對照檢討政治之得失，未有詳盡如此者。胡寅
又有《讀史管見》一書，爲其研讀《資治通鑑》及其他史書之感想與評論，
本《春秋》史外傳心之義，以理論史，融理學與史學於一爐，借歷史爲人君
畫像，呈現極爲豐富之容。

　　（二）伊、洛至教：胡寅年十六、七歲，其父書案上有二程《語錄》及
謝良佐、楊時之《論語解》，「間竊窺之，乃異乎塾之業。一日，請諸塾師，
曰：『河南、楊、謝所說，與王氏父子誰賢？』塾師曰：『彼不利于應科舉。
爾將趨舍選，則當遵王氏。』于時某未能樹立，而輒萌好惡矣。」〔註62〕其
後，入太學，得上蔡《論語解》，深研之，以爲「《論語》一書，蓋先聖與門
弟子問答之微言，學者求道之要也。」〔註63〕因從其書以求「道德性命」之
旨，晚年更於貶謫新州時撰成《論語詳說》二十卷。此爲胡寅有得於伊、洛
至教者之一。

　　二程史學思想，主循環退化，王霸異道，以及人事決定歷史興衰諸說，
皆爲胡寅所繼承，並以之評論司馬光之王霸無異道論。此爲胡寅有得於伊、
洛至教者之二。

　　宋代排佛論之基本模式。其一是從理論上辨正儒佛之異同，其二是從跡
上批判佛教信仰之弊害，從而論斷其理論之謬誤。前者以張載、程顥爲代表，
後者由程顥運用而程頤發揮。〔註64〕程頤嘗云：

　　　釋氏之學，更不消對聖人之學比較，要之必不同，便可置之。今窮
　　　其說，未必能窮得他，比至窮得，自家已化而爲釋氏矣。今且以跡
　　　上觀之。佛逃父出家，便絕人倫，只爲自家獨處於山林，人鄉裏豈
　　　容有此物？大率以所賤所輕施於人，此不惟非聖人之心，亦不可爲
　　　君子之心。釋氏自己不爲君臣父子夫婦之道，而謂他人不能如是，
　　　容人爲之而己不爲，別做一等人，若以此率人，是絕類也。至如言

〔註60〕《斐然集》卷二十二，〈無逸傳〉，頁458。
〔註61〕同前書，卷十六，頁335～352。
〔註62〕同前書，卷十九，頁403～404。
〔註63〕同前書，卷十九，〈上蔡論語解後序〉，頁394。
〔註64〕參張永儁〈二程先生「闢佛論」合議〉，《台大哲學評論》第5期，頁212～235。

理性，亦只是爲死生，其情本怖死愛生，是利也。〔註65〕

胡寅排佛，嘗云：「佛氏以心、跡爲兩途，凡其犯理悖義，一切過失，必自文曰：此粗跡，非至道也。譬如有人終日涉泥塗，歷險阻，而謂人曰：吾足自行耳，吾心未嘗行也。則可信邪？」〔註66〕又云：「如彼所說，眞空無相，以相見我，事障理障。如我所說，一陰一陽。心即是跡，跡即是心。謂跡非近，道終不近。於行必詖，於辭必遁。」〔註67〕佛教將心、跡分離，胡寅主張心與跡一，思想與行爲應該一致，故從佛教在現實世界中之行爲、即可論斷其思想之謬誤。此胡寅有得於伊、洛至教者三也。

胡寅對佛教之批評，除就跡上說之外，尚有涉及佛教理論者。其論佛教以心法起滅天地之說云：

聖學以心爲本，佛氏亦然而不同也。聖人教人正其心，心所同然者，謂理也義也。窮理而精義，而心之體用全矣。佛氏教人以心爲法，起滅天地而夢幻人世，擎拳植拂，瞬目揚眉，以爲作用。於理不窮，於義不精，幾於具體，而實無用，乃心之害也。〔註68〕

又云：

佛教以心爲法，不問理之當有當無也。心以爲有則有，心以爲無則無，理與心二，謂理爲障，謂心爲空，此其所以差也。聖人心即是理，理即是心，以一貫之，莫能障者。〔註69〕

其論佛教以天地人事爲幻妄之說云：

佛之道以空爲至，以有爲幻，此學道者所當辯也。今日月運乎天，山川著乎地，人物散殊於天地之中，雖萬佛並生，亦不能消除磨滅而使無也。日晝而月夜，山止而川流，人生而物育，自有天地以來，至今而不可易，未嘗不樂也。此物雖壞，而彼物自成，我身雖死，而人身猶在，未嘗空也。〔註70〕

其論佛教輪迴復生之說云：

自異端入中國，乃有輪迴報應地獄天堂之論，以恐動人之心意。使

〔註65〕 《二程集‧遺書》卷十五，頁149。
〔註66〕 《崇正辯》卷二，頁205～206。
〔註67〕 《斐然集》卷二十六，〈元公塔銘〉，頁568。
〔註68〕 《崇正辯》卷一，頁121。
〔註69〕 同前書，卷二，頁167～168。
〔註70〕 同前書，卷一，頁108。

孝子慈孫致思念於父祖者，必用其說，送終追遠，盡廢先王之禮……
豈非重可悵恨者哉！夫耳目可際者，一生之實者也。心思決不能及
者，前後生之事也。故未知生，焉知死，能善吾死者，必先善吾生
也。……凡人好生惡死，好利惡害，好富貴惡貧賤，好壽考惡夭折，
好快樂惡憂沮，好強勝惡弱怯，有一于此，則中其術，是以其說熾
然而不可撲。〔註71〕

上述三說，皆本諸張載之排佛論。王植《正蒙初義》曰：

張子見道原從儒釋異同處入手，故其言太虛，皆與釋氏對照。太虛
第一層無形之本體，所謂天者，道所從出也。釋氏即以虛為道，故
以心法起滅天地，所謂不知道者此也。第二層太虛之清通而神，正
於氣上見功用，而釋氏以天地人事為幻妄疣贅，所謂不知天人者此
也。第三層人物之散仍歸太虛，而釋氏以為輪迴復生，所謂不知鬼
者此也。〔註72〕

由此可見胡寅思想，與張載關學亦有密切之聯繫。

綜上所言，胡寅、胡宏兄弟之學術思想與生活形態亦頗有不同：

就政治生活而言，胡寅積極入仕，追求外王之事功，議論時政，不稍假
借，而艱危困頓亦遠過於胡宏。胡宏則是終身布衣，躬耕山野，從事研究、
教學，對現實政治採取議而不治之態度。

就學術思想而言，胡宏倡導性本論之說，多所創獲，胡寅則守其家學，
「性」、「心」、「理」皆有本體意義，亦受張載「氣本論」之影響，具兼容並
蓄之學風。

三、湖湘學派之正宗化及其衰微

張栻，字敬夫（又作欽夫），一字樂齋，號南軒，漢州綿竹（今四川綿竹
縣）人。生於宋高宗紹興三年（西元1133年），卒於孝宗淳熙七年（西元1180
年），享年四十八歲。紹興三十一年，張栻年二十九，奉父命往湖南衡山拜胡
宏為師。〔註73〕胡宏與之一見如故，言氣契合，稱其為「天下之英」。〔註74〕

〔註71〕同前書，頁119～120。
〔註72〕《正蒙初義・臆說》，頁419。張載之排佛論，參蔣義斌《宋代儒釋調和論及
　　　　排佛論之演進》頁60～64。
〔註73〕《南軒先生文集》卷二十六，〈答陳平甫書〉云：「始時聞五峰先生之名，見
　　　　其話言而心服之，時時以書質疑求益。辛巳之歲，方獲拜之于文定公書堂。」

唯是年胡宏卒，故張栻從學於胡宏之日甚短。

張栻對朱熹思想之完成有過重大影響。朱熹早年從學於李侗，嘗云：「李先生教人，大抵令於靜中體認大本未發時氣象分明，即處事應物自然中節，此乃龜山門下相傳指訣。」〔註75〕胡宏主張性體心用，性為未發，是本體，心為已發，是作用。未發之道德本體存在于已發之經驗心理之中。修養工夫以察識為先，涵養為後。孝宗隆興元年，李侗卒。乾道二年（西元1166年）朱熹與張栻書，論中和問題。〔註76〕次年八月，自福建崇安「行程二千里」，往潭州訪張栻於嶽麓書院，相與講明其所聞。朱熹接受湖湘學派「動中見靜」之觀點。〔註77〕然而，三年之後，即乾道五年，朱熹與蔡季通辯「中和」問題，因疑依「先察識，後涵養」之說，則天理無窮，人之所見有遠近深淺之不一，念念遷革，如何使心與理一？乃復取《程氏遺書》虛心平氣而讀之，未及數行，凍解冰釋，因悟「性為未發，情為已發，而心統之」，完成「心統性情」之理論體系，主張「敬貫動靜」之修養工夫論，此即所謂「己丑之悟」。〔註78〕朱熹既提出「中和新說」，即致書湖湘學者胡實、吳翌、張栻諸人，而得張栻之印可。張栻在心性論方面放棄胡宏性為未發，心為已發之觀點，主張將「以心成性」修改為「心主性情」，朱熹對此深以為然。唯張栻對於修養工夫論依然主張「先察識，後涵養」，故朱熹批評張栻「大抵都無前面一截工夫。」〔註79〕蓋未發處如不下工夫，則意志本身未得培養，故應物處遂全無把握也。此外，朱熹尚批評張栻以仁為心，以知覺言仁，以及「視

頁799。

〔註74〕 《五峰集》卷二，〈與孫正孺書〉，頁145。

〔註75〕 《晦庵先生朱文公文集》卷四十，〈答何叔京〉，頁2648。

〔註76〕 《朱子年譜》卷一，頁25。「中和」之說，出於〈中庸〉：「喜怒哀樂之未發謂之中，發而皆中節謂之和。中也者，天下之大本也；和也者，天下之達道也。」「中和」說實際涉及儒家心性論與修養工夫論之重要問題。

〔註77〕 乾道八年，朱熹將乾道三年至四年之間論「中和」諸書，彙編稱為〈中和舊說〉。其基本內容即否認「未發」處有工夫，以為所謂「未發」只指應物中寂然之本體而已。工夫只在日用已發處「致察而操存之」，別無不應處之存養，即湖湘學派所持「先察識，後存養」之意。（見《晦庵先生朱文公文集》卷七十五，〈中和舊說序〉）

〔註78〕 參《朱子年譜》卷一。朱熹此悟，並非重返程子之說，而是接受程子「性即理」而否定「心即性」之命題，吸收張載「心統性情」之說，而完成自己之思想體系。

〔註79〕 《晦庵先生朱文公文集》卷四十三，〈答林擇之〉云：「近得南軒書，諸說皆相然諾，但先察識後涵養之論執之尚堅。」（頁2905）

天下無一物非仁」之觀點，經過長期論辯，張栻之說，與朱熹之觀點已大體接近。

湖湘學統何以傳至張栻而衰？蔡仁厚嘗列舉其故有五：

（一）五峰卒時，僅得中壽，門下弟子如胡廣仲、吳晦叔、張南軒諸人學問尚未成熟，在師門鍛鍊之功，亦恐有所欠缺，於弘揚師門學術，難免力不從心。

（二）五峰門下，除張南軒外，大多潛隱湖湘講學，少與各方學者互通聲氣，影響不大。

（三）張南軒天資明敏，而受教於五峰之日淺，於五峰之學，所得蓋不真切，與朱子書信往還，名為辯論，實則多從朱子之說，引起五峰子弟及其門人之不滿。

（四）胡廣仲、胡伯逢、吳晦叔，雖堅守師說，紛紛致書與朱子、南軒辯論，唯學力不如朱子而又享年不永，未能繼續發明師學，終為朱子所掩蓋。

（五）湖湘學者因僻處湘衡，聲光不顯，與朱子辯論，雙方只是書信往返，其論點與立場，局外人鮮有聞知。加以彼時陸象山已崛起江西，成為朱子最大論敵，而廣仲與晦叔歿後，朱子與象山且有鵝湖之會（淳熙二年，西元 1175 年），此後，「朱陸異同」之論，吸引天下後人注意，而湖湘之學遂寂然隱沒。〔註80〕

蔡氏所言甚是。而湖湘學派之另一奠基者胡寅，從事政治之時較多，從其問學者少，加以得罪秦檜，晚謫新州，其學所傳不廣。故湖湘之學三傳而衰。張栻卒後，湖湘學子或從永嘉學者陳傅良、戴溪遊，略染功利之風，朱熹因有「君舉到湘中一收，收盡南軒門人」之嘆。〔註81〕胡宏季子大時，張栻之婿也，張栻卒後，胡大時既傳永嘉經制之學，又數請益於朱熹，書疏往來，屢有辯難。最後又「於象山最稱相得」。〔註82〕此外如彭龜年、吳獵、吳九言、九功兄弟、趙方、吳儆諸人，皆以踐履務實為尚，頗著事功，然於理學思想則少有創獲。〔註83〕故湖湘學統三傳而衰，蓋有以也。

湖湘學派之傳承雖然為時較短，然而在學術、思想史上卻有不可忽視之意義與價值：

〔註80〕見〈南宋胡氏家學與湖湘學派〉，《孔孟學報》第 21 期，頁 75～76。
〔註81〕《朱子語類》卷一二三，頁 2961。
〔註82〕《宋元學案・嶽麓諸儒學案》卷七十一，頁 1339。
〔註83〕上列諸人之理學思想，參見《湖湘學派源流》，頁 250～291。

（一）湖湘學派之開創者胡安國與程門高弟，義兼師友，因其仕宦甚早，交遊廣闊，學識淵博，因而北宋時期之理學大師，如周濂溪、張橫渠、二程子所流傳之學術資料，多賴其收集整理而獲得保存。尤其是《二程語錄》及《文集》，多為朱熹得之安國之家，加以編撰而傳世者，對於程門學統而言，厥功至偉。〔註84〕

（二）胡安國《春秋傳》言「尊王攘夷」、「天下為公」之義，迥出眾流，獨契聖旨。不僅為元、明兩代官學之定本，開啓「以理解經」之門徑，影響史學思想與史書之撰述甚大。胡宏撰《皇王大紀》，述古史以求「通識」，由史學轉入理學。胡寅撰《讀史管見》，借歷史為當世人君畫像，融史學與理學於一爐，為朱熹撰述《通鑑綱目》主要淵源之一。

（三）湖湘學派之理學思想，淵源於上蔡，主「知覺為仁」，重視心之察識。胡安國倡言「心與理一」，胡寅嘗云：「心空萬物之至虛，非但藏往，固能知來。」〔註85〕又云：「心即理，理即心。」〔註86〕黃百家稱陸象山之學「近于上蔡」。〔註87〕則胡大時與象山交契，其訊息即有不可忽略之意義。

（四）胡安國承謝良佐之說，強調「道」不離乎日用之間。故湖湘學風特重踐履務實，對於經世思想具有獨到之見解。再者，胡安國《春秋傳》主要精神之一為「華夷之辨」。胡氏一門風骨剛勁，氣節凜然，累世教化於衡湘，三湘子弟受其感召，亦以氣節相尚。全祖望嘗謂宋末蒙古人南侵，「潭州之陷，嶽麓三舍諸生，荷戈登陴，死者尤多。」〔註88〕

然則，湖湘學派雖三傳而衰，其潛在影響蓋不可忽視。〔註89〕

四、研究範圍及其旨趣

本書撰述之初，原欲就湖湘學派之學術思想，進行全面而深入之研究。乃先從湖湘學派主要理學人物之著作入手，考其存佚，索其版本，輯其佚文，

〔註84〕 見張永儁〈試論宋代幾個重要的「理學世家」〉，《台大哲學評論》第6期，頁150。

〔註85〕《論語或問》卷七，頁304引胡氏曰。

〔註86〕 同前書，卷八，頁349引胡氏曰。又《崇正辯》云：「聖人心即是理，理即是心，以一貫之，莫能障者。」（卷二，頁168）

〔註87〕《宋元學案‧象山學案》卷五十八，頁1068。

〔註88〕 同前書，〈麗澤諸儒學案〉卷七十三，頁1079。

〔註89〕 詳《湖湘學派源流》第九章〈湖湘學派與湖湘文化〉，第十章〈湖湘學派與中國文化〉。頁324～437。

撰成〈湖湘學派主要理學人物著作存佚考〉。再徵諸史傳，覈其文集，編爲〈湖湘學派主要理學人物著述年表〉。在處理相關資料之過程中，深覺此一學派成員眾多，著述豐富，在南宋初年號稱「當時最盛」。若欲逐一探討，述其源流，析其思想，實力有未逮。於是選擇湖湘學派奠基者之一——胡寅做爲深入研究之對象。蓋學者研究湖湘學派之奠基者，多集中於胡宏，而少留意於胡寅。〔註90〕主題既已確立，乃經營架構，擬定綱要，並再深入研讀胡寅專著，條分縷析，組成系統，撰爲此書。先於緒論之中，論述湖湘學派興衰之過程及其學術思想特徵，次述胡寅之生平著作，再依次詳論其理學思想、經世思想、教育思想、史學思想，並於結論中總括全書之要點，以展現胡寅思想之完整圖像。

〔註90〕據個人所知，唯《湖湘學派源流》第五章〈衡麓諸儒——胡寅及其他學者〉略詳耳。

第二章　胡寅生平及其著作

第一節　胡寅傳略

　　胡寅（西元 1098～1156 年），字明仲，一字仲虎，又字仲剛，〔註1〕號致堂，建州崇安縣（今福建崇安縣人）人。六世祖號主簿公，五代中，至建州之鵝子峰下，釣魚自晦，人莫知所從來。後世相傳云，本江南人也。曾祖罕，不仕。祖淵，宣義郎致仕，贈中大夫。祖母吳氏，永壽縣君，贈令人。父安國，寶文閣學士、左朝請郎，贈左太中大夫，諡文定。〔註2〕

一、早年求學

　　宋哲宗元符元年（西元 1098 年），胡寅生於建州崇安縣開耀鄉籍溪里，生父名淳，爲胡安國再從堂兄，與安國同曾祖。〔註3〕胡寅嘗自述父母生子欲

〔註1〕 杜光簡〈胡寅傳考異〉云：
　　　　案《珍本四庫全書・斐然集・提要》云：「《斐然集》三十卷，宋胡寅撰，寅字《宋史》作明仲，此集題曰仲虎，樓鑰〈序〉又曰仲剛，蓋有三字也……。」攷珍本《斐然集》卷首有〈序〉二篇，一署端平元年九月戊申鶴山魏了翁，一署嘉定三年八月望日南郡章穎，無樓鑰序文，樓氏《攻媿集》亦未載〈斐然集序〉，《提要》引樓鑰〈序〉謂寅字仲剛，又謂論事「引誼劘上往往有敵己以下所難堪者」，皆了翁〈序〉中語，蓋誤以魏〈序〉爲樓〈序〉。《鶴山文集》載有〈致堂先生胡公斐然集序〉，惟稱寅爲仲明（此二字顛倒），不作仲剛，與《珍本斐然集・序》異。
〔註2〕 《斐然集》卷二十五，〈先公行狀〉，頁 518。
〔註3〕 《宋史・胡寅傳》云：「寅字明仲，安國弟之子也。」（卷四三五，頁 5294）案，胡寅於〈寄秦丞相書〉中稱其本生父爲三伯父（《斐然集》卷十七，頁 366）；

不舉而爲堂叔父安國收養之事，云：

> 臣閩人也，閩之俗，地狹人稠，計產養子。臣祖母憫臣之必不生
> 也，委臣父收養之。臣父其時年二十有五，方事婚娶，豈有無子
> 之慮，而必至收養堂兄已棄之子者。緣臣祖母知書好善，告戒之
> 切，于是撫憐鞠育，以爲元嗣。凡幼時疾病粥藥之勤，長後教訓
> 維持之備，義方恩愛，老而彌篤。最後感疾，付臣主祭。于臣大
> 恩，本末如此。〔註4〕

胡寅生時，安國年二十五，如荊門納室，道出江陵，帥臣監司合章奏乞除荊
南府學教授，遂寓居荊門。寅少時性情桀黠難制，賴安國善於教誨而改變氣
質。《齊東野語》記載：

> （寅）少桀黠難制，父閉之空閣中，其上有雜木，過數旬，寅盡刻
> 爲人形。安國曰：「當思所以移其心。」遂引置書數千卷於其上，年
> 餘，悉能成誦，不遺一卷。〔註5〕

此後即專心向學。

　　徽宗政和六年（西元 1116 年），胡寅年十九，舉鄉貢，至東京（即汴京，
今河南開封市），遊辟雍。〔註6〕在太學中，與同舍友張致遠相交莫逆，致遠
卒後，胡寅有文追憶當年交往與生活情形，云：

> 昔在政和，學校賓興。青衿譽髦，鮮或不升。賢士之聚，實始識兄。
> 兄時遇屬，力弗自騰。日溢一米，有問莫膺。舍中諸生，春貢來盈。
> 語誦嬉嘲，嘈嗷其聲。兄雖臥病，靜默而聆。他日見謂，子獨爽靈。
> 定交投分，相與以誠。予方冠年，憍氣矜騰。蕩滴詞江，湛酣酒舣。
> 高視四海，孰爲公卿。兄獨溫慎，期我有成。簾樓夜集，花市朝行。

於〈議服劄子〉中更明言其本生父爲安國之堂兄。（同前書，卷十一，頁 2430）
故《宋史·胡寅傳》謂寅爲安國弟之子，顯然有誤。

〔註4〕　《斐然集》卷十一，〈議服劄子〉，頁 243。此文作於宋高宗紹興十二年。周密
《齊東野語·胡明仲本末》云：「胡致堂寅，文定公安國之庶子也。將生，欲
不舉。文定夫人夢大魚躍盆水，急往救之，則已溺將死矣，遂抱爲己子。」（卷
六，頁 110～111）《宋史·胡寅傳》亦云：「寅將生，弟婦以多男欲不舉，安
國妻夢大魚躍盆水中，急往取而子之。」（卷四三五，頁 5294）皆言安國妻夢
大魚躍盆水中，故養寅爲己子。然其事既與胡寅自述「臣祖母憫臣之不生也，
委臣父收養之」不合，且涉神異，蓋無足取。

〔註5〕　《齊東野語·胡明仲本末》（卷六，頁 111）。

〔註6〕　《斐然集》卷七，〈謝貢啓〉下注云「丙申」，（頁 161）《宋史·胡寅傳》云：
「游辟雍。」（卷四三五，頁 5295）

悠然雲淡，瀏爾氷清。曰此紛華，岡堪寄情。與子出郊，曠美舒平。

北望大河，西眺諸陵。東臨汴、泗，南想羌、衡。春風融浅，秋氣

澄冷。短琴一弄，長笛時橫。尋幽弔古，治亂常評。心憂禾黍，耳

厭簫笙，顧謂銅駝，將埋棘荊。〔註7〕

文中對於北宋末年面臨之政治危機，已隱然有所警覺。

宣和三年（西元 1121 年），胡寅年二十四，中進士甲科，名列第十。時寅未議婚，中書侍郎張邦昌欲以女妻之，使來謂寅甚迫。寅鄙當時公卿，不願從，逃之三日。其友張致遠亦在選中，告寅以參主試兵部侍郎張焘嘆賞其文不去口，恨未識之耳。致遠於張兵部爲無服族孫。寅袖書上謁謝。致遠曰：「兵部公有季女，愛之，擇配，惟子可歸。然少君十歲，君有意者，相爲謀之，若何？」寅念受焘知，且與致遠厚，其家儒素，可長久也。以書稟其父，安國告以「張焘與楊時、陳瓘爲友，可依無疑。」兵部公聞之大喜，遂於四月委禽。越明年四月，親迎於京師宜男橋張家寓舍。十二月三十日，寅與妻張季蘭歸荊門省親。〔註8〕

二、中年出仕

宣和五年（西元 1123 年）正月元日，寅妻季蘭盛服見舅姑，舅姑設饗禮。退見宗族，雍雍如也。舅姑愛之如己出。九月，寅攜妻赴西京國子監教授任，官冷俸薄，生活頗爲清苦。嘗於〈悼亡別記〉中云：

西京多名園美榭，登眺嵩、洛，君欲一出，嘗爲游水南北二三勝處，

已即不復出，曰：「不過如是爾，游觀非婦人事也。」寅獨尋勝訪古，

驅馬遠適，君必謹戒以居。……教授官冷俸薄，不以時得。寅破君

奩，乃與英俊相追隨。費且盡，君不見於辭色。寅或觀書作文至夜

分，君亦縫紉其側，時一發問，以是爲常。〔註9〕

宣和七年（西元 1125 年），河北群盜起，金人又將入寇。十月，寅謁告，攜家歸荊門，又單車之官。〔註 10〕十二月，金兵大舉兩路侵宋，東路入燕山府，隨即南下；西路圍太原府，破信德府。宋徽宗稱教主道君太上皇帝，禪位於

〔註 7〕　《斐然集》卷二十七，〈祭張給事子焘〉，頁 613。此文作於紹興十四年之後。

〔註 8〕　胡寅中舉、議婚、成親、歸省之經過，《斐然集》卷二十〈悼亡別記〉述之甚詳。卷二十六〈亡室張氏墓誌銘〉、〈祭外舅張兵部〉、〈祭亡室張氏〉、〈祭妻兄張撫幹良臣〉、〈祭張給事子焘〉諸文，並言及其事，可供參考。

〔註 9〕　《斐然集》卷二十，〈悼亡別記〉，頁 410。

〔註 10〕同前註。

太子趙桓，是爲欽宗，改明年爲靖康元年。〔註11〕

　　欽宗靖康元年（西元 1126 年）正月，金兵東路渡河攻東京，宋遣使與金議和。金人索犒師金銀，割太原、中山、河間三鎮，以親王、宰相爲質，宋皆從之。命康王構、宰相張邦昌往金營。二月，金以已得割三鎮詔書，因遣康王趙構等回，另以肅王趙樞爲質，遂退兵。金兵北去後，宋貶主和議者，詔三鎮固守。〔註12〕胡寅以御史大夫何㮚薦，被召賜對，遷祕書省校書郎。〔註13〕八月，金人以宋不履行割三鎮之約，復備兵分兩路攻宋。九月，金兵圍太原年餘，至是始破，宋主和議者又得勢，貶逐李綱。十月，金兵南下，東路陷眞定府，西路陷汾州、平陽府、澤州。十一月，金兩路兵皆渡河，西路入鄭州，與東路會攻東京。閏十一月，宋命康王構爲河北兵馬大元帥，俾統援兵。十二月，金人陷汴京。〔註14〕

　　靖康二年（建炎元年）（西元 1127 年）二月，金廢宋欽宗趙桓及太上皇趙佶爲庶人。宋帝、太上皇及后妃、諸王、公主等皆被送至金營。三月，金立張邦昌爲皇帝，國號楚，都金陵。四月，金兵退，俘宋帝、太上皇及六宮、皇族北去。〔註15〕五月，宋康王趙構即位於南京（即應天府，今河南商丘市南。）改元建炎。〔註16〕高宗即位之後，以李綱爲相，貶主和議大臣。八月，李綱與黃潛善、汪伯彥議不合，罷相。陳東、歐陽澈以直言被殺。〔註17〕十月，宋高宗至揚州。〔註18〕當金人議立異姓時，胡寅與張浚、趙鼎逃太學中，不書議狀。張邦昌既立，敵騎北去，寅棄官歸省，五月，抵家。言者劾其離次，降一官。〔註19〕

　　建炎二年（西元 1128 年）春夏之交，胡寅在揚州，久不調。〔註20〕建炎

〔註11〕　《續資治通鑑》卷九十五。
〔註12〕　同前書，卷九十六。
〔註13〕　《斐然集》卷二十，〈悼亡別記〉，頁 410。
〔註14〕　《續資治通鑑》卷九十七。
〔註15〕　同前註。
〔註16〕　《續資治通鑑》卷九十八。
〔註17〕　同前書，卷九十九。
〔註18〕　同前書，卷一○○。
〔註19〕　《斐然集》卷二十〈悼亡別記〉、《宋史‧胡寅傳》。案，魏了翁〈斐然集序〉云：「靖康改元，金人深入，與張公（浚）爲當路策守禦甚著。京師圍解，始得歸省荊潭。」胡寅彼時爲當路者所建守禦之策，其詳已不得而知，然亦可見當金人南侵，張邦昌僞立之時，胡寅不僅於不書議狀，棄官歸省而已。
〔註20〕　《斐然集》卷二十，〈悼亡別記〉，頁 410。

三年，正月，金兵破徐、泗、楚三州。二月，宋高宗南奔杭州。金人入揚州，焚之而去。寅以金兵渡淮，揚州潰，脫身至常州、潤州間。〔註 21〕三月，苗傅、劉正彥等逼高宗禪位於皇子趙旉，改元明受。四月，宋高宗復辟，至江寧，改江寧爲建康府。寅至江寧，以樞密使張浚薦，復任駕部郎官，擢起居郎。〔註 22〕七月，高宗升杭州爲臨安府，以金人南侵，詔議移蹕之所。九月二十一日，寅上〈上皇帝萬言書〉，論建炎謀國之失，陳撥亂反正之計。魏了翁〈斐然集序〉謂此書「極陳三詔之不同，論七事、六條之利害，娓娓數萬言。如必罷和議，必用君子，必退小人，必明賞罰，必固本支，必建藩輔，必擇守令，必討盜賊，大抵監耿、李、汪、黃誤國之不可再，引誼劘上，往往有敵己以下所不能堪者。」〔註 23〕〈書〉上，宰相呂頤浩惡其切直，遂奉祠，除直龍圖閣學士，主管江州太平觀。十月，金人大舉攻宋，一路趨江西，一路趨兩浙。高宗至臨安府，又至越州。十一月，金兵渡江，連破撫州、建康。十二月，破臨安府、越州。高宗往明州，旋入海避難。〔註 24〕方金兵南向，外侮孔急之際，湖北地區亦以政煩賦重，民聚爲盜，胡安國家在荊門，已爲盜區。安國得湘中士人黎才翁等之協助，率家人渡洞庭而南，寓居湘潭之碧泉。〔註 25〕

〔註 21〕同前註。又《朱子語類》記胡寅自揚州逃出時之情況，云：「胡明仲初召至揚州，久之未得對。忽聞鄰居有一衛士語一衛士云：『今夜次第去了。』胡聞之，急去問之。云：『官家亦去。』胡只聞得一句，便歸，叫僕糴數斗米，造飯裹囊，夜出候城門。暗中見數騎出，謂上也，遂出。逐後得舟渡江，乃見一人擁氊坐石上，乃上也。」又記苗傅、劉正彥之變起因，云：「渡揚州時，煞殺了人，那不得過來底切骨怨。當時人骨肉相散失，沿路皆帖榜子，店中都滿，樹下都是。這邊卻放得幾箇宦者恁地！一日，康履與諸宦者出觀潮，帳設塞街，軍人皆憤惋不平，後成苗、劉之變。」（卷一二七，頁 3051～3052）
〔註 22〕《斐然集》卷二十八，〈跋高宗御筆〉云：「建炎三年夏四月，上移蹕建康，臣蒙賜對，爲尚書郎。未幾，擢司記註。」（頁 622）
〔註 23〕胡寅〈上皇帝萬言書〉收入《斐然集》卷十六，同書卷十有〈進萬言書劄子〉一篇。魏了翁〈斐然集序〉，見《鶴山集》卷五十五，頁 623。
〔註 24〕《續資治通鑑》卷一○六。
〔註 25〕碧泉在湘潭縣南七十里。胡安國自荊門遷居湘潭之經過，《朱子語類》記載：「向見籍溪（胡憲）說，文定當建炎間，兵戈擾攘，寓荊門，擬遷居。適湘中有兩士人協力具舟楫，往迎文定，其一乃黎才翁。文定始亦有遲疑之意，及至湘中，則舍宇動用，便利如歸，處之極安。」又聞范丈說：「文定得碧泉，甚愛之，〈有本亭記〉所謂『命門弟子往問津焉』，即才翁也。」（卷一○一，頁 2581）
案，《斐然集》卷十八，〈寄趙、秦二相書〉云：「己酉，自荊門避地，遂來湘

建炎四年（西元 1130 年）正月，金兵破定海、明州，以舟師追高宗，不及。高宗至溫州。二月，金兵屠潭州，焚明州、杭州，大掠而北。〔註26〕胡寅自去歲奉祠後，返鄉，值金兵方下江西諸郡，孔彥舟聚眾犯湖南、鍾相作亂於鼎州，故道路梗塞，至今年三月，方抵湘潭。〔註27〕由於親身經歷國破世亂之巨變，乃撰〈原亂賦〉以發抒心中之悲憤與抑鬱。〈賦〉中首言：「鯨鯢翻于陸海兮，曠野嘷夫兕虎。掃欃槍于紫清兮，翳黃道以榛莽。蹙四方而靡騁兮，民曷罹此怒也？豈天運抑人事兮，吾未聞其故也！悼屬階之方梗兮，誰不仁而落基。泝頹波以討源兮，我有云君其聽之。」追溯北宋衰微，國土淪喪，二帝被擄之原因，以為徽宗固然責無旁貸，而神宗任用王安石變法，則為禍亂之根源。至於高宗即位之後，畏懼金人，四處逃避，大臣結黨營私，排除異已，怯於禦侮，勇於內鬥，亦使情勢愈趨惡化。胡寅唯有懷抱「天道周如循環兮，治與亂必因續。吾端策而潔筮兮，得七日而來復」之心情，祈望高宗皇帝能夠撥亂世而反之正，「求豪傑與之馳騁兮，掃舊跡於邪徑。蚤發軔於暘谷兮，行萬里以為期。選騏驥使伏轅兮，駕玉輿而乘之。」其憂國憂民，期待中興之心情，足與屈原〈離騷〉相輝映。〔註28〕四月，高宗至越州，下詔親征。八月，金兵破承州，攻楚州。九月，金人立劉豫為皇

中。」卷二十六，〈英氏墓誌銘〉云：「予先君子歲在己酉，航洞庭而南，小憩於碧泉之上，老於衡岳之陽。」又卷二十七，〈祭龍王長老法讚〉云：「歲在己酉……予先君子航湖而南，小駐碧泉。」皆以胡安國徙居碧泉在建炎三年己酉。唯胡宏《五峰集·有本亭記》則云：

紹興庚戌歲，先君子自荊郢趨吳越，遇腹心之疾，不至而返。徜徉遊行，遂至湖南，橫涉清流，顧而歎曰：「此非滄浪之水乎？何其清之甚也！源可尋而濯我纓乎？則命門弟子問津于居人，于是傍西山之陰，逶迤而入。不及百步，蒼然群木之下，翠綠澄淨，藻荇交映，俗以其色故號為碧泉。（卷三，頁150）

與胡寅之說不同。考紹興無庚戌，且胡安國奉召趨行在，聞車駕移駐姑蘇，將踰浙而東，乃稱疾具奏而返，時在建炎三年己酉，亦非庚戌歲事。容肇祖《胡寅年譜》繫胡安國徙居碧泉事於建炎三年己酉，取胡寅說。朱漢民、陳谷嘉合著之《湖湘學派源流》（頁85～86）則採胡宏說以為在紹興庚戌歲（建炎四年）。

〔註26〕《續資治通鑑》卷一○七。

〔註27〕《斐然集》卷二十，〈悼亡別記〉。又卷十五，〈繳傳雯用赦量移〉，謂建炎三年，「孔彥舟犯湖南，入據潭州，已而大掠潭、衡，旁及永、邵，三湘千里之內，公私舟船為之一空。」建炎四年正月，鼎州民鍾相作亂，自稱楚王。二月，鍾相陷澧州，殺守臣黃宗權。其後又有巨盜馬友、曹成相繼蠭起，兩湖地區受害最烈。至紹興二年，岳飛破曹成，李成殺馬友，孔彥舟敗降劉豫，湖湘之民始稍獲蘇息。以上諸事，並見《宋史·高宗本紀》。

〔註28〕〈原亂賦〉見《斐然集》卷一，頁1～7。

帝於北京（今河北大名縣），國號齊。宋知樞密院事宣撫處置使張浚遣劉錫
與金人戰於富平，宋師敗績。金兵破楚州，秦檜與夫人王氏自楚州金營逃歸，
高宗以爲試禮部尚書，始倡與金人解仇議和。〔註29〕十一月一日，胡寅丁母
王令人憂。

　　紹興元年（西元 1131 年），胡寅守母王令人喪，居湘潭。時馬友、孔彥
舟交兵於衡、潭，其後又有曹成掠湖西，與馬友、李成相攻伐。胡寅嘗述當
時逃避兵亂經過云：

　　　　春，巨盜馬友、孔彥舟交戰於衡、潭，兵漫原野。四月，奉家君西
　　　　入邵。席未暖，他盜至，又南入山，與峒獠爲鄰。十二月，盜曹成
　　　　敗，帥兵於衡。又遷於全，西南至灌江，與昭接境。敝屋三間，兩
　　　　廡割茅遮圍之。上下五百餘指，度冬及春。瘴霧昏昏，大風不少休。
　　　　鬱薪禦寒，糜食僅給。〔註30〕

又有〈文定題范氏壁次韻〉詩云：

　　　　四海兵戈裏，一家風雨中。
　　　　逢人問消息，策杖去西東。
　　　　歷數前朝亂，何曾掃地空。
　　　　山居自有樂，時對主人翁。

當此國爲夷狄侵凌，家爲盜賊盤踞，兵漫原野，掃地皆空，爲逃避兵亂不得
不入蠻瘴之地，而家族食指浩繁，其境遇可想而知，所謂「山中自有樂」，亦
不過苦中作樂耳。又有〈酒詩一百韻〉，詩前有〈序〉云：

　　　　古今豪逸自放之士，鮮不嗜酒，以其類也。雖以此致失者不少，而
　　　　清坐不飲，醒眼看醉人，亦未必盡得，蓋可考矣。予好飲而嘗患不
　　　　給，二頃種秫之念，往來於懷。世綱嬰之，未有其會。因作五言酒
　　　　詩一百韻，以寄吾意。雜寄古人陳跡，並及酒德之大概，以爲開闢
　　　　醉鄉之羽檄。參差反覆，不能論次也。

今讀此詩，雖多「雜寄古人陳跡，及酒德大概」之句，然詩中有云：「放臣離
國恨，遷客去鄉思，須藉杯中物，聊舒鏡裏眉。」「吾道久榛莽，世途多虎貙。」
詩末更以「群生思覆護，寰海厭澆漓。倘負膏肓疾，須憑國手醫。欲傳方法
者，把盞詠吾詩」作結。其藉詩以抒窮居抑鬱之心情，固顯然可見，而憂國

〔註29〕《續資治通鑑》卷一〇八。
〔註30〕《斐然集》卷二十，〈悼亡別記〉，頁411。

憂民之胸懷，經世致用之抱負，亦可於言外求之也。〔註31〕八月，高宗以秦檜為尚書右僕射、同平章事、知樞密院事。〔註32〕十二月，高宗因秦檜薦，詔除胡安國為中書舍人兼侍講，安國辭。因致書秦檜，引《春秋》大義，指陳崇寧以來朝政之失，且云：「欲撥亂反之正者，必變衰亂之俗，欲變衰亂之俗者，必去衰亂之臣。」〔註33〕

紹興二年（西元1132年）正月，高宗回臨安。五月，朝廷不許胡安國辭中書舍人兼侍講，又遣使至所居敦促，安國以〈時政論〉先獻，〈論〉既入，高宗命再遣使促召，未至，復除給事中。當安國被召，嘗命子姪就中興各事分述所見，寅因陳十事：一曰，定都建康，以係民望。二曰，選用賢德，以修民紀。三曰，改紀國政，以便民心。四曰，修明軍制，以為民防。五曰，擊捕盜賊，以阜民生。六曰，增重上流，以存民望。七曰，薦舉縣令，以安民俗。八曰，久任守宰，以固民志。九曰，開闢言路，以通民情。十曰，網羅遺逸，以收民才。此十事，安國多採入其所上之〈時政論〉中。〔註34〕六月，胡寅與弟寧侍安國自清江登舟，趨臨安行在所。七月，入對。八月一日，胡安國轉對，復詳論定計、建都、設險三事。高宗除安國侍讀，專講《春秋》。安國乞在外編集成書，不敢當講席。章再上，不允。會除故相朱勝非同都督江、淮、荊、浙諸軍事，安國上奏論之，為呂頤浩所忌，遂落職提舉建昌軍仙都觀，時為八月二十一日也。〔註35〕十一月，安國還至豐城，憩於智度院，遣寅歸湘潭省家。〔註36〕初，曹成擾荊湖經年，二月，高宗命岳飛率馬友、李宏等共討曹成諸盜。閏四月，岳飛破曹成於賀州，再敗諸桂嶺縣，曹成率餘眾入灌江。胡安國、寅與寧離灌江家，行既遠。寅妻季蘭與二姒將子女倉皇奔避。「一夕，忽聞鼓聲已近，徒從闃然四逸，囊橐悉委之，獨餘負橋者不去，遂得脫。」寅還家，歲盡，「逢之清湘山寺中。君（季蘭）身獨暑服，餘單布衾，嫁日衣襦無存者，獨挈寅敕文、誥身皆無失。寅勞苦既定，問：『君驚懼莫此為甚矣！』對曰：『至無奈何，惟一死耳。』蓋以兒髮刀自隨，急則

〔註31〕〈文定題范氏壁次韻〉、〈酒詩一百韻〉，並見《斐然集》卷三。
〔註32〕《續資治通鑑》卷一○九。
〔註33〕《斐然集》卷二十五，〈先公行狀〉，頁537。
〔註34〕胡安國《時政論》載《斐然集》卷二十五〈先公行狀〉中。胡寅所陳〈中興十事〉，見《斐然集》卷三十，注云：「家君被召，命子姪輩分述所見。」
〔註35〕《斐然集》卷五，〈再遊祖印有感前事，成詩兩首，以遺寺僧惠嵩〉、卷二十五、〈先公行狀〉。
〔註36〕同前書，卷二十，〈豐城新修智度院記〉、〈悼亡別記〉。

用事，無所懼也。」於此足見季蘭處事之鎮定與賢德。胡寅一家自建炎三年以迄於今，流離漂轉，略無寧歲，又遇盜劫，家貲遂散亡殆盡矣。〔註37〕

紹興三年（西元 1133 年），胡安國自去年冬寓居豐城智度院，夏，四月，乃渡南江而西，休於衡岳，買山結廬，名曰書堂，為終焉計。〔註 38〕是年正月，金兵破金州。二月，破饒風關，入興元府。四月，金兵自興元府北還。五月，宋與金議和，禁沿邊將士攻犯劉豫。六月，宋遣使赴金通問。十月，劉豫兵陷宋鄭州，入隨、郢、唐州、襄陽。十二月，金使至宋。金兵拔和尚原。〔註39〕

紹興四年（西元 1134 年），胡寅居南嶽。「遍觀大乘諸經傳及《傳燈錄》，究佛氏所論，遂有所見，著《崇正論》一編數萬言。」季蘭「每問大略，輒怡然會心，相約以死日不用浮屠法。」當紹興七年，季蘭疾篤，「將死前二日，猶為叔氏宏誦之，卒踐其言。」胡寅於〈悼亡別記〉中嘆曰：「自佛法入中國，以死生轉化恐動世俗，千餘年間，特立不惑者，不過數人而已。雖才智高明，鮮能自拔，又況陰柔之質乎！君可謂賢矣！」十二月，召胡寅為起居郎，限三日起發。〔註 40〕是年三月，吳玠敗金人於仙人關，復秦、鳳等州。五月，岳飛復郢、唐、隋州、襄陽。七月，復歸州。〔註41〕九月，劉豫結金兵侵宋。十月，韓世忠軍連破之于大儀、承州。十一月，高宗至平江府，下詔暴劉豫罪。金兵破滁州，韓世忠等軍皆退江南。十二月，岳飛敗金兵于廬州。〔註42〕

紹興五年（西元 1135 年），二月，高宗回臨安。胡寅自去歲十二月除起居郎，雖一再辭免，不獲允，乃於二月到臨安，遷中書舍人，賜三品服。有〈乙卯上殿箚子〉、〈輪對箚子〉（十三篇）、〈轉對箚子〉，言多切直。又撰內外諸制一八六篇，詞多誥誡，而〈繳奏〉二十篇，據事言理，辭氣嚴正。充分表現不肯枉道以取世資之風骨，然而忌之者亦眾。又撰〈尚書無逸傳〉及〈左氏傳故事〉，以備高宗皇帝省覽。〔註 43〕四月，宋徽宗趙佶崩殂，宋尚

〔註37〕同前書，卷二十，〈悼亡別記〉、卷十七，〈寄劉致中書〉。
〔註38〕此據《斐然集》卷二十五〈先公行狀〉、卷二十〈豐城縣新修智度院記〉。〈悼亡別記〉則云：「癸丑（紹興三年），春正月，家君來湘潭。秋七月，然後尊卑會於南嶽。」
〔註39〕《續資治通鑑》卷一一二。
〔註40〕《斐然集》卷九，〈辭免起居郎奏狀〉，頁 197。
〔註41〕《續資治通鑑》卷一一三。
〔註42〕同前註。
〔註43〕以上諸文見《斐然集》卷十、十二、十五、二十二、二十三。

未知。五月，宋遣忠訓郎何蘚使金，詔寅論遣使事。寅於十一日上〈論遣使箚子〉，引《春秋》大義，以復仇爲請。十三日，三省同奉聖旨，令學士院降詔獎諭。既而張浚自江上還，奏遣使爲兵家機權，高宗竟反前言。寅復奏疏論其無益者八，有害者二。寅既與浚異論，乃以父病不及迎侍，乞湖南小郡，以便就養。〔註44〕十二月，除徽猷閣待制、知邵州，二十八日發離臨安行在。〔註45〕

　　紹興六年（西元 1136 年）二月六日，胡寅返衡嶽，以父屢感寒疾，氣血衰損，乞除在外宮觀差遣，任便居住。〔註46〕四月，寅得劉勉之來書，始知本爲安國再從堂兄之子。劉書責其「恩義未加厚于託體同生」，寅答書自陳身世遭遇與當時之經濟狀況極詳，其言曰：

　　某自嬰兒幾濱于死，先祖妣永壽君鞠育撫養之，不啻如己生，以至成人。永壽君臨終，它無一言，惟以不肖之身屬大人使善視之。大人長養教誨，日厚一日，必使有立，以不墜祖妣付託之意，于今三十有九年矣。過庭《詩》、《禮》，資以事君，常懼不肖，仰辱恩紀，他日無以見永壽君于地下，此某終身之責也。如左右之見責者，祖妣不以是語某，大人不以是詔某，一日無故以左右違經背禮之言從而信之，毋乃亂倫而悖德也乎！若夫世父、世母以至群從兄弟，里居食貨，宜有以奉養周賑之，此則任門戶者之責。顧先後緩急之序，有所未及，非恝然忘之，此不待鄉黨朋友譏議而後知也。頃在荊州，大人棄官躬耕，共爲子職。比歲屢稔，廩粟漸盈，方有買田合族之意。而散于盜賊，空囊來湘中，食口無慮千指，流離漂轉，略無寧歲。壬子冬，又遇劫，散亡遂盡。某粗守訓戒，不肯枉道以取世資，十年之間，三見廢黜，其于仰事俯育，蓋有難以語人者。若不出情實，勉強而爲之，以要譽于鄉黨朋友，是鄉愿而已矣。使其力有餘，足以仁及宗族，人子之義，不敢有己，又必稟命而後行，亦無專輒之理也。〔註47〕

〔註44〕《中興聖政》卷十八，《斐然集》卷十，〈論遣使箚子〉卷十一，〈再論遣使箚子〉。

〔註45〕《斐然集》卷九，〈乞宮觀狀〉，頁 204。

〔註46〕同前註。

〔註47〕《斐然集》卷十七，〈寄劉致中書〉，頁 365。案，劉勉之（西元 1091～1149年）字致中，建州崇安縣人。與胡憲同爲朱熹啓蒙師，後又以女妻之。朱熹曾撰〈聘士劉公先生墓表〉，云：「胡公明仲侍郎蚤出爲季父後，不自知其本親，鄉人多竊議之，而莫以告。先生獨爲移書，具陳本末所以然者。胡公感

七月，胡寅除徽猷閣待制，改差知嚴州。辭免，不許。〔註48〕

紹興七年（西元 1137 年）正月，秦檜任樞密使。何蘇等使金還，高宗始聞太上皇趙佶（徽宗皇帝）及寧德皇后之喪，帝遵禮成服。二月，百官七上表，請遵以日易月之制。胡寅上疏請「服喪三年，衣墨臨戎，以化天下。」時張浚連疏論喪服不可即戎，遂詔「外朝勉從所請，宮中仍行三年之喪。」〔註49〕三月，高宗次鎮江府，召胡安國赴行在，時安國上所著《春秋傳》，高宗屢對近臣稱許安國明於《春秋》之學，比諸儒所得尤邃。〔註50〕九月四日，妻張季蘭卒，年三十。寅時守嚴州，留季蘭侍父於衡岳，病與死皆不見。寅遣人歸祭，又撰〈悼亡別記〉，述其生平甚詳，又有〈亡室張氏墓誌銘〉一篇，云：

> 少失母，不閑饗羞組紝之事，而性莊情澹，儀貌夙成，無嬉譃，無恐怖，不信鬼怪，不聽下人切切語，臨義截然莫可移。酬酢有少差，隨即改之。事舅姑未嘗被訶譴，事寅無違言慍色，接諸姒同天倫，處內外恩紀周洽，有譽歡，無間毀。誨子不以慈，使就外傅，甚力。均愛庶姓，猶己出也。寅筮仕西京，交遊廣，薄祿不時得，費君奩具且盡，君不以為意。於後亂離，家益空乏，飯脫粟、菜羹，或無鹽酪，君能安之。〔註51〕

季蘭年十五來歸，三十而卒，十五年之間，勤儉持家，安貧守道，其於婦德，可謂無忝所生，然天不假年，良可歎也。是年五月，呂頤浩新任兩浙西路安撫制置大使，嚴州正在其屬下，胡寅以紹興五年任中書舍人時所擬誥命得罪呂頤浩，恐其挾怨報復，乞移郡以避之。十月，改知永州。寅返家省父，而後赴任。〔註52〕

<hr>

其言，為數歸省，恩禮略備，議以少息。」（《晦庵先生朱文公文集》卷九，頁 6380～6381）胡寅歸建州崇安縣省其生母，在紹興十年四月。
〔註48〕《斐然集》卷六，〈除徽猷閣待制謝表〉、〈嚴州到任謝表〉。
〔註49〕《續資治通鑑》卷一一八，《斐然集》卷十一，〈請行三年喪箚子〉。
〔註50〕《中興聖政》卷二十一，《斐然集》卷二十五，〈先公行狀〉。案，胡安國撰《春秋傳》成，表上之，時當紹興六年。見《玉海》卷四十，胡玉縉《四庫全書總目提要補正》卷七，頁 169。
〔註51〕《斐然集》卷二十六，頁 570～571。案，《斐然集》卷二十，〈悼亡別記〉注云「丁亥冬」。容肇祖《胡寅年譜》以為「亥」當是「巳」字之誤。
〔註52〕《斐然集》卷十一，〈乞回避呂頤浩、張守、呂祉箚子〉卷十二，〈呂頤浩湖南安撫制置大使制〉。《建炎以來繫年要錄》記紹興七年十月：
徽猷閣待制知嚴州胡寅移知永州。先是，寅父徽猷閣待制安國自衡山以書訓寅曰：「汝在桐江一年矣，大凡從官作郡，一年未遷，即有怠意，汝今宜作三

　　紹興八年（西元 1138 年）正月七日，胡寅奉旨召赴臨安府行在。寅辭，乞依舊知永州，或除宮觀差遣，且令便養，不允。〔註53〕二月，高宗自建康回駐臨安府。〔註54〕以徽猷閣待制胡安國充寶文閣直學士，賜銀絹三百匹兩，安國以衰疾乞致仕。〔註55〕安國常念故鄉宗族貧不能自給，遽受此賜，即付猶子憲買田於先廬傍，歲時修祀曾高丘壟，施及親屬，以疏戚爲差。〔註56〕三月，胡寅到臨安府，令兼直學士院。高宗以秦檜爲尚書右僕射、同中書門下平章事兼樞密使，自是專主和議。〔註57〕四月，寅試尚書禮部侍郎，又除兼侍講。〔註58〕詔以胡安國解釋《春秋經》成，進職加賜，命未下而安國卒。〔註59〕遺表上聞，詔贈四官，賻銀絹二百匹兩。九月，又降詔賜銀絹三百匹兩，令湖南轉運司應副葬事，仍賜田十頃，以恤其孤。寅辭免賜田。〔註60〕十一月，秦檜主和，朝中大臣凡主戰者多遭貶逐。十二月，金詔諭使至宋許和，宋遣使如金報謝。秦檜見金國使，受國書以歸。呂祖謙《大事記》曰：

　　　　方其入相之初，相士皆動色相賀，惟晏敦復目之爲姦人。然向子忞於紹興之初與胡安國論曰：「與檜同時被執軍前，鮮有生者，獨檜盡室而歸，非大姦能如是乎？」當時安國猶以爲忠，其子寅猶以子忞之言爲過，則檜奸可以欺賢人君子也如此！〔註61〕

吏部尚書李光除參知政事，秦檜議撤淮南守備，奪諸將兵權。光極言戎狄狼子野心，和不可恃，備不可撤，檜惡之。〔註62〕

　　紹興九年（西元 1139 年）正月，宋以金人來和，大赦天下。又以金人許

　　　年計，日勤一日，思遠大之業，若有遷擢，自是朝廷，非我所覬也。」至是寅言：父病初愈，迎侍不來，近者妻室喪亡，乞湖南一小郡。乃改命焉。
〔註53〕《斐然集》卷九，〈永州辭免召命狀〉（四篇）。
〔註54〕《續資治通鑑》卷一二〇。
〔註55〕《中興聖政》卷二十三，頁 1046。
〔註56〕《斐然集》卷二十五〈先公行狀〉頁 555。
〔註57〕《中興聖政》卷二十三，頁 1051。
〔註58〕《續資治通鑑》卷一二〇。
〔註59〕《中興聖政》卷二十三，頁 1047。《斐然集》卷二十五，〈先公行狀〉云：「以紹興八年四月十三日歿於書堂正寢，享年六十有五。」
〔註60〕《斐然集》卷二十五，〈先公行狀〉卷六，〈賜先公銀絹謝表〉、〈辭免賜田蒙降詔允謝表〉。
〔註61〕《中興聖政》卷二十四，頁 1127～1128。又卷二十六記向子忞平生好論人物，無所忌諱，可互參。
〔註62〕《宋史‧李光傳》，（卷三六三，頁 4525）

歸河南地，奏告天地宗廟。宋歲貢銀絹五十萬匹兩。岳飛上表，以和議無可賀，秦檜惡之，遂成仇隙。〔註63〕十二月，參知政事李光與右僕射議事不合，嘗於高宗前曰：「觀檜之意，是欲壅蔽陛下耳目，盜弄國權，懷姦誤國，不可不察。」檜大怒。殿中侍殿史何鑄因劾光狂悖失禮。光引疾求去，乃除資政大學士知紹興府，改提舉臨安府洞霄宮。〔註64〕是年胡寅丁父憂家居。

　　紹興十年（西元1140年）正月，宋遣使如金迎徽宗之喪，宋主戰派大臣李綱卒。〔註65〕四月，胡寅父喪服除，曾回建州崇安縣省親，見其生母。〔註66〕閏六月六日，詔除猷閣直學士知永州。寅有〈申尚書省議服狀〉，云：

> 聞諸道途，得鄉曲議論，謂寅于此時當爲三伯父追服。此寅所不稟于先父者也。若據而行之，則士大夫謂寅伸其私意，干貳正統，非爲人後之實。若斷而不用，則士大夫謂寅忘其世父，故匿服紀，將加以不孝之名。惟仰奉義方，不敢違背。而參稽眾説，必有折衷。
>
> 謹具申尚書省，伏望參政僕射相公詳酌，特賜敷奏，取旨，下禮部太常寺定奪，明降指揮。非特使寅得所遵守，不爲名教罪人，實足垂之四方，詔示後世。

此乃胡寅對應否爲生父追行服喪之事，向尚書省請示取旨，唯當時官方並無裁示。〔註67〕是年五月，金人敗盟，復出兵取河南、陝西地，各城望風而降。六月，金兵爲劉錡、吳璘、岳飛、韓世忠所敗。閏六月，岳飛軍克西京，又屢敗金兵於鄲城、小商橋、朱仙鎮。高宗聽秦檜議，詔岳飛班師，於是收復諸城皆失。〔註68〕

　　紹興十一年（西元1141年）胡寅在知永州任。是年初，宋金交戰，互有勝負。以秦檜主和，四月，罷韓世忠、張俊、岳飛兵柄，以爲樞密使副。八月，罷岳飛樞密副使。九月，宋遣使如金議和。十月，岳飛被誣下獄，韓世忠罷樞密使。十一月，宋金和議成，以淮爲界，歲幣銀絹各二十五萬兩。高宗向金稱臣。十二月，岳飛被害於大理寺，斬岳雲及張憲於市，家屬徙廣南，

〔註63〕《續資治通鑑》卷一二〇。
〔註64〕《中興聖政》卷二十五，頁1172，《宋史・李光傳》，（卷三六三，頁4525）
〔註65〕《續資治通鑑》卷一二二。
〔註66〕《斐然集》卷九，〈申尚書省議服狀〉云：「禫制將畢，遂還建州，省覲世母。」卷十七，〈祭劉待制彥修〉云：「逮於庚申，我歸楡社，見公弟昆，屏山之下。」
〔註67〕《斐然集》卷十一，〈議服箚子〉云：「臣在禫制中，嘗具申明，乞禮官詳定行下。其狀中詞指婉白，欲使議者知其攸趨，至今未有與決。」
〔註68〕《中興聖政》卷二十六，頁1209～1210。

官屬于鵬等論罪有差。〔註 69〕万俟卨論李光陰懷怨望，責授建寧軍節度副使瓊州安置。〔註 70〕

三、退居衡嶽

　　紹興十二年（西元 1142 年）二月，高宗進誓表於金。三月，金冊高宗爲皇帝。三月，胡寅知永州任，以疾請改宮祠。〔註 71〕六月，除提舉江州太平觀，後許致仕，退居衡山之陽。有詩云：

> 仇虜何須殺，調和乃妙機。
> 又聞堅誓約，不用講攻圍。
> 六月鵬南徙，三春鴈北歸。
> 自知同斥鷃，蓬艾且卑飛。

又云：

> 壯時嘗有意功名，不覺星星白髮生。
> 眼亦漸花心更短，歸與猶可事農耕。〔註 72〕

寅論時政，素不以和議爲然，今當軸者既與金人解仇議和，故不得不興歸與之嘆，所謂「未老先衰負疾憂，敢貪榮辱尙爲州。」〔註 73〕蓋託詞耳。〔註 74〕初，胡寅之生父胡淳於建炎三年辭世，時胡寅尙不知自己身世，故未服喪。紹興十年，閏六月，寅出知永州。時人於其不爲本生父母服喪去官，多所批評，或書札顯至，或譏誚密行，一時群公，隨俗毀譽，知不出乎拘攣之域。胡寅對此「幽懷耿耿，積有年所。」紹興十二年，當其遠守郡章，方乞祠觀之際，寄書秦檜，分辨「收養棄遺與過房入繼不同」。過房入繼，本生之恩猶在，養子當「爲生父母齊衰不杖期，解官心喪三年。」著於紹興令典，乃禮

〔註 69〕同前書卷二十七，頁 1275～1276。

〔註 70〕《宋史・李光傳》，（卷三六三，頁 4525）

〔註 71〕《斐然集》卷十一，〈宮祠劄子〉云：「緣自入秋以來，暑毒發作，遍體腫瘍，急於療治，導利過當，遂成瘧疾，寒熱交攻，氣幹薾然，日夕憂皇，慮曠職守……伏望鈞慈，察其懇迫，特賜敷奏，除一在外宮觀差遣，任便居住。少加休養，復誓糜捐。」（頁 245）

〔註 72〕《斐然集》卷三，〈和范元作二首・之二〉、〈思歸八絕・之三〉。

〔註 73〕《斐然集》卷三，〈和任大夫贈別〉，頁 77。

〔註 74〕紹興二十五年，胡寅於新州貶所遇赦自便，所上謝表追憶當年辭官致仕之經過，云：「遭逢論道之人，馮恃貪天之力，黨同伐異，瘠國肥家，淪三綱而外交，託一德而上浣。臣受恩再世，雅意本朝，事主有惓惓之誠，輸忠無坦坦之路。輒慕隱居而求志，庶幾遠害以全身，遂掛衣冠，退尋丘壑。少待冰山之泮，還瞻雪睍之光。」文見《斐然集》卷六，頁 157。

之正也。若夫收養遺棄，則本生之恩已絕，而所養之恩特厚，其於所生父母「將厚順意，齊衰不杖期」而已，乃禮之變也。蓋禮緣人情，以義而起。以此說明昔年不爲本生父服喪去官之緣故。寅又有〈議服劄子〉，云：

> 紹興令爲人後者，爲其父母降齊衰不杖期，申心喪三年。臣伯父以建炎三年身故，臣父其時方遣臣仕于行朝，而不使臣行降服之常，何也？其意若曰，臣之過房，異于世俗過房，事具如前，是不可以常禮處者耳。然則如之何而可？原臣之所以得生，及先臣不使臣行降服之意，權再從伯父與所生父之中，行同堂伯父之服，齊衰不杖期，斯得禮之節矣。夫義歸于一，則心無二用。禮重于祖，則本立道生。以此爲人後，庶乎其可以報再生之恩也。至于歲時厚致恩紀于先伯父一位，則又有先臣之治命。臣今奉承惟謹。若或議者以不服心喪爲臣罪，雖削官永棄，亦所甘心。〔註75〕

胡寅此議，當時未見有駁之者。其後，以書論觸怒秦檜，〔註76〕紹興二十年爲辛廈劾其不爲生母持服，落職責授果州團練副使，新州安置。《四庫全書總目提要》云：

> 其晚謫新州，乃右正言章復劾其不持生母服，寅上書於檜自辯，其文今載第十七卷中。大意謂遺棄之子不同於出繼之子，恩義既絕，不更以本生論之。然母子天屬，即不幸遘人倫之變，義無絕理，設有遺棄之子殺其本生父母者，使寅司讞，能以凡人論乎？章復之劾，雖出於迎合秦檜，假公以濟其私，而所持之事，則不可謂之無理。
>
> 寅存此書於集中，所謂欲蓋而彌彰也。〔註77〕

謂章劾出於迎合秦檜，假公以濟其私，所見良是。然稱寅上秦檜書「大意謂遺棄之子不同於出繼之子，恩義既絕，不更以本生論之。」則語焉不詳，至於「設有遺棄之子殺其本生父母者」云云，更屬推論過當。

　　紹興十三年（西元 1143 年），胡寅自永州罷任後，與弟宏同歸南嶽，有

〔註75〕〈寄秦丞相書〉，見《斐然集》卷十七，〈議服劄子〉見同書卷十一，頁 244。

〔註76〕《建炎以來繫年要錄》記紹興十九年十二月：「檜知寧兄徽猷閣直學士致仕寅之貧，因其往建州省覿世母，遺以白金，寅報書曰：『願公修政任賢，勿替初志，尊王攘夷，以開後功。』檜以爲譏己，始怒之。」（卷一六〇，頁 3115）案，胡寅此書，不見於《斐然集》。

〔註77〕〈斐然集提要〉，《四庫全書總目》卷一六〇，頁 3115，案，文中「章復」係據《宋史·胡寅傳》。《建炎以來繫年要錄》卷一六一作「章廈」（頁 3121）。參註 119。

〈和仁仲歸鄉有感〉詩，云：

> 大堤蜿蜒挾江長，卉木同泛春風香。
>
> 青青嘉蔬不用買，采擷烹瀹皆堪嘗。
>
> 羜肥豕腯白黑正，酒美魚賤吞江鄉。
>
> 豈惟物產具豐好，地勢固可爭雄強。
>
> 歸來作賦興不淺，一飯美芹心詎央。

胡宏詩有句云：

> 白羊烏犉俱在牧，茅舍竹籬是故鄉。
>
> 人生未必須富貴，萬里且願身康強。〔註78〕

兄弟又同往荊門拜祖父墓，過益陽、濱江、鼎澧、五溪、公安等地，上岳陽樓，舟行經湘西而還，有詩記其事，見載於文集中。荊、湖地區，數年之間，兵寇少息，民生樂於畎畝，寅詩頗見山水田園之樂。唯胡寅次子大端於前年病逝，寅有詩憶之，云：「髫齔已能莊語笑，嬉遊元只在《詩》《書》。青松不及明堂用，黃壤空餘白玉悲。」又云：「翩翩翰墨留身後，炯炯精神在目前。」注：「兒解《春秋》首四段，文字已成。」足見其聰慧好學。寅中年喪子，難免有「桂折蘭摧」之恨與「鍾情離遣」之思焉。〔註79〕

　　紹興十四年至十五年（西元 1144～1145 年），胡寅居南嶽。

　　紹興十六年（西元 1146 年），秋，胡寅回建州崇安縣居住。過建陽，魏挺之來謁，出書相屬，寅謂其書論陳義甚高，不爲蕪詞，文采蔚然，無舉子態度。其詩則幽思感發，邁往之氣軒翔乎筆墨之外。〔註80〕

　　紹興十七年（西元 1147 年），胡寅在建州崇安縣，後回南嶽。七月，引疾告老，詔遷一官，仍舊職致仕。〔註81〕

　　紹興十八年（西元 1148 年）閏八月，寅弟寧任太常丞，奏事殿中，高宗面諭裒集胡安國論著以進。寧走使以告，寅乃取安國遺文，釐爲門次，繕寫以獻。〔註82〕

　　紹興十九年（西元 1149 年），胡寅自永州罷任以來，除於紹興十六、七

〔註78〕胡寅詩見《斐然集》卷一，頁 21～22，胡宏詩題〈同伯氏還鄉〉，見《五峰集》卷一，頁 93。

〔註79〕《斐然集》卷四，《憶端子三首》，頁 82。

〔註80〕《斐然集》卷二十六，〈處士魏君墓誌銘〉，頁 598。

〔註81〕《建炎以來繫年要錄》卷一五六，頁 3049。

〔註82〕《斐然集》卷十九，〈進先公文集序〉，頁 396～397。

年間返回建州崇安縣居住之外，餘多居南嶽。讀書作文，登涉山水，時與詩
友相唱和，因心恬身閒，所作多意象幽遠。如〈出門偶成〉，云：

> 飯已柴扉手自開，杖藜三徑久徘徊。
>
> 忽驚無雨溪流漲，遙認他山雪浪來。
>
> 葉暗青雲環舍竹，樹圍香玉繞池梅。
>
> 春光已近宜行樂，未怕年華冉冉催。〔註83〕

〈和楊秀才〉云：

> 林下何所樂，遊心書史中。
>
> 時窺言語外，默想聖賢同。
>
> 沂水有餘詠，舞雩多好風。
>
> 區區守一介，未肯易三公。

〈己巳歲，偶遊祖印，成兩詩以遺寺僧惠嵩〉云：

> 車騎紛來去，帆檣競泝洺。
>
> 雲閒天淡淡，江靜竹娟娟。
>
> 恥學飛騰術，慵參寂滅禪。
>
> 春風常滿意，無處不怡然。〔註84〕

胡寅以不肯曲附秦檜，致仕家居，潛隱衡門，不與政事。然而，政壇波濤，
暗潮洶湧，罷職致仕，亦難以置身事外。《建炎以來繫年要錄》記紹興十九年
十二月之事，云：

> 尚書祠部員外郎胡寧、祕書省著作佐郎劉章並罷。章有士望，太師
> 秦檜疑其不附己，而寧本因其父兄與檜厚，故召用之。至是檜知寧
> 兄徽猷閣直學士致仕寅之貧，因其往建州省覲世母，遺以白金。寅
> 報書曰：「願公修政任賢，勿替初志，尊王攘狄，以開後功。」檜以
> 為譏己，始怒之。寅嘗游嶽麓寺，大書壁間云：「是何南海之鱷魚，
> 來作長沙之鵩鳥。」於是帥臣劉旦方欲掯摭張浚諸人之罪，而旦潮
> 陽人也，亦大怒，復訟寅於檜，侍御史曹筠即奏寧兄阿附趙鼎，章
> 居衢州，與鼎賓客交通，故二人私相朋比，眾所指目，不知每懷異
> 意，欲以何為？若不罷斥，無以安眾心。乃以章通判均州，而寧充
> 夔州安撫司參議。〔註85〕

〔註83〕同前書，卷四，頁104。此詩作於紹興十五年。
〔註84〕同前書，卷五，頁118。二詩作於紹興十九年。
〔註85〕卷一六〇，頁3115。

四、謫居新州

紹興二十年（西元 1150 年）正月，兩浙轉運判官曹泳言：右承務郎李孟堅省記父光所作小史，語涉譏謗。詔送大理寺。初，李光在貶所，曾作私史，孟堅間爲所親陸升之言之，升訐其事，遂命泳究實申省。三月，獄成，詔李光昌化軍安置，遇赦永不檢舉，孟堅除名，峽州編管。於是文字獄起，前從官及朝士連坐者八人。胡寅坐與李光通書，朋友交結，譏訕朝政，詔特落職。〔註86〕壬寅，右正言章廈奏：「右承議郎致仕胡寅天資凶悖，敢爲不義。寅非胡安國之子，不肯爲親母持服，士論沸騰，此其不孝之大罪也。寅初傅會李綱，後又從趙鼎建明不通鄰國之問，其視兩宮播遷，如越人視秦人之肥瘠。後來梓宮既還，皇太后獲就孝養，寅自知前言狂率，乃陰結異意人，相與睥睨，作爲記文，以爲『今日仕進之人，將族而不悟』，此其不忠之大罪也。伏望陛下爲宗廟社稷長慮，特賜威斷。」詔責授果州團練副使，新州安置。〔註87〕寅聞命，「即日上道，水陸兼程，奔赴新州。」〔註88〕有詩記其事云：

> 昔年曾作守，旌騎擁山頭。
> 省己無遺愛，投荒歷舊遊。
> 妻兒相翼衛，風雨漫淹留。
> 力學如何驗，仁人乃不憂。〔註89〕

〔註86〕《建炎以來繫年要錄》卷一六一，頁3112。參《宋史·高宗本紀》、《宋史·李光傳》。《宋史·胡寅傳》云：「檜既忌寅，雖告老，猶憤之。坐與李光書，譏訕朝政，落職。」（頁5297）趙翼《二十二史箚記·秦檜文字之禍》云：「秦檜贊成和議，自以爲功，惟恐人議己，遂起文字之獄，以傾陷善類。因而附勢干進之徒，承望風旨，但有一言一字稍涉忌諱者，無不爭先告訐，於是流毒遍天下……檜又疏禁野史，許人首告，并禁民間結集經社。甚至司馬伋自言《涑水記聞》非其曾祖光所著，李光家亦舉光藏書萬卷悉焚之，其威燄之酷，眞可畏哉！」（卷二十六，頁352～354）今本胡寅《斐然集》卷十八〈寄張相書〉缺五頁，〈寄趙、秦二相書〉缺三頁，容肇祖以爲「有可能是胡寅懼再遭禍及，自行抽去」。（《胡寅年譜》，頁692）考《斐然集》卷十九，〈傳燈玉英節錄序〉云：「紹興庚午，予自休官中謫置新昌……既無書可觀，又不敢從事翰墨。」其戒懼之心猶在，則容氏所疑，或得其實。

〔註87〕《建炎以來繫年要錄》卷一六一，頁3123。《斐然集》卷六，〈落職謝表〉、〈散官安置謝表〉、〈再表〉，皆言及得罪謫宦之事，可資參考。

〔註88〕《斐然集》卷六，〈散官安置謝表〉，頁156。

〔註89〕同前書，卷五，〈謫居新昌，過黃羆嶺〉，頁121。案，詩中有云：「妻兒相翼衛，風雨漫淹留。」胡寅元配張季蘭辛於紹興七年，其再娶之事，史傳不載。

新州治新興縣（今廣東新興縣），當時尚是「百粵陋郡」。胡寅對其地理環境與文化水準，有如下之描述，〈新州竹城記〉云：

> 新昌郡自兩漢及南齊皆縣置，號曰臨允。至蕭梁時始升爲新州，廢於隋而復於唐，本朝因之，既七百年，亦可謂古郡矣。然有城而無郭，無以考其故。……城繞一里百有十二步耳，僅容州治，列廩獄，餘官廨、民居悉在城外，莫爲保障，理不應爾。紹興二十年，八桂黃齊義卿由肇慶別駕來攝郡符。值狗鼠盜數十葷依山爲害，官兵三討而未克，坊市數驚。最後受諭出降，人猶洶洶。義卿於是有興築之意。會眞拜郡，乃俾推官朱洵，權令黃熙巡行四周，求古遺跡，相令所宜，標示其處……取野竹駢植之，環衰一千二百八十四丈，再旬而畢。〔註90〕

〈新州州學御書閣記〉云：

> 眷茲新昌，百粵陋郡，煙嵐蒸潰，瘴氣蒙濁，車馬舟楫，湊集艱隔。平時士子欲見書籍之善者，其道無由。……黌宇傾漏，茂草延堂，饔飧缺供，士散城闕。〔註91〕

新州地處南荒，爲舟車商賈之所不至，胡寅謫居於此，物質生活極爲艱困，嘗云：

> 相彼炎荒，允宜罪放。戶牖盡蛛蝥之世界，枕衾皆螻蟻之經行。鈎吻叢羅，人能采用；蟲蛾翩舞，食輒猜防。大冬或至于袗絺，長夏有時而附火。疾須謁鬼，俗不貴醫。俟以歲年之多，淹茲惡弱之氣，不必膏汙于斧鑕，固將反掩于纍桎。〔註92〕

又云：

> 一墮黃茅，六看春草。病無醫藥，窮逮饑寒。忍攫抓于眾狙，聽欺凌于百鬼。〔註93〕

考《斐然集》卷二十六〈右朝奉大夫集英殿修撰翁公神道碑〉云：「前奉常翁公既沒之六年，某爲其孫女婿。」（頁586）翁殿撰諱彥深，字養源，建州崇安縣白水人。卒於紹興十一年辛酉。則寅娶其孫女爲繼室，當在紹興十六年。是年秋，胡寅回崇安居住，而翁彥深正是建州崇安人。又《斐然集》卷二十七，〈祭妻兄翁主簿子光〉云：「惟我摧頹，晚婿君甥。」（頁616）紹興十六年，胡寅年四十九。亦與此語相符。

〔註90〕《斐然集》卷二十一，頁453～454。
〔註91〕同前書，卷二十一，頁452。
〔註92〕同前書，卷七，〈自便，謝政府及中司啓〉，頁182。作於紹興二十五年。
〔註93〕同前書，卷六，〈自便謝表〉，頁157。

加以彼時秦檜氣燄方張，曲附謅諛之徒，虎視眈眈，網羅異己，以入於罪。故舊交日疏，徒友益散，甚至二弟在遠，亦經年無書，其心情之抑鬱，可想而知！〔註94〕然而，現實政治生活之挫折，並無損其輔世濟民，明道傳心之志，其〈病中有感〉詩云：

> 武侯輔世侔伊尹，明道傳心繼孟軻。
>
> 五十四年而已矣，小儒如此豈非多。〔註95〕

以諸葛武侯、孟軻爲典範，志爲大儒，乃胡寅一生追求之目標。雖身在貶謫之中，於發政施仁，農爲邦本之事，猶再三致意焉，見於詩篇者，如〈和郡將勸農〉云：

> 仁政惟敦本，躬行豈好夸。
>
> 舞停衫颭雪，盤藉綺如霞。
>
> 童馬爭騎竹，村厖息吠花。
>
> 向來觀餼地，和氣滿家家。

〈再美勸農〉云：

> 邦本古攸重，民天辭匪夸。
>
> 詎能皆辟穀，漫道獨餐霞。
>
> 一笑爲良覿，力耕無賣花。
>
> 信知豳七月，于耡起周家。〔註96〕

尤有進者，胡寅尚親自涉園植蔬，從體力勞動中體驗萬物生生之意，有〈治園詩〉二首以述其事，其一云：

> 涉圃親鋤草，分畦膳種蔬。
>
> 潤通隣沼近，色映野雲虛。
>
> 瘴重難求藥，心閒易看書。
>
> 但令羹有楪，那嘆食無魚。

其二云：

〔註94〕同前書，卷十九，〈送劉伯稱教授序〉云：「予投畀新昌，親交益疏，徒友益散。」（頁398）卷二十，〈祭楊珣〉云：「吾初來兮新昌，晼爾居兮西鄰……予舊交兮日疏，爾既久兮彌寅。」（頁615）卷五，〈二弟在遠，經年無書，張倩忽來相看，蔡生以詩見慶，次其韻〉云：「鴻雁分飛接翼難，稻粱謀隔水雲寒。千水路遠勞魂夢，一紙書來強笑歡。」（頁132）

〔註95〕同前書，卷五，頁132。

〔註96〕以上二詩，見《斐然集》卷五，頁122～123。作於紹興二十年。

　　萊菔瑤英體，蕪菁翠羽叢。

　　壓黃千葉韭，競秀一畦蔥。

　　淯淯金莖露，飂飂玉宇風。

　　不忘藏聚力，醢醬有無同。〔註97〕

胡寅性格剛毅，善於將外在環境之挫折與內在沉鬱之心情，轉化爲生命之騰躍，激發出創造力量。〈魯語詳說序〉云：

　　適有天幸，投畀炎壤，結廬地偏，塵事遼絕，門挹山秀，窗涵水姿，

　　簷竹庭梧，時動涼吹。朝夕飯一盂，蔬一盤，澹然太虛，不知浮雲

　　之蔭耶也。〔註98〕

所謂境由心生，此文最能描述其當時之心情。故於謫居新州六年之間，除詩文之外，又撰《先公行狀》一卷、《魯語詳說》二十卷、《讀史管見》三十卷。其著述之勤，由此可見。

　　紹興二十五年（西元 1155 年），秦檜秉政已十八年，富貴且極，老病日侵，猶將除異己，使張扶等論趙汾、張祁交結事，先捕汾下大理寺，拷掠無全膚。令汾自誣與張浚、李光、胡寅謀大逆，凡一時賢士五十三人，檜所惡者皆與。獄上，而檜已不能書矣。〔註99〕十月，秦檜卒。十一月，高宗令所勒停編管諸人任便居住。十二月，詔「責授果州團練副使、致仕胡寅爲徽猷閣直學士、致仕」。〔註100〕胡寅奉詔，有〈復官職謝表〉，云：

　　盡滌垢汙，恩波浩蕩，俾還官職，綸誥坦明，感切涕沱，喜深拜舞。

　　伏念臣……被遇況早，眷知非輕，雖拱侍北辰，歷光陰者兩紀，而

　　放投南裔，蒙羞菲者六年。葵心密向于重光，蓬首莫知其萬死。白

　　髮飄蕭而老去，黑裘破敝以歸來。〔註101〕

秦檜卒後，高宗即命胡寅復職致仕，足見當年致干呵譴，實乃秦檜威燄之酷所致。胡寅對於高宗能夠盡滌其垢汙，俾還其官職，感切欣喜之情，自可想見！然而「白髮飄蕭而老去，黑裘破敝以歸來。」蓋投畀炎荒，歷時六載，雖能全身而歸，亦已垂垂老矣。

〔註97〕《斐然集》卷五，頁 122。作於紹興二十年。

〔註98〕同前書，卷十九，頁 405。

〔註99〕《建炎以來繫年要錄》卷一六九，頁 3283。

〔註100〕以上諸事見《續資治通鑑》卷一三○，《斐然集》卷六，〈自便謝表〉、〈復官
　　　　職謝表〉卷七，〈自便謝政府及中司啓〉卷十八，〈謝魏參政〉。

〔註101〕《斐然集》卷六，頁 158。

　　紹興二十六年（西元 1156 年）春，胡寅從水路歸南嶽，經清遠，作〈題清遠峽山寺〉詩，有句云：

　　　　罪垢三薰淨，歸風兩腋輕。

　　　　皇慈天共大，睿知日同明。

　　　　重起闕廷戀，敢懷山水情。

歸次義彬，老人廖康吉惠贈靈壽杖，寅以絕句二十八字謝之，云：

　　　　綠鬢投荒白髮歸，瘴餘渾欲不勝衣。

　　　　煩將夫老殷勤贈，未怕登高足力微。

到南嶽，有詩〈簡彥達〉，云：

　　　　別來魚雁半浮湛，一日掀杯酒便深。

　　　　照水顏容皆欲老，蔭門槐竹盡成陰。

　　　　驅山塞海成何事？飯糗羹藜只此心。

　　　　但願歲豐人共樂，扶筇有興即相尋。〔註102〕

詩中所言，略無怨誹之意，而有與人同樂關懷國事之情。老驥伏櫪，志在千里。然而，歲月不居，時不我予，是年閏十月，胡寅卒於衡州，享年五十有九。諡文忠，學者稱致堂先生。子男四人，大原、大端、大永、大經，女曰衍君。〔註103〕所著有《二五君臣論》一卷、《無逸傳》一卷、《魯語詳說》二十卷、《胡文定公行狀》一卷、《讀史管見》三十卷、《三國六朝攻守要論》十卷、《崇正辯》三卷、《敘古千文》一卷、《斐然集》三十卷。〔註104〕

　　胡寅生當兩宋遞嬗之際，外侮日亟，生民日蹙，故其憂患意識極為強烈，加以性格秉正不阿，決烈明白，故仕途坎坷，屢遭挫折，嘗於晚年回憶一生從政之經歷，云：

　　　　回省昨夢，塵勞半生。西掖南宮，持橐撢經于八月，嚴陵瀟岸，分

　　　　符併計于三年。自餘寢飯之辰，皆是退閒之日。〔註105〕

即使身在退閒之中，猶不免於權臣之忌恨，羅織罪名，必置之死地而後已。其所以多仇少與者，蓋平生主張學貴真見自得，嘗云：「見不善，如水之不可

<hr />

〔註102〕以上三詩，並見《斐然集》卷五，頁 142～144。

〔註103〕大原、大端、大永、衍君，為胡寅元配張季蘭所出。大經則出於繼室翁氏。大端卒於紹興十三年，大永生三歲而夭，時在紹興七年九月。（《斐然集》卷四〈憶端子三首〉、卷二十六〈亡室張氏墓誌銘〉）

〔註104〕胡寅著作之存佚及其提要見本章第三節。

〔註105〕《斐然集》卷七，《自便，謝政府及中司啟》，頁 182。

入，火之不可蹈，乃眞見也。爲善，如渴而厭於飲，饑而飫於食，乃自得也。」〔註106〕又云：「人生孰不有知兮，惟無學之足患。束帶秉笏，孰不慕君兮，能行義之爲難。」〔註107〕學以行義，道與身一。方其得志之時，與論國是，籌畫宏規，彈劾奸吏，薦擧賢才，不遺餘力。方其致仕閒居，投畀炎壤之日，亦能守道不屈，甘心田園，立身行己，如竹箭松柏，無所附麗。〔註108〕當紹興二十六年，胡寅自新州遇赦返回南嶽，朱熹曾往見之，有云：

> 胡致堂議論英發，人物偉然，向嘗侍之坐，見其數杯後，歌孔明〈出師表〉，誦張才叔〈自靖人自獻於先王義〉、陳了翁〈奏狀〉等，可謂豪傑之士也。〔註109〕

朱熹「可謂豪傑之士也」一語，足爲胡寅一生之寫照！

胡寅世系表

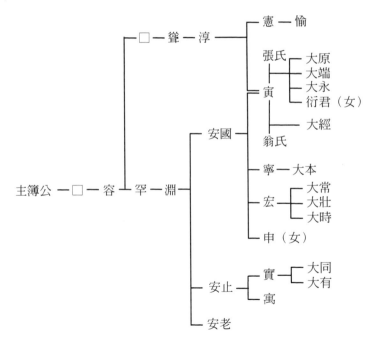

〔註106〕《讀史管見》卷一，頁27。
〔註107〕《斐然集》卷二十七，〈祭陳少卿幾叟〉，頁608。
〔註108〕胡寅嘗言：「士君子立身當特立，行己當獨行。如竹箭松柏，無待乎依倚附麗而後成者也。」（《讀史管見》卷八，頁481）
〔註109〕《朱子語類》卷一〇一，頁2581。

第二節　胡寅傳記資料考異

　　南宋以來，有關胡寅之傳記資料，記載頗多參差，錯誤亦所難免。茲以《斐然集》、《建炎以來繫年要錄》、《皇宋中興聖政》、《宋史》、《續資治通鑑》、《胡寅年譜》等書為主要對象，參考宋人文集、語錄，以及相關之方志，辨正之。

一、〈責高閌書〉非胡寅所作

　　《建炎以來繫年要錄》記紹興十四年三月壬申，國子司業兼崇政殿說書資善堂贊讀高閌權尚書禮部侍郎，徽猷閣直學士胡寅聞之，移書責閌曰：

> 太學者，明人倫之所在也，閣下召自閒廢，有成均之命，竊自計曰：
> 今天下方無三綱，斯人之所以來乎！及見請視太學之表，寅心惕然，
> 不意閣下有所請而有斯言也。昔秦楚敵國，懷王不還，楚人憐之，
> 如悲親戚，蓋忿秦之以強力姦詐加於其君，使不得死，其憯勝於加
> 之刃也。太上皇帝，我中原受命之主，劫制強敵，生往死歸，此臣
> 子痛心切骨，坐薪嘗膽，宜所以必報者也，而柄臣者，乃敢欺天罔
> 人，以大讎為大恩乎？昔宋公為楚所執，楚子釋之，孔子筆削《春
> 秋》，乃曰：「諸侯盟于薄，釋宋公。」不許外國之人得制中國之命
> 也。太母，天下之母，其從釋乃在外國之君，此中華大辱，臣子所
> 不忍言者也，而柄臣者，乃敢欺天罔人，以大辱為大恩乎？大宋基
> 業封疆，皆太祖、太宗收用英俊，勤恤民隱，躬擐甲冑，與天下士
> 夫勞苦以得之，又累聖嚴恭寅畏，不敢荒寧而守之者也。今關河重
> 地，悉為敵封，園陵暴露，不得瞻守，族宗拘隔，不得相見，土地
> 分裂，人民困苦，不得鳩集，冤恨之氣，外薄四海，不得伸雪，而
> 柄臣者，方且施施然厚誣天下，自為有大功乎！閣下受其知遇，何
> 不勤勤懇懇而為之言乎？言而或聽，天下國家實幸之也。晉朝廢太
> 后，董養游太學，升堂歎曰：「天人之理既滅，大亂將作矣。」則遠
> 引而去。今閣下目睹忘讎逆理，北面事敵，以苟宴安之事，猶偃然
> 為天下師儒之首。既不能建大倫，明天人之理，以正君心，乃阿諛
> 柄臣，希合風旨，求舉太平文具之典，又為之詞曰云云，欺天罔人
> 孰甚焉，是黨其惡也。人皆謂閣下平生志業掃地矣。數十年積之，
> 而一朝毀之乎？《春秋》之業，誅國賊者，必誅其黨。歷觀往古人

君，以無道行者，猶不能終，況人臣而敢肆然以無道行之乎！一旦明天子監亂亡之禍，赫然震怒，以咎任事者，嗚呼危哉，豈不與董養異哉？閣下不及今翻然改圖，則必與之俱矣！〔註110〕

《宋史‧高閌傳》云：

新學成，閌奏補試者六千人，且乞臨雍，繼率諸生上表以請，於是帝幸太學，秦熺執經，閌講《易‧泰卦》，賜三品服。胡寅聞之，以書責閌曰：「閣下爲師儒之首，不能建大業，明天人之理，乃阿諛柄臣，希合風旨，求舉太平之典，欺天罔人孰甚焉，平生志業掃地矣！」

〔註111〕

《宋史‧胡宏傳》云：

高閌爲國子司業，請幸太學，宏見其表，作書責之曰：「太學，明人倫之所在也。昔楚懷王不返，楚人憐之，如悲親戚，蓋忿秦之以彊力詐其君，使不得其死，其憯勝於加之以刃也。太上皇帝劫制於彊敵，生往死歸，此臣子痛心切骨，臥薪嘗膽，宜思所以報也。而柄臣乃敢欺天罔人，以大讎爲大恩乎！昔宋公爲楚所執，及楚釋之，孔子筆削《春秋》，乃曰：『諸侯盟于薄，釋宋公。』不許楚人制中國之命也。太母，天下之母，其縱釋乃在金人，此中華之大辱，臣子所不忍言也，而柄臣乃敢欺天罔人，以大辱爲大恩乎！晉朝廢太后，董養游太學，升堂歎曰：『天人之理既滅，大亂將作矣。』則引而遠去。今閣下目睹忘讎滅理，北面敵國，以苟宴安之事，猶偃然爲天下師儒之首，既不能建大論，明天人之理以正君心，乃阿諛柄臣，希合風旨，求舉太平之典，又爲之詞云云，欺天罔人孰甚焉。」

〔註112〕

《宋史》載〈責高閌書〉，一則以爲胡寅所作，一則以爲胡宏所作。考《宋史‧胡寅傳》不載寅有移書責高閌事，《斐然集》亦不見收錄。胡宏《五峰集》有〈與高抑崇書〉一篇〔註113〕與《建炎以來繫年要錄》、《宋史》所引，雖詳略稍異，而辭旨雷同，足見〈責高閌書〉當是胡宏所作無疑也。〔註114〕

〔註110〕《建炎以來繫年要錄》卷一五一，頁2943～2944。
〔註111〕《宋史》卷四三三，頁5266。
〔註112〕《宋史》卷四三五，頁5299。
〔註113〕《五峰集》卷二，頁123～124。高閌字抑崇。
〔註114〕《郡齋讀書志附志》卷五下，載致堂先生《斐然集》三十卷，云：「禮部侍郎

二、《宋史‧秦檜傳》記事誤植

《建炎以來繫年要錄》記紹興十八年三月壬午，資政殿大學士提舉萬壽觀兼侍讀秦熺知樞密院事。一日，太師秦檜問敕令所刪定官胡寧曰：「兒子近除，外議如何？」寧曰：「外議以爲相公必不襲蔡京之跡。」寧，寅弟也。〔註115〕

《宋史‧胡寧傳》云：

> 秦檜當國，召試館職，除敕令所刪定官。秦熺知樞密院事，檜問寧曰：「熺近除，外議云何？」寧曰：「外議以爲相公必不爲蔡京所爲也。」〔註116〕

《宋史‧秦檜傳》云：

> （紹興）十八年，熺除知樞密院事，檜問胡寅曰：「外議如何？」寅曰：「以爲相公必襲蔡京之跡。」〔註117〕

紹興十八年，秦檜之子秦熺除知樞密院事，恐召物議，故問胡寧外議如何？《宋史‧胡寧傳》所載與《建炎以來繫年要錄》同，《宋史‧秦檜傳》則以爲是胡寅之事。考胡寅以主張罷和議，與秦檜不合，紹興十二年六月，胡寅辭知永州，除提舉江州太平觀，後許致仕，退居衡山之陽。至紹興二十年，又因李光私史案爲章廈所劾，貶謫新州。其間，胡寅並未復職出仕，而胡寧正任職朝廷。〔註118〕且詳味秦檜問語，乃徵詢朝中官員之語氣，則《宋史‧秦檜傳》以此事繫諸胡寅，蓋誤植也。

三、《四庫全書總目‧斐然集提要》用詞欠精

《四庫全書總目‧斐然集提要》，錯誤極多，如文中所云〈樓鑰序〉，當是〈魏了翁序〉；「本胡安國弟之子」，「弟」乃「兄」字之誤；「紹興四年爲中書舍人」，當是紹興五年；「紹興二十一年卒」，當是紹興二十六年。以上四處

胡寅明仲之文也……然〈與高閌書〉，責其請幸太學……皆不載焉。」《福建通紀‧胡寅傳》載寅以書責高閌，注云：「案，《宋史》以此事入〈胡宏傳〉，考《繫年要錄》及《宋史‧高閌傳》，皆屬寅。」錢大昕《二十二史考異》云：「宏書已見本傳，而閌傳又略載其語，當刪存其一。」（卷八十一，頁1314）蓋見《宋史》記事重複之失，而未察覺其誤。

〔註115〕《建炎以來繫年要錄》卷一五七，頁3066。《續資治通鑑》卷一二八亦載此事。

〔註116〕《宋史》卷四三五，頁5299。

〔註117〕《宋史》卷四七二，頁5686。

〔註118〕《斐然集》卷十九，〈進先公文集序〉謂紹興十八年閏八月，胡寧任太常臣，奏事殿中，高宗面諭裒輯胡安國論著以進。

錯誤，杜光簡〈胡寅傳考異〉舉證詳明，茲不贅述。唯《提要》有云：

> 寅父子兄弟皆篤信程氏之學，寅尤以氣節著，其晚謫新州，乃右正言
> 章復劾其不持生母服，寅上書於檜自辨，其文今載第十七卷中。〔註119〕

《斐然集》卷十七載〈寄秦丞相書〉，下注云：「壬戌。」即紹興十二年，而章廈劾胡寅不持生母服，事在紹興二十年，非一時之事。《提要》之言，易使讀者誤以爲章廈劾其不持生母服，胡寅乃上書秦檜以自辨。此亦《提要》用詞不精之一例。

四、容肇祖《胡寅年譜》商榷

　　容肇祖於西元 1985 年完成《崇正辯》與《斐然集》之點校工作，又編纂《胡寅年譜》，附於《斐然集》之後。此譜敘列胡寅生平事蹟，並將其詩文、著作繫於編年之下，取材豐富，考證堪稱翔實。然細讀其書，猶見史料之取捨論證，尚有值得商榷之處，茲舉其大者十條辨正如下，至於《年譜》引書所注卷數或其他文字錯誤之顯然可見者，則不一一列舉。

　　（一）《年譜》云：

> 胡寅五世祖號主簿公。〔註120〕

《斐然集・先公行狀》云：「公諱安國，字康侯。五世祖號主簿公，五代中至建州之鵝子峰下釣魚自晦，人莫知其所從來。」〔註121〕主簿公爲安國之五世祖，即胡寅之六世祖也。

　　（二）《年譜》云：

> 宋徽宗崇寧元年（公元 1102 年），寅五歲。
>
> 寅弟胡宏生。（按朱熹《朱文公晦庵先生大全集》卷八十一〈跋五峰
> 詩〉云：「初，紹興庚辰……明年，胡子卒。」是胡宏卒于宋高宗紹

〔註119〕《四庫全書總目提要》卷一五八，頁 3133。《建炎以來繫年要錄》記紹興二十年三月，右正言「章廈」奏胡寅不肯爲親母持服。（卷一六一，頁 3121）《宋史・胡寅傳》作「章復」，與《提要》同。考《宋史》無章廈傳，亦無章復傳。《宋史・秦檜傳》載：「自其獨相，易執政二十八人，皆世無一譽，柔佞易制者……又多自言官聽檜彈擊，輒以政府報之，由中丞諫議而陞者凡十有二人。」此二十八人之中，有「章夏」其人。（卷四七二，頁 5688）《宋史・宰輔表》（卷二一三）載紹興二十二年，「章復」自御史中丞遷端明殿學士。故劾胡寅者，究竟是章廈，抑是章復，因無確證，存疑以待考。本文皆用「章廈」之名，以求用語一致。

〔註120〕《斐然集》，頁 655，《胡寅年譜》。

〔註121〕《斐然集》卷二十五，頁 518。

興三十一年辛巳（公元 1161 年）。又按張栻〈胡子知言序〉云：「不
幸僅得中壽」，當年僅六十歲卒。據此推算，胡宏當生在宋徽宗崇寧
元年，比胡寅少四歲。）〔註122〕

胡宏生卒年，近代學者頗多異說，茲略舉如下：

1. 姜亮夫《歷代人物年里碑傳綜表》以爲胡宏生於宋徽宗崇寧四年，卒
   於宋高宗紹興二十五年，（西元 1105～1155 年），享年五十一歲。（日
   人今井宇三郎〈南軒先生文集解題〉、麥仲貴《宋元理學家著述生卒年
   表》，皆採姜氏之說。）

2. 昌彼得主編之《宋人傳記資料索引》以爲胡宏生於宋徽宗崇寧五年，
   卒於宋高宗紹興三十二年，（西元 1106～1162 年），享年五十七歲。

3. 朱漢民、陳谷嘉合著之《湖湘學派源流》以爲胡宏生於宋徽宗崇寧四
   年，卒於崇高宗紹興三十一年，（西元 1105～1161 年），享年五十七歲。

胡宏〈與秦會之書〉云：「竊伏思念四十三年矣，先人即世，忽已十載。」
〔註123〕胡宏之父安國卒於紹興八年（西元 1138 年），〈與秦會之書〉作於
紹興十七年（西元 1147 年），胡宏時年四十三歲，由此逆推，胡宏當生於宋
徽宗崇寧四年（西元 1105 年）。至於胡宏之卒年，亦有可考者。朱熹〈跋胡五
峰詩〉云：

> 幽人偏愛青山好，爲是青山青不老。山中出雲雨太虛，一洗塵埃山
> 更好。
>
> 右衡山胡子詩也。初，紹興庚辰（三十年，西元 1160 年），熹臥病
> 山間，親友仕於朝者以書見招，熹戲以兩詩代書報之……或傳以語
> 胡子，子謂其學者張欽夫曰：「吾未識此人，然觀此詩，知其庶能有
> 進矣。特其言有體而無用，故吾爲是詩以箴警之，庶其聞之而有發
> 也。」明年（紹興三十一年辛巳），胡子卒。〔註124〕

張栻〈答陳平甫書〉云：

> 始時聞五峰胡先生之名，見其話言而心服之，時時以書質疑求益，
> 辛巳之歲，方獲拜於文定公書堂。〔註125〕

〔註122〕《斐然集》頁 657，《胡寅年譜》。
〔註123〕《五峰集》卷二，頁 118。
〔註124〕《晦庵先生朱文公文集》卷八十一，頁 5830～5831。
〔註125〕《南軒先生文集》卷二十六，頁 799。

胡宏〈與孫正孺書〉云：

> 敬夫特訪陋居，一見眞如故交，言氣契合，天下之英也。〔註126〕

　　張栻字敬夫，又字欽夫，號南軒，胡宏弟子。紹興三十一年辛巳，往湖南衡山拜見胡宏於文定書堂，是年，胡宏卒。根據上述資料，《年譜》謂胡宏卒於紹興三十一年，其說誠是。然依張栻〈胡子知言序〉「不幸僅得中壽」之語，斷定胡宏得年六十，並推算其生於宋徽宗崇寧元年，則純屬臆測。

　　（三）《年譜》云：

> 建炎三年己酉（公元 1129 年），寅三十二歲。
>
> 五月，寅至江寧，以樞密使張浚薦，復任駕部郎官，擢起居郎。

〔註127〕

胡寅〈跋高宗御筆〉云：「建炎三年夏四月，上移蹕建康，臣蒙賜對，爲尙書郎。未幾，擢司記註。」〔註128〕

　　《年譜》又云：

> 十月，……寅奉祠後，家在荊門，已爲盜區。安國率家人渡洞庭而南，寓居湘潭。……關於胡安國由荊門徙居湘潭事，朱熹曾引胡安國之姪胡憲說如下：「……又聞范丈說：『文定得碧泉（按碧泉在湘潭縣南七十里），甚愛之，有〈本亭記〉。所謂「命門弟子往問津焉」，即才翁也。』」（《朱子語類》卷一〇一）。〔註129〕

《年譜》引《朱子語類》「范丈說」以下一節文字，斷句、標點顯然有誤，其正確之斷句與標點當是：

> 文定得碧泉，甚愛之。〈有本亭記〉所謂「命門弟子往問津焉」，即才翁也。

蓋〈有本亭記〉乃胡宏所作，非胡安國所撰也。

　　（四）《年譜》云：

> 紹興二年壬子（公元 1132 年），寅三十五歲。
>
> 尹焞卒（生西元 1061 年）。〔註130〕

《續疑年錄》卷二謂尹焞生於宋神宗熙寧四年辛亥，卒於宋高宗紹興十二年

〔註126〕《五峰集》卷二，頁 145。
〔註127〕《斐然集》，頁 666～667，《胡寅年譜》。
〔註128〕《斐然集》卷二十八，頁 622。
〔註129〕《斐然集》，頁 667～668，《胡寅年譜》。
〔註130〕《斐然集》，頁 671～672，《胡寅年譜》。

壬戌，（西元 1074～1142 年）與《尹和靖集》附呂德元撰〈墓誌銘〉、《建炎以來繫年要錄》所載尹焞卒年相符。〔註 131〕《中興聖政》謂紹興八年四月，詔尹焞解《論語》書成，特賜六品服。〔註 132〕則尹焞之卒不在紹興二年，無疑也！《年譜·尹焞卒》一條，當移至紹興十二年之末。又高宗紹興元年十二月，詔胡安國除中書舍人兼侍講。安國辭。紹興二年五月，朝廷不許安國辭，遣使至所居敦促，安國以《時政論》先獻。《斐然集·中興十事》，自注云：「家君被召，命子姪輩分述所見。」則此文作於紹興二年。《年譜》不載，當補。

（五）《年譜》云：

> 紹興十一年辛酉（公元 1141 年），寅四十四歲。
>
> 陳傅良生（卒公元 1207 年）。〔註 133〕

《年譜》以陳傅良生於紹興十一年，蓋據錢大昕《疑年錄》之說。考樓鑰〈寶謨閣待制贈通議大夫陳公神道碑〉云：「鑰與公同生于丁巳。」〔註 134〕是樓鑰與陳傅良同年，生於高宗紹興七年丁巳（西元 1137 年）。孫鏘鳴《陳文節公年譜》亦云，紹興七年陳傅良生。故《年譜·陳傅良生》一條，當移至紹興七年之末。

（六）《年譜》云：

> 紹興十二年壬戌（公元 1142 年），寅四十五歲。〔註 135〕

胡寅於紹興十年閏六月出知永州，紹興十二年三月，乞改宮祠，降詔不允。是年六月，奉旨辭知永州，除提舉江州太平觀，後許致仕，退居衡山之陽。《斐然集》載〈議服箚子〉一篇，文末有云：「臣遠求（守）郡章，方乞祠觀。」〔註 136〕則此文作於紹興十二年。《年譜》不載，當補。

（七）《年譜》云：

> 紹興十三年癸亥（公元 1143 年），寅四十六歲。
>
> 寅有文：〈祭外大舅翁殿撰（彥深）〉（《斐然集》卷二十七）。〈右朝奉大夫集英殿修撰翁公（彥深）神道碑〉（《斐然集》卷二十六）。〔註 137〕

〔註 131〕《建炎以來繫年要錄》卷一四七，頁 2882。
〔註 132〕《皇宋中興聖政》卷二十三，頁 1054。
〔註 133〕《斐然集》，頁 684～685，《胡寅年譜》。
〔註 134〕《攻媿集》卷九十五，頁 1328。
〔註 135〕《斐然集》，頁 685，《胡寅年譜》。
〔註 136〕卷十一，頁 243。
〔註 137〕《斐然集》，頁 687～688，《胡寅年譜》。

據〈右朝奉大夫集英殿翁公神道碑〉所記,翁彥深卒於紹興辛酉(十一年)五月。後六年,胡寅娶其孫女,得劉勉之所述翁彥深行事狀,及呂本中所撰墓志銘,乃應彥深之孫翁紹屬託,撰爲此文。又〈祭外大舅翁殿撰〉云:「謹率新婦某具清酌庶羞之奠,陳於墓前。」則〈翁公神道碑〉與〈祭翁殿撰〉,皆作於紹興十六年。《年譜》繫於紹興十三年,顯然有誤。

(八)《年譜》云:

> 紹興十五年乙丑(公元 1145 年),寅四十八歲。
>
> 寅有文:〈處士魏君(挺之)墓誌銘〉。(《斐然集》卷二十六)〔註138〕

考〈處士魏君墓誌銘〉云:

> 紹興十有六年秋,予過建陽,魏挺之以名來謁,……問之伯氏,伯氏曰:「是建陽之秀也。」予私謂魏子能外擇所從,必其義方之訓良有素矣。然恨未與之歡語,益叩其所自。到越三年,乃以訃來,曰:「挺之罪大不天,先君於戊辰(紹興十八年)六月二十五日以疾終。日月有時,用季冬七日克就窀穸之事。……敢緣一日昆季門闌之契,丐爲銘文,使先君自託以不朽,則挺之即死而無恨。」予乃取狀所載之大節,序而銘之。

由此可知,此文乃胡寅應魏挺之所請,爲其父大名所撰之墓誌銘,時爲胡寅到越之三年,即紹興二十二年。《年譜》既誤以處士魏君爲魏挺之,又將此文繫於紹興十五年,如此錯誤,實難理解。

(九)《年譜》云:

> 紹興二十四年甲戌(公元 1154 年),寅五十七歲。
>
> 有〈太孺人李氏(黃表中之妻)墓誌銘〉(《斐然集》卷二十六)。〔註139〕

據〈太孺人李氏墓誌銘〉,李氏卒於紹興二十三年五月八日,將以十二月丙午葬,其子齊請銘其藏,胡寅應其請爲撰墓誌銘。然則此文當作於紹興二十三年。又《斐然集》載〈祭楊珣〉一文,云:「吾初來兮新昌,睨爾居兮西鄰……屈輪指兮逮茲,淹五冬兮四春。」〔註140〕胡寅於紹興二十年三月謫居新州,「淹五冬兮四春」,時當紹興二十四年。《年譜》漏列,當補。

〔註138〕《斐然集》,頁 689,《胡寅年譜》。
〔註139〕《斐然集》,頁 696,《胡寅年譜》。
〔註140〕《斐然集》卷二十七,頁 615。

（十）《斐然集》收錄〈謝魏參政〉、〈謝湯侍御〉、〈答張子韶侍郎〉三書，作於紹興二十六年《年譜》漏列，當補。〔註 141〕

五、胡寅卒年商榷

胡寅卒年，史傳記載不一，《建炎以來繫年要錄》記紹興二十六年閏十月，胡寅卒於衡州。〔註 142〕《宋史‧胡寅傳》云：「檜死，詔自便，尋復其官。紹興二十一年卒，年五十九。」按秦檜死於紹興二十五年十月，證諸《宋史‧高宗本紀》、《宋史‧秦檜傳》及宋人著述，絕無可疑。且紹興丙子（二十六年）春，胡寅尚爲新州重修廳作記，〔註 143〕《宋史‧胡寅傳》之說顯然與事實不符。《續文獻通考‧儒林傳》作紹興二十二年卒，亦誤。《宋元學案‧衡麓學案》云：「檜死，復官，二十七年卒，年五十九，諡文忠。」〔註 144〕胡寅生於宋哲宗元符元年（西元 1098 年），至紹興二十七年，年已六十，又與年五十九不合。陸心源《再續疑年錄》據《福建通志》，謂胡寅「卒于紹興二十六年丙子，年五十九。」與《建炎以來繫年要錄》所書卒年同，與「年五十九」亦合。《建炎以來繫年要錄》載胡寅卒於「閏十月」，陳垣《二十史朔閏表》紹興二十六年有閏十月，足證《建炎以來繫年要錄》所載不誤。《續資治通鑑》謂胡寅卒於紹興二十六年閏十月，當本諸《建炎以來繫年要錄》。《斐然集》收錄胡寅詩文，以作於紹興丙子（二十六年）者爲最晚，亦是一證。

六、胡寅卒、葬之地考證

杜光簡〈胡寅傳考異〉以爲，《建炎以來繫年要錄》云胡寅卒於衡州，《直齋書錄解題》則云：「檜死北歸，沒於岳州。」〔註 145〕考胡安國於建炎三年自荊門避亂徙居湘潭，後休於衡岳，買山結廬，爲終焉計，及卒，葬於湘潭縣。胡寅致仕後，亦居衡山之陽。紹興二十五年，奉詔復職致仕，次年春從新州

〔註 141〕《斐然集》卷十八，頁 387〜389。〈謝魏參政〉云：「念宣和辛丑，幸忝桂堂末契⋯⋯三紀于茲。」胡寅於宣和三年（西元 1121 年）中進士，至紹興二十六年（西元 1156 年），前後三十六年，故有「三紀于茲」之語。又〈謝湯侍御〉云：「某一斥六年，自分永已，大恩曠蕩，盡滌垢污。半月之間，併還階品。」〈答張子韶侍郎〉作於秦檜卒後「冬春之交」。秦檜卒於紹興二十五年十月。十二月，高宗詔胡寅爲徽猷閣直學士，致仕。可證其書作於紹興二十六年。

〔註 142〕《建炎以來繫年要錄》卷一七五，頁 3405。

〔註 143〕《斐然集》卷二十一，頁 456。

〔註 144〕卷四十一，頁 763。

〔註 145〕《直齋書錄解題》卷十八，〈致堂斐然集三十卷解題〉。

水路北返，經清遠、義彬而歸南嶽。《建炎以來繫年要錄》言胡寅卒於衡州，蓋因所居之地屬衡州之故。宋時衡山雖屬潭州，而唐代則屬衡州，縣與衡州毗連，宋人著書沿襲前說而未改。故胡寅卒於岳州之說無徵，謂卒於衡州，尚近事實。案，杜氏考胡寅卒於衡州，詳實可信。杜氏又云：「寅墓，《湖南通志》據《湘潭縣志》所引胡氏族譜謂在永州，然據眞西山（德秀）〈祭胡侍郎（寅）文〉，知其墓在潭州境，恐亦在湘潭縣也。」考《四庫全書》本《西山集》不載眞德秀〈祭胡侍郎文〉，〔註146〕唯劉爚《雲莊集》有〈祭胡侍郎文〉，云：「顧瞻丘塋，適在郡境。」〔註147〕爚，建陽人，嘗差通判潭州。〔註148〕此文可爲胡寅墓在潭州湘潭縣之一證。

第三節　胡寅著作存佚考

《二五君臣論》一卷　佚

《郡齋讀書志附志》卷五上著錄《二五君臣論》一卷，云：「胡寅明仲、閭丘昕之論也。六十四卦各爲之說，南軒先生張宣公爲序。」《經義考》卷二十五引馮椅曰：「昕字逢辰，與胡寅明仲在三舍爲友，同出胡文定公之門。此書明仲多潤色之，其說謂卦以六爻而成，二，臣也；五，君也；二五，君臣正體也。若以陽居陰爲九二，則臣有時而失之強，以陰居陽爲六五，則君有時而失之弱。蓋作於紹興間，意有所屬也。乾道辛卯歲張栻序其書。」案，此書《經義考》云「未見」，張栻〈序〉亦不見於《南軒先生文集》，詳細內容已不得而知。

《無逸傳》一卷　存

《經義考》卷九十七著錄胡寅《無逸傳》一卷，云：「未見。」案，《無逸傳》今載於《斐然集》卷二十二，前有進〈表〉一篇，於撰述之宗旨與方法，論之甚詳，其言曰：

> 臣頃任記注，立侍經幄，竊觀陛下親御翰墨，書周公〈無逸〉一

〔註146〕《湖南通志》卷三十七引《一統志》載眞德秀〈祭胡安國墓文〉，又據《湘潭縣志》節錄眞德秀〈祭胡宏文〉，（二文亦不載於《西山集》）。卷三十八記胡寅墓在永州零陵縣東關外。不載眞德秀〈祭胡侍郎文〉。

〔註147〕《雲莊集》卷二，頁35。

〔註148〕《宋史・劉爚傳》卷四〇一，頁4925。

篇，置之座隅。聖心憂勤圖治，濡毫灑牘，不忘警戒。臣退而取
〈無逸〉篇誦讀研究，至再至三。雖聖言宏深，未易窺測。譬如
涉海，或得涯涘。不俟揆度，輒以淺陋之學分章訓釋。古今相去
已數千年，至於人心未嘗有異。臣所以本原古訓，貫以時事，談
經尚論而無益於今，則腐儒而已。恭惟陛下聖學緝熙，高出一世，
如臣等輩，何能仰望清光。草芥賤微，求裕覆載熒爝之照，呈輝
大明，僭易伏誅，誠無所逭。一言有補，臣不虛生。臣無任納忠
隕越之至。〔註149〕

胡寅以為談經尚論而無益於今，只是腐儒而已。故訓釋《尚書·無逸》一
篇，本原古訓，貫以時事，以備高宗省覽。蓋紹興五年，任中書舍人時所
作。〔註150〕

《論語詳說》二十卷　佚

　　《論語詳說》或作《魯語詳說》。《直齋書錄解題》卷三著錄致堂《論語
詳說》二十卷，云：「禮部侍郎建安胡寅明仲撰，文定之子也。」《經義考》
卷二一六著錄胡寅《論語詳說》，不著卷數，云：「未見。」其書蓋久已亡佚。
《斐然集》卷十九有〈魯語詳說序〉一篇，作於紹興二十四年三月，敘此書
撰述經過甚詳，其言曰：

愚不肖，幸聞伊、洛至教，承過庭之訓，而冥頑怠廢，不早用力。
蓋嘗妄意《論語》一書，為仁道樞管，欲記所見聞指趣，附于章句
之下。內揆淺疏，久而未果。髮禿齒豁，恐負初志矣。適有天幸，
投畀炎壤，結廬地偏，塵事遼絕，門挹山秀，窗涵水姿，簷竹庭梧，
時動涼吹。朝夕飯一盂，蔬一盤，澹然太虛，不知浮雲之芥渺也。
觀過宅心，自是始篤，乃得就薰，遺諸童卯。博學而詳說之，將以反
說約焉。〔註151〕

胡寅以為，「《論語》一書，蓋先聖與門弟子問答之微言，學者求道之要也。」
〔註152〕自十六、七歲時，「見先君書案上有《河南語錄》，上蔡謝公、龜山
楊公《論語解》。間竊窺之，乃異乎塾之業……于時某未能樹立，而輒萌好

〔註149〕《斐然集》卷二十二，頁458。
〔註150〕《無逸傳》中有云：「正月朔旦，日有食之。」乃紹興五年之事。
〔註151〕《斐然集》卷十九，〈魯語詳說序〉，頁405。
〔註152〕《斐然集》卷十九，〈上蔡論語後解後序〉，頁394。

惡矣。」〔註153〕其後學問愈精，見聞愈廣，乃有撰述之意。至紹興中，以得罪秦檜，貶謫嶺表，塵事遼絕，因得就稿，時年五十有七。可謂少年發憤，晚而成書，浸淫其中迨四十年。故朱熹作《論語集註》頗採其說，〔註154〕《論語或問》中亦時見徵引，以爲有所發明云。〔註155〕

《胡文定公行狀》一卷　存

《郡齋讀書志附志》卷五上著錄《胡文定公行狀》一卷，云：「公之子寅、宏所述也，其孫大壯手書而傳之，因附入曾玄諸孫名。」案，《胡文定公行狀》載於《斐然集》卷二十五，乃安國卒後十五年（紹興二十二年），胡寅所撰。文中僅記「孫大原，右承務郎。公沒五年之後，始生大經、大常、大本、大壯、大時。」不及曾玄諸孫之名。

《讀史管見》三十卷　存

《郡齋讀書志附志》卷五上著錄《讀史管見》三十卷，云：「致堂先生胡寅明仲所著也。意謂二百四十二年之後，至於五代，司馬文正所述《資治通鑑》，事雖備而立義少，遂用《春秋》經旨尚論詳評，晦庵《綱目》中多取之。猶子大壯序其說，孫德興刻於衡陽。」《直齋書錄解題》卷四、《文獻通考・經籍考》卷二十七，並見著錄，《四庫全書總目》收入史部史評類存目（卷八十九）。其書今存，瞿鏞《鐵琴銅劍樓藏書目錄》卷十二著錄《致堂讀史管見》二十卷，宋刊本；《江蘇省立國學圖書館現存書目》卷六著錄《讀史管見》三十卷，崇禎刊本；王重民《中國善本書提要》史部史評類著錄：

> 《致堂讀史管見》，殘，存十二卷，七冊，（北圖）。云：「此本既不
> 全，且多闕葉。凡存三至四、九至十六、十八、二十七。」

> 《致堂讀史管見》，殘，存六卷，五冊，（北圖）。云：「存卷爲：卷
> 三至四、十一至十二、十九至二十。」

台北國立中央圖書館藏《致堂讀史管見》三十卷，三十冊，爲宋寶祐二年江南宛陵郡齋刊明初修補本配補鈔本。台灣商務印書館有影印宛委別藏本《致

〔註153〕《斐然集》卷十九，〈魯語詳說序〉，頁403～404。
〔註154〕《朱子語類》：問：「語解胡氏爲誰？」曰：「胡明仲也。向見張欽夫殊不取其說，某以爲不然。他雖有未至處，若是說得是者，豈可廢？」（卷十九，頁438）
〔註155〕《論語或問》卷一，頁50。案，胡寅之《論語》解遺文輯佚，見本書附錄一〈湖湘學派主要理學人物著作存佚考〉。

堂讀史管見》三十卷行世，案，《讀史管見》成書於紹興二十五年，〔註 156〕
乃胡寅謫居新州時所作。歷來學者對此書之評價頗為紛歧。朱熹曰：

> 《讀史管見》乃嶺表所作，當時並無一冊文字隨行，只是記憶，所
> 以其間有牴悟處。〔註157〕

又曰：

> 明仲嘗畏五峰議論精確，五峰亦嘗不有其兄，嘗欲焚其《論語解》，
> 并《讀史管見》。以今觀之殊不然。如《論語》、《管見》中雖有粗處，
> 亦多明白。〔註158〕

又曰：

> 致堂《管見》方是議論。《唐鑑》議論弱，又有不相應處，前面說一
> 項事，末又說別處去。〔註159〕

又：

> 問：「致堂《管見》，初得之甚喜，後見《南軒集》中云：『病敗不可
> 言。』又以為專為檜設，豈有言天下之理而專為一人者。」曰：「儘
> 有好處，但好惡不相掩耳。」〔註160〕

又曰：

> 胡侍郎《讀史管見》，其為文字與所見處甚好，到他自做處全相反，
> 不知是如何？卻似是兩人做事一般，前日所見是一人，今日所行又
> 是一人，是見不真確，致得如此。〔註161〕

李心傳曰：

> 寅既退居，乃著《讀史管見》三十卷，論周、秦至五代得失，其論
> 甚正，蓋於蔡京、秦檜之事，數寄意焉。其書今行於世。〔註162〕

趙與時曰：

〔註156〕見胡大壯〈讀史管見序〉。
〔註157〕《朱子語類》卷一〇一，頁 2581。
〔註158〕同前書，卷一〇一，頁 2594。
〔註159〕同前書，卷一三四，頁 3207。
〔註160〕同前書，卷十一，頁 196。《南軒先生文集》卷二十一〈答朱元晦祕書〉第二
　　　　十八書云：「《讀史管見》當併往，近看此書，病敗不可言，其中間有好處，
　　　　亦無完篇耳。看元來意思多是為檜設，言天下之理，而往往特為譏刺一夫，
　　　　不亦隘且陋乎！」（頁 2885）
〔註161〕《朱子語類》卷十四，頁 262。
〔註162〕《建炎以來繫年要錄》卷一七五，頁 3405。

胡致堂著《讀史管見》，主於譏議秦檜，一開卷可考也。如論耶律德
光諭晉祖宜以桑維翰爲相，謂維翰雖因德光而相，其意特欲興晉而
已，固無挾虜以自重，劫主以盜權之意，猶足爲賢。尤爲深切。致
堂本文定從子，其生也父母欲不舉，文定夫人舉而子之，及貴，遭
本生之喪，士論有非之者。故漢宣帝立皇考廟，晉出帝封宋王敬儒
兩章，專以自解。而漢哀帝謝立定陶後一節，直謂爲人後者不顧私
親，安而行之，猶天性也。吁！甚矣！首卷論豫讓報仇曰：「無所爲
而爲善，雖大學之道不是過。」若致堂者，其亦有所爲而著書者歟！
然其間確論，固不容揜也。〔註163〕

陳振孫曰：

胡寅……以《通鑑》事備而義少，故爲此書，議論宏偉嚴正，間有
感於時事，其於熙豐以來接於紹興權姦之禍，尤拳拳寓意焉。〔註164〕

瞿鏞曰：

案《姚牧庵集》序此書，謂宋時江南宣郡有刻板，入元歸興文署，
宣之學官，劉安重刻之。牧庵嘗得致堂手稿數紙，令摹諸卷首。是
宋、元時絕重其書也。〔註165〕

以上諸說，褒貶雖有異同，要能不持一端。《四庫全書總目提要》評論《讀史
管見》則趨於嚴刻，其言曰：

胡安國之傳《春秋》，於筆削大旨，雖有發明，而亦頗傷於深刻。……
寅作是書，因其父說，彌用嚴苛。大抵其論人也，人人責以孔、顏、
思、孟；其論事也，事事繩以虞、夏、商、周。名爲存天理、遏人
欲，崇王道，賤霸功，而不近人情，不揆事勢，卒至於窒礙而難行。
王應麟《通鑑答問》謂：「但就一事詆斥，不究其事之始終。」誠爲
篤論也。又多假借論端，自申己說，凡所論是非，往往枝蔓於本事
之外。……國朝朱直作《史論初集》，專駁是書。其間詆訶之詞，雖
不免於過當，然亦寅之好爲高論有以激之，至於出爾反爾也。〔註166〕

胡寅此書，固有爲而作，其議論或有過激之處，然其間確論，亦不可揜也。

〔註163〕《賓退錄》卷二，頁6。
〔註164〕《直齋書錄解題》卷四，頁276。
〔註165〕《鐵琴銅劍樓藏書目錄》卷十二，頁743〜744。
〔註166〕《四庫全書總目提要》卷八十九，頁1778。

《三國六朝攻守要論》十卷　佚

《玉海》卷二十七、《宋史・藝文志》史部史鈔類並著錄此書，今已亡佚，且無輯本。劉兆祐云：「宋趙善譽（乾道間人）嘗以三國六朝攻守之變，鑒古事以攷今地，每事爲之圖，撰《南北攻守類攷》六十三卷（見《直齋書錄解題》卷八）。疑趙氏之書，或廣胡書者也。」〔註167〕其說雖無確證，理或然者。

《崇正辯》三卷　存

《崇正辯》或作《崇正辨》《崇正論》。《宋史・藝文志》子部釋氏類著錄《崇正辨》三卷，云：「胡寅撰。」《四庫全書總目》子部儒家類存目著錄《崇正辨》三卷，此外諸家書目鮮少記載。容肇祖云：

《崇正辯》一書，各種版本流傳極少。傅增湘《藏園群書經眼錄》卷七有《致堂先生崇正辯》三卷，明刊本，十行十八字。第三冊末有海昌楊復彥剛題記，云於吳元年（明洪武改元前一年，公元1367年）爲友人借失中冊，後有朋友於路拾得一冊相送，略短一米，復成全書云云。北京圖書館藏有明刊本，十行二十四字，亦有楊復題記在第三卷末。我所藏的《崇正辯》是乾隆二十八年（公元1763年）刻本，亦有楊復題記，在第二卷末。全書三卷各分爲上、下冊，共六冊。前有成化十三年（公元1477年）丘濬〈序〉、嘉靖十六年（公元1537年）江以達〈序〉，在明代當另有這兩種版本。〔註168〕

容氏以乾隆胡刻本，校以北京圖書館所藏明刊本，於西元1985年完成點校本《崇正辯》一書，西元1993年由北京中華書局出版。《崇正辯》之版本，除容氏所述者外，尚有廣文書局影印日本文政九年（西元1826年）和刻本行世。此本每頁十行二十四字，第二卷末有楊復題記，前有成化十三年丘濬〈序〉，及陳文炅、黃希憲所撰〈重刻崇正辯序〉，作於萬曆六年（西元1578年）。經與容氏點校本比對，文字尚有參差，豈容氏點校之時未見此本歟？

胡寅《崇正辯》成書於高宗紹興四年（西元1134年），〔註169〕全書三卷，二百九十八條，〔註170〕以「仲尼立則佛邪，佛邪則仲尼立，無兩立之理」之

〔註167〕《宋史藝文志史部佚籍考》，頁537。
〔註168〕〈崇正辯點校說明〉，頁7～8。
〔註169〕《斐然集》卷二十，〈悼亡別記〉云：「甲寅歲，寅因偏觀大乘諸經及《傳燈錄》，究佛氏所論，遂有所見，著《崇正論》一編，數萬言。」，頁412。
〔註170〕《崇正辯》三卷，二百九十八條，丘濬〈崇正辯序〉誤爲二百九十九條，日人荒木見悟〈崇正辯解題〉亦沿其誤。

鮮明立場，從政治、經濟、哲學諸角度，對佛教之基本教義及其流弊，提出嚴厲之批評。歷來學者對此書之評價不一，凡持儒家立場者，多加以肯定，如《朱子語類》載：

> 伯豐問：「《崇正辯》如何？」曰：「《崇正辯》亦好。」……又問：「此書只論其跡。」曰：「論其跡亦好。伊川曰：『不若只以跡上斷，畢竟其跡是從那裡出來。』胡明仲做此書，說得明白。」〔註171〕

丘濬〈崇正辯序〉云：

> 自有佛氏千有餘年，其間豪傑之士，明言以痛斥之者，若傅太史、韓吏部、程夫子、朱文公，其論可謂明白而深切矣。然皆舉其大綱，撮其大凡，細微旁曲之處，容有未盡焉者，彼猶或得以隱遁掩飾也。惟有宋致堂胡明仲先生《崇正辯》一書，……蓋因僧仁贊之所論，按其事而判之，隨所言而折之，根究條析，瑣細不遺，一本諸理之所有，以證其事之必無，理直而氣壯，詞嚴而意周，破（彼）夫誕幻不經之邪見，茫昧無稽之虛言，一切破蕩無餘矣！〔註172〕

陳文炅〈重刻崇正辯序〉云：

> 有宋胡明仲氏為《崇正辯》一書，取釋氏所云四劫、九錄、三乘、六道、寶光、法相、恆河、阿鼻、因果、輪迴之說，以僧仁贊所論為案，以吾儒之道為律，而以己意判之，破其玄寂之旨，闢其疏漏之見，指摘其變幻無據之誕，反復功（攻）擊，無一隙漏，譬之法家剖獄，即大奸劇猾之徒，張口肆辯，彼逃此遁，率以理法繩之，如錐畫地，籍令牟尼枯骨可噓，且俛首帖服矣！〔註173〕

反之，持佛教之立場者，則深不以胡寅之說為然，如李屏山〈輔教篇序〉云：

> 有胡寅者，反為仇敵，作《崇正辯》。醜辭惡語，殆不忍聞，此逢蒙之所不肯為也。學者當以此為戒，毋藉此編為嚆矢云。

唯《四庫全書總目》則褒貶兼而有之，其言曰：

> 是書專為闢佛而作，每條先引釋氏之說於前而辯正於後，持論最正，其剖析亦最明。然佛之為患，在於以心性微妙之詞，汩亂聖賢之學問，故不可不辯。至其經典荒誕之說，支離矛盾，妄謬灼然，皆所謂不足

〔註171〕《朱子語類》卷一○一，頁2558～2559。
〔註172〕見《崇正辯》，頁11。
〔註173〕見《崇正辯》，頁4。

與辨者，必一一較其有無，是亦求勝之過，適以自褻矣。〔註174〕

《敘古千文》一卷　存

《郡齋讀書志附志》卷五上經部小學類著錄胡寅《敘古千文》一卷，云：
「南康黃西坡灝商伯爲之傳，晦庵朱文公題其後。」《宋史‧藝文志》經部小
學類載胡寅注《敘古千文》一卷，謝啓昆《小學考》載胡氏寅《敘古千字文》，
云：「《讀書志》一卷，未見。」《福建通紀‧藝文志》子部儒家類著錄胡寅著
《敘古千字文》一卷。瞿鏞《鐵琴銅劍樓藏書目錄》著錄舊鈔本《敘古千文》
一卷，云：「宋胡寅撰，姚福集解，有後序。」《斐然集》卷三十載〈敘古千
文〉一篇，無注解。據此則《敘古千文》之版本有三：宋黃灝註本、明姚福
集解本及《斐然集》所載之本。黃灝註單卷本之可見者，有清張承燮輯《聽
雨堂叢刻》所收清光緒二十七年太湖張氏膠州刊本、〔註175〕《粵雅堂叢書》
所收清咸豐伍崇曜校刊本。〔註176〕

胡寅所撰之《敘古千文》，後人對其評價甚高。朱熹於宋孝宗淳熙六年（西
元1179年）撰〈跋敘古千文〉，云：

> 其敘事立言，昭示法戒，實有《春秋》經世之志。至於發明大統，
> 開示正塗，則又於卒章深致意焉。新學小童朝夕諷之而問其義，亦
> 足以養正於蒙矣。清江劉孟容出其先朝奉君所書八分小卷，莊謹齊
> 一，所以傳家之意甚備，豈亦有取於斯乎！因摹寘南康郡齋，傳諸
> 小學，庶幾其有補云。〔註177〕

宋理宗淳祐十年（西元1150年）李昴英撰〈書胡致堂敘古千文後〉，云：

> 文定胡公潛心《春秋》四十餘年而後徐出其說，致堂其親傳，故筆
> 削皆有法。《敘古》字凡千不重，雖飲席間談笑成之，而上下數千載，
> 關繫大處，包撮略盡。興君昏主之理亂，哲佐悖臣之功罪，吾道異
> 端之正偏，一字森嚴，百世確論，不但可以習童稚而已。古千文猥
> 陋不偏，乃盛行於世，俗蓋未知有此作也。其書一經朱文公表揭，……
> 自此流布天下，人人得諷詠，有功於人心多矣。〔註178〕

〔註174〕卷九十五，頁1883。
〔註175〕見《中國叢書目錄及子目索引匯編》頁44。
〔註176〕見台北藝文印書館影印《百部叢書集成》六十四《粵雅堂叢書》第九函。此
　　　　本後有宋朱熹、李昴英及清伍崇曜跋。
〔註177〕《晦庵先生朱文公文集》卷八十一，頁5867～5868。
〔註178〕《文溪集》卷四，頁139。

此外，瞿鏞云：「攷隋、唐二書〈經籍志〉，周興嗣《千字文》外，有蕭子範《千字文》，又有無名氏《演千字文》，皆佚不傳，其繼散騎而作者，以此書稱首。」〔註179〕伍崇曜云：「興嗣作相沿至今，爲童蒙所誦，若詞嚴義正，上下千古，則當讓此冊，固不僅以人重矣。」〔註180〕凡此所論，皆可謂的評。又《福建通紀·藝文志》引《石遺室書錄》云：「據朱子書後，開示德門，養正於蒙云云，當入儒家，謝氏欲以入小學，誤矣。」其說良是，則此篇歸入子部儒家類，勝於歸入經部小學類。

《斐然集》三十卷　存

《郡齋讀書志附志》卷五下著錄致堂先生《斐然集》三十卷，云：「禮部侍郎胡寅字明仲之文也，章穎爲〈序〉。然〈與高閱書〉責其請幸太學，〈報秦檜書〉所謂願公修政任賢，勿替初志，尊王攘狄，以開後功之說，皆不載焉。」《直齋書錄解題》卷十八、《文獻通考·經籍考》卷六十五所載卷數並同，據莫友芝《邵亭知見傳本書目》卷十三所記，《斐然集》宋代刊本有二：端平元年（西元 1234 年）馮邦佐刊本、嘉定三年（西元 1210 年）鄭肇之刊本。明、清抄本，皆繕自宋本。丁丙《善本書室藏書志》卷二十九載舊鈔本《斐然集》三十卷，云：「自來繕錄者皆出自宋本，此本密行細字，通部完善，洵不易得也。」此本後歸江蘇省立國學圖書館，見於該館《現存書目》卷十一著錄。日本靜嘉堂文庫有原陸心源十萬卷樓藏明寫本致堂胡先生《斐然集》三十卷。〔註181〕《四庫全書》本前有端平元年魏了翁〈序〉、嘉定三年章穎〈序〉，當從端刊本錄出。其中卷十八〈寄張相書〉缺五頁，〈寄趙、秦二相書〉缺三頁。〔註182〕今有商務印書館影印《四庫全書珍本初集》本、《四庫全書》本、及容肇祖點校之《斐然集》本行於世。

胡寅之文，朱熹對其評價極高。嘗云：「胡明仲文字卻好。」〔註183〕《朱子語類》記載：

> 胡侍郎〈萬言書〉，好令後生讀，先生舊親寫一冊。又曰：「上殿箚子〈論元老〉好，〈無逸解〉好，〈請行三年喪箚子〉極好。諸奏議、

〔註179〕《鐵琴銅劍樓藏書目錄》卷七，頁 415。
〔註180〕〈敘古千文跋〉。
〔註181〕見《靜嘉堂文庫漢籍分類目錄》頁 662。
〔註182〕參註 86。
〔註183〕《朱子語類》卷一三九，頁 3316。

外制皆好。」〔註184〕

又載：

必大曰：「致堂文字決烈明白，卻可開悟人主。」曰：「明仲說得開，
一件義理，他便說成一片。如善畫者，只一點墨，便幹淡得開。」

〔註185〕

《四庫全書總目》云：

集中十二卷至十四卷所載內外諸制，並秉正不阿，史稱所撰諸制，
詞多誥誡，語亦不誣。

此類評論，洵非虛語。〔註186〕

〔註184〕同前書，卷一三九，頁 3315。
〔註185〕同前書，卷六十七，頁 1676。
〔註186〕《四庫全書總目‧斐然集提要》卷一五八，頁 3134。

第三章　胡寅之理學思想

第一節　心性論

　　胡寅並無理學思想之專著，唯其所著《斐然集》《崇正辯》《讀史管見》諸書，對於宋儒所廣泛關注之哲學命題，亦有所論述，雖「無系統而顯出一種特殊傾向」，〔註1〕茲舉其大端如下：

一、性體情用，性無善惡

　　胡寅說「性」，指天所賦之「理」，此「理」乃萬物之所以然，爲天地存在之根本。胡寅云：

> 受於天不可移之謂命，物則具之謂性，知理合之謂心，有所主之謂志，動於誘之謂情，將取焉之謂欲，想而度之之謂意，潛而索之之謂思，時存省焉之謂念，能其事之謂才，涵容之之謂量，身履之之謂行，行而成之之謂德，人皆由之之謂道，非人所能爲之謂天。〔註2〕

作爲萬物本然狀態之「性體」，超越相對之善惡。胡寅嘗以水爲喻，云：

> 水之變態多矣，非其本然也。淵然其渟，油然其平，瀯然其清者，水之性也。載而逝，漑而浹，浣而潔，沃而滅者，性之用也。石齟齬之，則激、則蹙焉，風震薄之，則騰、則湧焉，性於是亂，用於

〔註1〕語見勞思光《中國哲學史》三上，頁463。

〔註2〕《讀史管見》卷六，頁370。程頤云：「天下物可以理照。有物必有則，一物須有一理。」（《二程集·遺書》卷一八，頁193。）胡寅「物則具之謂性」，當本於此。

是失，非水之正也。〔註3〕

朱熹以為，湖湘學者主「本然之性不與惡對」，源於胡安國，而胡安國得之楊時，楊時得之禪僧東林常摠，其言曰：

> 龜山往來太學，過廬山，見常摠，……與龜山論性，謂本然之善，不與惡對。後胡文定得其說於龜山，至今諸胡謂本然之善不與惡對，與惡為對者又別有一善。常摠之言，初未為失，若論本然性，只一味是善，安得惡來？人自去壞了，便是惡。既有惡。便與善為對。今他卻說有不與惡對底善，又有與惡對底善。〔註4〕

又曰：

> 久不得胡季隨諸人書。季隨主其家學，說性不可以善言，本然之善，本自無對，才說善時，便與那惡對矣。才說善惡，便非本然之性矣。本然之性是上面一箇，其尊無比。善是下面底，才說善時，便與惡對，非本然之性矣。「孟子道性善」，非是說性之善，只是贊歎之辭，說「好箇性」！如佛言「善哉」！某嘗辨之云，本然之性，固渾然至善，不與惡對，此天之賦予我者然也。然行之在人，則有善有惡，做得是者為善，做得不是者為惡。豈可謂善者非本然之性？只是行於人者，有二者之異，然行得善者，便是那本然性也。若如其言，有本然之善，又有善惡相對之善，則是有二性矣！方其得於天者，此性也；及其行得善者，亦此性也。只是纔有箇善底，便有箇不善底，所以善惡須著對說。不是元有箇惡在那裏，等得他來與之為對。只是行得錯底，便流入於惡矣。此文定之說，故其子孫皆主其說，而致堂、五峰以來，其說益差，遂成有兩性：本然者是一性，善惡相對者又是一性。他只說本然者是性，善惡相對者不是性，豈有此理！〔註5〕

湖湘學者主「本然之性不與惡對」，蓋以「性」為形上之實體，天地萬物創生原理，乃價值判斷之基準，超越現實層面之價值，超越是非、善惡，「其尊無比」，故云「善不足以言之，況惡乎哉！」朱熹視善為性之「摹本」，以為本然之性固渾然至善，然行之在人，則有善惡，做得是者為善，做得不是者為

〔註3〕《斐然集》卷二十一，〈觀瀾閣記〉，頁448。
〔註4〕《朱子語類》卷一〇一，頁2587。
〔註5〕同前書，頁2585～2586。

惡。所謂「善惡」，係就現實層面之價值判斷而言。現實層面之「善」「惡」，乃相對存在之概念，此所謂「善」與本然之性渾然至善，並無不同。其〈答胡廣仲〉第五書云：

> 性善之善，不與惡對。此本龜山所聞於浮屠常摠者，宛轉說來，似亦無病。然謂性之爲善，未有惡之可對，則可，謂終無對，則不可。蓋性一而已，既曰無有不善，則此性之中，無復有惡與善爲對，亦不待言而可知矣。若乃善之所以得名，是乃對惡而言。其曰性善，是乃別天理人欲也。天理人欲雖非同時並有之物，然自其先後公私邪正之反而言之，亦不得不爲對也。今必謂別有無對之善，此又熹之所疑者四也。〔註6〕

朱熹所以反對「本然之性不與惡對」、「性無善惡」，並一再與湖湘學者論辯之故，在於「性無善惡」之觀念，勢必導出「天理人欲，同體異用，同行異行」之結論。而理欲同體之說，乃朱熹所絕難同意者，〔註7〕故以其說爲出於東林常摠而加以嚴厲批評。其實，「性無善惡」之說，乃湖湘學者對二程思想之進一步發揮。程顥嘗云：

> 生之謂性，性即氣，氣即性，生之謂也。人生稟氣，理有善惡，然不是性中元有此兩物相對而生也。〔註8〕

既然「生之謂性」，「性氣一體」，則不能以現實層面之道德評價將「性體」截然分開，而必須肯定其對善惡之超越。至於現實層面之善惡，則是「性體」發用時之不同狀態，程顥又云：

〔註6〕《晦庵先生朱文公文集》卷四十二，頁 2806～2807。案，胡廣仲，名實，胡宏之從弟。年十五，初習辭藝，五峰告以「文章小技，所謂道者，人之所以生，而聖賢得之，所以爲聖賢也。」廣仲曰：「竊有志於此，願有以詔之。」遂師事五峰，從事於聖賢之學。（《宋元學案・五峰學案》卷四十二，頁 786）

〔註7〕「天理人欲，同體異用，同行異情。」爲胡宏所提出之哲學命題，見《知言》卷一。朱熹同意「天理人欲，同行異情。」反對「天理人欲，同體異用。」《朱子語類》卷一〇一：或問：「天理人欲，同體而異用，同行而異情。」曰：「胡氏之病，在於說性無善惡。體中只有天理，無人欲，謂之同體，則非也。同行異情，蓋亦有之，如『口之於味，目之於色，耳之於聲，鼻之於臭，四肢之於安佚』，聖人與常人皆如此，是同行也。然聖人之情不溺於此，所以與常人異耳。……某謂聖賢立言，處處皆通，必不若胡氏之偏也。龜山云：『天命之謂性，人欲非性也。』胡氏不取其說，是以人欲爲性矣！此其甚差者也。」（頁 2591）

〔註8〕《二程集・遺書》卷一，頁 10～11。

夫所謂「繼之者善也者」，猶水流而就下也。皆水也，有流而至海
終無所汙，……有流而未遠固已漸濁，有出而甚遠方有所濁。有
濁之多者，有濁之少者。清濁雖不同，然不可以濁者不爲水也。……
水之清，則性善之謂也。故不是善與惡在性中爲兩個物相對，各
自出來。〔註9〕

此以水之「清濁」喻「性」之兩種狀態。「性」能保持本來方向爲「善」，猶
水之保持本身之清；若「性」不能保持本來方向，則爲「惡」，猶水之變濁。
清濁爲水之兩種狀態，猶「善惡」爲性之兩種狀態；水「清濁雖不同，然不
可以濁者不爲水也。」由此可謂「善固性也，惡亦不可不謂之性也。」然就
根源義說，則善與惡「不是性中元有此兩物相對而生」。程頤亦嘗以水喻性，
其言曰：

問：「喜怒出於性否？」曰：「固是，纔有生識，便有性，有性便有
情，無性安得情？」又問：「喜怒出於外，如何？」曰：「非出於外，
感於外而發於中也。」問：「性之有喜怒，猶水之有波否？」曰：「然。
湛然平靜如鏡者，水之性也。及遇沙石，或地勢不平，便有湍激，
或風行其上，便爲波濤洶湧，此豈水之性也哉？人性中只有四端，
又豈有許多不善底事？然無水安得波浪？無性安得情也？」〔註10〕

文中以水喻性之語，實乃胡寅取喻之所本。性之本體超越善惡，其用爲情，
而有善惡，故胡寅云：

「性不動而情或遷，遷者善歟？」曰：「因物有遷，古訓非之，安得
謂之善？」「然則惡歟？」曰：「見善則遷，聖人所取，安得謂之惡？」
夫一言而兩趣，片語而數義，奚適不然，顧用之如何爾。〔註11〕

又云：

夫目之於色，耳之於聲，鼻之於臭，口之於味，性也。色必極美，
聲必極和，臭必極香，味必極備，然後爲快，情也。〔註12〕

〔註9〕 同前註。
〔註10〕 《二程集·遺書》卷十八，頁204。勞思光以爲，「伊川此喻，頗有佛教氣息，
風行水上而生波，以喻情識，正《大乘起信論》所講無明之意。」（《中國哲
學史》三上，頁240）《大乘起信論義記》卷三：「如大海水，因風波動，水相
風相，不相捨離，而水非動性，若風止滅，動相則滅。」頁211。
〔註11〕 《斐然集》卷二十一〈復齋記〉，頁446～447。
〔註12〕 《讀史管見》卷十四，頁948。

既然性體超越善惡，故欲論善惡，必待性流為情後方可。性之體流為情之用時，所以有善惡，一則由於氣稟之偏濁，再則由於外力之影響，「性於是亂，用於是失」，故必須有澄治之功，使情循理而動，即所謂「性其情」也。

二、心體心用，心與理一

胡寅既以為「性無善惡」，而「情」只是本能受到誘發之趨向，即「動於誘之謂情」。就現實狀態言，情有善惡，然而情本身不能決定善惡，亦不能具有循理而動之力量。決定善惡，使情循理而動之力量，來自於「心」，澄治之對象亦在於「心」。胡寅嘗云：「人心無常」。〔註13〕又云：

> 人為善者，心也；為惡者，亦心也。心有二乎？曰，一而二，二而一者也。舜曰：「人心惟危，道心惟微。」自其為惡言之，則從危而蔽其微，故一而二也。自其為善言之，則造微而平其危，故二而一也。是以君子貴克己焉。彼小人為不善，非以不善之誠善也。為善而不獲利，為惡而獲利，則舍善而之惡，不能自克而已矣。己已不能自克而之惡矣，又惡人之為善，非惡善道也，惡為之者或勝為己之不利也。始之以利，終之以利，於是惡積而不可掩，罪大而不可解，然其惟微之心則未嘗亡也。〔註14〕

在胡寅理學思想中，「心」具有重要意義，胡寅對「心」之性質有詳盡之分析。

（一）心有知覺作用

胡寅云：

> 或曰：「何以能量己而知人？」曰：「權審輕重，度審長短，物莫不然，而心為甚。能反而審之則自知矣！取人必以身為準，修身必以道為宗，修道必以仁為先，求仁必以心為本。心能常仁，則人皆可知矣！」〔註15〕

「心」有「權審輕重，度審長短」之能力，此就「心」之認知性而言。

（二）心為身之本、事之宗

胡寅嘗引其父胡安國之說云：

> 心者，身之本也；身者，家之本也；家者，國之本也；國者，天下

〔註13〕同前書，卷三，頁200。
〔註14〕同前書，卷七，頁394～395。
〔註15〕同前書，卷八，頁489。

之本也。能正其心則朝廷百官萬民莫不一於正，安與治所由興也。不正其心，則朝廷百官萬民皆習於不正，危與亂之所由致也。〔註16〕

又云：

明君以務學爲急，聖學以正心爲要。心者，事物之宗。正心者，揆事宰物之權也。〔註17〕

心爲「身之本」、「事物之宗」，言「心」能主宰己身以及天下之事物，此就其具有主宰能力而言。

（三）心該眾理

胡寅云：

理義之心，人皆有之，方利慾熾然，而理義不勝，則如雲興而蔽日也。及情事倏過，而理義自白，則如雲去而日明也。〔註18〕

又云：

心無理不該，以言乎遠，莫之禦也。去而不能推，則視之不見，聽之不聞，痒痾疾痛之不知。存而善推，則潛天地、撫四海、致千歲之日至，而知百世之損益。〔註19〕

胡安國嘗云：「無所不在者理也，無所不有者心也。物物致察、宛轉歸己，則心與理不昧。……天理合德，四時合序，則心與理一。」〔註20〕胡寅所謂「心無理不該」，「理義之心，人皆有之。」蓋本其父安國之說。心具眾理，此就「心」之主體性而言。做爲道德主體之「心」，其具體內容，胡寅以「仁」說之，其言曰：

「大哉乾元，萬物資始；至哉坤元，萬物資生。」成位乎兩間，則與天地合其德，故體元者人主之職，而《春秋》謂一爲元。元，即仁也；仁，人心也。〔註21〕

胡寅此說，亦本諸其父安國。胡安國《春秋傳》隱公元年云：

即位之一年，必稱元年者，明人君之用也。大哉乾元，萬物資始，天之用也；至哉坤元，萬物資生，地之用也。成位乎其中，則與天

〔註16〕《斐然集》卷二十五，〈先公行狀〉，頁547。
〔註17〕同前書，頁522。
〔註18〕《讀史管見》卷十二，頁802。
〔註19〕《斐然集》卷二十，〈陳氏永慕亭記〉，頁426。
〔註20〕同前書，卷二十五，〈先公行狀〉，頁556。
〔註21〕同前書，卷十，〈乙卯上殿劄子〉，頁214。

地參。故體元者，人主之職，而調元者，宰相之事。元，即仁也；
仁，人心也。〔註22〕

胡安國以為，天有「乾元」，萬物資始；地有「坤元」，萬物資生。人君亦當「體元」，以參贊天地，化育萬物。此說將「元」由初始之義，理解為天、地、人之形上本體。此本體不僅是天地萬物之本源，更是一種道德主體。故云：「元，即仁也；仁，人心也。」將作為宇宙本體之「元」與作為道德主體之「仁」、「心」等同，一則使主體觀念本體化，道德觀念之「仁」，上升為宇宙本體之「元」；一則使宇宙本體主體化，宇宙本體之「元」，又成為主體意識之「心」。如此，形而上之本體與形而下之日用、倫常、政治不可分割。「道與身一」，「心與理一」皆獲得合理之論證。

（四）心之用有公私之別

「心」作為宇宙之本源、道德之主體，與理合一，已如上述。至於心之用，則有人心、道心之別。胡寅曰：

> 堯、舜、禹傳心之言曰：「人心惟危，道心惟微。」人心，謂利欲之私也。行乎私欲，則背于義理，豈不危乎？道心，謂義理之公也。公與私在一念之間耳。私欲蔽之，雖離婁不能自見也，豈不微乎？
> 〔註23〕

又云：

> 莫難強如怠心，莫難制如慾心，莫難降如驕心，莫難平如怒心，莫難抑如忌心，莫難開如惑心，莫難解如疑心，莫難正如偏心，然皆放心也。〔註24〕

「道心」乃心之本體之直接發用，即仁心，所謂「義理之公也」。「人心」乃本心之放失，表現為不同之狀態，諸如怠心、慾心、驕心、怒心、忌心、惑心、疑心、偏心等，「皆利欲之私也」。人心一旦為利欲所蔽，則「事幾在前而不能睹，猶目之不能見其睫也。」〔註25〕心之認知性既不能發用，主體性自不能彰顯。於是純任形軀物慾以為主宰，立身行事，必危而不安。唯有不

〔註22〕《春秋傳》卷一，頁5。又卷三，頁10，隱公十一年云：「元者何？仁是也。仁者何？心是也。建立萬法，酬酢萬事，帥馭萬夫，統理萬國，皆此心之用也。」

〔註23〕《斐然集》卷十，〈乙卯上殿劄子〉，頁214。

〔註24〕《讀史管見》卷二十五，頁1706。

〔註25〕同前書，卷九，頁564。

雜不放，本心昭然，然後能執守中道，無所偏倚。猶鑑明水靜，於人之美惡無不知；猶權輕重、度長短，於事之舉措無不當。

第二節　修養論

胡寅既取性本論之立場，以為性無善惡，又取心本論之立場，以為心具眾理。現實狀態之惡，乃因氣質之偏雜，外物之誘引，使形軀慾望支配人之行為，而心之主體性不能彰顯所致。欲復性明心，去惡存善，使人格恆定於理想狀態，非有克己澄治之心性修養工夫不可。胡安國〈答贛川曾幾書〉云：

> 窮理盡性，乃聖門事業。物物而察，知之始也。一以貫之，知之至也。無所不在者理也，無所不有者心也。物物致察，宛轉歸己，則心與理不昧。故知循理者，士也。物物皆備，反身而誠，則心與理不違，故樂循理者，君子也。天理合德，四時合序，則心與理一，無事乎循矣。故一以貫之，聖人也。子以「四端五典每事擴充，亦未免物物致察，猶非一以貫之之要。」是欲不舉足而登泰山，猶釋氏所謂不假證修而語覺地也。四端固有非外鑠，五典天敘不可違。在人則一心也，在物則一理也。充四端可以成性，惇五典可以盡倫，性成而倫盡，斯不二矣。……聖門之學，則以致知為始，窮理為要，知至理得，不昧本心，如日方中，萬象畢見，則不疑其所行而內外合也。故自修身至於天下國家無所處而不當矣。子又曰：「四端五典，起滅心也。有所謂自本自根，自古以固存者。」夫自本自根，自古以固存者，即起滅心是也。不起不滅心之體，方起方滅心之用。體用一源，顯微無間，能操而常存者，動亦存，靜亦存，雖百起百滅，心固自若也。放而不知求者，靜亦亡，動亦亡，燕居獨處，似繫馬而止也。事至物來，視而不見，聽而不聞矣。是以善學者，動亦察，靜亦察，無時而不察也。持之以敬，養之以和，事至物來，隨感而應，燕居獨處，亦不坐馳，不必言致其精明以待事物之至也。子又謂「充良知良能而至於盡，與宗門要妙兩不相妨，何必舍彼取此。」則非某之所敢知也。夫良知不慮而知，良能不學而能，此愛親敬長之本心也。儒者擴而充之，達於天下，立萬世之大經，經正而庶民興、邪慝息矣。釋氏則指此為前塵，為妄想，批根拔本，殄滅人倫，

正相反也。而謂不相妨，何也？孔子曰：「道不同，不相爲謀。」「惡
似是而非者」。差之毫釐，謬以千里，故善學之君子愼所取焉。〔註26〕

「心與理一」之命題，在胡安國思想中不僅具有本體論意義，亦是道德修養
之理論前提與最終目的。至於如何使「心與理一」，胡安國主張「以致知爲窮
理之門，以主敬爲持養之道」，致知窮理爲外求途徑，其過程始於察物而終於
一貫，所謂「物物而察，知之始也，一以貫之，知之至也。」主敬持養爲內
求途徑，蓋「無所不有者，心也。」學者只要操存本心而不失，並擴而充之，
即可達到「心與理一」之本體境界。致知窮理與主敬存養二者，當以致知窮
理爲先，「心者，身之本也，正心之道，先致其知而誠其意。」只有先致其知
然後可以正心誠意。胡安國所倡導之修養工夫論，對湖湘後學產生極大影響。
胡寅亦在此基礎上建構其理論。其可得而言者，有二端焉。

一、致知窮理，主敬存誠

胡寅視「心」爲道德主體，故屢言「理義出於良心，不可泯也。」「理義
之心，人皆有之。」「是非之理，出乎人心。」此「理義之心」爲人所獨有，
故又云：「人之異於禽獸者，以有仁義之心也。」然而，「心」是五官之一，
又具有形軀之功利性，故有「道心」、「人心」之別。欲使本心不雜不放，猶
鑑明水靜，人心受道心之統轄而得乎中，則有賴於致知窮理，主敬存誠之「正
心」工夫。

程頤曾經提出「涵養須用敬，進學則在致知」之著名命題，〔註27〕湖湘
學者承伊、洛之教，對此多所闡發，前引胡安國〈答曾幾書〉，所謂「物物至
察，宛轉歸己」者，言物格知至，心與理不昧，此士之知循理也；「物物皆備，
反身而誠」者，言窮理盡性，心與理不違，此君子之樂循理也；至於「充四
端，惇五典」，則性成倫盡，心與理一，此聖人之無事乎循矣。三者之間，其
先後之序，淺深之倫，又與《中庸》「博學、審問、愼思、明辨、篤行」之說
相符。胡寅稟承過庭之訓，亦主「致知爲窮理之門，主敬爲持養之道。」就
致知窮理而言，強調多聞多識，舉凡儒家經典，歷史知識，以及實際政治問
題之考察與研究，皆當用心，此爲窮理之門，亦是心性修養之外求工夫。然
而，致知窮理之前提，必先肯定有一客觀倫理原則與規範之存在，即「在物

〔註26〕《斐然集》卷二十五，〈先公行狀〉，頁556。此書主旨，乃與曾幾辯儒釋之異，
　　　　爲湖湘學派理學思想之重要文獻。
〔註27〕《二程集·遺書》卷十八，頁188。

則有一理」，此「理」既是客觀之存在，則理是理，心是心，彼此毫不相關，如何能「心與理一」？胡寅云：

> 窮經旨而不歸之義理，則經必不明；索義理而不歸之於心，則理必不得。心不得理，則心也、理也、經也，猶風馬牛之不相及也。〔註28〕

因此，心性修養，除致知窮理之外，尚有內求工夫，其具體內容爲持敬存誠。胡寅云：

> 敬之一字，道之樞，治之原也。〔註29〕

「敬」，本是中國思想史上之古老概念，《尚書·召誥》云：「惟不敬厥德，乃早墜天命。」明確將「敬」與「德」聯繫而言，從而賦予道德意義。《論語·憲問》記「子路問君子」，孔子告以「修己以敬」，並進而指出「敬」能「安人」、「安百姓」，將「敬」視爲修己安人，內聖外王之道德原則。宋儒更從認識論與修養論之角度，廣泛加以討論。就認識論而言，程顥嘗云：「體物而不可遺者，誠敬而已矣。不誠則無物也。」〔註30〕客觀世界之萬物紛紜萬狀，其量無限，唯有「誠敬」能駕馭一切。故心能「居敬存誠」，即是認識世界之根本途徑與方法。就修養論說，程顥云：「敬以直內，義以方外，敬義立而德不孤。」〔註31〕又云：「敬勝百邪。」〔註32〕又云：「某寫字時甚敬，非是要字好，只此是學。」〔註33〕程頤云：「所謂敬者，主一之謂敬。所謂一者，無適之謂一。」〔註34〕又云：「主一者謂之敬。一者謂之誠。主則有意在。」〔註35〕二程皆以爲涵養之主要方法在「敬」，程顥論「敬」，著重保持心之本然狀態，即不分心，無雜念，或謂之心不得有所繫，心學傾向較爲明顯。程頤以爲，敬之方法在於「主一」，「主一」之義即是「無適」。所謂「無適」，一則指心始終保持覺醒而無所鬆弛，此心之覺醒狀態亦即「誠」之境界，故曰「一者謂之誠」。再則指外在言語行爲之謹畏莊重，無所苟且。程頤之說，理學傾向較爲明顯。胡寅持敬存誠之說，大抵本諸二程，而立論更加明確。其言曰：

〔註28〕《讀史管見》卷二十四，頁 1590。
〔註29〕同前書，卷二十七，頁 1808。
〔註30〕《二程集·遺書》卷十一，頁 127。
〔註31〕同前書，頁 117，語見〈乾卦·文言〉。
〔註32〕同前書，頁 119。
〔註33〕同前書，卷三，頁 60。
〔註34〕同前書，卷十五，頁 169。
〔註35〕同前書，卷二十四，頁 315。

可願莫如善，敬立則百善從；宜遠莫如邪，敬立則百邪息。敬也者，
存心之要法，檢身之切務歟！欲持敬者奈何？曰：君子有言，主一
之謂敬，無適之謂一。如執大圭，如捧盤水，如震霆之在上也，如
淵谷之在下也，如師保之在前也，如鬼神之在左右也。是則持敬之
道也。〔註36〕

此言「敬」之功用，爲「存心之要法，檢身之切務」，而持敬之道，在於主一
無適。至於主一無適之具體活動，胡寅以「如執大圭，如奉盤水，如震霆之
在上，如淵谷之在下，如師保之在前，如鬼神之在左右。」種種形象化之比
喻說明之，足見其所重者在收斂身心，使其整齊嚴肅。至於心體之涵養，則
以「誠」字說之。胡寅云：

〈乾·九二〉之言龍德也。曰：「閑邪存其誠。」閑邪云者，猶置水
於器，不可以火投之；宿火於爨，不可以水及之也。持心如此，聲
色貨利，暴慢鄙僻，無自而入，則正靜虛明，誠無不存，及其久也，
純一不已，而天德全矣。〔註37〕

又云：

凡言誠者，亦曰質朴純實而已矣，至誠者，天也，天豈質朴純實而
已乎？《中庸》曰：「誠者，非自成己也，所以成物也。成己，仁也；
成物，智也。性之德也，合內外之道也。」……學者不能至也，則
必閑邪去僞，以存其心，其心常存，則理明義精，於人之賢否必能
知也，於事之是非必能斷也。此思誠之效也。〔註38〕

「正靜虛明」，乃描述心體存誠之境界；「閑邪去僞」，則說明心體正靜虛明之
方法。「正靜虛明」是「誠」，「閑邪去僞」是「敬」。此間涉及「誠」「敬」之
關係問題。程頤嘗云：「敬則自虛靜，不可把虛靜喚做敬。」〔註39〕亦在釐清
「誠」「敬」之先後關係。胡安國嘗云：「不起不滅心之體，方起方滅心之用。
體用一源，顯微無間，能操而常存者，動亦存，靜亦存，雖百起百滅，心固
自若也。放而不知求者，靜亦亡，動亦亡。」或謂胡安國既「認爲『心』本
身是『不起不滅』的本體存在，但人們必須堅持『操而常存』的修養工夫，
否則，作爲『方起方滅』的『心之用』最後仍會亡而不存。這種『求放心』

〔註36〕《論語或問》卷十四引，頁522。
〔註37〕《讀史管見》卷二十四，頁1639。
〔註38〕同前書，卷二十二，頁1508～1509。
〔註39〕《二程集·遺書》卷十五，頁143。

的工夫論顯然同他認爲心體是『不起不滅』的思想相矛盾。」〔註40〕實則胡安國之說，並無無矛盾。就心性論言，不起不滅之心體與方起方滅之心用，乃不一不異。就修養論言，心體能操而常存，則體用一源，顯微無間；若放而不求，則體用爲二，用亦不存。易言之，就心性之本體與修養工夫之終極境界言，本體與作用不離，境界與工夫不異；就實踐處言，則有先後之別，所謂「物物致察，宛轉歸己，則心與理不昧」是也。胡寅倡言「持敬存誠」，以持敬爲存誠之方，窮理與盡心並用；先察識，後涵養。既是二程與胡安國理學思想之進一步發展，體現湖湘學派獨特之學術風格，並且在朱熹理學思想建立過程中產生影響。〔註41〕

二、道物一體，崇實務本

湖湘學派自胡安國始，即不將「道」視爲在時空上先於世界萬物存在之宇宙本體。認爲儒家之道，存在於飢食渴飲，晝作夜息之日用生活中。《宋元學案》載：

> 吉甫嘗問：「今有人居山澤之中，無君臣、無父子、無夫婦，所謂道果安在？」曰：「此人冬裘夏葛、飢食渴飲、晝作入息，能不爲此否？」曰：「有之。」曰：「只此是道。」〔註42〕

「道」並非玄妙不可捉摸，舉凡君臣父子之倫，自然生化之理，飢食渴飲之用，無一不是道之體現。胡寅曰：

> 夫道則以天下共由而得名，猶道路然，何適而非道哉？得道而盡，
> 惟堯、舜、文王、孔子而已。〔註43〕

又云：

> 天下之道二，善與惡而已。〔註44〕

又云：

> 道果何物哉？必始於格物致知意誠心正，其身治，然後可推而及人。
>
> 〔註45〕

此謂「道」之本義即「路」，乃天下之人所共由者，故善與惡皆可謂之「道」，

〔註40〕《湖湘學派源流》，頁66。
〔註41〕參見本書第一章〈緒論〉。
〔註42〕《宋元學案》卷三十四，〈武夷學案〉，頁675。
〔註43〕《讀史管見》卷二十五，頁1703。
〔註44〕《斐然集》卷二十三，〈左氏傳故事〉，頁480。
〔註45〕《讀史管見》卷二十三，頁1536。

然而就道德價值上說，唯「善」可稱爲道，「惡」則不可稱爲道，因有「得道」與「不得道」之別，故謂道必始於格致誠正，惟聖人能盡之。胡寅又云：

> 有臣民必立之君，猶男女之必爲夫婦，非人欲，乃天理也。〔註46〕

又云：

> 父子君臣之倫，禮樂刑政之具，以至取予之一介，交際之一言，加帛於箕之儀，捧席如橋之習，無非性與天道也。謂此非性與天道，則人所以行乎父子君臣禮樂刑政者，是皆智巧僞設，土苴秕糠之跡，而性與天道茫昧杳冥，無預乎人事，此豈《五經》所載，孔孟所教耶？〔註47〕

胡寅注重通過人道以說明天道，一則使天道立足於人道之心性論基礎上，再則使四端五典，日用倫常獲得超越之依據。如此，人倫即是天道。天道即是天理，其論證「天人合一」，採由人及天之思維模式，主體在人而不在天。然而，人之形軀生命並非無限，生命歷程之種種遭遇，亦非全由個人所能主宰。其中涉及「力命關係」之問題。胡寅云：

> 人生有正理，必當爲善而不可爲惡，天有常道，爲善者必佑，爲惡者必罰，此則終古不可易者。若杲卿家禍，蓋亦百一，固君子之不幸也。幸與不幸，命也。有性焉，君子不謂命也。〔註48〕

又云：

> 知命之學，非易非難。命出於天，無形聲可見，如何其知也，不爲難乎？而古之人臨難不懼，委命而死者甚眾，其知之也不亦易乎！不知者，固眾人所同也，其委命而死者，亦未必知也。然則如之何？亦義之與比而已。〔註49〕

又云：

> 賢聖安於義，知命故也，小人爲不義，不知命故也。……夫命無形可見也，若何而知之？以義之可否知之也。命不可改，可改非命也。君子之自處也，義當貧則貧，義當賤則賤，義當富貴則富貴，義盡則命正矣。義不當然，枉道以求之，求之而得，是亦命也，而於義不合，

〔註46〕同前書，卷二十五，頁 1689。
〔註47〕同前書，卷三，頁 201。
〔註48〕同前書，卷二十一，頁 1387。唐肅宗至德元年（西元 756 年），顏杲卿討安祿山，兵敗被殺，顏氏一門死者三十餘人。事見《資治通鑑》卷二一七，頁 6952。
〔註49〕同前書，卷十四，頁 940。

則其枉道乃徒費也，豈不可惜哉！……義之可否，命之通塞也。不知
命，無以爲君子，而不知義，無以安於命，此至學也。〔註50〕

又云：

興廢有定數乎？曰：一行一止，猶非人所能爲，而況於得天下，失
天下乎！然則人事無與焉，任之可乎？曰：不可也。以身論之，生
死有定數矣，節嗜慾，慎食飲，時其起居，而平其喜怒，使六沴不
入，則可以康寧而考終矣。曰：死既不可逃，不若逞嗜慾、恣食飲、
起居陵暴，喜怒毗併，則邪意能侵，雖無疾可使有疾，而長年可使
夭折矣。故聖人知數而不任於數，必盡人事，人事無憾，則未有當
治而亂，當盛而衰者也。若惟以氣數之不可移，是紂所謂予有民命
而周懲其侮，則必亡而已矣。〔註51〕

胡寅承認，國之治亂興廢，人之禍福壽夭，皆受不可預測之力量所支配，故
謂「命出於天，無形聲可見。」然而「人生有正理，天有常道。」天之常道，
乃生生不息之德，人生之正理，必歸向於仁義。故君子之「知命」，既非逞慾
逐利，恣恣陵暴，亦非安於宿命，無所作爲。而是義命分立，道物一體，以
人事爲重。此即「人盡而後歸之天，性盡而後安之命」也。〔註52〕故胡寅又
謂君子貴知幾而動，崇實務本，摒棄世俗吉凶觀念，不受天命之局限。其言
曰：

《易》曰：「幾者，動之微，吉之先見者也。」……凡初未有不吉者，
人生而善，物生而美，心初而仁，事初而治，故君子貴知幾，而聖
人謂幾者，吉之先見也。若夫吉凶悔吝，則以不能見幾故耳。吉者，
合理當義也，非如世俗所謂福祥也。〔註53〕

又云：

君子循正而行，自與吉會，慮善而動，自與福並，偶或不然，如文
王之羑里，成湯之夏臺，箕子之囚，比干之死，亦未嘗不正，不可
謂之凶，未嘗不善，不可謂禍也。……故君子理義而已，天命不可
必也。〔註54〕

〔註50〕同前書，卷十一，頁685～686。
〔註51〕同前書，卷十六，頁1064。
〔註52〕王夫之《四書訓義》卷十，頁9。
〔註53〕《讀史管見》卷八，頁510。
〔註54〕同前書，卷九，頁567。

胡寅道物一體，由人事上達天道之天人關係論，崇實務本，以義爲重之力命關係論，充分體現於其實際人生出處進退之抉擇，與社會政治思想之中。

第四章　胡寅之經世思想

第一節　北宋之亡與南宋初年之政治困境

　　胡寅之理想思想，視「心」、「性」爲本體，以道物不貳，心與理一爲修養工夫。此一由人道而及於天道之思想模式，使其力求保持內聖與外王，道德與政治之統一。胡寅嘗言：「夫道固以濟物爲用，大丈夫用道者也。」〔註1〕其論心性與天道，必歸向於人事，體現原始儒家務實傳統與經世致用之精神。基於經世致用之要求，以及親身遭遇「靖康之難」之慘痛經歷，〔註2〕撫今思昔，乃撰〈原亂賦〉，追溯北宋衰微、國土淪喪，以至二帝北狩之故。文中除抨擊王安石變法，導致朋黨之爭，小人亂政之外，更詳舉徽宗施政之失，其大端有七：

　　1. 寵嬖女色，以啓亂萌。
　　2. 大興土木，民失其居。
　　3. 搜羅奇珍，以足私欲。
　　4. 信任宦官，輕啓邊釁。
　　5. 迷信道教，以求長生。
　　6. 任用小人，禁錮君子。
　　7. 掊克聚歛，招致民怨。

　　文末則期望高宗皇帝力改前朝弊政，撥亂反正，恢復中原。其言曰：

〔註 1〕《讀史管見》卷五，頁 297。
〔註 2〕參本書第二章〈胡寅傳略〉第二節〈中年出仕〉。

偉哲王之英達兮，撥亂世而反之正。

求豪傑與之馳騁兮，掃舊跡於邪徑。

蚤發軔於暘谷兮，行萬里以爲期。

選騏驥使伏轅兮，駕玉輿而乘之。

……

威橫廓以雷迅兮，欻掃滅而無蹤。

覛神凝而息癘兮，帝不言而自功。〔註3〕

然而，期望歸期望，與事實終有差距。高宗自建炎元年即位以來，外有強敵追襲，內有積弊未革。外患內憂，接踵而至，而高宗一味巡幸趨避，卒使人心渙散，眾怨叢生。胡寅於建炎三年（西元 1129 年）上書高宗皇帝，論建炎謀國之失，畫撥亂反正之計。即首言巡幸之不當，云：

> 昨陛下以親王介弟受淵聖皇帝之命，出師河北。二帝既遷，則當糾
> 合義師，北向迎請，而據膺翊載，亟居尊位，遽上徽號，建立太子，
> 不復歸覲宮闕，展省陵寢，斬戮直臣，以杜言路，南巡淮海，愉安
> 歲月。敵兵深入陝右，遠破京西，漫不治軍，略無扞禦。盜賊橫潰，
> 莫之誰何？無辜元元，百萬塗地。怨氣上格，日昏無光，飛蝗蔽天，
> 動以旬月。方且製造文物，糜費不貲，猥於城中，講行郊報，朝廷
> 動色，相謂中興。敵騎乘虛，直擣行在，匹馬南渡，狼狽不堪，淮
> 甸之間，又復流血。逮及反正寶位，移蹕建康，不爲久圖，百度頹
> 馳。淮南宣撫，卒不遣行，自畫大江，輕失形勢。一向畏縮，維務
> 遠巡，軍民怨咨，如出一口。存亡之決，近在目前。凡此節次十餘
> 條，皆所謂舉措失人心之大者也。〔註4〕

又云：

> 靖康之失，既往難悔，陛下嗣位，則正商高宗、周宣王所遇之時，
> 而遽循唐明皇、代、德奔走之跡。遂不力圖興復，抗志有爲，公卿
> 大臣，反以省方巡幸之美名而文飾之。自南都至維揚，自維揚至錢
> 塘，自錢塘至建康，自建康至平江，三年之間，國益危，勢益蹙，
> 敵益橫，人益恐。回視過日，但有不如。況平江素無江山險固之強，
> 惟以陂澤沮洳數百里自保。譬猶蹄涔坎井，豈足以盤礴神龍，一失

〔註 3〕 《斐然集》卷一，〈原亂賦〉，頁7。
〔註 4〕 同前書，卷十六，〈上皇帝萬言書〉，頁336。

波濤，雖螻蟻猶能困之。若又遠駕，縱能緩于追侵，而眾怨必生，
定有肘腋之變，不待著龜所告，理之必然者也。故播越隱遁，天下
之人皆可，惟陛下則不可。〔註5〕

當建炎元年四月，金人退兵，徽、欽二帝北狩，五月，高宗即位於南京（應
天府），擢用李綱，貶主和議大臣，似有中興氣象。然而，是年七月，高宗下
詔巡幸東南，李綱與黃潛善、汪伯彥議不合，罷相。八月，用黃潛善議，殺
陳東、歐陽澈，禁止大臣阻撓巡幸。十月，高宗舟行至揚州。此時，金人為
澈底消滅宋朝新興力量，自建炎元年十一月至三年六月，先後發動三次侵宋
戰爭。其一，由於張邦昌被廢，金人以漢制漢之策略遭到破壞，乃於建炎元
年十一月分中、東、西三路南侵，先後攻陷西京（河南洛陽）、鄭州（河南鄭
縣）等地，深入漢水流域。幸宗澤力守東京，信王榛與馬擴起兵於五馬山寨，
對金兵南下形成威脅。中、東路軍相繼於建炎二年二、三月退兵，西路軍亦
因攻勢受挫，復以天暑而於五月北返。其二，建炎二年七月，東京留守宗澤，
屢請高宗回鑾，不聽，憂憤而卒。金人再次發動南侵，仍分三路進兵。西路
渡河，陷丹州（陝西宜川）、延安府（陝西膚施），至鄜（陝西鄜縣）、坊（陝
西中部）二州而止。東路則直襲慶源府（河北趙縣）之五馬山寨，寨破，信
王榛被俘。金兵續敗馬擴援兵，與中路會師攻濮州（山東濮縣），下開德（河
北濮陽），陷北京（河北大名），至滄州（河北滄縣東南四十里）而止。中路
軍於破濮州後，繼續追擊高宗，高宗於匆忙之中介冑走馬奔瓜州（江蘇江都
縣南），倉皇渡江至鎮江，時為建炎三年二月三日。金人入揚州，焚之而去。
其三，建炎三年六月，金兵第三次南侵，依然兵分三路，以中路為主力，由
兀朮（宗弼）統帥，直追高宗。渡淮後，兵分二路，一追高宗，一追隆祐太
后，隆祐太后南奔虔州（江西贛縣），金兵雖追襲至洪州（江西南昌）、吉州
（江西吉安），因恐孤軍深入為宋軍截斷後路，乃西入湖南，於次年二月折而
北上，由荊門（湖北荊門）退軍。追擊高宗之軍，則於建炎三年十一月陷建
康，直趨臨安（浙江杭州），又至明州（浙江鄞縣）高宗由明州渡海逃至昌國
（舟山島）再奔溫州、台州（浙江永嘉、定海）。金兵以舟師追高宗，為宋提
領海張公裕率大舟擊退，旋因天熱，乃於建炎四年二月退兵，焚明州、杭州，
大掠而北。〔註6〕

〔註5〕同前書，卷十，〈進萬言書劄子〉，頁211。
〔註6〕上述史料，參《建炎以來繫年要錄》卷二十六～三十一，《宋史》卷二十五～

　　由上述史料可知，高宗本爲宋室親王，因緣際會，得承大統。即位之後，戎馬倥傯，在金兵追逐之下，狼奔犬突，遑遑不可終日，雖幸以身免，然畏懼金人之心既已根深柢固，其對金政策終歸於求和苟安而已。

　　在位者既以苟且偷安爲事，影響所及，大臣不思抗敵救國，而以結黨營私，排擊異己爲能事。上行下效，卒使士風陵夷，奔競日昌，流品雜出，貪賄公行，兵政不修，民生凋敝，此南宋內憂所以日亟也。總括而言，高宗即位之後，南宋朝廷面臨外有仇敵叛臣之窺侵，內有握兵難馭之將帥，而國力虛耗，似有水涸魚死之勢。胡寅身歷其境，作爲具有憂患意識之知識分子，痛惜山河破碎，同情人民苦難，因而要求高宗皇帝正視現實，幡然改圖。故每有所論，無不剴切陳辭，指明時弊，並從道德與法制二途，提出解決之道，以求革除積弊，圖謀中興。

第二節　集思廣議，定爲國計

　　胡寅盱衡時勢，以爲高宗之爲人主，雖恭儉克己，明習國事。然而中興之效不立，關鍵在於計劃未能前定。胡寅曾以建屋必先立基爲喻，向高宗皇帝提出建言，云：

> 臣聞善建室者必立基，故作舍道旁，則三年不成。善弈棋者必布勢，故舉棋不定，則不勝其偶。爲天下國家猶建室，與仇敵爭勝如弈棋，而無成謀，其可乎？陛下總師履極十有二年，中原之禍益深，生民之力益困，中興績效，茫然未立。……豈不曰計畫未嘗前定故歟？〔註7〕

蓋朝廷無既定政策，不免朝令夕改，影響所及，流弊滋生。胡寅又云：

> 朝廷無不改之令，臣下無久任之功，軍士無堅守之心，百姓無固結之志。持此而欲中興，豈不猶充飢以畫餅，利涉以土舟者乎？〔註8〕

解決之道，在於高宗皇帝能夠「慨然遠覽」，詔大臣條具國是而議論之，集思廣議，定爲國計。胡寅對此表達強烈之期望，故云：

> 伏望陛下慨然遠覽，詔兩府大臣及侍從臺諫官條具今日立國之大計，經久可行之務，損益因革之宜，各令展盡底蘊，于十日內畫一具奏。陛下留神省覽，斷自聖裁。若大臣議絀，則參用侍從、臺諫

二十六〈高宗本紀〉二～三，《續資治通鑑》卷九十七～一〇七。
〔註7〕《斐然集》卷十一，〈戊午上殿劄子〉，頁240。
〔註8〕同前書，頁240～241。

之言。若論思疏駁不當，則專守廟堂之策。仍集百執議于都堂，眾心僉同，三占從二，定爲國論，以次施行。從此者嚮用爵賞，違此者咸用刑罰。加以歲年，力行固守，庶幾經綸有敍，用聽式孚，可冀中興之效。不然，雖人材眾多，文法良是，而大計不定，猶丹楹刻桷輪奐翬飛于浮沙之上，水至則蕩然矣。〔註9〕

「凡事豫則立，不豫則廢。」乃先哲所以殷殷致意者，個人之立身行事如此，國家大事更須前定。胡寅以爲，當前國家所須商議決定之政策有二：一爲定都，一爲和議，胡寅對此皆有明確之主張。

一、定都建康，增重上流

建炎三年九月三日，胡寅上書高宗皇帝，〈書〉中有言：

自古圖王霸之業者，必定根本之地而固守之，而非建都之謂也。陛下家世都汴，舍汴何都焉？今欲用關中而制山東，則力未能至。按南渡六朝之遺跡，則舍建康不可。雖然，欲謀進取，則非堅坐不動之所能，必觀進取形勢之便，用之而圖成。臣竊謂惟荊、襄爲勝……誠能屯唐、鄧、襄、漢之田以養新兵；出廣西、武陵峒丁，並施黔獠軍築堅壘，列守漢上，阻以水軍，經以正軍，緯以弓手，民軍牽制江、黃，呼吸盧、壽，則進取之基立，然後陝西聲氣血脈通達，而騎卒可至。川、廣之富，皆猶外府，易以拱挹，其比于漂泊大江之南，棲伏東海之濱，險易利害，相去遠矣。建康固是六朝舊都，甘守偏隅，遷延國祚，亦何不可。臣獨以爲不可焉……今陛下之父兄在敵中……而獻謀者方欲導陛下南狩，日遠日忘，遂無復國之心，別求建都之所，此臣所深不喻也。〔註10〕

高宗即位之初，胡寅並不主張定都建康，力陳必以荊、襄爲根本之地，以恢復汴京爲職志，不可「漂泊大江之南，棲伏東海之濱。」洎乎紹興改元，南北分立之勢已成，南宋建都亦爲迫切之需，而建康一地，實爲最佳之選擇。然而，

〔註9〕同前書，頁241。〈戊午上殿劄子〉作於紹興八年。紹興二年，胡寅之父安國嘗獻《時政論》，首篇即是〈定計論〉，云：「臣聞自昔撥亂興衰者，必有前定不移之計，而後有舉必成，大功可就。」（《斐然集》卷二十五，〈先公行狀〉，頁528）又《斐然集》卷三十，〈中興十事〉，注云：「家君被召，命子姪輩分述所見。」可知《時政論》之內容，乃胡安國綜合子姪輩所述之結論，足以表示胡氏家學一貫之觀點。

〔註10〕《斐然集》卷十六，〈上皇帝萬言書〉，頁343～344。

高宗自踐祚以來，即飽受金兵追擊驚嚇，半夜倉皇渡江之經驗，使其不敢確信建康之能固守，乃於紹興元年七月升杭州爲臨安府。詔議移蹕之所。〔註11〕紹興二年正月，高宗自越州回臨安，胡安國獻《時政論》，其〈建都論〉曰：

> 立國者必建都，必據形勢，握輕重之權，必居要津，觀方來之會，如北辰在天，安於其所不可動也。陛下駐蹕金陵，本以舊邸，號稱建康，降詔爲受命之符，傳播天下，則可都者一也。自劉先主、吳孫氏、諸葛武侯一代英雄，周游吳、楚，皆稱建康王者之宅，則可都者二也。北據大江，外阻長淮，隔絕奔衝，難於超越，則可都者三也。有三吳爲東門，有荊、蜀爲西戶，有七閩、二廣風帆海舶之饒爲南府，則可都者四也。諸路朝覲，郡縣貢輸，水陸舟車，道里適等，則可都者五也。凡都北者必鬪境於南，而都南者必略地於北。昨者鑾輿時邁，狩於吳、越，則王道所謂望實俱喪，而晉不果遷之地也。三省百司寓於南昌，則李煜避周，徙自秦淮，卒不能振之所也。國勢一統，不可數分，國都一定，不可數動。與北人居穹廬，逐水草，無城郭、宮室、市朝者異矣。今宜還都建康，環諸路而中持衡，則人心不搖而大事可定也。〔註12〕

又〈設險論〉曰：

> 臣謂欲保江左必都建康，欲求建康必有荊峽，然後地形險固，北可出秦甲，西可下蜀貨，血氣周流，首尾相應矣。〔註13〕

胡寅於紹興二年撰〈中興十事〉，其論定都建康、增重上流之事，云：

> 一曰，定都建康，以係民望。昨來未分鎮間，中原有可歸之理。今南北既分，事當從宜，必有國都，定基立本，東南都會，莫如建康。宜還六飛，龍蟠虎踞，立宗廟社稷百官有司，貢賦有常程，朝覲有定所。江、淮險阻，堅守不移。則天步無艱，而形勢成矣。……六曰，增重上流，以存民基。昨來分畫湖北歸之藩鎮，形勢不便，今宜仍遵舊制，歸之朝廷。襄陽、武昌皆宿重兵，荊南會府付之重臣，視諸路，則加倅事權，比列鎮，則不皆專制。上流之勢既固，則金陵之宅可安，而國祚有維新之命矣。〔註14〕

〔註11〕《續資治通鑑》卷一〇五。
〔註12〕《斐然集》卷二十五，〈先公行狀〉，頁 538～359。
〔註13〕同前書，頁 539。
〔註14〕《斐然集》卷三十，頁 644～645。

胡寅又嘗與趙鼎論定都事，云：

> 頃者廷議燕安江沱，但欲南趨，不圖北向。荊、襄要地，僅若荒餘。
> 自岳飛奉揚天威，稟受指蹤，而援師不繼，復輕召還。即今重兵盡
> 聚江、浙，上流空迴，全無保障。李成、孔彥舟等諳知洪、潭利便，
> 若或六飛遷幸兩越，則敵必留守吳、楚，諸路財賦粟帛，朝廷不得
> 而用之。豈聞舉國避寇，輿轎柁舟，煙瘴谿谷，百越之外，而能再
> 興王業者乎？〔註15〕

胡寅更嘗藉評論史事，申明定都建康之利，其言曰：

> 建立都邑，必占形勢；握輕重之權，必據要津，觀方來之會。故自
> 古都于北者，未有不跨越河華，而都于南者，未有不經營建康。建
> 康北限淮泗，東連甌吳，西通荊蜀，利盡南海，水舟陸車，道里均
> 適，山川形勝，真一都會。劉玄德周流天下，亦言建康王者之宅，
> 故六朝作邑，堅守不動，雖大盜屢起，而根本常存。王導之於東晉，
> 首引眾才，布之中外，又定大議，不肯遷都，茲為元功之首歟！〔註
> 16〕

上述議論，大抵根據南朝建都之先例，以為建康形勢，龍蟠虎踞，既有江、
淮險阻，可資憑恃，若再於襄陽、武昌屯宿重兵，以固上流，不僅安全無虞，
且能徐圖整頓，恢復中原。南宋學者，凡主恢復者，皆以定都建康為是。如
朱熹嘗云：

> 「初來魏公既勉車駕到建康，當紹興七年時，虜王已篡，高慶裔、
> 粘罕相繼或誅或死。劉豫既見疑於虜，一子又大敗而歸，北方更無
> 南向意。如何魏公纔因呂祉事見黜，趙丞相忽然一旦發回蹕臨安之
> 議？一坐定著，竟不能動，不知其意是如何？」因歎息久之云：「為
> 大臣謀國一至於此，自今觀之，為大可恨！若在建康，則與中原氣
> 勢相接，北面顧瞻，則宗廟父兄生靈塗炭，莫不在目，雖欲自已，
> 有不能自已者。惟是轉來臨安，南北聲跡寖遠，上下宴安，都不覺
> 得外面事，事變之來，皆不及知，此最利害。」〔註17〕

〔註15〕 同前書，卷十七，頁358。
〔註16〕 《讀史管見》卷八，頁462。此文係評論《資治通鑑》卷四十九載晉成帝咸和
　　　　四年，王導力主都建康之言。
〔註17〕 《朱子語類》卷一二七，頁3054。

朱熹以爲定都臨安，不僅在氣勢上不能與中原相接，而且聲跡寖遠，上下宴安，正足以顯示南宋君臣求和苟安之心態，此爲有志之士所期期以爲不可者。朱熹甚至以爲，紹興二年，胡安國力辭中書舍兼侍講，即以高宗有意以臨安爲都之故。嘗云：

> 方建康未回蹕時，胡文定公方被召，沿江而下。將去，聞車駕已還臨安，遂稱疾轉去。看來若不在建康，也是徒然出來，做得甚事！是時有陳無玷者，字筠叟，在荊、鄂間爲守，聞車駕還臨安，即令人齎錢酒之屬，往接胡文定。吏人云：「胡給事赴召去多日，兼江面闊，船多，如何去尋得？」陳云：「江面雖闊，都是下去船。你但望見有逆水上來底船，便是給事船。」已而果然。〔註18〕

高宗所以必欲定都臨安，亦有其心理因素與形勢之考量。近代學者曾經指出，建炎元年至四年間，高宗走避金人之追逐，嘗於揚州兵敗，半夜倉皇渡江。金人乘勢追擊，直抵杭州以南，高宗自寧波入海避難，歷時四十餘日之久，如此驚險之經歷，足以使高宗懷疑江、淮之爲天險而建康有可以固守之形勢。唯有背海建都，最爲安全，而臨安即其最佳之選擇。以杭州爲都，一則有海上之退路，再則有長江下游及太湖區域之富庶，有浙東山區屏障，而淮河流域湖沼縱橫，河川交錯，不利於騎兵作戰，若更以襄陽爲聯衛，陝、川爲邊防，則臨安亦足以自保。〔註19〕此種形勢判斷，全從避難心理出發，而以防禦自保爲目的，欠缺恢宏之氣勢與開創之格局。此後南宋雖然維持一百餘年之久，亦僅是偏安之勢而已。

二、必罷和議，誓報讎敵

胡寅以爲，南宋中興之急務有二：必定都建康，示有北伐之意；必罷和議，示有復讎之心。定都之事已見上述，茲再論罷和議之說。胡寅嘗云：

> 古人曰：「與治同道罔不興，與亂同事罔不亡。」撥亂世反之正者，必推原禍敗之所從起，掃滅而更張之，庶其有濟。然則今日必罷和議，必用君子，必退小人，必愼名器，必講武略，必明賞罰，必擇守令，必固本支，必建藩輔，必討盜賊。此十必者，有一不必，非所以撥亂而反之正矣。然和人用事，則此十必者必不行。

〔註18〕 同前註。
〔註19〕 參劉子健〈背海立國與半壁山河的長期穩定〉，載《兩宋史研究彙編》，頁21～40。

何則？其道不同而其身不利故也。今欲撥亂反正，則以罷和議為本。此議不行，則此人不用，君子必可進，小人必可退。自餘七者，纍纍有緒矣。夫和人初心，非有覆國亡邦之毒也，無謀慮則和，無才術則和。土地非割于其家也，金帛非捐于其府也，子女非出于其室也，姑以偷目前之安，悅用事者之意耳。其久而不破，則結朋黨，則迷國論，則立異姓，則事敵國，惟利是從，無所不可。今歲不征，來歲不戰，日斷一股，月斬一臂，刻膚盡肉，椎骨及髓，雖于敵人得計，而于國家最病。此議不息，雖微外患，其禍機陰發，不在金敵之下也。〔註20〕

此文旨在說明撥亂反正，必行十事，而以罷和議為本。以為和議乃無計可施之最下策，「無謀慮則和，無才術則和」，而與金人議和，必以土地子女玉帛為資，所謂「日斷一股，月斬一臂，刻膚盡肉，椎骨及髓。」己愈弱而敵愈強，雖無外患而國將亡矣，其言可謂深切沉痛。紹興五年二月，胡寅自起居郎遷中書舍人，五月，宋遣忠訓郎何蘚使金。詔胡寅論遣使事，寅於五月十一日上〈論遣使箚子〉，云：

昔孔子作《春秋》以示萬世，人君南面之術，無不備載，而其大要，則在父子君臣之義而已。魯桓公為齊所殺，魯之臣子于齊有不共載天之仇。而莊公者乃桓公之子也，非特不能為父雪恥，又與齊通好，……仲尼惡之，備書于策，以著其釋怨通和之罪。……女真者，驚動陵寢，戕毀宗廟，劫質二帝，塗炭祖宗之民，乃陛下之讎也。頃者誤國之臣，自知其才術不足以戡定禍亂，而又貪慕富貴，是故譸張為幻，遣使求和，苟延歲月，九年于此，其效如何？……或謂「不若是少有貶屈，其如二帝何？」臣應之曰：「自建炎丁未以至甲寅，所為卑辭厚禮以問安迎請為名而遣使者，不知幾人矣。知二帝所在者誰歟？見二帝之面者誰歟？聞二帝之言者誰歟？得女真之要領者誰歟？因講和而能息敵兵者誰歟？……女真者，知中國所重在二帝，知中國所恨在劫質，知中國所畏在用兵，則常示欲和之端，增吾所重，平吾所恨，匽吾所畏，而中國坐受此餌，既久而後悟也。天下其謂自是改圖必矣。何為復出此謬計耶？……當今之事，莫大于敵國之怨也。欲紓此怨，必殄此讎，則用此之人，而不用講和之

〔註20〕《斐然集》卷十七，〈寄宣撫樞密〉，頁357～358。

臣，行此之政，而不修講和之事。使士大夫、三軍、百姓皆知女眞
爲不共戴天之讎，人人有致死女眞之志，百無一還之心。然後二聖
之怨有可平之日，陛下爲人子之職舉。」〔註21〕

疏上，高宗以其辭旨剴切，深得獻納論思之體，令學士院降詔獎諭。既而宰
相張浚自江上還，奏論使事爲兵家機權，胡寅以所論事理不同，乃再上〈論
遣使箚子〉，陳述遣使之無益者十事，且云：「今日大計，只合明復仇之義，
用賢才，修政事，息民訓兵，以俟北向，更無他策，倘或未可，惟是堅守。
若夫二三其德，無一定之論，必恐不能有爲。」〔註22〕胡寅既與張浚議不合，
遂乞便郡就養。

胡寅在處理宋、金關係上，始終堅持必罷和議，復讎雪恥。其立論基礎在
於《春秋》大義「華夷之辨」，胡寅之父安國，畢生精力，殫於《春秋》，視《春
秋》爲孔子「史外傳心之要典」，且以闡發孔子之微言大義爲己任。〔註23〕而《春
秋》大義首重「華夷之辨」，嘗云：

> 韓愈氏言《春秋》謹嚴，君子以爲深得其旨。所謂謹嚴者何謹乎？
> 莫謹于華夷之辨矣。中國而夷狄則夷狄之，夷狄猾夏則膺之，此《春
> 秋》之旨也。〔註24〕

所謂「華夷之辨」，主要從兩方面加以區別：一是地域內外之分，一是文化高
下之別。就地域上言，內中國而外夷狄則天下安，故云：

> 中國之有戎狄，猶君子之有小人，內君子外小人爲泰，內小人外君子
> 爲否。《春秋》，聖人傾否之書，內中國而外四夷，使之各安其所也。……
> 是故以諸夏而親戎狄，致金繒之奉，首顧居下，其策不可施也，以戎
> 狄而朝諸夏，位侯王之上，亂常失序，其禮不可行也。〔註25〕

就文化上言，華夏文化優於夷狄，體現在禮義道德上，故云：

> 中國之爲中國，以有父子君臣之大倫也。一失則爲夷狄矣。〔註26〕

又云：

〔註21〕 同前書，卷十一，頁 228～231。
〔註22〕 同前書，卷十一，頁 231～233。
〔註23〕 胡安國〈春秋傳序〉云：「古者列國各有史官，掌記時事。《春秋》，魯史爾，
　　　　仲尼就加筆削，乃史外傳心之要典也……周道衰微，乾綱解紐，亂臣賊子接
　　　　跡當世，人欲肆而天理滅矣。仲尼天理之所在，不以爲己任而誰何？」
〔註24〕 《春秋胡傳》卷一，頁 10。
〔註25〕 同前書，卷一，頁 9～10。
〔註26〕 同前書，卷十一，頁 15。

　　《春秋》固天子之事也，而尤謹於華夷之辨，中國之所以爲中國，

　以禮義也。一失則爲夷狄，再失則爲禽獸，人類滅矣。〔註27〕

胡安國所闡述之「華夷之辨」，文化高下之別，重於地域內外之分。胡氏一家
所以極力主張抗金，不與金人議和，除出於家破國亡之屈辱心理之外，尚包
含民族文化遭受衝擊之危機意識。〔註28〕

　　胡寅論「華夷之辨」，基本上繼承胡安國之說，其言華夷文化之差異，亦
以中國傳統之倫理價值觀爲最高準則，強調愛親尊君，嘗云：

　中國之爲中國，以有仁義也。仁莫大乎愛親，義莫大乎尊君，仁義
　立，然後人理存，天道順。若子不顧其親，臣不顧其君，惟利害是
　論，苟利於己則從之，是以小人夷狄自處，何以治小人而服夷狄哉？
　石勒攻陷京師，囚執天子，東晉嗣世，乃不戴天之讎。……設受勒
　幣而與通好，忘宗國之憤，弃君父之怨，則人之大倫滅矣，於夷狄
　又何難焉。〔註29〕

其論地域內外之別，首言夷狄之性習風氣與中國非類，云：

　中天下而立，定四海之民，必其道首出庶物，然後能成位乎其中……
　未有夷狄而君中國者，非固限隔疏斥之，其性習風氣，與中國非類
　故也，以五胡強盛，更據自古帝王所都之地，或一再傳，或三四世，
　則已掃滅無遺種矣，此非特人事，乃天理也。……夫夷狄之乘間竊
　入，不旋踵而掃滅，則見天理之有內外，正氣之不可干，而中國之
　君亦可自強於爲善，不使小雅盡廢而夷狄得之也。〔註30〕

胡寅更進而說明此性習風氣之異，與所稟受天地之氣有關，云：

　天無不覆，地無不載，而中國夷狄不可同處，亦非人爲，乃天地之
　氣有淳正偏駁之殊也。〔註31〕

既然夷狄所稟受者爲天地偏駁之氣，其性貪而無親，其俗唯利是嗜。〔註32〕
故非我族類，不可同處中國。華夏待夷狄之法，當「專治內以固其本，不勤

〔註27〕同前書，卷十二，頁 19。
〔註28〕參《湖湘學派源流》第三章第三章《春秋傳》的理學思想及對湖湘學派學術
　　　風格的奠定〉。
〔註29〕《讀史管見》卷八，頁 467～468。此文係論《資治通鑑》卷九十五載石勒遣
　　　使來修好，晉成帝詔焚其幣事。
〔註30〕同前書，卷二十九，頁 1974～1975。
〔註31〕同前書，卷十七，頁 1134。
〔註32〕同前書，卷十，頁 674，卷二十九，頁 1976。

遠略而忽邇圖。」「不虛內事外，因民力以爭不毛之地。」〔註33〕制夷之策，
當剖分之以消後患。若其叛亂侵寇，則必威之以刑。〔註34〕胡寅從稟氣之偏
駁，說明夷狄性習之殊異，以爲攘夷復讎之理論基礎，由此將宋人抗金之戰
爭提升至「天理」之層次，乃南宋學者之首見者。〔註35〕其說亦爲明清之際
學者所繼承，如王夫之即云：

> 君子之於小人，猶中國之於夷狄，其分也，天也，非人之故別之也，
> 一亂而無不可亂矣。〔註36〕

又云：

> 天以洪鈞一氣生長萬族，而地限之以其域，天氣亦隨之而變，天命
> 亦隨之而殊。……地形之異，即天氣之分；爲其性情之所便，即其
> 生理之所存。濫而進宅乎神皋焉，非不歆其美利也，地之所不宜，
> 天之所不佑，性之所不順，命之所不安。……游鱗於沙渚，嘯狐於
> 平原，將安歸哉？待盡而已矣。〔註37〕

胡寅除從經義中建立其抗金攘夷之理論外，又依據歷史經驗，說明與戎狄
交接，必先勝而後可和。《資治通鑑》載唐高祖武德五年，突厥入寇而復求
和，上問群臣和與戰孰利？鄭元璹曰：「戰則怨深，不如和利。」封德彝曰：
「不戰而和，示之以弱，不如勝而後和，則恩威著矣。」上從之。〔註38〕
胡寅云：

> 唐待突厥，禮與貨厚不訾矣，自武德二年至是四年之間，大小入寇
> 逾十數，高祖猶與之和，是欲戰則戰，欲和則和，權常在突厥也。
> 處之於後之爲難，則以結之於初爲失也。和戎之策，始於晉魏絳，
> 侯伯之國一時偷安可耳。……唐初急於近功，北面而稱臣，是以啓
> 寵納侮，作始簡而將畢也勞師費財，不勝其巨矣。〔註39〕

〔註33〕同前書，卷三，頁150，卷十八，頁1221。
〔註34〕同前書，卷二十，頁1356，卷二十三，頁1545。
〔註35〕《讀史管見》云：「聖人立復讎之制者，以引懦夫消人慾而存天理也。讎莫重
乎君父之見殺，無忿志者，畏於敵而不能報，有貪心者，怵於利而不肯報，
惑異端者，推於宿命而不忍報，而天理滅矣。天下未有無父之國，故父讎不
報，不可名爲人：天下未有無君之國，故君讎不報，不可立於世。使人人知
君父之重，皆勉爲忠孝，故有讎必報，則弑父弑君之禍息矣。」（卷十，頁668）
〔註36〕《讀通鑑論》卷十五，頁495。
〔註37〕同前書，卷十三，頁415。
〔註38〕《資治通鑑》卷一九○，頁5954。
〔註39〕《讀史管見》卷十六，頁1102～1103。

此言可謂借古諷今。以當時之事論之，宋、金之間，欲戰則戰，欲和則和，權在金人，其所以能和戰隨意者，蓋以把柄在手，有徽、欽二帝可為要脅之資。而高宗始乎二三其德，舉棋不定，終於忍辱求和，予取予求者，除對金人心存畏懼之外，〔註40〕更以父兄身陷虜廷，投鼠忌器之故。〔註41〕試就高宗之心理而論，欲與金人戰，既無必勝之策，又恐金人殺害徽、欽二帝以為報復，則己身蒙受不孝之罪名，犯人倫之大忌，何以服天下人心？欲與金人和，迎還二帝，則高宗勢必退位，喪失既得利益，又情何以堪？此所以當紹興元年至四年之間，主和主戰，猶豫不決之故。紹興五年四月，徽宗殂於金。紹興七年，何蘚使還，始聞徽宗及崇寧皇后之喪，高宗自此傾向與金人議和。紹興八年，用秦檜議，貶主戰大臣。紹興十一年四月，罷四鎮兵柄，十一月，宋金和議成，高宗向金稱臣，歲貢銀絹各二十五萬匹兩，其屈辱亦可謂極矣！宋人雖於紹興十年遣使迎徽宗之喪，欽宗並未能隨宋金議和而獲釋，而於紹興三十一年崩殂於金。觀乎此，則高宗之用心亦可逆知矣！胡寅堅決主張必罷和議，斷絕金人以二帝為要脅之手段。蓋夷狄貪利，既無利可圖，雖二帝在手，已無利用價值，即可使金人奉還徽、欽二帝，此所謂以戰逼和之策也。姑且不論此策是否可行，其基本構想已與高宗之心意大相逕庭。高宗以其出於忠誠，雖降詔獎諭，以示激勵人心，終究不採納其建議。

第三節　體元居正，端本清源

　　秦漢以後，君主專制之政治格局已成定型，專制帝王取得政權之方式，「其始是由德與力，其後之繼續則為世襲。」〔註42〕皆歸諸天命。歷來學者置身於既成之政治格局之中，對於天下國家政體之合理與否，尚未能深切反省而思有以變革。〔註43〕其政治思想多從治道著眼，亦即用心於探求治理國家之

〔註40〕高宗畏懼金人，南宋學者多持此說，朱熹嘗云：「當時講和本意，上不為宗社，下不為生靈，中不為息兵待時，只是怯懼，為苟歲月計！從頭到尾，大事小事，無一件措置得是當。」（《朱子語類》卷一二七，頁3054）。

〔註41〕「投鼠忌器」語見《續資治通鑑》卷一〇二，頁2746。又《皇宋中興聖政》載：趙鼎言「士大夫多謂中原有可復之勢，宜便宜進兵，乞召諸大將問計。」上曰：「不須恤此，今日梓宮、太后、淵聖皇帝皆未還，不和，則無可還之理。」（卷二十三，頁1042～1043）

〔註42〕《政道與治道》，頁1。

〔註43〕此一現象，至明末清初之大儒顧炎武、黃宗羲、王夫之諸人，始有「斷潢絕港」之逆向思考，以「家天下之私為一切非法惡果癥結之所在。」（同前書，

規則與規律。胡寅嘗云：

> 《易》曰：「聖人之大寶曰位。」又曰：「崇高莫大乎富貴。」此非以利言之也。中天下而立，負黼扆而朝，所謂天位也。普天之下，莫非王土，非私富也。天生民而立之君，非私貴也。……貴為天子而富有天下，……豈為一人之身而有是哉！王者之跡熄，聖人之道衰，誠意正心之學不傳，於是乎由欲而滅理，徇利而忘義，以富貴寶位為己私分，欲速而不得，則至於子弒其父，欲久而忌後，則至於父殺其子。於是位不為寶而富貴不足以崇高，人之大彝泯矣。〔註44〕

又云：

> 天之立君，凡為民也，君之求臣，凡為行保民之政也，臣之事君，凡為行其安百姓之術也，豈有他哉。〔註45〕

王者之位，雖出於天命，然而，天所賦予之至高無上之政治權力，並非帝王一己之私富私貴，蓋「天之立君，凡為民也。」保民而王，王者之義務與責任即在行仁政、安百姓。基於對先秦原始儒家民本思想之體認，使胡寅面臨南宋初年內憂外患之困境時，思考其解決之道，首先要求高宗皇帝必須體元居正，端本清源。詳述之，其細目有四：

一、正心誠意，貴實去虛

高宗紹興五年，胡寅撰〈乙卯上殿箚子〉，申論欲收撥亂反正之效，以成中興之業，必先正君心以正朝廷，正朝廷以正百官。其言曰：

> 臣聞「大哉乾元，萬物資始，至哉坤元，萬物資生。」成位乎兩間，則與天地合其德。故體元者人主之職，而《春秋》謂一為元，元即仁也，仁，人心也。人君者正心以正朝廷，則百官萬民莫不正，而治道成矣。……夫源清者流澄，本端者末正，有諸內必形諸外，為其事必有其功，今士風陵夷，四維未張，惟利是從，不顧義理。……人心不正，未有甚于此時。……今陛下……聖性既自得之，若夫體元居正，端本清源，力行所知，以收撥亂反正、天下歸仁之效，更加聖心焉，則何畏乎女真，何憂乎叛賊，何難

頁 202～203）

〔註44〕《讀史管見》卷十，頁 623～624。
〔註45〕同前書，卷一，頁 35。

乎中興之業哉！〔註 46〕

又於《讀史管見》中云：

> 百姓之所患者，莫甚於守長貪殘，殃害切己。然得人以任之，則亦
> 非所患也。……但委用稱職，……是無足患者。然則何患，莫先於
> 正朝廷以正百官。故曰：治水不清者澄其源，視景不端者正其表。
>
> 〔註 47〕

蓋人君居崇高之位，持威福之柄，百官祗慄而莫敢仰視，萬方承奉而所求必
得。故中常之君無不驕肆，英明之主自無滿假，此治亂之所由也。人君欲免
於驕肆亂亡之禍，而求經世之功，必正心以養德，誠意以接物，使心明如鏡，
源清流澄，而上下無不正矣。〔註 48〕故云：

> 人君能格物致知，使疑邪不能亂，正心誠意，使利欲不能昏，就道
> 親賢，問之辨之，以明所未明，篤志勵行，精之一之，以守所難守，
> 則鄭自鄭，雅自雅，杲日中天，萬象畢照，辯言安得而亂吾政，利
> 口安得而覆吾邦？〔註 49〕

人君能正心誠意，即有仁、明、勇之德，與天之性質純粹、中正、剛健相
應。〔註 50〕再經由任賢、賞功、伐罪種種政策措施，即可達於三代致治之
隆。由此可知，正心誠意並非抽象之空言與欺世之虛名，而是始於格物致
知，終於篤志力行之實學。故胡寅又極力強調人君「務實」「力學」之重要，
其言曰：

> 夫所謂虛名者，乃人臣聾瞽君上之姦術也。為君者深居九重，堂下
> 之事，遠於千里，而況四海九州之大乎？故寄心腹於一相，而託耳
> 目於臣鄰，欲其莫我欺也。人君不好名而篤實，則宰相務實而去華，
> 在下者皆盡忠赤，莫為誕謾，朝廷內外，歸於一實，而天下之理得
> 矣。惟人君不篤實而好名也，於是宰相尚華而廢實，在下者靡然從

〔註 46〕《斐然集》卷十，頁 214～215。
〔註 47〕《讀史管見》卷四，頁 256～257。
〔註 48〕《荀子・君道》云：「君者，民之原也；原清則流清，原濁則流濁。故有社稷
　　　　者而不能愛民，不能利民，而求民之親愛己，不可得也。」（《荀子集解》頁
　　　　329）又《貞觀政要》載唐太宗謂封德彝曰：「流水清濁，在其源也。君者政
　　　　源，人庶猶水，君自為詐，欲臣下行直，是猶源濁而望水清，理不可得。」（卷
　　　　五，頁 277）胡寅「源清流澄」之喻，蓋有所本。
〔註 49〕《讀史管見》卷五，頁 272。
〔註 50〕《讀史管見》卷一，頁 63，卷二十五，頁 1685。

風，爲欺爲罔，如幻如戲，朝廷內外，歸於一虛，而天下之理亂矣。……
故爲天下國家者，貴實則益，隆虛則損，自古不易之道也。〔註51〕

又云：

聞之先覺曰：人才器有限，職任重大者，負荷爲難。……人君者，
職任之極也。平日才器雄天下，及居尊位，若弗勝任者，才器所局
也。……又不知力學以充擴之，……不三年而滅亡，……皆所自貽，
不可歸之天數也。〔註52〕

又云：

天子、宰相，義理所極，天下取正焉者也。……不考前言，學古訓，
遵先王之法，而能治天下者，無有也。〔註53〕

力學可以擴充才氣，考前言、學古訓，皆是格物致知之事，其根本則在於人
君能自我檢束，察納雅言。

二、勤儉修德，納諫改過

胡寅綜觀北宋末年之政局，探討北宋滅亡之緣故，以爲徽宗皇帝之奢侈，
實難辭其咎。故論中興之道，極力強調寡欲無求乃帝王之盛德，而儉約可以
定天下。嘗云：

人之群乎斯世也，何所圖哉？始於飢食渴飲，冬裘夏葛，室屋可以
庇風雨而已。既且有家，則漸廣矣，既有宗族鄉黨，則益廣矣。……
自百姓等而上之，至於天子，不爲不貴，而得兼天下之奉也，亦莫
不有制度品式，上不偪下，下不僭上，而大要則以儉約爲先，節適
爲貴，使俗無奢靡之尚，人息誇奪之心，則天下定矣。王跡既息，
人欲肆行，攘攘熙熙，惟利是競。……欲革失俗、振頹波，非一士
躬行所能，其樞要則係乎當國秉權之人耳。〔註54〕

此言人生而有欲，欲望無窮，隨生活之進化而升高，隨權位之等級而擴展，
帝王以無限之權力追求無窮之欲望，勢必以人民爲魚肉而我爲刀俎。然而
「財散則民聚，財聚則民散」，人心一失，則國危亡。故欲革失俗，振頹波，

〔註51〕同前書，卷二，頁106～107。又卷六，頁375，云：「爲天下國家者，事皆務
　　　　實，則治道固矣。」
〔註52〕同前書，卷二十八，頁1880～1881。
〔註53〕同前書，卷二十八，頁1887。
〔註54〕同前書，卷六，頁340。

必從當國秉權之人做起。亦即帝王當以身率物，爲天下先。故胡寅又云：

> 《尚書》載帝王治亂備矣，曾無一言及於謀利，惟〈禹貢〉記貢
> 賦以修六府，〈洪範〉列食貨以序八政，非謀利也。……其丁寧反
> 復相訓告，相教誨者，惟以勤以儉，修德政，用吉士，守成憲，
> 去憸邪爲急。曰，如是則治，則安，則永年；不如是則危，則亡，
> 則墜命。上下千載，若合符契，所以謂之大訓，不可違焉者也。
> 〔註55〕

從理論上說，普天之下，莫非王土，帝王既得兼天下之奉，又何必謀一己之
利？惟當以勤以儉，以修德政，朝以聽政，晝以訪問，夕以修令，無淫逸於
遊畋，無縱欲於酒色，一以周公〈無逸〉爲本。〔註56〕然人君之勤，乃勤所
當勤之謂，非如秦始皇衡石程書，隋文帝衛士傳餐，徒敝精神，勞體膚，而
無益於國家之政。至於人君之儉，亦當以禮爲節，使不流於鄙吝。胡寅嘗評
論梁武帝之儉，曰：

> 善爲國家者，雖躬行節儉，又必爲禮制，使不得踰越。……誠使禮
> 制既定，則雖太牢而祭，大享養賢，乃人主所當爲，又何以蔬菜爲
> 哉？今武帝不立禮制，致風俗侈靡，而守宰貪殘，爲良民害，則雖
> 布衣糲飯，適足自苦，無益於人也。……學道者，人君急務。苦心
> 志，餓形體，清修寡欲而不知正道，是以上無禮，下無學，賊民興，
> 喪無日矣。〔註57〕

又《資治通鑑》載，齊太祖性清儉，主衣中有玉導，上曰：「留此正是興長弊
源。」即命擊碎。常曰：「使我治天下十年，當使黃金與土同價。」〔註58〕胡
寅論之曰：

> 人之慕儉而賤貨者，莫不美金土同價之言，然無此理也。顧能使貴
> 賤有等，人不妄用，金不至踊貴焉耳。必欲與土同價，雖高帝在位

〔註55〕同前書，卷二十四，頁 1614～1615。
〔註56〕胡寅以爲，人君之法，具於《尚書・無逸》一篇，嘗云：「稽〈無逸〉周公之
　　　言，則人君之法具矣。」（《讀史管見》卷二十四，頁 1596～1597）又嘗於紹
　　　興五年任中書舍人時，著〈無逸傳〉一篇，以佐成中興之治。其釋「周公作
　　　〈無逸〉」一句云：「臣竊原人之常情，好安逸，惡勤勞，故雖聖賢必以勤勞
　　　自勉，而以安逸爲戒。自昔帝王勤則治而興，逸則亂而亡。人臣之忠愛其君，
　　　聞勸其勤者有矣，未有勸其逸者也。」（《斐然集》卷二十二，頁 458）
〔註57〕《讀史管見》卷十三，頁 875～876。
〔註58〕卷一三五，頁 4248。

百年，亦不能致也。〔註59〕

由此可見胡寅論人君之於治道，當勤於為政，儉約無求，以身率物而正風俗。然而並不過求高遠，以虛浮為尚，正顯示湖湘學者務實之學風。

以勤儉自勉，以逸樂為戒，人主自律如此之嚴，其施政舉措猶難免有過，故胡寅論君道，又有納諫改過一義，以與勤儉修德相輔相成。嘗云：「改過者，帝王之盛節，聖人之至教也。」〔註60〕蓋「有過歸於己者，有善必推於人也；有失推於人者，有善必歸於己也。此人心公私廣狹之辨，而人心服與不服之分也。」〔註61〕人心之服與不服，實即國家治亂之關鍵。故人君務必廣開言路，察納諫言。胡寅云：

> 人君行事不當於人心，天下得而議之。〔註62〕

又云：

> 殺諫臣者，必亡其國。〔註63〕

又云：

> 古之聖人所見廣大，不自私其一身，惟恐有一言一事之不善。故開闢言路，使無壅蔽，凡有口之人，皆得以其情上達。……是以身無擇行，朝無秕政，以成安逸之功。〔註64〕

基於人君必須廣開言路，以養輿論銳氣之信念，胡寅在評論歷代帝王之賢否得失時，對其能否重視言論自由，皆有明確之褒貶。《資治通鑑》載：漢文帝詔除誹謗妖言之令。〔註65〕胡寅論之云：

> 妖言令之始設也，必謂其搖民惑眾，有姦宄賊亂之意者，及其失也，則暴君權臣假此名以警懼中外，塞言路也。……此策既行，使中外之人鉗口結舌，人君不聞其過，淪於危亡而不悟。……文帝除此令，其享國長世宜哉！〔註66〕

又《資治通鑑》載：漢武帝元狩六年，張湯奏顏異為九卿，見令不便，不入

〔註59〕《讀史管見》卷十一，頁725。
〔註60〕同前書，卷十三，頁881。
〔註61〕同前書，卷七，頁415。
〔註62〕同前書，卷二，頁119。
〔註63〕同前書，卷四，頁254。
〔註64〕《斐然集》卷二十二，頁473。
〔註65〕卷十三，頁453～454。
〔註66〕《讀史管見》卷一，頁59～60。

言而腹誹，論死。自是始有腹誹之法，公卿大夫多諂諛取容矣。〔註67〕胡寅論之云：

> 昏主姦臣，未有不惡疾言者，武帝非昏主也，而信張湯立此令，何哉？古者立誹謗之木以求謗言，故士傳言，庶人謗。既許之謗，則有口者皆得盡其情矣。周厲王雖監謗，亦見其時言路之不隘也，監之而後益隘矣。秦禁偶語，則兩人不得相與言矣。其後又有妖言令，則一人而爲國家深計者，亦不得獨獻言矣。雖然，是猶或發之以口，或筆之於書，得以證據反是爲非加之罪辟也。若夫腹誹之法，不亦異哉！……人心難測，甚於知天，腹之所藏，從何而驗？今指孝子曰，爾欲弑父，指忠臣曰，爾欲弑君，指廉人曰，爾欲爲穿窬，指義士曰，爾欲爲盜賊，爾雖不言不爲，吾知爾之心也。然則凡所惡者，孰不可殺矣。立法如此，與商紂剖比干觀七竅也幾希！〔註68〕

以上文字，一則讚美漢文帝除妖言令，一則批評漢武帝立腹誹之法，就事論事，褒貶嚴明。《左傳》載子產不毀鄉校，而以鄭人議論爲執政之藥石。仲尼聞之，曰：「以是觀之，人謂子產不仁，吾不信也。」〔註69〕夫防民之口，甚於防川，大決所犯，傷人必多。故王夫之曰：「言路者，國之命也。言路薾絕而能不亂者，未之有也。」〔註70〕胡寅論君道，要求人君以勤儉修德自我檢束，以納諫改過博觀約取，其中蘊涵以道統規範政統之精神，自有積極之意義。〔註71〕

三、知人惟明，任賢不貳

夫天下之治，以人才爲急，賢人所在，崇替之所出，故用人爲致治之本。其說見於輕、史、諸子者，已無庸贅述。胡寅論治國之道，亦主「興衰撥亂，全在人才。」故視之爲南宋中興之急務。紹興二年，胡寅撰〈中興十事〉，首曰「定都建康，以係民望。」其次即云「選用賢德，以修民紀。」其言曰：

> 昨來敗國，皆營私失節之人。今當登進忠良而黜退奸邪，表彰廉恥

〔註67〕卷二十，頁652。
〔註68〕《讀史管見》卷二，頁83～84。
〔註69〕子產不毀鄉校，事見《春秋左氏傳注疏》魯襄公三十一年，頁688～689。
〔註70〕《讀通鑑論》卷十四，頁451。
〔註71〕參余英時〈道統與政統之間〉，載《史學與傳統》頁30～70。

> 而屏遠頑頓，推廣仁術而勿用掊克，崇獎端亮而斥去佞諛。君子漸
> 多，各舉其類，小人無並進之幸，賢者無在野之遺，則天心自回，
> 而否運革矣。〔註72〕

「小人無並進之幸，賢者無在野之遺。」則邦國興而事功立，道理似甚簡易，行之則頗爲困難，其中涉及極爲複雜之理論與技術問題。茲就知人之難、知人之道、用人之方三項，分述如下：

（一）知人之難

《左傳》記子產曰：「人心不同，如其面焉。」〔註73〕《莊子》有云：「凡人心險於山川，難於知天。」〔註74〕胡寅亦以知人爲難，嘗云：

> 先主、孔明器識相上下，一時遇合，眞君臣也。先主能因水鑑以知
> 臥龍，可謂超世之見矣，而失於蔣琬、龐統；孔明器使群才，各盡
> 其用，而失於馬謖，故知人之難，堯、舜猶病也。〔註75〕

雖然人心難測，甚於知天。實則，人之難知，除觀察對象思想意向難測之外，觀察者本身學識不足與品德之缺陷，更是關鍵所在。故胡寅云：

> 凡姦憸之人欲詿惑其上者，必因其所好惡之偏而入其說，貪則誘之
> 以貨財，怯則導之以畏懦，是非不明則變亂邪正以遂其私，賞罰不
> 當則誣罔功罪以壞其政。〔註76〕

又云：

> 人之常情，好見其所長而隱其所短，好遜志之語而惡逆心之言，于
> 是臣其所教，友不如己，而阿諛求合之士日湊其側。慮有遺策者，
> 吾不得知也；舉有過事者，吾不得聞也。其心非不以善爲之而卒陷
> 于迷繆破毀者，無不由此。〔註77〕

此言情感不純，好惡有偏，其心不正，故不能知人物之賢否得失。欲去其弊，首在「明己」。明己之道，須以格物致知之功，擺脫自我欺蒙之陷阱，更以正心誠意之涵養，使心能常仁，至明至公，喜怒哀樂之情皆得其正，雖則不任術智，而人物之賢否皆無所遁形。此謂以心見而不以目見也。胡寅云：

〔註72〕《斐然集》卷三十，頁644。
〔註73〕《春秋左氏傳注疏》卷四十，頁689。
〔註74〕《莊子·列禦寇》引孔子語，頁364。
〔註75〕《讀史管見》卷六，頁331。
〔註76〕《斐然集》卷二十二，〈無逸傳〉，頁471。
〔註77〕同前書，卷十七，〈寄張樞密〉，頁360。

愛而知其惡，憎而知其善，惟克治私心，務契公理者能之。〔註78〕

又云：

謂賢為不肖，是為非，此不可以目見也，當以心見，心有所蔽，則言者行矣。謂醜為都，黔為皙，此不必以心見也，目亦了之矣，目有障翳，則罔者信矣。〔註79〕

又云：

取人者，未嘗不以身，孔明所謂各務其所尚是也。然修身必以道，而道有正有邪，故修道必以仁，心果仁矣，乃能好人能惡人，好惡不失其類，則所好必善，所惡必惡，故仁其心者，知人之要也。〔註80〕

「明己」之外，胡寅又有「循本」之說。〔註81〕所謂「循本」者，乃就跡原心，以理論事。其言曰：

孔子曰：「不逆詐，不億不信。」其於宰我曰：「吾聽其言而觀其行。」雖心如明鏡，物無遁情，終不立探人情實而治之之法。〔註82〕

又曰：

苟不以成敗得失論事，一以義理斷之，則千古是非如指諸掌，而知所去取矣。〔註83〕

胡寅以為，《春秋》褒貶人物之善惡，雖推見至隱，皆有其實，絕非憑空發議，妙體本心。故評論人物亦不可就心原跡，逆詐億信而妄下論斷。至於事功成就，往往應時而造，時運既往，即為陳跡，故亦不能以事功成就論斷人物之善惡。

在位治國者，苟能「明己」、「循本」。其於知人之事，可謂總綱提要，庶幾無差矣。

（二）知人之道

所謂知人之道，指鑑別人物賢否得失之具體技術，胡寅以為，其要在於聽言觀志，察行考實。故云：

知人之道，必自聽言始。是故敷奏以言，既觀其言，明試以功，又

〔註78〕《讀史管見》卷三，頁192。
〔註79〕同前書，卷六，頁378。
〔註80〕同前書，卷二十，頁1310。
〔註81〕「循本」一語，見《讀史管見》卷十，頁628。
〔註82〕《讀史管見》卷十六，頁1055。
〔註83〕同前書，卷九，頁601。

考其事，庶幾乎盡之。〔註84〕

語言乃人類表達情感，闡述思想，提供意見之主要工具。故凡才器之高下，品德之良窳，皆可由言語中觀之，此所以「敷奏以言」爲知人之始。然而，「誇目者尚奢，愜心者貴當。」言語亦可僞飾，其惑人也，詭出而相違，莫可端倪，迷謬而難辨。故又有「偏聽生奸，獨任成亂」之說。故聽言之外，尚須「觀志」，胡寅云：

> 凡爲士，皆不可無志向。……觀其心之景仰，則其人之賢否，世之治忽判矣。〔註85〕

蓋君子、小人皆各有所希而行其志，其心祈慕於公義而力行之，則爲君子，其心祈慕於私利而必得之，則爲小人。故孔子曰：「君子喻於義，小人喻於利。」陸象山云：

> 此章以義利判君子小人，辭旨曉白，然讀之者，苟不切己觀省，亦恐未能有益也。某平日讀此，不無所感，竊謂學者於此，當辨其志。人之所喻，由其所習，所習由其所志。志乎義，則所習者必在于義，所習在義，斯喻于義矣。志乎利，則所習必在于利，所習在利，斯喻于利矣，故學者之志，不可不辨也。〔註86〕

象山以爲，人之心志支配學習方向，學習方向決定人格形態，故學以辨志爲先，此即所謂「先立乎其大者」。就知人之道而言，觀其心志之趨向，則人之賢否亦可判焉。

聽言觀志雖是知人之要道，然而言語可以僞裝，心跡亦未必相符，僅就心以原跡，聽言以知人，未必能盡人之情實，故又須驗之以實事。胡寅云：

> 聽言之道，不以理揆之，則必以事觀之，揆以理，非上智不能也，觀以事，雖中才可勉矣。〔註87〕

又云：

> 人而未用，雖大聖智，無事效可指，非以名而取，以言而取，以薦舉而取，天下之賢材終不可得而致矣，其要在於考實驗功而已矣。

〔註84〕同前書，卷二，頁 83。

〔註85〕同前書，卷二十三，頁 1544。

〔註86〕宋孝宗淳熙八年二月，陸象山訪朱熹於盧山白鹿洞書院，應朱熹之請，講《論語・君子喻於義》一章，闡述義利之辨，見解極爲精到。（《宋元學案・象山學案》卷五十八，頁 1073）

〔註87〕《讀史管見》卷二十二，頁 1500。

不能考實驗功，則爲虛名所誤，空言所眩，然則其失在我，不在人也。〔註88〕

此言之主旨，即在強調經由觀察檢驗實際之言行功績，以判斷人才之優劣。基於去華務實之反映論原則，胡寅對於魏、晉時期評鑑人物崇尚虛無，以浮誕爲美之風氣，有所批評。嘗云：

爲清談者，以心與跡二，道與事殊，形器法度，皆芻狗之陳，視聽言動，非性命之理，此其所以大失而不自知也。〔註89〕

又云：

以一言目人而盡其大致，非聖賢不能也。……傚此而失之，則漢末鄉謠學議相標牓者，未必皆中，而過情多矣。晉人尚清談，以虛無爲宗，則尤不得其當。何晏謂司馬子元爲幾，謂夏侯泰初爲深，而自以爲神，取笑後世是也。王戎田園徧天下，親執牙籌，晝夜會計，家有好李，賣之，恐人得其種，嘗鑽其核，烏在其能簡？爲三公無所建明，翼太子不聞輔導，與俗俯仰，烏在其知要？而有簡要之譽，簡而要者，固如是乎？〔註90〕

由此可見胡寅主張知人之道不能只循一途，亦不能以主觀好惡率爾論斷。唯有虛心屈己，兼聽並觀，揆之以理，驗之於事，始可言知人之明。

（三）用人之方

知人之道，已如上述，然知人者，所以爲用人也。若知而不能用，則與不知者奚以異，又何貴其能知也？胡寅云：

人君於其臣，患不知其忠邪，知之矣，患不亟進退之。知忠賢而不亟進，則君子倦於難進之誠；知邪惡而不亟去，則小人狃於難退之恩。國家治亂，常必由之。〔註91〕

又云：

〔註88〕同前書，卷八，頁484。

〔註89〕同前書，卷七，頁420。

〔註90〕同前書，卷七，頁405。《資治通鑑》卷七十五載：何晏自以爲一時才傑，人莫能及，嘗爲名士品目曰：「惟深也故能通天下之志，夏侯泰初是也。惟幾也故能成天下之務，司馬子元是也。惟神也不疾而速，不行而至，吾聞其語，未見其人，蓋欲以神況諸己也。」（頁2380）又王戎事見《資治通鑑》卷八十二，頁2618。

〔註91〕《讀史管見》卷十，頁648。

臣謂國有賢材，則鄰敵視其用舍爲進退。而賢材者，固凡愚之所忌疾也。……夫驗成敗於事爲之後者，眾人之見也。辨得失於謀議之初者，非小智所及，惟明主能之。……夫梗柟豫章，天付之以棟梁之用；騏驥驊騮，世知其有千里之足。老於空谷，阨於鹽車，顧臨事而歎人才之難得，何哉？……人君於賢材惟患不知，既知之而不急於用，則大謀無時而決，大險無時而出，大難無時而平也。〔註92〕

蓋「大廈非一木之支，太平非一士之略。」天下之事，未有能獨濟者也。興衰撥亂，全在人才，而治平之幾，則係乎人君能否求賢才而任使之。〔註93〕胡寅以爲，「人材者，五行之秀氣，五行與天地無窮，則秀氣亦安有終極哉？特在上者無意於用而不求耳。」〔註94〕故「英雄豪傑，何世無之？」「世未嘗無才，而用之爲難。」〔註95〕用人之難，其根本原因，在於人君過於自信，缺乏自覺，苟且偷安，猜忌成性。欲救此弊，其途有三：

一曰，推誠盡禮，不任智術：人君常自恃位高權重，以爲天下之人，榮辱憂戚操之在我，故對待人才或出之以智術，或脅之以刑誅，皆用人之大弊。胡寅云：

人莫愛於子，莫難於知子。莫愛者，情也，莫難知者，蔽也。……然則可以智知乎？曰：不可。……蓋任術用數以待人，則父子之間不能誠也，人亦以術數對之矣。……道心無倚，如日中天，物不得遁而皆存，奚以智爲哉？〔註96〕

〔註92〕《斐然集》卷二十三，〈左氏傳故事〉，頁481～482。

〔註93〕人君所以必求賢取材而任使之，就積極意義言，可賴其助而得其用；就消極意義言，野無遺材，則國無變亂。故胡寅云：「聖王急於求賢取材，布在列位，非獨賴其助，得其用也。人之智通辨達者，負其所能而無所施，其肯飯糗茹草，甘於槁項黃馘者，惟君子而已矣。是故以天下爲度者，必網羅盡取之，隨其所長而任使之，俾咸得自見，天下之治既舉，而人才無沈埋不遇之歎，雖有好亂樂禍之人，欲干時而動，而莫與爲領袖，則亦無自而起矣！」（《讀史管見》卷六，頁568）

〔註94〕《讀史管見》卷十五，頁1025。

〔註95〕語見《斐然集》卷十七，〈寄張教授〉，頁371，《讀史管見》卷四，頁22。王夫之云：「國無人焉則必亡，非生才之數於將亡之國獨儉也。上多猜，則忠直果斷之士不達；上多猜而忠直果斷之士詘，則士相習於苶靡，雖有貞志，發焉而不成。」（《讀通鑑論》卷十五，頁526）胡雲翼云：「夫人才隨取才者之分量而生，亦視用才者之輕重而至。」（《胡雲翼集·書牘》〈致嚴渭春觀察論人才〉，頁96）皆與胡寅之說同。

〔註96〕《讀史管見》卷五，頁315～316。

又，《資治通鑑》載：東魏勃海獻武王高歡疾篤，謂其子澄曰：「侯景專制河南，十四年矣，常有飛揚跋扈之志，顧我能畜養，非汝所能駕御也。堪敵景者，惟有慕容紹宗耳，我故不貴之，留以遺汝。後，侯景叛，高澄使紹宗討之，景謂紹宗曰：「景若就擒，公復何用？」紹宗乃縱之。〔註97〕胡寅論其事，云：

> 紹宗之才，誠足制景，高歡信知人矣，而故不貴之，留以遺澄，則所以待紹宗者有未盡焉。唐太宗亦用此委李世勣於高宗，後之論者，以此兩君爲賢，曰，寧其身無受知人之名，而使子孫專享得賢之利，是皆失之也。……蓋平日儲養賢才以遺子孫，推誠盡禮，各得其道，豈用私意小智軒輊屈之，而使子孫以利祿誘之也。使其臣利祿之人也則可，使其臣不以三公易其介，不以萬鍾變其義也，又安得而用之？……故紹宗逐侯景不盡其力，而世勣事高宗不竭其忠，其君臣得失，豈不明且驗耶？〔註98〕

唐太宗善於用人，故能致貞觀之治，爲世所稱。胡寅則據史發議，指出太宗委李世勣於高宗，乃用人之失。蓋智術權謀或有一時之利，然不足以服人心，人才亦終不能爲其所用。故善用人者，必以誠心來之，以隆禮待之，不可以權謀利祿誘人。

二曰，提綱總要，勿疑勿察：人君既已擇人而用，則宜開誠布公，推心置腹，委以職事，信而任之，使其長才得展，無負委託之初意。不可疑慮多端，自陷煩惱。蓋執狐疑之心者，必來讒賊之口。胡寅云：

> 夫臣之欲竊其君之柄者，……小事必奏，小利必陳，卑官賤品之除黜亦必進稟，可謂委權遠勢，恭以謹矣。而大謀顛錯，威福潛移，則君不得知也。人君所以致此，豈無說乎？一曰疑，二曰察，二者苟有一焉，豈惟姦臣得行其計，彼愚庸懷祿者，亦得置君於叢脞之地，而己偷享其安。故惟知道之主提綱總要，斯患則亡矣。〔註99〕

又云：

> 察與明相似而不同，察察小慧，猶炬燭然，見此而不見彼，見近而不見遠。……明者博昭，猶日方中。……故人君貴明不貴察。〔註100〕

〔註97〕卷一五九，頁4945。又卷一六一，頁4971。
〔註98〕《讀史管見》卷十三，頁883～884。
〔註99〕同前書，卷十九，頁1296。
〔註100〕同前書，卷二十三，頁1529～1530。

人君總綱提要，博昭遠覽，疑人不用，用人不疑，任賢勿貳，惟和惟一，則君臣同心，而事無不濟。

三曰，因材器使，久任責成：對於人才之分類，胡寅以爲，賢、能有別，而用其不同。德成曰賢，才贍曰能。「賢而見遺，無與安邦國；才而見遺，無與立事功。」賢者尊之，能者使之，不可偏廢。再就人之才能而言，同類殊能，短長互見，用非所長，亦難致治。故因材器使，而不求全責備，俾適才適任，各盡所能，實爲用人之要訣。胡寅云：

> 天下之才，惟已爲大惡者必不可用，自餘固難責以全美。人主釋怨棄瑕，無所疑忌，眾以爲可，民以爲便，則用之矣。〔註101〕

又云：

> 人雖靈於萬物，以五氣交運，參差而不齊也。故鍾其秀粹而無剛柔緩急之偏者，雖千一不可知也。是故同類而殊能，不但庶物，雖人實然，聖人知其然，故垂知工，則不責以夔之樂，稷知播，則不任以契之教，因所長而用之，終其官而不徙，故事治功成而罪戾不著，此堯舜所以代天工之道也。後世則不然，以天下眾務而求備於一人，始以空言取之，一旦命以獄訟，已而畀以財賦，已而責以禮樂，已而分以民社，職無常守，業無見效，苟能應文免咎，苟歲月而去，則目爲能吏，但取外之可觀，而不恤其內之有闕也。積累久次，遂至於與國大論，進退群才，亦由此途出。然則欲開物成務，咸有條理，臻治道之極也，不亦遠乎！〔註102〕

胡寅以古今對照，闡明後世用人之失，言極警策。蓋職務與專長不符，則人才無施展表現之機會，行政效率無以提升。職務調動頻繁，則事無專責，必至於互相推諉，政事因而不理。故用人者，必因材任官而久其職，然後視其表現，以爵祿勸其勤，以刑誅懲其慢，從而使百官恪盡職責，勤於政務。〔註103〕則上下悅服，朝廷大治，百姓蒙福，社稷永安，而治道成矣。

〔註101〕同前書，卷十四，頁 920～921。

〔註102〕同前書，卷四，頁 239。

〔註103〕胡寅嘗以騏驥與凡馬爲喻，說明人材與待遇之關係，其言曰：「騏驥驊騮，一日而馳千里，是故潔其皂櫪，豐其芻豆，緩急之際，與人一心。若夫駑駘下乘，既無絕足，仍有詭銜竊轡，以智爲盜之患，則凡馬畜之而已矣。人君駕馭人材，何以異此？」（《斐然集》卷十五，〈再論朱勝非〉，頁 334）

四、法天自強，畏天自警

胡寅論君道，除正心、修德、任賢之外，尚有會通天人之際，藉天道以激勵、警惕人君之說。當高宗即位之初，奔避金人之追逐，流離於維揚、建康、錢塘、會稽之間，其於建都也，猶豫而不定。胡寅力主定都建康，於建炎三年〈上皇帝萬言書〉中力陳其說，且以天象之變警惕人主，其言曰：

> 天定勝人，大福不再，深可憂懼。今年之春，震雷大雪，白虹貫日，中有黑子。錢塘之變，實先垂象。……迺閏月金犯大火，芒怒赫然，九月朔旦，日有食之，車駕復有思患預防之行，明堂遂虛，陽德大弱。錢塘受辱之地，豈可再枉六飛。……若趨會稽，幸三衢，則地形窮僻，扈衛益勞。……人知陛下無復興之志，威權日削，無可瞻望，投戈四逸，孰能止之。〔註104〕

紹興五年，胡寅於中書舍人任內，著〈無逸傳〉，又以上法乎天，畏天之威，期勉高宗皇帝當自強不息，不可耽於逸樂。有云：

> 天行健，一日一夜周三百六十五度，凡物之健者，無以加之。故君子自強不息，上法乎天，畏天之威，憲天聰明，庶乎其能則之也。苟耽樂暇逸，弗克若天，天其眷顧乎？……故臣竊謂無逸之君，未有不謹於禮者。能克己復禮，逸從何生乎？〔註105〕

又云：

> 人所以肆行而無所畏者，不能自抑也。過其妄情，止其私欲，惟義理是從，則必畏天命，必畏祖宗，必畏師保，必畏諫諍，必畏謗讟，必畏禍亂。凡可以致治者無不慕也，凡可以致亂者無不畏也，此非他人所能與，由我而已矣。故曰「克自抑畏」，言其心自為之，不由乎人也。〔註106〕

其後，撰《讀史管見》，更借史抒論，發揮其天人關係之思想。總其說而言之，其要有二：

一曰，法天無私：胡寅之天人關係論，其思想根源主要來自《春秋》與《易傳》。《春秋》稱周天子為「天王」，胡寅以為，「孔子立天王之號，其作《春秋》，代周室賞罰。……以天冠王，繫王於天，使稱之者顧名思實，則其

〔註104〕《斐然集》卷十六，頁350。
〔註105〕同前書，卷二十二，頁469～470。
〔註106〕同前書，卷二十二，頁466。

職舉也。……孔子所云者，高明無私之理也。……是理也，敘之爲五典，秩之爲五禮，章之爲五服，用之爲五刑。」〔註107〕故王者欲名實相符，必以「法天」爲務。胡寅云：

> 君人之道，當法天無私。孰非吾臣，惟賢是好；孰不宣力，惟忠是賞；孰不進言，惟善是聽。漠然如皇天在上，不係心於一偏一曲，而萬物莫不愛戴。故曰：「惟天爲大，惟堯則之。」苟有私好私惡滯于方寸，則與民庶常情無以相遠，而匹夫匹婦憫然不服之心起矣。〔註108〕

又云：

> 爲天之子而居天位，必有天德，何謂天德？剛、健、中、正、純、粹是也。剛則不屈，健則不息，中則不倚，正則不邪，純則不已，粹則不雜。屈於物欲，非剛也；有始無卒，非健也；執一廢百，非中也；背義就利，非正也，或作或輟，非純也；所守偏駁，非粹也。具此六者，天德全矣。于以臨覆四海，雖均乎爲人，而人仰之如天，不可及也。〔註109〕

又云：

> 則天而行，人君之道。……憲天者，以慶賞法春夏，以刑威法秋冬，以當理法其無言，以至公法其無私，以盡下法其自民，以不息法其行健。如此之類，乃則天之道也。雨露猶人君之惠澤也，雷霆猶人君之號令也。生成萬物之時，固有雷霆，而雷霆未嘗殺物。〔註110〕

上文所謂「天」，既非指自然之天，即「蒼穹覆幬之名」；亦非指超自然、有意志之主宰；而是指天道中所蘊涵之「高明無私之理」。此「理」呈現爲剛、健、中、正、純、粹之精神，謂之「天德」。胡寅論天之德，以剛健居首，當本諸《易傳》「天行健，君子以自強不息」之語。〔註111〕此剛健之天德，在人生領域中即體現爲自強不息之趨向，而在個體自立、安邦經世中獲得安頓。故人君欲修天德而居天位，首需以剛健自強之精神，擺脫自身情慾之支配，塑造卓然自立

〔註107〕《讀史管見》卷十五，頁975～976。《春秋》隱公元年：「秋七月，天王使宰咺來歸惠公仲子之賵。」《胡傳》：「《春秋》以天自處，創制立名，繫王於天，爲萬世法。」（卷一，頁7）
〔註108〕《讀史管見》卷十一，頁731。
〔註109〕同前書，卷一，頁63。
〔註110〕同前書，卷十五，頁1006～1007。
〔註111〕《周易注疏》卷一，〈乾象〉，頁11。

之人格，即胡寅所謂「唯義是從」、「克己復禮」，不可「耽樂暇逸」。其次，剛健之天德，不僅隱喻君子當自強不息之德性塑造過程，亦展示天地流行不止之創生觀念。「天地之大德曰生」，「日新之謂盛德，生生之謂易。」〔註112〕宇宙萬物所以生生不息，日新又新，乃由於天德之中正純粹，高明無私。其中透顯出合理、和諧追求之必要性。人君治國理民，安邦經世，使人人各遂其生，各適其性，各得其所，自應本諸中正純粹，高明無私之精神，以建立合理之社會生活以及和諧之社會秩序。其實踐之道，在「禮」與「法」。故胡寅謂高明無私之理，「敘之爲五典，秩之爲五禮，章之爲五服，用之爲五刑。」又云：「五典惇而天序建，五禮用而天秩行，五服章而天命休，五刑用而天討當。」〔註113〕蓋人生於天地之間，個體與宇宙亦非彼此隔絕。個體乃有限之存在，而生生不息之宇宙乃無限之歷程，個體唯有在精神上與天理同流，始能獲得永恆之價值。而人君能法天而行，亦可使其無限之政治權力在運作上有一超越之規範。故胡寅倡言君道法天無私，亦有企圖客觀化君權之用心。

　　二曰，畏天自警：《春秋》以編年記事，文辭簡約。唯多書災異，尤於日食爲詳。〔註114〕胡安國《春秋傳》云：

> 經書日食三十六，去之千有餘歲，而精曆算者所能考也。其行有常度矣，然每食必書，示後世治曆明時之法也。有常度則災而非異矣，然每食必書，示後世遇災而懼之意也。日者眾陽之宗，人君之表，而有食之，災咎象也。克謹天戒，則雖有其象而無其應，弗克畏天，災咎之來必矣。凡經所書者，或妾婦乘其夫，或臣子背君父，或政權在臣下，或夷狄侵中國，皆陽微陰盛之證也。是故……日有食之，《春秋》必書，以戒人君不可忽天象也。〔註115〕

又云：

> 《春秋》災異必書，雖不言其事應，而事應具存，惟明於天人相感之際，響應之理，則見聖人所書之意矣。〔註116〕

胡安國以爲，《春秋》災異必書，而特重日食之異，雖不言其事之應，而事應

〔註112〕同前書，卷八，〈繫辭下〉，頁166。卷七，〈繫辭上〉，頁149。
〔註113〕《讀史管見》卷一，頁64。
〔註114〕《春秋》記二百四十二年之事，約一萬八千字。(《史記・太史公自序集解》引張晏說) 其記災異之種類繁多，自日食、星隕、雨雪、震電、大旱、山崩，以至隕霜殺菽、六鷁退飛等，約有四十一類，一百四十六則。
〔註115〕《春秋胡傳》卷一，頁13。
〔註116〕同前書，卷三，頁5。

具存。故作《春秋傳》，於《春秋》災異之文，多據史事以明其應，示天所以譴告警戒之義。胡寅繼承其說，亦力言人君當以災異自警，以爲經史之中，凡「紀災異者，欲以警乎有國之君也。」〔註117〕唯天地之變非一端，災異之說，不可穿鑿附會，泥而不通。〔註118〕瑞應之事，尤不可信。嘗云：

> 草木之秀異，禽獸之珍奇，雲物之變動，無時無之，係時好與不好耳。以爲祥瑞，注意於多有，雖元狩之麟，神爵之鳳，尚可力致，……又況智巧之徒能僞造乎！花卉可以染植增其態，毛羽可以餵飼變其色，雖石脈木理猶且假幻使成文字。惟上之人泊然無欲于此也，苟欲之，則四面而至矣。〔註119〕

蓋祥瑞之事多有，且可僞造，諂佞之人每藉此以爲奉承之資，無助於人君改過從善之盛德。至於天人之際，何以能感通而相應，胡寅則以「氣之類聚」與「理之流行」說之。其言曰：

> 天地之間，形運於氣。氣，陰陽也，絪縕渾淪，未嘗相離，故散爲萬物，消息而不窮。形氣合而理事著，其消息而不窮，猶物之榮枯成壞之無端也。……氣雖渾淪，及其勝也，各以其類。……災祥以類而應，萬物以類而聚。是故君子慎所類焉，不使類之亂也。積善之家必有餘慶，積不善之家必有餘殃，以類相從故也。〔註120〕

又云：

> 臣聞天人相去，不知幾千萬里之遠。人能動天，世多疑之。然古之聖人記消異之途，不可誣也。……蓋通天下一氣耳，大而爲天地，細而爲昆蟲，明而爲日月，幽而爲鬼神，皆囿乎一氣，而人則氣之最秀者也。殺一孝婦，何與於陰陽，而天爲之旱；烹一虐吏，何與於陰陽，而天爲之雨。必深考其故，則知天不可忽。〔註121〕

此言氣以類聚而爲萬物，故人之禍福，以類相從，天之災祥，亦依人之善惡而生。然而，氣以類聚，則其聚合，自有規律。日月運行，寒暑變化，皆有常道，又何以能因「人事感於下，則天變動於上？」〔註122〕胡寅屢云，日月

〔註117〕《讀史管見》卷二，頁78。

〔註118〕同前書，卷一，頁61。

〔註119〕同前書，卷四，頁218。

〔註120〕同前書，卷八，頁486～487。

〔註121〕《斐然集》卷二十二，〈無逸傳〉，頁461～462。

〔註122〕《讀史管見》卷六，頁373。又云：「人謀弗臧，感動天地。」（卷一，頁56）「人怒於下，則天應於上。」（卷二十六，頁1769）

星辰，度數有常。〔註123〕若順「氣之聚散」之思路，論證天人相應之說，則必須假設一超自然、有意志之主宰，可以視人行爲之善惡，改變自然現象之規律，以應其休咎災祥。如此，又與胡寅視「心」、「理」爲宇宙本體之思想不合。故胡寅又從「理之流行」說明天人相應之故，其言曰：

> 天以形體言，帝以主宰言，其實一理也。〔註124〕

又云：

> 天人之際，精禋相盪，善惡相推，天變見乎上，則人事動乎下，人事失於下，則天變作於上，所以然者，天人一理，上下同流故也。是以爲君者必修大人之德，以居天位，先天而天不違，則感之者順也，後天而奉天時，則應之者正也。如是，則日月星辰之行，風雷霜雹之降，雖有舛逆乖戾而不爲咎矣。〔註125〕

又云：

> 善祥惡殃，必以類至，理存感應，如寒暑雨暘之消息，不可誣也。故人亦自修而已矣，不必爲明有賞，幽有福，然後爲善。不必爲明有罰，幽有禍，然後不爲惡。斯人也，其天之所佑歟！何也？天者公也，非有所親疏而取舍之者也。必爲明有賞，幽有福，然後爲善。必爲明有罰，幽有禍，然後不爲惡。斯人也，其天所不佑歟！何也？天者理也，非有所利害而去就之者也。〔註126〕

胡寅既將「天」解釋爲「理」，天即不具有主宰意義，自然現象之異常，只是警惕人君反躬自省而已。蓋價值根源在於人之「心」，故人君應天，當以實不以文。胡寅云：

> 以實者，誠心畏懼，改過從善也；以文者，徒以言語而心不存焉。心不存則其氣不專，故無感應之驗。誠心畏懼，則其氣與天地合，與神明通，未有不應者也。〔註127〕

治理天下者，必須兢兢業業，切己觀省，始能弭災禍而祈永年。

〔註123〕《斐然集》卷二十二，〈無逸傳〉，頁461，《讀史管見》卷十五，頁1026。
〔註124〕《讀史管見》卷一，頁66。
〔註125〕同前書，卷二十六，頁1774。
〔註126〕同前書，卷一，頁85。朱熹亦以「理」釋「天」，云：「天者，理而已矣。」（《孟子集註·梁惠王下》）又云：「天下只有一個正當道理。循理而行，便是天……天之所以爲天者，理而已矣。」（《朱子語類》卷二十五，頁621）
〔註127〕《斐然集》卷二十二，〈無逸傳〉，頁462。

「天」之概念，在中國哲學思想中，具有極複雜之內容。舉其大者而言，或視之爲超驗化之宇宙法則，或視之爲人格化之無上主宰。漢儒董仲舒以二者合一，將形上之本體轉爲神學化之本體，天道遂成爲君臨一切之權威。其天人感應之說，既重災異，亦重祥瑞，以之爲天對人賞罰之具體表現。其理論之中，雖亦主張人爲天下之最貴者，天之一切所爲，其最終皆以人之利益爲依歸，透顯出原始儒家所強調之人文精神。唯依然保存「天」爲支配人事之終極主宰。易言之，其人文精神係借神學形式而獲得確認，使儒學之本質蒙上神學之迷霧，在儒學發展史上，亦不能不視爲一種逆轉。〔註128〕胡寅以「理」釋「天」，不僅擺脫神學之論述形式，就其深層意義而言，無論「法天自強」或「畏天自警」皆蘊含對合理性之追求。人君唯有在德性涵養與群體和諧上日新又新，始能得人心而保天命。

第四節　整頓朝綱，改紀法制

胡寅基於對國家處境之關懷，分析內憂外患之成因，圖謀解決之道，除向高宗皇帝力陳務必及早確定政策方向，並要求其體元居正，端本清源之外，對於吏治、兵政、財稅各項問題，皆有具體興革之建議。尤以整頓朝綱，改紀法制爲先。胡寅曾經指出朝廷「政」「事」不分，及其流弊，云：

> 夫審于音者聾于官，明于小者暗于大。而以庶事不舉，必躬視而行
> 之，則于大政必有偏而不起之處矣。……今左右大臣陛下之所委任，
> 以圖中興之丕烈，而兼總六曹有司之事，至于受詞訴，閱案牘，走
> 卒賤史一有所求，皆得自達，窮日之力不得少息，皆細故也。而政
> 事堂與州縣無以異矣。〔註129〕

朝廷爲議決國家大事之所，大臣之職，當與政而不與事。不然，勞心畢智於簿書期會間，雖細事稱當，亦只是刀筆之吏所爲，何以能致中興之效？解決之道，在於將事務性之事委由六部長吏處理，宰相大臣則志其遠大久長之策。胡寅又云：

> 臣愚欲望陛下詔宰相大臣，選補六部長吏，凡有格法者，一切付之，
> 使得各舉其職，則大小詳要不相奪倫，中書之務清，有司之事治，

〔註128〕董仲舒之天人關係論，參《善的歷程》，頁148～155。
〔註129〕《斐然集》卷十，〈論對荀子十三〉，頁222。

　　　　文移奏報，各從簡省。廟堂之上，可以志其遠者大者。長久之策，

　　　　恢復之功，庶乎可冀矣。〔註130〕

根據分層負責，政清事治之思考理路，對於人事制度之改革，胡寅提出三項
要點：

一、裁減官職，謹行銓選

　　胡寅觀察南宋初年之內政問題，嘗嘆天下之吏，員數眾多，流品雜出，
以至於士風陵夷，奔競日昌，而民力有水枯魚死之勢。實則官員冗濫，乃一
制度問題，源出於北宋之統治政策。宋太祖趙匡胤建國之後，汲取五代蕃鎮
跋扈，權臣專橫，造成分裂戰亂之歷史教訓，遂採行皇帝集權之政策。此政
策反映於任官制度者，一為增設機構，在中央雖仿唐制設三省六部二十四司，
宰相稱「同中書門下平章事」，但增設樞密院為掌管軍事之最高機構，長官稱
「樞密使」。又增設三司（戶部、度支、鹽鐵）為主持全國財政之最高機構，
長官稱「三司使」。如此，秦漢以來無所不統之相權，其軍事權為樞密院所奪，
財政權為三司所分，宰相只管行政。其下又設「參知政事」一人或數人為副
相，再分相權。又仿唐制設御史臺為監察機關，御史任用由皇帝親選，以便
代替皇帝對宰相加以監督。此外，在吏部、刑部、禮部之外，又設審官院、
審刑院、太常禮院，以分三部之權。在地方官中，如州仍保留節度使、防禦
使、團練使、刺史之虛銜，而由皇帝臨時派遣之知州為一州之長，握有實權，
另設通判，兼掌對知州之監督。于是，官僚機構日漸龐大，疊床架屋而效率
不彰。〔註131〕二為職權分離。在宋代官員任用中，有官、職、差遣之分。所
謂「官」，只是標誌品級高低，俸祿多少之稱號（如「僕射」、「尚書」、「丞」、
「郎」之類），不表示實際職事。所謂「職」，為榮譽職稱（如「學士」、「待
制」之類），不負具體職責。至於「差遣」，指皇帝臨時委派之工作，為該官
員之實際職務。在宋代，不僅中央各部以差遣治其事，地方州、縣也都以差
遣為實際之職事官。此種本官與職事分離，以差遣治事之制度，其消極影響，
一則造成大量無所事事，空享俸祿之閑官，既侵蝕國家財政，亦助長奔競之
風。〔註132〕再則差遣屬於臨時性質，且經常調動，不能因才任使於先，自難

〔註130〕同前註。

〔註131〕司馬光嘗云：「近日官吏繁冗，十倍于國初之時。」（《司馬溫公文集》卷四，
　　　　　〈論進賀表恩澤札子〉，頁7）

〔註132〕蘇軾指出：「國家自近歲以來，吏多而闕少，率一官而三人共之，居者一人，

久任責成於後，徒然浪費人才，損害事業。〔註133〕

　　宋室南渡，高宗收拾殘局，採行寬柔包容政策，以鞏固政權爲目的。對於官僚兼收並蓄，不肯多罰貪官，於失節之人亦少懲處。〔註134〕對於北宋以來即已存在之弊政，不僅未能改善，更有變本加厲之勢。胡寅以爲，冗官敗政，是非混淆，根本原因在於皇帝心存私念，無意乎民所致。嘗云：

　　　（後世之主）惟不知所職，無意乎民，則疾痛冤苦，不以關心，
　　　又爲虐政暴賦以殘之，其事固多，而尤甚於不爲官擇人也。以讀
　　　書干祿者設科場以官人，以爲子孫計者許任子以官人，以胥史積
　　　勞而官人，以擴廣恩寵而官人，以入貲粟而官人，以納交貴勢而
　　　官人。以聚斂而用掊克者，以不欲聞過而用諂諛者，以快怨讎而
　　　用讒諛者，以樂攻戰而用殺伐者，以好遊畋苑圍而用捷給者，以
　　　務爲無事而用闒茸憊瑣罷軟不勝任者。於其間又隨人欲以奉親養
　　　疾，婚嫁生理便不便爲請者，如此十餘條，其何所爲耶？其爲民
　　　耶？其爲身耶？儻曰爲民，則此十條，民所甚病，儻曰爲身，則
　　　稽之經訓，驗之往事，凡爲是者，不爲致治，祇以召亂也。然則
　　　人君可不深致意於斯？〔註135〕

此言人君所以不爲官擇人之故，皆從自身利益出發，無視於人民之疾苦，勢必求治召亂，適得其反。因此，政府欲有所作爲，必須在任官制度上從事改革，裁損吏員，減少閑官。其言曰：

　　　自古建官非爲他也，惟以爲民也。凡事皆本于有民，無民則無事，
　　　無事則無官，而民終不能無也。故因事建官，使民出粟以養之，事
　　　治則足矣。而未有群天下之人無所職任而祿之者也。而未有以優局
　　　饒廩，以待不才有罪之人者也。今日宮觀、嶽廟添差不釐務，可謂
　　　姑息之極弊，非修政事攘外患之先務也，非寬民力足國用之要術
　　　也。……士大夫惟元臣故老，有德有勞，閔煩苦之役，示恩意之人，

　　　去者一人，而伺之者又一人，是一官而有二人者無事而食也。且其莅官之日
　　　淺，而閒居之日長，……此用人之大弊也。」（〈抑僥倖〉）然而，欲清入仕之
　　　源，救官冗之弊，並非易事，蓋「行之則人情不悅」也。（〈論冗官箚子〉）
〔註133〕宋代官制及其影響，參《中國人才史鑑》頁224～227。
〔註134〕《建炎以來朝野雜記》謂：高宗性仁厚，於失節貪污官僚，但行之數人而止。
　　　　（甲編，卷九，頁4）
〔註135〕《讀史管見》卷三，頁178～179。

處以宮祠差遣，自餘任事食祿，否則罷之而已。〔註136〕

蓋官吏之設，起於爲民治事，有民而後有事，有事而後設官，設官而後擇人以任事，任事而後食祿。不可因人設官，以官職俸祿爲籠絡人心之工具。胡寅以爲，閑官之設乃姑息養奸之舉，其言烈謂痛切。包容政治以妥協爲最大特點，即用最緩和而不費事之安排，以鞏固政權。其流弊則爲墨守成規，姑息養奸，得過且過。〔註137〕胡寅又舉光武中興與孔明治蜀爲例，說明治國不可以政悅人。其言曰：

> 夫濟大難之世，必有拂眾之略，絕人之才，乃立非常之功。光武起兵，誅討僭叛，中興漢祚，宜其蕩然施恩，以收西京人心。然考其所爲，則用法嚴密，未嘗以政悅人，至減天下吏員，十存一二而已。豈聞人懷怨咨，欲充無厭之望乎？孔明輔劉先主志在復漢，……所據險僻，又出吳、魏之後，宜尚寬大以固蜀人也。然考其行事，限人以爵，律人以法，其始蜀人不安，其後遺愛比之召公甘棠。……不聞有舍蜀而走吳、魏者，人心惟是之從耳。〔註138〕

胡寅亦嘗察覺政治改革之不易，故云：「自頃以來，朝廷稍欲裁制冗濫，恤民便國，小人不利，輒從而譁之，或造爲謠言，以駭動朝聽，至謂無所得于此，則攜持而北去。」〔註139〕既得利益者之把持要脅，乃改革之一大阻力，然此類蒼黃翻覆之徒，絕無一人爲賢智之士。唯有處置盡公，人心必自帖服。故胡寅堅持「善爲國者，減省吏員而厚其祿」，乃「愛百姓，養人才，敦風俗之要道也。」〔註140〕

冗官現象之存在，進一步推究其原因，又與銓選浮濫有關。「官員既少，應選日多」，原是歷史上長久存在之問題，在宋代尤其嚴重。首先是科舉錄取名額盲目擴大，助長冗官之出現。據統計，北宋貢舉共開科考試八十一榜，其所取士，有具體數字記載者爲：正奏名進士一萬九千五百九十五人，諸科一萬六千三百六十六人，合計三萬五千九百六十一人；特奏名進士、諸科合計一萬六千零三十五人；正、特奏名總計爲五萬一千九百九十六人。南宋貢

〔註136〕《斐然集》卷十，〈轉對箚子〉，頁225～226。

〔註137〕參劉子健〈包容政治的特點〉，《兩宋史研究彙編》頁48。

〔註138〕《斐然集》卷十，〈轉對箚子〉，頁227。《讀史管見》亦云，漢光武併縣國、損吏員，文書調役，亦從減省，天下晏然，赫然中興。（卷三，頁179～180）

〔註139〕《斐然集》卷十，〈轉對箚子〉，頁227。

〔註140〕《讀史管見》卷十四，頁896～897。

舉開科取士共有四十九榜，其登科人數，有具體數字記載者爲：正奏名進士
二萬三千一百九十八人；特奏名進士一萬九千零八十七人，共計四萬二百八
十五人。其他如童子舉、正舉、制舉等貢舉之外所取者，亦有數千人之多。
總計兩宋通過科舉共取士十一萬五千四百二十七人，平均每年取士三百六十
一人，年均數爲唐代之五倍，約爲元代之三十倍，約爲明代之四倍，約爲清
代之三點四倍。宋代取士之多，可謂空前絕後。其次是特奏名措施之創立，
使冗官現象進一步加劇。所謂「特奏名」，指對屢試不第者，根據情況，給以
特殊優待，使其錄取。既表示皇恩廣施，又有籠絡士子，維繫人心之意。此
路一開，更鼓勵眾多讀書人奔競于科舉，以圖一官半職。流品不清，仕風敗
壞，銓選之濫實有以致之。〔註141〕胡寅針對此一現象，力主「嚴入仕之門，
守銓試之法。」其言曰：

> 喪亂以來，士子廢學失業，惟志于得，平時則投匭函，獻封事，科
> 場則乞收試，求恩免。風俗大壞，宜有率勵之道。將來科場，宜降
> 指揮，特展三年，且令進修，以待後舉。……又須嚴入仕之門，守
> 銓試之法。……朝廷改紀法制，示以必行，則流品漸清，民力自寬，
> 國用自足矣。〔註142〕

胡寅議論時政，堅持以民爲本，以國爲重之立場，其立論具體實在，富有積
極性，自今日之觀點而言，猶有參考之價值。

二、愼擇宰相，州郡得人

宋代官制，既設宰相，又設樞密使、三司使以分其權，政出多門，彼此
牽制。且高宗即位之後，自建炎元年以迄紹興五年，九年之間，易置宰執凡
四十餘人，〔註143〕謀慮不臧，政事不善。胡寅針對此一現象，極力主張宰相
以擇人爲要，不以多員爲善。其言曰：

> 上古一相，專任賢也，漢置二人，以右爲重，存交修之意焉。唐自
> 武后以來，乃有數宰相，然亦無救於李林甫、楊國忠、元載、盧杞

〔註141〕參《宋代教育·銓選編》頁58～59，該書所舉之統計資料，引自張希清撰〈論
　　　　宋代科舉取士之多與冗官問題〉，《北京大學學報》（哲社版），1987年第5期。
〔註142〕《斐然集》卷十，〈轉對箚子〉，頁226。
〔註143〕同前書，頁224。又見《建炎以來朝野雜記》甲編，卷九，頁4。胡寅云：「君
　　　　之卿佐，是謂股肱，股肱具然後人體成，卿佐賢然後國體立……取國五難，
　　　　有人爲首，觀其所相，則成敗決矣。」（《讀史管見》卷二十八，頁1915）

之專權。故以擇人爲要，不以多員爲善也。……必欲綱舉而紀從，
莫若法古，置一相，考愼其人，而置左右丞或參知政務各二人，分
轄六曹，守成法，督稽滯，察姦欺，決訟牒，有疑事應更革，則以
告于宰相，而宰相者不得親細故，署文案，專與人主講道勸義，廣
求賢材，列于庶職，下酌民言，旁達幽隱。如此，則上下詳略之任，
人得其宜，而治道成矣。〔註144〕

人主之職，在論一相，宰相之職，在正色立朝，不諂不比，舉賢退不肖，與
人君論道而已。胡寅以爲，宰相之條件當是：

識造幾微，慮周久遠，德足以服群行，道足以處常變。其量有容，
其心不倚，坐於廟朝，百官以職，百姓樂業，四夷賓服。巍巍浩浩，
如深山大澤，人不見其運動，而威聲之所鎮壓，惠澤之所浸灌，天
下晏然，不知所以然而然，此則宰相之體也。〔註145〕

胡寅對於人君任用宰相之建議，有其現實意義，又有理想色彩。清儒王夫之
嘗云：

權者，天子之大用也。而提權以爲天下重輕，則唯愼於論相而進退
之。相得其人，則宰相之權，即天子之權，挈大綱以振天下，易矣。
〔註146〕

又云：

天下可無相也，則亦可無君也。相輕於鴻毛，則君不能重於泰山也。
故胡氏曰：「人主之職，在論相而已。」大有爲者，求之凰，任之重，
得一二人，而子孫黎民世食其福矣。〔註147〕

可見胡寅之說對後代學者亦有影響。

　　胡寅一生，仕途坎坷，「持橐摠經于於八月，分符併計于三年」，嘗仕州
郡，參贊中書、晚謫南荒，歷時六年。又以家鄉荊門淪爲盜區，身受其害。
生平經歷，使其對南宋初年州郡之弊政有深入之了解，以爲問題之關鍵在於
守令委任不當所致。朝廷任用郡守縣令失當，究其原因有三：

〔註144〕《讀史管見》卷二十三，頁1546〜1547。參頁1564；又卷八，頁506；卷十，
　　　　頁664；卷三十，頁1990。《斐然集》卷十一，〈戊午上殿劄子〉，頁240；卷
　　　　十八，〈寄張相〉，頁379。
〔註145〕《讀史管見》卷十四，頁950〜951。
〔註146〕《讀通鑑論》卷二十六，頁944。
〔註147〕同前書，卷二十八，頁1035。

一曰，重內輕外，以守令之職安置衰耄有罪之人。胡寅云：

> 郡守縣令，天下之根本。先覺有言，能為一縣盡其職者，可以相國
> 矣。其重如此，而世多忽之，京官有犯及聲望下者，乃遣刺史，自
> 漢氏已然，吏部選人，衰耄者方補縣令，其弊至今在也。夫仕於朝
> 廷，或失意旨，或負罪戾，而付之一郡，其不以升黜為間而肯改過
> 自新者有幾？不然，是弃一郡矣。人之壯也，才力志氣可以有為，
> 思自表見，往往矜勵，及血氣既衰，戒之在得，方且使臨民，治效
> 無聞，惟貨是黷，是弃一縣矣。故欲占世之治亂，以守令賢否觀之，
> 而宰相之事業立可見矣。〔註148〕

又云：

> 軍興已來，便宜辟置，及於縣令，固已非是。又乞不以諸般拘礙，
> 皆許奏辟。於是諸官負罪，姦贓無行，一切拘礙不敢至朝廷參銓部
> 者，盡輻輳之，其為赤子之害可勝言乎！〔註149〕

二曰，為人擇官，以守令之職為累積資歷之用。胡寅云：

> 建官分職，皆以為民。今二年成資，徒欲為人擇官，速于使闕，非
> 為民也。〔註150〕

三曰，立法不良，禁止除用本邦之人為守令。胡寅云：

> 臣聞周公制法，使民興賢，出使長之；使民興能，入使治之。以是
> 致太平、垂萬世。後漢惠平時，緣朝議以州郡相黨，人情比周，乃
> 制婚姻之家及兩州人士，不得對相監臨，立三互法，禁忌甚密。……
> 近年指揮監司郡守，不得除用土人，違周公之訓，蹈惠平之失，出
> 于當時用事大臣私意，非良法也。夫得賢才使臨本邦，知利害尤悉，
> 愛百姓尤切。不賢不才者雖在他方，以非吾土，為害滋甚矣。〔註151〕

上述措施之不當，其後果為守令更易頻數，號令未及取信于民，已報除代，
既無政績可言，賞罰亦無可施。其尤甚者，惟以貪虐聚斂為務。政煩賦重，
民生無聊，坐使善良化為怨敵，民聚為盜，守令貪殘有以致之。〔註152〕救弊

〔註148〕《讀史管見》卷十九，頁 1297～1298。韓非嘗云：「明主之吏，宰相必起於
　　　　州部，猛將必發於卒伍。」（《韓非子集釋·顯學》卷十九，頁 1093）
〔註149〕《斐然集》卷十五，〈繳程千秋乞不以有無拘礙奏辟縣令〉，頁 317。
〔註150〕同前書，卷十，〈輪對劄子七〉，頁 218～219。
〔註151〕同前書，頁 220～221。
〔註152〕參《斐然集》卷十，〈輪對劄子七〉，頁 218；卷十五，〈繳湖北漕司辟許宜卿

之道，弭亂之要，在於盡公選授，惟務得人；增重事權，厚給廩稟；久任責成，嚴於考課；申明賞罰，杜絕僥倖。胡寅有文詳論其事，云：

> 臣竊見比來歲旱，民力已竭，而國用方滋。縣令近民之官，尤宜慎擇。而賢才可用，合入知縣之人，往往祿隱于宮廟，而自以爲能者，則未必不爲民害。此國用之所以日屈，而民力之所以重困也。臣愚謂宜籍中外已爲臺省寺監官，依倣漢制，分宰百里，俟有治績，不次升擢。則又增重事權，優假其禮，借以服色，厚給廩稟。凡軍馬屯駐本縣者，許其節制。其經由者悉從階級。則又據今諸路縣分戶口賦入，分爲三等，上等自朝廷除授，中等自吏部注擬，下等令帥臣監司同共辟奏，立爲定格，不得差誤。則又用宋元嘉致治之法，以六朝爲斷，革去三年成任，兩考成資，與堂選數易之弊，則又立四條，爲三等縣令考課之法，曰糾正稅籍，曰團結民兵，曰勸課農桑，曰敦勉孝弟。俟及三年，考其績效：已就緒者，就加旌賞；未有倫者，嚴行程督；皆無善狀，則黜汰之。則又命從臣各舉二人之能任，亦刺舉二人之姦贓者，皆籍于中書，俟考按功實，以次施行。如是，則縣令之選重，仁人君子有愛民利物之心者，胥爲之。安民固本，爲中興不拔之基。其與用才取辦，斲喪元氣，以成膏肓之疾者，相去遠矣。〔註153〕

郡守縣令乃國家政令之執行者，與人民關係最爲密切。一郡一縣，所任非其人，則受害者眾。官逼民反，亦爲歷史上常見之事。胡寅基於對生民休戚之關懷，與豐富之地方事務經歷，指陳州郡任人之失，並提出改革之道，可謂拔本塞源，見解獨到！

第五節　修明軍政，以俟北向

南宋初年，民生之凋敝，除冗官敗政之外，軍政不修，更是重要原因。紹興五年，胡寅於中書舍人任內，嘗上書高宗皇帝，言天子治軍之虛實。並於〈轉對箚子〉中，力陳兵政之弊。以爲今日之兵，不屯田積粟，開口待哺；功狀不實，有賞無罰；朝廷以官職賞賜將帥，又使利權爲其所奪；總兵者以

為桃源令〉，頁324；卷十七，〈寄張德遠〉，頁355；〈寄折帥〉，頁361。
〔註153〕《斐然集》卷十，〈輪對箚子十二〉，頁221～222。參卷十七，〈寄張德遠〉，頁355，《讀史管見》卷二，頁75。

兵爲家，厚自培植，不受節制；僞冒軍籍，流品雜出。故「境土未拓，叛敵未擒，讎人未殲，二帝未復。」「然而贍軍之費，歲歲增益，日椿月椿，急于星火。」民力已竭，國用已屈，水涸魚死之勢，指日可見。針對上述積弊，胡寅提出四項對策：

一、增強宿衛，親御禁軍

靖康二年，高宗於兵馬倥傯之中即位於南京（應天府），至建炎四年，外有強敵追襲，內有苗、劉兵變，〔註154〕以及張寶之叛。〔註155〕處境可謂艱險。胡寅有見及此，以爲兵權乃有國之司命，當執於天子之手。〔註156〕嘗云：

> 今天下之所共患者，外雖有讎敵、叛臣，內則有握重兵難馭之將帥。謀臣策士，思所以善後之計，未有得也。昨來呂相國以私怒減降親衛之兵，迄今不復，日以稀少。而勁卒、利器、良馬盡歸諸大將，名爲神武軍，其實恩威不出于天朝，誣上行私，自植形勢，其智術不施之于敵仇而施之于朝廷。〔註157〕

蓋兵權不歸於天子，既難以自保，又無以彈壓悍將驕兵。唯有先集天下勁兵，以強御營之勢，由皇帝親自指揮。如此，「悍將驕兵既不敢妄動，就紀律，則四方橫潰之軍及群起不逞之盜，必自貼息。猶有披猖不軌者，遣偏師以銳卒往禽滅之。」〔註158〕胡寅此說，乃本諸宋初兵制，又權衡當時情勢所提出之務實建議。

二、簡汰老弱，選募壯勇

北宋末年，由於政治不修，水旱天災，經濟破敗，加以軍事崩潰，流民

〔註154〕建炎三年三月，金兵追襲高宗於揚州，高宗渡江進幸杭州。時護駕者僅扈從統制官苗傅及御營副將軍劉正彥所部，二人以功高賞薄，怨憤內侍康履用事，而文臣王淵交結內侍擢爲同知樞密院事，遂率部眾爲亂。殺王淵、康履，逼高宗下詔遜位於皇子魏國公，由隆祐太后垂簾聽政。事因苗、劉有勇無謀，加以大臣張浚、韓世忠等共策勤王之舉，得以迅速敉平。（見《宋史・高宗本紀》卷二十五，頁278）

〔註155〕建炎三年十二月，金兵追襲高宗於明州，高宗決計幸海避敵。而衛士張寶等以家屬不得同行，遂乘機叛變。後爲呂頤浩等伏兵所執，亂平。（見《建炎以來繫年要錄》卷三〇，《宋史・高宗本紀》卷二十五，頁283）

〔註156〕胡寅云：「兵權有國之司命，聖王執而不失……人主失此權，是舉太阿授人以柄，難乎其免矣。」（《讀史管見》卷十四，頁924）

〔註157〕《斐然集》卷十七，〈寄張德遠〉，頁356。

〔註158〕同前書，卷十六，〈上皇帝萬言書〉，頁342。

潰卒，轉而成盜，少者數百人，多者數十萬，肆虐於江、淮東南諸路，長達十年之久。〔註159〕建炎初年，高宗採用黃潛善召安政策，命諸將討平寇盜，恩威並施，厚賞脅降。接受召安之盜賊，改編爲正式軍隊，故南宋諸將之軍士來源，不是平民，而是盜賊。王夫之嘗云：「紹興諸大帥所用之兵，皆群盜之降者也……不然，舉江南廂軍配囚脆弱之眾，惡足以當巨寇哉？」然而，「用群盜者，大利大害之司也。」就其利者言，彼「耐寒暑，攖鋒鏑，習之而不驚；甲仗具，部隊分，仍之而無待，故足用也。」〔註160〕就其害者言，首先是敗壞社會風氣，彼群聚之盜，殺人放火，蟠踞地方，一旦接受召安，搖身一變，即可取得官階，耀武揚威。故時人語云：「要高官，受召安，欲得富，先胡做。」〔註161〕其次爲素質不齊，紀律不良。胡寅對此有所批評，云：

> 無所別擇，一切安養姑息之，惟恐一夫變色不悅，幸無事則曰大幸矣。教習擊刺有如聚戲，金鼓之節，旗幟隊伍，皆習敵人之所爲，紀律蕩然，雖其將帥不敢自保者。〔註162〕

蓋群盜之起，乃因政煩賦重所致。所謂盜賊並非皆有從軍之志，與克敵之戰技，其接受召安，乃一時之從權而已。既編入軍，亦視利害爲進退。故胡寅又云：

> 虛增軍數，以取糧帛，詐爲北討，以規器甲。求無不得，言無不聽，自副貳而下，徧置私人。軍屯所臨，盡奪公家之利，令之不受，禁之不止，功小而賞大，有賞而無罰。……仰食一不足，禦寇一不勝，非倒戈向內，則曳甲北走。不然，散爲盜耳。〔註163〕

欲確實執行召安之策，取其利而避其害，必先對群盜之降者加以簡別而有以處之。胡寅嘗與張德遠論其事云：

> 竊承大府久次長沙，以重兵厚賞脅降水賊，遂通兩湖之道，絕外連之株，悉意防秋，無所牽制，國勢幸甚。……然既降之後，若還給牛具，與之田土，得良守令拊循之，免三年租賦，庶不復爲賊。……其間可爲兵者，習熟江湖便利，宜因其舟楫，自作一軍，付之別將。〔註164〕

〔註159〕《南宋中興四鎮》，頁42～55，〈南宋初期群盜表〉。
〔註160〕《宋論》卷十，頁181～182。
〔註161〕《宋人軼事彙編》卷十五，頁750。參劉子健《兩宋史研究彙編》頁42。
〔註162〕《斐然集》卷十六，〈上皇帝萬言書〉，頁340。
〔註163〕同前書，卷十七，〈寄張德遠〉，頁356。
〔註164〕同前書，卷十七，頁355。

又於〈上皇帝萬言書〉中云：

> 簡汰其疲老病弱，升擇其壯健驍勇，分屯所在，置營房以安其家室，
> 聚粟帛以足其衣食，選眾所畏信者以董其部伍，申明階級之制，以
> 變其驕恣悍悖之習。……然後被之以精甲，付之以利器，進戰獲首
> 虜則厚賞，死則恤其妻孥，退潰則誅其身，降敵則戮其族，令在必
> 行，分毫不貸者，乃治軍之實也。〔註165〕

文中具體建議，群盜既降之後，其疲老病弱及不願從軍者，當給予適當安置，
使不復為賊。其壯健驍勇，可為兵者，除安其家室，足其衣食外。當「自作
一軍，付之別將」，「選眾所畏信者以董其部伍。」此即「用群盜而廢其長」
之意。〔註166〕簡別既精，處置既當，然後申明階級之制，信賞必罰，以責其
功效，庶幾免於養癰而遺患。

召安群盜以從軍，並非國家建軍之常態。胡寅以為，應視地區之不同，
人民習性與專長之差異，召募兵員，加以訓習，以強化國防力量。故云：

> 東南之禁卒既起，則又命福建團結槍杖手，建汀、南劍、邵武四郡
> 精選萬人，各擇其土豪使部督之，各屯本處，以俟興發命。兩浙募
> 水手，并選發諸州撩湖、捍海等兵，盡付水軍，教習戰艦。命江東
> 西、湖南北募弓手，以在官閒田給養之。……命廣西及辰、沅、鼎、
> 靖于見數峒丁中，實料有技能壯勇者，……屯戍襄陽，為山林谿谷
> 之援。以京西、淮南荒廢無主之地，為屯田，招集兩河、山東及本
> 路流徙之人，略依古法均節之，擇強武者訓習，使且耕且戰。文武
> 臣中有明習營屯之事肯承任者，用以任之。〔註167〕

蓋募兵之道，因其服習，則其功十倍。

三、選用賢將，專任責成

兵源既足，訓練已精，尚需良將以統御之。胡寅嘗云：「用兵者必有大將。」
〔註168〕又云：「將帥之材，智必能謀，勇必能戰，仁必能守，忠必不欺。得是
人而任之，然後待以恩，御以威，結以誠信，有功必賞，有罪必刑，乃任將

〔註165〕同前書，卷十六，頁340。
〔註166〕王夫之云：「紹興諸帥用群盜而廢其長……宋之撫有江、淮，貽數世之安，在
　　　　此也。」(《宋論》卷十，頁183)
〔註167〕《斐然集》卷十六，〈上皇帝萬言書〉，頁342。
〔註168〕《讀史管見》卷十，頁665。

之實也。」〔註169〕唯以兵權授人，人君之於武將每存猜忌之心。有宋一代，於文臣武將猜防尤甚。〔註170〕故胡寅極力主張不可輕殺爪牙勳力之臣，其言曰：

> 爪牙勳力之臣，用之則如風霆肅物，不用則如猛虎在山，國家所倚，敵人所畏也。使其有罪，猶當以輕重大小詳議而末減之，自非叛逆，無殺之之道也。〔註171〕

又反對命將而置監軍。其言曰：

> 人君命將，必置監軍。其一，欲號令出乎己，成則收其功，謂上能制命也，敗則歸諸將，謂下違令也。其二，以兵授人，多至數十萬，不能無疑焉。〔註172〕

夫既命元帥，又置監軍，顯示人君欲自伐己功，與對將帥之缺乏信任，將使號令不一，臨陣必敗。故人君既擇賢將而付以治軍之權，唯有專任責成而已。

四、屯田養兵，厚植國力

胡寅嘗云：「伐讎討逆，誅暴解紛，兵之大用也。」又云：「夫兵凶器，不得已而用之。」〔註173〕國不可無兵，而費亦莫大於兵。語云：「行師十萬，日費千金。」此所以兵為凶器而不可輕用者也。胡寅嘗以湖南一地為例，說明百姓負擔軍費之沈重：

> 臣契勘湖南累年屯駐軍馬，並係朝廷指揮。令轉運司撥支上供錢斛應副，尚猶不足，則帥臣不免多方措置，僅能給遣。昨來岳飛一軍入境，支費浩瀚，遂至均科田畝錢，竭一路民力，不足充三月之用。〔註174〕

〔註169〕《斐然集》卷十六，〈上皇帝萬言書〉，頁340。
〔註170〕王夫之云：「宋之猜防其臣也，甚矣！鑒陳橋之已事，懲五代之前車，有功者必抑，有權者必奪，即至高宗，微弱已極，猶畏其臣之彊盛，橫加鋤削。」（《宋論》卷十，頁197）又云：「宋氏之以猜防待武臣，其來夙矣。高宗之見廢於苗、劉而益疑，其情易見矣。」（同書，頁192）
〔註171〕《讀史管見》卷十，頁641。
〔註172〕胡寅嘗云：「玄宗寵信宦官，於是始遣邊令誠為監軍，基後世無窮之禍。」（《讀史管見》卷二十一，頁1384）宋代兵制，亦於軍中設置監軍，多由文臣宦官擔任，權力極大，將帥一舉一動皆受其制約，并經常與武將分庭抗禮，使武將深受其害。（參《中國人才史鑒》頁227～228）
〔註173〕《讀史管見》卷十五，頁1001；卷十四，頁926。
〔註174〕《斐然集》卷十五，〈繳戶部乞拘收湖南應副岳飛錢糧〉，頁323。

其時岳飛之兵力約三萬人，〔註175〕而支費浩瀚，竟至「竭一路民力，不足充三月之用。」則不僅斂民以養兵，實可謂厚兵而殘民矣！此皆由於兵不屯田，開口待哺所致。故胡寅極為嚮往三代藏兵於農，並對隋、唐之府兵制評價甚高，嘗云：

> 三代藏兵於農，三時耕種，一時講武，若有征討，則命卿將之。……諸侯之軍，無王命不敢私用，內外重輕之勢如此。其不用也，舉天下皆力農桑，知孝弟之民。其用也，舉萬眾皆羸股肱、決射御之士，夫豈有兵多兵少患哉？唐自張說變革府衛，日以陵夷。……姦將貪帥，利其衣糧，則軍鎮之兵實亡而名在耳。〔註176〕

又云：

> 明皇耽樂，而用非其人，以召募長征變府衛良法，故邊將一叛，而州郡瓦解。〔註177〕

胡寅論府兵之利，而以中唐之衰歸諸兵制之變革，後儒所見，頗有不同。王夫之即云：

> 夫府兵之初，利租庸之免，而自樂為兵，或亦其材勇之可堪也。迨其後著籍而不可委卸，則視為不獲已之役，而柔弱願樸者，皆垂涕就道以赴行伍。若此者，其鈍懦之材，既任為役，而不任為兵，畏死而不憚勞，則樂為役以避鋒鏑，役之而無不受命，驕貪之將領，何所恤而不役以營私邪？……嗚呼！府兵者，惡得有兵哉？舉百萬井疆耕耤之丁壯為奴隸而已矣。……是張說所奏罷之二十萬人，無一人可供戰守之用，徒苦此二十萬之農民於奉拚除，執虎子、築毬場、供負荷之下。故軍一罷，而玄宗知其勞民而弱國也；而募兵分隸之議行，漸改為長從，漸改為彍騎。窮之必變，尚可須臾待哉？而論者猶責玄宗、張說之改制異於古法！從事於君子之道以垂法定

〔註175〕見〈南宋高宗偏安江左原因之探討〉，頁77。

〔註176〕《讀史管見》卷二十五，頁1657。

〔註177〕同前書，卷二十一，頁1384。唐代府兵來源選自兵區家富而體健者，年二十一從軍，六十退役。不必負擔其他徭役，唯須自備糧食衣裝。平時安居田畝，以農隙教習戰陣，有事出征，臨時由朝廷命將統帥。戰事完畢，兵還舊府，將歸朝廷。征戰之外，尚須應調入京宿衛，謂之「番上」。玄宗開元年間，以府兵不能按時番上，乃召募壯勇十二萬充任，謂之「長從宿衛」，後改稱「彍騎」，意為迅捷，從此府兵制變為募兵制，兵農分業。（參《資治通鑑》卷二一二，唐玄宗開元十年，頁6753）

制而保國安民者，不宜如此之鹵莽也。〔註178〕

唐之府兵，世著於伍，垂及百年，而違其材質，強使即戎，於是而中國無兵，故窮之必變。王氏論府兵之弊，所見極是。唯胡寅所以稱美府兵之制者，以其創制之初，最契合藏兵於民，教戰合一之義。蓋國以民為本，以兵為衛，制兵所以輔治利民，必不可殘民以厚兵。若夫分理人物，必依其性習，使各安其所，此理胡寅當亦知之，觀其所論簡汰老弱，選募壯勇之言，可無疑也。至於屯軍受田之具體措施，胡寅亦有如下之陳述：

> 命諸將，揀其軍為三等。……屯軍所在，不得侵奪在官之利。以兩
> 淮荒地分給頃畝，責委大將，率次軍、下軍受田而耕，其上軍則固
> 護營屯，閱習武藝。〔註179〕

總之，胡寅論治軍，以戒浮文，崇實行為要。唯有寬民力，足國用，振兵威，南宋中興之業，復讎之舉，才有實現之可能。

第六節　重農固本，稅賦有常

《宋史‧食貨志序》云：「高宗南渡，雖失舊物之半，猶席東南地產之饒，足以裕國，然百五十年之間，公私粗給而已。」〔註180〕南宋地處自然條件優良之南方地區，具有比較發展之社會經濟基礎，本足以富國裕民，卻只能「公私初給」而已，較諸北宋，實為衰退。究其原因，約有三焉：

一為戰爭破壞，盜賊肆虐。南宋初年，金兵三次南侵，對東南地區破壞極為嚴重，江北城市，幾成廢墟，長江以南，亦深受其害。且兵燹之後，盜賊繼起，肆虐江淮，歷時十年之久。以致於「民去本業，十室而九，其不耕之田，千里相望。」〔註181〕

二為兵官皆冗，賦役煩重。戰爭需要耗費龐大之人力物力，繁冗官僚機構亦依賴人民之稅賦以維持。胡寅嘗云：

> 自古歲旱，其害先及而眾者，惟農民而已。在官之粟少，又取於農，
> 府庫之弊乏，又取於農，農被害方深而公斂反急焉，故歲小旱則農
> 民流離，大旱則擠于溝壑，散為盜賊而已。〔註182〕

〔註178〕《讀通鑑論》卷二十二，頁769。參同書頁781、頁923。
〔註179〕《斐然集》卷十，〈轉對箚子〉，頁225。
〔註180〕《宋史》卷一七三，頁2010。
〔註181〕《建炎以來繫年要錄》載建炎四年，大學士汪藻所言。（卷四十，頁1261）
〔註182〕《讀史管見》卷十一，頁732～733。

又云：

> 百農夫不能養一甲士，……推農之所養，而較其病與不病，可得言
> 矣。兵也，吏也，異端之徒也，遊手之人也，皆仰食於農者也，然
> 則農之家一而食焉者幾人歟？欲農之富以肥其父母妻子，贍其昏
> 娶，送死養生及其戚姻族黨而無憾，難矣。農而窮悴，欲邦基之固，
> 難矣。〔註183〕

農民除各類稅賦外，勞役負擔亦極煩重。紹興六年，監察御史劉長源應詔上
書，對於農民勞役之煩有如下之描述：

> 凡官私之須，莫不出於農。……接送官吏之上下，農也；在任者給親
> 朋之負重，農也；遞兵不足而般運官綱，亦農也；一方有警而負兵器、
> 齎行糧，農也。至若公家賦斂，私門租課，一有不足，或械之囹圄，
> 或監之邸肆，纍纍然加以長繩聯狗彘，獄吏執箠而隨之，路人灑涕，
> 為之不忍，而州縣恬然不恤，為民者何苦而為農乎？〔註184〕

兵、吏、異端之徒、遊手之人，皆仰食於農，又以勞役困苦之，竭澤而漁，
不僅削弱農民耕作之意願，甚者造成驅民為盜之後果。

三為不抑兼併，貧富懸殊。宋初號召農民墾荒種地，同時又採取「不抑兼
併」之政策，縱容地主兼併農民土地，以致於「富者跨州縣而莫之止，貧者流
離餓殍而莫之恤。」〔註185〕南宋土地兼併現象更形加劇，「至于吞噬千家之產
業，連亙數路之阡陌，歲入號萬斛，則開闢以來未之有也。」大批農民或淪為
佃農，或流離失所，散于末作，使大片良田荒廢。而擁有土地者，或力不能料，
或占而不耕。如此，一則農民無地，二則地主占地不耕，勞動力不能發揮作用，
土地無法增殖財富。既擴大貧富差距，亦加深政府財政危機。〔註186〕

經濟衰退，國用不足，政府只有加重賦斂，刻剝於民。其中農民首當其
衝，受害最深。故胡寅論理財，最重恤農固本，嘗云：

> 保天下之要，以民為本，而得民心之道，以食為先。此腐儒之常談，
> 亦經邦之至論也。〔註187〕

〔註183〕同前書，卷三十，頁 2029～2030。
〔註184〕《建炎以來繫年要錄》卷一〇三，頁 2202。
〔註185〕《二程集・文集》卷一，〈論十事劄子〉，頁 453。
〔註186〕南宋財政問題及其經濟衰退之原因，參錢穆《國史大綱》頁 623～627；程民
生《宋代地域經濟》頁 308～309。
〔註187〕《斐然集》卷一，〈轉對劄子〉，頁 222。

又云：

> 農者天下之大本，軍國之用無不資焉，然惟知王道者乃知恤農。

〔註188〕

又有詩云：

> 貔貅未飽軍需急，赤子如魚釜中泣。
> 若知王業在農桑，國勢無勞憂岌岌。〔註189〕

國以民為本，以農為重。故胡寅詩文之中，常見強烈為農民請命之言。如釋《尚書‧無逸》：「先知稼穡之艱難，乃逸，則知小人之依。」云：

> 臣聞舜自耕稼以至為帝，禹、稷躬稼而有天下，文、武之功起於后稷。蓋生人之功，無大於稼穡；四民之勞，莫勤於農夫。……有國家者，大則祭祀、賓客，小則匪頒、好用，常則百官有司，變則軍旅饋餉，不從天降，不從地出，一本於農而已。雪霜之辰，為來歲之計，則鞍瘯而寒耕；炎歊之候，為收成之慮，則暴炙而暑耕。其播種也，假貸於人以為之本，而不敢飽也；其收成也，倍稱輸息以償其負，而不敢有也。豪強者兼并之，有司者重斂之，而又有螟蝗、水旱之變，桴鼓、盜賊之虞，徭役、屯戍之煩，異端、游手之食，不可勝計，豈特耕者一夫而食者百人也。其艱難如此，為民父母者必盡知之，則思有以厚其生，節其力，平其稅斂，去其蟊賊，慎擇為其上者以拊綏之，使皆安於田里，樂于耕稼。……然後邦本牢固，民心不搖，財用有餘，兵師足食，而人君可以安逸而無憂。蓋能知稼穡之艱難，則知小人依恃之所在也。

〔註190〕

文中呼籲高宗皇帝重視農民生活之困苦，思有以處之。據胡寅所見，解決之道，在於薄稅斂，復井田。

一、薄稅斂

　　南宋稅賦名目繁多，單是新增之主要項目即有「經總制錢」、「月樁錢」、「版帳錢」、「僧道免丁錢」、「兩川激賞錢」、「稱提錢」及「二稅加耗」等，

〔註188〕《讀史管見》卷十三，頁869。
〔註189〕《斐然集》卷一，〈題永倅廳康功堂〉，頁18。此詩為胡寅知永州所作，時為紹興十一年。
〔註190〕同前書，卷二十二，〈無逸傳〉，頁459～460。

人民所增之負擔，幾倍於常賦。〔註191〕而姦貪之吏又上下其手，民輸其十，公上所得僅一二而已。故胡寅主張政府應「取之有制，用之有節，量入爲出，無侈靡之費。」〔註192〕「鹽利歸官，茶收其稅，官務買撲，度牒住賣，科斂無名，一切蠲減。」〔註193〕視之爲「改紀國政，以便民心之要務。」至於賦稅之征收，則實物地租優於貨幣地租，故以「租庸調」之法最爲可行。其言曰：

> 錢非耕桑所得，而使農民輸錢，政之苛虐，莫此爲甚。於是有二月賣新絲，五月糶新穀之謠。善爲國者必貴粟帛而賤貨寶，其所貴者，謂之敦本，其所賤者，謂之抑末，觀所徵孰重孰急，則民之貧富判矣。然而雖盛明之世，不能使農民免輸錢之患，是何也？用錢之路廣也。……必欲稍蘇元元，其惟貞觀租庸調之法爲可行乎！〔註194〕

蓋錢非農民所固有，須以穀易之。凶年，老弱固不免於溝壑，豐年，則穀賤傷農。以穀易錢以完稅，終年所得，往往頃刻間化爲烏有，年豐穀登，反而造成農民莫大之災難。故胡寅反對租賦改征錢幣之政策，自有正面之意義。然而，實物地租亦有利弊，王夫之嘗詳論之，以爲就其利言，「時無冬夏，日無晝夜，舟楫可通，無浹旬在道之久，無越山閘水之難，則所輸粟、帛，無黦敝紅朽之患，民固無推轂經時之費，無耗蠹賠償之害，惡得而不利也？地無幾，稅亦有涯，上之受而藏之也，亦不致歷年未放，淹滯陳腐之傷，上亦惡得而不利也。」就其弊言，「轉輸於數千里之外，越崇山，蹂絕險，堰洄水，犯狂濤，一石之費，動踰數倍，漂流淹壞，重責追償，山積藪藏，不堪衣食。」〔註195〕故法度之施，當因時制宜，使國民交利。由此而言，胡寅必以唐代租庸調法爲可行，則尚有其局限。

〔註191〕南宋稅目之多與稅負之重，見《宋代地域經濟》頁308，《兩宋史研究彙編》頁33，引曾我部靜雄《宋代財政史》，《國史大綱》頁623～627。

〔註192〕《讀史管見》卷二十二，頁1476。

〔註193〕《斐然集》卷三十，〈中興十事〉，頁644。

〔註194〕《讀史管見》卷二十七，頁1846。《資治通鑑》載，唐高祖武德七年「初定均田租庸調法。」（卷一九○，頁5982）即每丁歲納粟二石，是爲「租」；每丁歲服役二十日，是爲「庸」；每戶歲絹二匹，綾絁二丈，錦三兩，麻三斤，是爲「調」。

〔註195〕《讀通鑑論》卷二十八，頁1030。

二、復井田

　　針對南宋日益嚴重之土地兼併問題，胡寅主張恢復井田制度，嘗云：「不井田，不封建而治天下，終苟道也。」〔註196〕又云：「不井地，不封建，不足以寢兵措刑，保國而長世。」〔註197〕井田制度之內容，《孟子》一書描述最為詳盡，其言曰：

> 方田而井，井九百畝，其中為公田，八家皆私百畝，同養公田，公
> 事畢，然後敢治私事。〔註198〕

此一制度之功能，既可為民置產，又可使所得分配平均，不僅是經濟制度之根本，亦是社會制度之基礎。孟子又云：

> 死徙無出鄉，鄉田同井，出入相友，守望相助，疾病相扶持，則百
> 姓親睦。〔註199〕

故孟子視之為仁政之始，以為「經界既正，分田制祿，可坐而定也。」〔註200〕蓋戰國以來，列國爭戰，土地兼併成風，孟子倡正經界，復井田，以為救弊之道。此後，主張實行井田制度以抑制土地兼併者，代有其人。井田制度所以一再受到重視，正反映出傳統社會中，周期性因土地問題所引發之危機，而井田制度未能實現，亦突顯此一嚴重問題從未得到合理之解決。胡寅主張井田制度之理由，多訴諸公私義利之辨，其言曰：

> 井田良法，致治平之本也。古之帝王，以天下為公；視民以貴，猶
> 在乎己，故均地利以子民，不專其奉。……董仲舒欲以限田漸復古
> 制，其意甚美，而終不能行者，以人主自為兼并，未有以異於秦也。
> 夫自為兼并，則何以使民之不兼并？〔註201〕

又云：

> 井田之法，以義取利，公天下而致和平者也。……蓋棄義爭利，利
> 壅則害從之。……孟子深原其本以救其末，極言義之不可不務，利

〔註196〕《讀史管見》卷十一，頁744。
〔註197〕《斐然集》卷二十一，〈成都施氏義田記〉，頁439。
〔註198〕《孟子・滕文公上》，頁92。
〔註199〕同前註。
〔註200〕《孟子・滕文公上》，頁91。《孟子》所載之井田制度，是否為西周時代曾經
　　　　實現之制度，歷代學者所論，可謂汗牛充棟，聚訟紛紜。本文對此問題不擬
　　　　深入探討，相關資料可參閱陳瑞庚〈井田問題重探〉，侯家駒《先秦儒家自由
　　　　經濟思想》。
〔註201〕《讀史管見》卷三，頁158～159。

之不必圖，而以正經界為仁政之先。誠令有天下國家者皆以義為利，

分辨志定，不至於猜嫌憎疾，奪攘賊殺，而相與安乎交足無求之域，

豈不善哉！〔註202〕

其中透露出「天地間田宜天地間人共享」之訊息，從而排斥土地兼併之合理可行性。此外，胡寅又云：「農之依田，猶魚之依水，木之依土，魚無水則死矣，木無土則枯矣。」〔註203〕則「唯農有田」之意，亦可於言外求之。故胡寅倡井田制度，實為其重農思想之必然歸宿。其意義猶不在井不井，而在均不均。蓋井田制度之精神，即在制產與均平。〔註204〕

胡寅由於視農為國本，論治國理財多以恤農為重，反對經商。其〈致黎生書〉云：

夫罔市利，所入雖厚，然放利而行，斂怨不少，既坐此致富，則可以已矣。世業有可嗣者，有當改者，吾友被服儒行，而使昆弟習為駔儈，不仁孰甚焉。今富名既著，雖欲深藏若虛，不可掩矣。曷若使子弟力田敦本，取財于天地，不為侈靡夸耀，恭儉節用，仰事俯育，必無不足之理也。〔註205〕

〈書〉中以黎生使昆弟為駔儈乃不仁之甚，勸其改弦更張，力田敦本，取財于天地。敦本抑末，即重農抑商，自屬一偏之見。蓋「本宜重，末亦不可輕，假令天下有農而無商，尚可以為國乎？」〔註206〕

〔註202〕《斐然集》卷二十一，〈成都施氏義田記〉，頁438～439。

〔註203〕同前書，卷二十二，〈無逸傳〉，頁461。

〔註204〕張載云：「治天下不由井地，終無由得平。周道止是均平。」（《經學理窟・周禮》，《張載集》頁248）胡寅云：「古者制民之產，是度其丁口之眾寡而授之田也。」（《讀史管見》卷二十七，頁1110）

〔註205〕《斐然集》卷十七，頁369。

〔註206〕王源《平書訂》卷十一，見《顏李學派》頁162引。

第五章　胡寅之教育思想

第一節　人才培養與教育改革

　　胡寅嘗云：「大廈非一木之支，太平非一士之略。」〔註 1〕故「天下之治以人才爲急」。〔註 2〕治國以得人才爲本，缺乏人才，乃國家之大患。此蓋不言可喻之事實，亦人盡皆知之觀念。然而，自古以來，爲天下國家者，往往重視人才之選拔，而忽略人才之培育。竭澤而漁，久則無魚；用而不教，久則乏人。故善治國者莫先乎育材，育材之方莫先於勸學。蓋教育爲造就人才之最佳途徑，而學校乃培養人才之首要基地。宋代學者對於人才教養之道嘗多所論述，范仲淹云：

> 三代盛王致治天下，必先崇學校，立師資，聚群材，陳正道，使其服禮樂之文，樂名教之地，精治人之術，蘊致君之方，然後命之以爵，授之以政，濟濟多士，咸有一德，列于朝，則有制禮作樂之盛；布于外，則有移風易俗之善。〔註3〕

又云：

> 庠序者，俊乂所由出焉，三王有天下，各數百年，并用此道，以長養人材，材不乏而天下治，天下治而王室安，斯明著之效矣。慶曆甲申歲，予參貳國政，親奉聖謀，詔天下建郡縣之學，俾歲貢群士，一由此出。〔註4〕

〔註 1〕　《讀史管見》卷四，頁 206。
〔註 2〕　《斐然集》卷三十，〈中興十事〉，頁 646。
〔註 3〕　《范文正集》卷十八，〈代人奏乞王洙充南京講書狀〉，頁 746。
〔註 4〕　同前書，卷七，〈邠州建學記〉，頁 624。

北宋初年，朝廷專重科舉，忽視學校教育，開國八十餘年，州縣之學極少設置。眞宗大中祥符二年（西元 1009 年），始准曲阜先聖廟立學，賜額應天書院，是爲州縣設學之始。乾興元年（西元 1022 年）兗州立學。仁宗景祐四年（西元 1037 年）藩鎮立學，寶元元年（西元 1038 年）大郡亦相繼立學。但「或作或輟，不免具文。」至慶曆四年（西元 1044 年），范仲淹建議振興學校教育並改革科舉制度，獲得宋祈、歐陽修等人之支持，上奏曰：

> 教不本于學校，士不察于鄉里，則不能覈名實。有司束于聲病，學者專于記誦，則不足盡人材。參考眾說，擇其便于今者，莫若使士皆土著而教之于學校，然後州縣察其履行，則學者修飾矣。〔註5〕

宋仁宗接納上述建議，下詔天下州縣立學校，又於京師創設太學，並改進國子學。仁宗皇祐四年（西元 1052 年），召胡瑗「勾管太學」，于是「其徒益眾，太學至不能容。」〔註6〕興辦學校、改革教育爲慶曆新政之重要內容，雖因既得利益者阻撓與政敵之破壞而不能貫徹，然而對於宋代人才培育與學術發展，影響極爲深遠。

北宋中葉，外患內憂，紛沓而至，「邊夷外畔，士卒內潰，吏民騷動，死傷接踵。」〔註7〕「顧內則不能無以社稷爲憂，外則不能無懼于夷狄，天下之財力日以困窮，而風俗日以衰壞。」〔註8〕欲擺脫困境，唯有變法圖強，而變法之成敗，決定於人才之有無。故王安石以爲「方今之急，在於人才而已。」

〔註5〕《文獻通考》卷三十一。

〔註6〕國子學爲宋代最高學府，宋太祖建隆三年（西元 962 年）于後周天福普利禪院舊址增修監舍，始「聚生徒講學」。（《宋會要輯稿・崇儒》一・二九）專收七品以上官員子弟入學，以二百人爲額，享受優厚物質待遇。然而，學員多空掛學籍，久不到校，視國子學爲游寓之所，「居常聽講者一二十人耳。」（《宋史・選舉志三》）及仁宗慶曆興學，國子生增至二百人，出現學舍不能容之盛況。國子學之入學資格限「八品以下子弟及庶人之俊異者。」（《宋史・選舉志三》）初收百人，後增至二百人。及胡瑗主教太學，生員增至三百人。胡瑗（西元 993～1059 年）字翼之，泰州海陵（今江蘇如皋）人。因世居安定，學者稱安定先生。爲北宋著名之學者、教育家。《宋元學案》云：「宋世學術之盛，安定、泰山爲之先河，程朱二先生皆以爲然。」胡瑗曾經指出：「致天下之治者在人才，成天下之才者在教化，職教化者在師儒，宏教化而致之民者在郡邑之任，而教化之所本者在學校。」（《宋元學案》卷一〈安定學案〉）此類觀點，與范仲淹完全一致。

〔註7〕《王臨川全集》卷四十一，〈論罷春燕札子〉，頁 240。

〔註8〕同前書，卷三十九，〈上仁宗皇帝書〉，頁 217。

「夫材之用，國之棟樑也，得之則安以榮，失之則亡以辱。」〔註9〕人才得失，關係國家之盛榮辱，而人才之培育，須以學校爲基礎。故曰：

古之取士，皆本於學校。……自先王之澤竭，教養之法無所本，士雖有美材而無學校師友以成就之，議者之所患也。〔註10〕

又曰：

天下不可一日而無政教，故學不可一日而亡於天下。〔註11〕

當時官學之情況爲：京師之國子學與太學招生對象有身分品級限制，名額有限；所學課程，主要是儒家經典；教學方法爲「講說章句」；內容則爲獲取利祿之「課試文章」；加以教師未能「嚴其選」，「教者非其人」；管理鬆弛，制度不嚴。國子學既淪爲「游寓之所」，不足以承擔培育人才之重責大任。至於地方官學，在慶曆新政失敗後，州縣興學之詔雖未撤消，但缺乏師資，管理不善。誠如王安石所云：「今州縣雖有學，取牆壁具而已，非有教導之官，長育人才之事也。」州縣之學既已名存實亡，人才自不能從學校出。宋神宗熙寧四年至元豐元年（西元 1071～1078 年）之間，王安石執政，實行變法。基於政治需要，對教育制度採取一系列之改革措施，其重點有三：

（一）整頓學校教育

1. 創立太學三舍法。熙寧四年十月，立太學三舍法，將太學生按程度分爲外舍、內舍、上舍三部分。有所屬州縣證明，經考試合格者爲外舍生。外舍生每年考試一次，成績合格者升內舍。內舍生每兩年考試一次，成績合格者升上舍。三舍法實行之初，外舍生不限人數，內舍生以二〇〇人爲限，上舍生以一〇〇人爲限；次年八月，又明確規定外舍生以七〇〇人爲限。太學生總額高達一〇〇〇人。元豐二年（西元 1079 年）頒太學學令，太學發展到八十齋，每齋三十人，生員總數達到二四〇〇人，計外舍生二〇〇〇人，內舍生三〇〇人，上舍生一〇〇人。與此同時，政府又給予太學生優厚之經濟與政治待遇。就經濟上言，熙寧五年（西元 1072 年），詔外舍生每月發津貼八五〇文，內舍生與上舍生每月發一〇九〇文。〔註12〕就政治上言，推行三

〔註 9〕同前書，卷六十四，〈材論〉，頁 402。

〔註10〕同前書，卷四十二，〈乞改科條制札子〉，頁 245。

〔註11〕同前書，卷八十三，〈慈溪縣學記〉，頁 527。

〔註12〕《續資治通鑑長編》卷二三七〈熙寧五年八月辛卯〉條。此後三舍生之物質待遇，不斷增加，元豐三年（西元 1080 年），三舍生均增至一一〇〇文。（《續資治通鑑長編》卷三〇三〈元豐三年四月辛酉〉條）徽宗崇寧三年（西元 1104

舍法之初，即規定：「如學生卓然無異者，委主判及直講保明直奏，中書考察，取旨除官。」〔註13〕三舍法之目的，在於將政府選拔官吏與學校教育聯繫起來，將養士與取士統一于學校。

2. 恢復與創辦專科學校。王安石既主張學用合一，在「求專門」、「兼文武」、「尚實用」之思想指導下，於京師陸續恢復並新建培養專門人才之武學、律學與醫學。北宋武學，設立於仁宗時代，未幾即廢。熙寧五年（西元 1072年）六月，重建武學于武成王廟，選文武官員知兵者爲教授，講習諸家兵法，學生一〇〇人。熙寧六年三月，在國子監內獨立設置律學，聘教授四人，分斷案與律令兩科。又宋初有醫學，隸屬太常寺，熙寧九年（西元 1076年）五月，設提舉判局，聘醫學教授一人，學生三〇人，仿照太學三舍法設方脈科、針科、腸科。

3.整頓州縣地方學校。熙寧四年（西元 1071 年）三月，首先在京東、京西、河東、河北、陝西五路興建學校，設置學官，加強對地方學校教育之領導與管理。各州、縣學校設教授，由中書至各路物設人選，並擇學行可以爲人師表之州官兼任教授。此外，各州撥給每所學校學田十頃，供祭祀與師生俸廩之用。

（二）統一編寫教材

北宋中葉以前，科舉考試與學校教材，雖然多是儒家典籍，但「其學術不一，一人一義，十人十義，朝廷欲有所爲，異論紛然，莫肯承聽。」宋神宗曾經詢問王安石：「經術，今人人乖異，何以一道德？卿有所著，可以頒行，令學者定于一。」〔註14〕爲統一思想，爲變法改革提供理論根據，熙寧六年，王安石提舉經義局，組織人力，對傳統儒家經典重新進行訓釋。王安石親自撰寫《周官新義》，其子王雱、門生陸佃等人編寫《詩義》、《書義》，合稱《三經新義》，於熙寧八年（西元 1075 年）修成奏進，鏤版頒行，成爲太學與諸州學府之統一教材。王安石晚年退居金陵，又著《字說》，供天下士子研讀。「一時學者無敢不傳習，主司純用以取士，先儒傳注，一切廢而不用。」《宋元學案》載：「初，先生提舉修撰經義……既成，頒之學官，天下號曰《新義》。晚歲爲《字說》二十四卷，學者爭傳習之。且以經試于有司，必宗其說，少

年），外舍生增至一二四〇文，內舍、上舍生增至一三〇〇文。（《宋會要輯稿·職官》二十八·十五）

〔註13〕《宋會要輯稿·崇儒》一·三十一。元豐三年，又明確規定：「上等以官，中等免禮部試，下等免解。」（《玉海》卷一一二，〈學校·元豐太學三舍法〉條。）

〔註14〕《續資治通鑑長編》卷二二九。

異輒不中程。」〔註15〕可見《三經新義》與《字說》，既是學校教育之統一教材，亦是考試之基本內容與標準。

（三）改進教學方法

教學方法為達到教育目的之手段。王安石敏銳查覺由於科舉考試之影響，學校教學，「為師，則有講而無應，為弟子，則有讀而無問……豈特無問，又將無思。」教師只知灌輸，無視于學生之接受能力與反應；學生只會博誦強學，呆讀死記經典文辭。如此講而無應，學而不思之教學方法，如何能造就「兼文武」、「尚實用」之變法人才？故王安石主張教師教學不能以口問耳聽為滿足，必須「傳以心」，「受以意」，取法孔子「不憤不啟，不悱不發，舉一隅不以三隅反，則不復也。」採用啟發式教學法，耐心細致，做到「為師者不煩，而學者有得也。」學生則必須切問近思，融會貫通，掌握所學知識，達到「專」與「固」之程度。〔註16〕

「熙、豐興學」為王安石變法之一環，元豐八年（西元 1085 年），宋神宗崩殂，哲宗年幼，高皇太后起用司馬光為相，盡罷新政，熙、寧興學之舉措亦隨之而廢。及宋徽宗即位，崇寧元年（西元 1102 年）蔡京為相，恢復熙寧、元豐時期之新法，掀起第三次興學運動，史稱崇寧興學。其主要內容為：

（一）崇寧元年八月，詔天下興學貢士，推行三舍選考法。「縣學生選考升諸州學，州學生每三年貢太學，考分三等，入上等補上舍，入中等補上舍下等，入下等補內舍，餘居外舍。」〔註17〕諸州貢舉名額拔出三分之一以予太學上舍出身者。在京城南門外營建辟雍，為屋一千八百七十二楹，計一百齋，每齋三十人，可容學生三千人，建講堂四所，是為外學。「太學專處上舍、內舍生，而外學則處外舍生。士初貢皆入外學，經補試入上舍、內舍，始得進處太學。」〔註18〕

（二）崇寧二年，定諸州養士人數，以前一舉參加考試人數之半或三分之二為標準。後續增州縣學人數，大縣五十人，中縣四十人，小縣三十人。

（三）崇寧三年，于原太學之外，又添置書學、畫學、算學，學生入學辦法略如太學。

〔註15〕卷九十八〈荊公新學略〉，頁 1828。
〔註16〕引文並見《王臨川全集》卷七十一，〈書洪範傳後〉，頁 454。
〔註17〕《續資治通鑑》卷八十八。
〔註18〕《宋史紀事本末》卷三十八。

（四）崇寧三年九月，罷科舉法，詔「天下取士悉由學校升貢」。〔註19〕
於是太學成爲全國士庶子弟獲得參加殿試資格之主要途徑。宣和三年（西元
1122 年）雖然恢復科舉，採科舉與舍選并行，但朝廷有意提高舍選釋褐狀元
地位，使其名望重於科舉狀元，以期士子以舍選爲榮。

綜觀北宋三次振興官學運動，始終圍繞科舉取士與學校教育之關係而進
行。胡寅亦認爲學校乃教養人才之基地，嘗云：

> 有天下國家者必建學，非以是爲美觀也。君子學道，則立身事君，
> 不違乎義理，小人聞孝弟之訓，亦將遷善遠罪，不犯于有司，此教
> 養之所以爲急務也。〔註20〕

胡寅甚至主張提升國子學在政府組織中之層級，使其與尚書、門下、中書並
列，以示尊儒重道之意。其言曰：

> 國子學上則祭先聖先師而儲經書，次則選有道德學問者爲博士，職
> 教導，下則群公卿大夫之胄，與天下之英而養育成就之，以備官使，
> 其地重矣。且天子有時乎親臨釋奠，拜伏乎先聖之前，而養三老五
> 更，又於焉行饋酳之禮，夫豈與他官府有司比也，而次于匠監之下，
> 非失之大乎？然則如之何？以尚書、門下、中書、國子學、祕書、
> 殿中爲六省，而降内侍左右衞之上，則尊儒重道之意明，而奄尹與
> 政之階替矣！〔註21〕

至於州郡必置學校，廣儲人才以爲國用，亦胡寅念茲在茲，難以忘懷者。高
宗紹興二年（西元1132年），召胡安國至臨安任中書舍人兼侍講。安國命子姪
輩就中興各事分述所見，胡寅因陳十事，其中有云：

> 州郡必置學校，選擇師儒，以育後學。購求圖書，闢冊府，以處英
> 俊而待上之用。〔註22〕

此類建議，與熙豐、崇寧興學，重視學校教育之意見，頗相符合。然而，胡
寅反對王安石藉政治力量統一學校教材，以及將學校教育與人才選用直接掛
鉤，以爲在利祿餌罟之誘惑網羅下，不僅壓抑學術思想之發展，也必然助長
士子奔競之風，使雅道爲之荒蕪。胡寅對此一再提出批評：

〔註19〕《宋史・選舉志一》卷一五五，頁 1757。
〔註20〕《讀史管見》卷八，頁 471。
〔註21〕同前書，卷十七，頁 1109～1110。
〔註22〕《斐然集》卷三十，〈中興十事〉，頁 646。

蓋三代之於人才，自幼童而教養加焉，皆輔成德行之具，薰陶漸漬，歷數十年，德立行修，可以仕矣，然後在上者舉而用之。士未嘗有求也。世遠道喪，科舉之法設，父詔其子，兄詔其弟，鼓篋摳衣，登門投牒而覓舉，於是洙、泗之風掃地盡矣。方其讀聖人書，顧知編綴附會以待場屋之問，惟不中夫程式是慮。有司問之，又豈皆道德之意，仁義之說，養心修身之要，治國平天下之務？往往蔽正而徇己，道諛而誨諂，行之浸久，皆曰取士如是足矣。大學埋微，炎火消膏，利欲肆行，洪波稽天。〔註23〕

又云：

學士大夫莫難於有識。志意誠立，行治誠修，記誦誠富，文詞誠美，施之於為政又誠才以敏，而或黜然，則其立、其修、其富、其美、其才以敏未必中乎理。不中乎理，則其所長猶小道曲藝，姑賢於不我若者而已矣。聖門所不貴也。識乎識乎！其如五官之有目乎！夜之有燭乎！覆載之間，有日月之昱乎！非天授之超，則必學力之廓乎！方臨川以虛無枝遁之說鼓於前，蔡氏以三舍升黜之法驅於後，學者俛焉趨，泯焉同，得時而駕，武相屬也。作於其心，害於其事，曾未三十年，而蒼生塗炭，神州陸沉，楊、墨之禍不至若是烈也。政、宣間，予入辟雍，遊太學，頗嘗物色和而不同之士，蓋數千眾中，僅得三五人耳。〔註24〕

又引翁彥深之言，曰：

自三舍法行，學者急於中選，有苟得之心，不復窮經閱史，惟誦程文為楷式，以剽竊對義，以阿諛答策，氣節委靡，寔關盛衰，識者以為深憂。今既罷舍法，宜降詔旨，申敕多士，俾深明經術，博知古今，以養其氣節。在外舊無教授處，委知通物色名士，為眾所推服者充之。〔註25〕

胡寅深知「人生孰不有知兮，惟無學之足患。束帶秉笏，孰不慕君兮，能行義之為難。」〔註26〕蓋人才固當由學校出，而人才亦未必盡由學校出也。且

〔註23〕同前書，卷二十，〈桂陽監學記〉，頁430。
〔註24〕同前書，卷二十六，〈左宣教郎江君墓誌銘〉，頁576。
〔註25〕同前書，卷二十九，〈右朝奉大夫集英殿修撰翁公神道碑〉，頁591。
〔註26〕同前書，卷二十七，〈祭陳少卿幾叟〉，頁608。

常人之情，無不欽慕富貴，若以學校爲人才之唯一來源，又以統一教材禁錮學生之思想，則讀書只求「明經而取青紫，稽古而得印綬。」以誇示同儕，以致於「聖門大學曾無識者，流弊益深，可勝嘆哉！」〔註27〕尤有進者，胡寅於徽宗宣和五年至欽宗靖康元年之間，曾任西京國子監教授。宋室南渡之後，任職於臨安行在，爲中書舍人。其後出知嚴州、永州，對於中央與地方官學之積弊，知之甚深。其爲各州縣撰寫之學記，大旨皆在闡述其教育理念。〔註28〕又於知永州任內，爲零陵郡學命策問試題二十四道，〔註29〕內容取諸經義，切合時事，以趨實務本爲依歸，其改革教育之用心，顯然可見。

第二節　人才類型與教育目標

　　教育之目的在培養人才。以何種類型之人才爲理想之人格模式，直接影響教育目標、教育內容與教學方法。胡寅將人才分爲文士、儒士、豪傑、聖賢四類，並分別加以評論。其人才觀念頗有特色，茲述其說如下：

　　（一）文士：指具有文藝捷才而缺乏德行器識者。胡安國於宋徽宗崇寧四年（西元 1105 年）除提舉胡北路學事，陛對，上奏曰：

　　　　學校所以養育人才，非治之也。今法令具矣，當使學者於規矩之
　　　　外有所恥而不爲。謹按聖門設科，成周貢士，皆以德行爲先，文

〔註27〕《讀史管見》卷三：（夏侯）勝曰：「士患不明經，苟明經，取青紫如拾地芥耳。」（桓）榮陳其印綬車馬，誇示諸生曰：「今日所蒙，稽古力也。」嗚呼！明經而取青紫，稽古而得印綬，自兩漢名儒已爲此言，聖門大學曾無識者，舍此從彼，流弊益深，可勝嘆哉！（頁197）案，王夫之嘗謂宋於國學郡縣之學，未嘗不詳設而加厲，然人才不由學校出，蓋「國家以學校爲取舍人才之徑，士挾利達之心，桎梏於章程，以應上之求，則立志已荒而居業必陋。」（《讀通鑑論》卷十七，頁 558）所見與胡寅同。

〔註28〕《斐然集》收錄〈東安縣重建學記〉、〈岳州學記〉、〈桂陽監學記〉、（卷二十）〈永州重修學記〉、〈祁陽縣學記〉、〈建州重修學記〉、〈新州州學御書閣記〉。（卷二十一）共七篇。

〔註29〕《斐然集》卷二十九，頁 630。茲錄其第四道題如下：
問：儒衣冠者皆言學，學未易知也。孔子之自言曰：「十室之邑，必有忠信，如丘者焉，不如丘之好學也。」其稱人曰：「有顏回者好學，今也則亡，未聞好學者也。」而未始言其所學者何事？後世之稱好學者或異於是。挾策讀書，博習乎詞藝之末，務以悅人之耳目而取世資。故論明經者以拾青紫爲志，稱稽古者以得車馬爲榮。自聖人觀之，必謂之未始學矣。今將捐記誦詞藝之習，而求聖賢之所學，則當得其門而入。必有事焉，豈非吾徒之急務乎？二三子蓋以聖人爲師，而好回也之所好者矣。請問其目。

藝爲下。〔註30〕

胡寅深受其父之影響，對文士之評價不高。嘗云：

> 世俗之見，皆謂有才乃能稱職，德行非所先也。苟務求德行以濟世
> 務，是以鼎而支奔轍，以驥而守門戶，執圭佩玉而馳逐趨走，安能
> 勝乎？敗國殄民者，率由是言矣。……凡問爲政，見於《論語》所
> 載，孔子一以躬行身率誨之，曾不及政刑法令之具，而貴捷給辦治
> 之才。孔子豈不通世務，固使人尚椎樸，取魯鈍以從政哉？深思其
> 故而考其事，則知世之爲姦爲貪，要功生事，上逢君惡，下爲民蠹
> 者，非有德行之人，乃有文才之士也。〔註31〕

有文才而無德行，此文士之所以不足貴者一也。胡寅又云：

> 文人之不足貴也決矣。袁彥伯逸才辯速，見稱當時，而失身於桓溫，
> 蓋工於語言而短於器識也。文士之不如是者鮮矣。……故爲國家者
> 必尚德而用賢，士賢而有德，其文雖不能誇虛艷麗，而其言必無疵
> 矣。〔註32〕

《資治通鑑》卷二四二唐穆宗長慶二年載：「元稹怨裴度，欲解其兵柄，故勸
上雪王庭湊而罷兵，以度爲司空，留守東都。」胡寅據此以論元稹，云：

> 元微之以詩名，其名出白居易上，夫詩雖小技，豈無知識者所能爲
> 也。託意於諷諫，則可以觀其事君，寓情於美刺，則可以觀其達政。
> 若無識，則其言背理傷道，雖有華藻，不能獨勝，而不爲人所賞重
> 矣。王庭湊，逆亂之賊臣也，裴晉公，忠勳之元老也，崔潭峻、魏
> 弘簡，刀鋸之賤人也，深結崔、魏，左右庭湊，而沮抑晉公，其所
> 見如此，則其詩雖凌駕七子而追攀四始，亦何足貴歟！〔註33〕

工於語言而短於器識，此文士所以不足貴者二也。《資治通鑑》卷六十七漢
獻帝建安十九年載：「操爲諸子高選官屬，以邢顒爲植家丞，顒防閑以禮，
無所屈撓，由是不合。庶子劉楨美文辭，植親愛之。楨諫植曰：『君侯採庶
子之春華，忘家丞之秋實，爲上招謗，其罪不少，愚實懼焉。』」胡寅論此
事云：

〔註30〕《斐然集》卷二十五，〈先公行狀〉，頁 519～520。
〔註31〕《讀史管見》卷十五，頁 1011～1012。
〔註32〕同前書，卷八，頁 517。
〔註33〕同前書，卷二十五，頁 1659。

文人少實用，多闕德，善爲天下國家者不之好也。而文人所以自處者，則無施而不可矣，以無所不能言故也。夫言與爲異，能言者未必能爲，能爲者未必能言也。工於詞翰而自知其無益者，古難其人也，其惟劉楨乎。若楨者，必不以華廢實，文滅質，言尚德，可謂君子矣。〔註34〕

少實用，能言而不能行，此文士所以不足貴者三也。《資治通鑑》卷二三六唐順宗永貞元年載：「詔數京兆尹李實殘暴掊斂之罪，貶通州長史；市井讙呼，皆袖瓦礫遮道伺之，實由間道獲免。」胡寅有長文論此事，云：

按司馬氏所續《資治通鑑》不取《新唐史》，以其多戾也。至《順宗實錄》，則取韓愈所撰者十居八九，以其可信也。今舉李實一人觀之，曰：「實爲京兆，務徵求以給進奉，言於上曰：今歲雖旱而禾苗甚美。由是租稅皆不免，人窮至壞屋賣瓦木麥苗以應官，優人成輔端爲謠嘲之，實奏其誹謗朝政，杖殺之。至譴，市里讙呼，皆袖瓦礫遮道伺之，實由間道獲免。」此皆韓筆也。而韓與實〈書〉曰：「愈來京師十五年，所見公卿不可勝數，皆守官奉職，無過失而已，未有赤心憂國如閣下者。今年不雨百有餘日，種不入土，野無青草，而盜賊不敢起，穀價不敢貴，百坊二十司、六軍二十四縣之人，皆若閣下親臨其家。老姦宿贓，摧縮銷沮，魂亡魄喪，影滅迹絕，非閣下條理鎭服，布宣天子威德，其何能及此？愈少也從事於文學，見有忠於君，孝於親者，雖在千百年之前，猶敬而慕之，況親逢閣下，得不候於左右，以求效其懇懇乎？」愈尋爲監察御史，即上疏論京畿百姓窮困，應今年稅錢草粟徵未得者，請俟來年蠶麥，遂貶山陽令。夫李實一人耳，而韓公訾之獎之如二人焉。韓公斳至於古之立言者，以是敎人，曰：「無誘於勢利。」今書與史並行，使人將何從？故嘗試評論之，此未免涉乎文士之通患也。孔子曰：「吾之於人也，誰毀誰譽？如有所譽者，其有所試矣。斯民也，三代之所以直道而行者也。」毀譽各當其實，則人無干譽逃毀之詐，三代之民如此，故聖人之譽人也，必因其已見之美。雖不自言，其毀人若《春秋》所貶，皆因其既然之罪，如鑑之妍醜，夫何心哉！今昌黎伯載實於史者，不敢以非爲是，是其公也；而稱實於〈書〉者，未免以不肖

〔註34〕同前書，卷五，頁310。

爲賢，乃其私矣。公與私特在乎有求無求之間。一有文華之士倣其所爲，將以入之，今日譽之爲伊、傅、周、召；既而不得所欲，明日毀之爲共、兜、廉、來、搖毫撥藻，曾不以爲愧，安知無作俑之自乎？故言行君子之樞機，不可不愼也。〔註35〕

胡寅從《順宗實錄》與《文集》之中，發現韓愈扮演史官角色時，秉筆直書，於李實略無迴護；一旦轉爲文人面目，則曲意奉承，多所文飾。此蓋有求無求之別而已。有所求而不能公，此文士所以不足貴者四也。

（二）儒士：胡寅論及儒士之類型，又有「腐儒」與「知道之儒」之別。《資治通鑑》卷二○九唐睿宗景雲元年載：「上燕近臣，國子祭酒祝欽明作八風舞，備諸醜態，上笑。欽明素以儒學著名，吏部侍郎盧藏用曰：『祝公《五經》掃地盡矣！』」胡寅論此事云：

> 祝欽明素以儒學著名，而其所爲如此，世以是議儒學之士，大抵聖讀而庸行也。……原其失，以經與事二也。經自經，事自事，則雖盡治《五經》，無救於八風之舞。經即事，事即經，則雖不能記誦其文，而道固與之合矣。〔註36〕

談經尚論而無益於今，學而不適時務，〔註37〕與夫聖讀而庸行，經與事二者，皆「腐儒」也。至於「知道之儒」，其內涵，胡寅有詳盡論述，其言曰：

> 或問：「自秦漢至五代，千三百年，知道之儒有幾人？」曰：「難言也，學問之富，德義之修，節行之高，則多有之矣，盡見道體，臻其賾奧，言之而當，行之而允，非得其傳者，孰能與此？姑列其降者，荀況、董仲舒、揚雄、王通、韓愈，章章著矣。況也正而失之駁，舒也粹而失之泥，雄也潛而失之懦，通也懿而失之陋，愈也達而失之淺。董子有云：『爲人君父而不知《春秋》，前讒後賊不能見也，必蒙首惡之名；爲人臣子而不知《春秋》，守經遭變不能處也，必陷誅死之罪』。又曰：『仁人者，正其義不謀其利，明其道不計其功。』此董子之格言也，而其事君則納忠，行己則守禮，表章經術，

〔註35〕同前書，卷二十四，頁1585。案，韓愈〈上李尚書〉，見《昌黎先生集》卷十五。

〔註36〕《讀史管見》卷十九，頁1300。

〔註37〕《斐然集》卷二十二，〈無逸傳〉云：「談經尚論而無益於今，則腐儒而已。」（頁458）卷二十九，〈零陵郡學策問〉第三首云：「善學者必適時務，學而不適時務，是腐儒而已耳。」（頁629）

而黜滅邪說，其功不在孟子之下，此董子之善行也。韓子有云：『堯
以是傳之舜，舜以是傳之禹，禹以是傳之湯，湯以是傳之文、武、
周公，文、武、周公傳之孔子，孔子傳之孟軻，軻之死，不得其傳。』
此韓子之要語也，而其事君則直，守道則不惑，力排釋老，以扶皇
極，其功亦可亞於仲舒，此韓子之勤力也。故董氏、韓氏比之三子，
為又賢焉。荀卿尊仲尼而非子思，賢子弓而毀孟軻，以性為惡，以
禮為偽，非正而駁歟？子雲用心於內，其思深沉，凡所立言，依倣
大訓，而莽賢之際，黽勉苟容，非潛而懦歟。文中子讀書談道，躬
耕自娛，累徵不起，而於隋文，說非所說，於述經，作非所作，非
懿而陋歟？而三子立言可為法於後世者，蓋又鮮矣。此五人者，皆
希慕洙、泗，不甘於弟子之列者也，而成就止此，況訓詁箋注之流
乎？」〔註38〕

可見胡寅所謂「知道之儒」，非專精乎誦數，刻苦乎詞藝，溺於訓詁箋注之流，
乃學問富、德義修、節行高之人才，近乎所謂「賢者」之形象。

（三）豪傑：「豪傑」觀念作為人格範型之一，首見於《孟子》：「待文王
而後興者，凡民也，若夫豪傑之士，雖無文王猶興。」〔註39〕趙岐注：「豪傑
之士，知千萬於人。」孫奭疏：「才有過於千萬人之豪傑，君子特立，不為俗
移，故稱豪傑自興者。」朱熹《集註》：「豪傑，才德出眾之稱。」又云：「蓋
上智之材，無物欲之蔽，為能無待於教而自能感發以有為也。」趙岐論「豪傑」，
僅言其才智超人，朱熹則強調「才德出眾」、「無物欲之蔽」。蓋朱熹理想之人
格典範乃「醇儒」、「聖人」，而非「豪傑」。其與陳亮論王霸義利之辨，云：

願以愚言思之，絀去義利雙行，王霸並用之說，而從事于懲忿窒慾，
遷善改過，粹然以醇儒之道自律。〔註40〕

〔註38〕《讀史管見》卷十五，頁1031。
〔註39〕《孟子・盡心上》，頁231。
〔註40〕《晦庵先生朱文公文集》卷三十六，〈答陳同甫書〉，頁2302～2303）案，「醇
儒」一辭，本謂學問專精之意，首見於《漢書・賈山傳》：「所言涉獵書記，
不能為醇儒。」（卷五十一，頁1103）宋儒賦「醇儒」以新義，並將其提升為
人格典範。然各家所見並不相同，張栻以為，醇儒之條件有三：
（一）明乎人倫，以修齊治平自命。
（二）操守忠厚，有良好道德品格。
（三）致君澤民，貴實用而恥空言。（參《張栻與湖湘學派研究》第七章〈張
栻的教育思想〉）

醇儒之道在於「懲忿窒慾，遷善改過。」即注重內在之涵養，所謂「向內便是入聖賢之域，向外便是趨愚不肖之途。」〔註41〕朱熹對於「豪傑」意義之詮釋，著重自我收斂，削弱人格中剛毅奮進之精神，顯示其人才價值觀由外王向內聖傾斜之趨向。胡寅對於「豪傑」形象之描述，係經由評論歷史人物而彰顯。嘗云：「士君子立身當特立，行己當獨行，如竹箭松柏，無待乎依倚附麗而後成者也。」〔註42〕其於三國人物最重劉備與諸葛亮，皆以「英雄豪傑」許之。其稱劉備云：

> 英雄豪傑，周遊中土，莫不以人才為急務。方是時，四方賢德隱而未見者，繫人所聞知如何。玄德南趨，屯于新野，豈已知有孔明耶？不然，何其得徐庶一言，遂屈體枉駕，三顧草廬，咨大計而委心腹乎！
> 比曹操下荊州，所得者韓嵩、蒯越、和洽、王粲之徒，而天下第一流乃為玄德所有，吳、魏諸臣，無能與對，備敏於操，殆謂是耶！〔註43〕

曹操亦可謂一世之雄，而知人之明乃不及玄德，此劉備所以為豪傑者也！胡寅嘗稱孔明：「英雄俊傑，不獨識時務，蓋亦識天象。」〔註44〕謂其既有器識，又有才略。胡寅平生最仰慕孔明，為其作傳，稱其「體資文武，明睿篤誠，英略絕時，而行治純懿，直方守正，而應變無窮。」「雄姿傑出，而從諫如流，改過不吝。」「行師本仁義，明節制，其止如山，其進如風，踐敵人之境，而芻蕘者不止，耕者不變。」「知人賢否而能盡其才。」〔註45〕司馬徽稱諸葛亮為識時務之俊傑，陳壽亦云：「亮少有逸才英霸之氣。」經由胡寅之描述，使孔明之豪傑形象更為飽滿。南宋永嘉學者陳亮以為，教育培養人才，最高目標為培養「非常之人」，云：

> 有非常之人，然後可以建非常之功。求非常之功而用常才，出常計，舉常事以應之者，不待智者而後知其不濟也。〔註46〕

此類「非常之人」，即雄偉英豪之士，超世邁往之才，能言當今之利害，敢斥百家之異說，力足以當天下之任者。南宋事功學派特重人物之實踐品格，強調在輔世濟民之踐履過程中展現其人格力量，其觀點與胡寅有相契合者。惟陳亮以

〔註41〕《朱子語類》卷一一九，頁2873。
〔註42〕《讀史管見》卷八，頁481。
〔註43〕同前書，卷五，頁298。
〔註44〕同前註，頁301。
〔註45〕引文見《斐然集》卷二十四，〈諸葛孔明傳〉，頁513～515。
〔註46〕《陳亮集》卷一，〈戊申再上孝宗皇帝書〉，頁15。

「英雄豪傑」為人才之最高範型，胡寅則以「聖人」為理想人格之終極目標。

（四）聖人：湖湘學派自開創者胡安國始，即以「聖人」為治學之鵠的。〔註47〕胡寅云；「匠必以規矩為法，射必以正鵠為志，學必以聖人為師。」〔註48〕胡宏云：「窮則獨善其身，達則兼善天下者，大賢之分也；達則兼善天下，窮則兼善萬世者，聖人之分也。」〔註49〕此言聖人雖身處窮困之中，亦不能因此而獨善其身，當「兼善萬世」，為後代作事建功，開物成務。胡宏終身隱居衡嶽，研經治學，教育後進，汲汲於文化價值之重建與傳播，即是聖人之道兼善萬世之體現。「聖人」既是理想之人格範型，學者所致力追求之鵠的，然則，其具體內涵為何？胡寅曰：

> 夫聖者，無不通之稱，聰無不聞，明無不見，思無不得，動無不中。
>
> 言必可道，行必法，貫三才，備萬善，至神妙物，與天同功。〔註50〕

做為「無所不通」之聖者，理所當然具有超乎常人之稟賦，故曰：

> 夫物雖皆可用，非人莫能用之，人為至靈，聖賢又其靈之尤者也。其
>
> 功至於彌綸天地，贊助化育，使天地日月山川動植各得其所。〔註51〕

然而天賦本質靈於萬物，並非聖人唯一條件。胡寅對此有進一步之說明。首先，聖人不是天理之化身，而是感性之個體，與眾人同樣具有喜怒哀樂情感欲望。唯其異於眾人者，在於聖人能將有限之感性存在統攝於理性之中。其言曰：

> 聖人喜怒在物而不在己，眾人喜怒在己而不在物。惟喜怒在物……
>
> 若持衡，若懸鏡，若用尺度，輕重妍媸長短我無與焉，是以其德行，
>
> 其威立，而天下服。惟喜怒在己，……動靜欲惡死生我不能自立焉，
>
> 是以其德不流，其威不肅，而天下侮玩之矣。〔註52〕

〔註47〕 《斐然集》卷二十五，〈先公行狀〉云：「公見善必為，為必要其成。知惡必去，去必除其根。強學力行，以聖人為標的。」（頁555）

〔註48〕 同前書，卷二十九，〈零陵郡學策問〉，頁628。

〔註49〕 《知言》卷三，頁131。（《四庫全書》本）

〔註50〕 《讀史管見》卷三，頁182。同書卷二十四又云：「聖者，無不通之名，豈有聖而不孝者，亦豈有聖而無德。」

〔註51〕 同前書，卷十七，頁1167。

〔註52〕 同前書，卷二十三，頁1575～1576。胡宏云：「凡天命所有而眾人有之者，聖人皆有之。人以情為有累也，聖人不去情；人以才為有害也，聖人不病才；人以欲為不善也，聖人不絕欲；人以術為傷德也，聖人不棄術；人以憂為非達也，聖人不忘憂；人以怨為非宏也，聖人不釋怨。」（《知言疑義》）其表述之涵義與胡寅同。

蓋武夷家學，皆主「性無善惡」、「理欲同體」，而「是非之心，出於人心。」心能得其正，則是非明而情不濫，達到「不與俗異，不與俗同」之統一境界。換言之，聖人之道，不離乎日用之間，在日用倫常中實踐其本體之超越性。〔註53〕此說有悖於其他理學家視聖人為純粹理性化之人格標本，卻使「聖人」更具有人情味與感性之光彩。

其次，聖人之所以為聖人，在於能夠「誠於善」、「勤於學」。胡寅曰：

> 舍聖人無誠於善者矣，勉而為之，持久而不息，亦可以入於聖域也。或作或輟，則視其作輟之久近而分其君子小人之效也。俄而善，俄而惡，則惡不足以勝善，善之消如雪，惡之炎如火，其趨小人，莫可禦矣。〔註54〕

又云：

> 學道而畫，則道不進；修德而止，則德不立；從政而怠，則政有闕；處事而倦，則事無紀。故天以健而久，日以常而明。莫大之功，成於堅忍，丕天之業，本於持守，惟聖人盡之，賢者則勉勉焉。〔註55〕

又云：

> 勤者，聖人之盛德，而君子之賢行也。其為人多暇日，則出人不遠矣。舜、禹、文王、周公，達而在上，孔、孟窮而在下，未嘗不勤，猶天行日運，誠不厭，健不息，而況於下乎周公、孔、孟，當如何哉？〔註56〕

周敦頤云：「誠者，聖人之本。」朱熹云：「誠者，至實而無妄之謂。」〔註57〕所謂「誠於善」，即是以真實無妄之心追求並實踐道德之真。眾人或有時而善，或有時而偽，不能一以貫之，唯有達到理想人格境界者，才能始終維持真誠之品格。追求真誠之品格並維持其恆定性，則有賴於不間斷之學習。

最後，聖人是內聖與外王之統一。胡寅云：

> 古人求多聞，將以建事，貴多識，所以畜德。至聖賢猶不敢不勉。而後世之士有寸長片善，則裕然若不啻足矣。……反理冥行，身世

〔註53〕胡寅曰：「自生民以來，未有盛於孔子者，故帝王咸師焉，非師其言也，師其道也。其道非他也，人倫也。聖人，人倫之至，以其處常盡變無不當故也。」（《讀史管見》卷二，頁108）

〔註54〕《讀史管見》卷二十七，頁1796。

〔註55〕同前書，卷五，頁296。

〔註56〕同前書，卷六，頁333～334。

〔註57〕《周子全書》卷二，〈通書・誠上〉，頁99。朱熹語見《通書解・誠上章》。

兩敗。吁！可憫矣！〔註58〕

「畜德」是內在道德之涵養，「建事」是外在事功之建立。畜德爲體，建事爲用，體用合一。聖人既具有超越之本體，又有經世致用之才能。就超越本體之終極境界言，「苟有一言不然，一行不善，則不足稱聖人矣。」〔註59〕就外在事功之終極成就言，「其功至於彌綸天地，贊助化育，使天地日月山川動植各得其所。」二者之境界都是無限，故曰：

> 聖人可學而不可至。學之爲聖人，猶射之志乎正鵠也，自能執弓矢，必以正鵠爲志，其中不中，則非學之所能也。……學聖人而不至，則亦必爲賢人矣。〔註60〕

然而，無論畜德或建事，其始點皆不離乎人倫日用之間，故可力學而至。所謂「勉而爲之，持久而不息，亦可以入於聖域」者，是也。

綜觀胡寅人才理論，其特點有四：鄙薄文士，輕視腐儒，稱揚豪傑，嚮往聖賢。蓋人才關乎治亂，「書生記誦而不知理，文士浮華而無實用，誠非治道所貴。」〔註61〕因其鄙薄文士，故有退化之文學觀，且對隋唐以來以辭賦設科取士有所批評。嘗云：

> 辭賦本於《離騷》，而不逮騷矣，聲韻四六本於辭賦，而不逮賦又遠矣。自屈宋妙才，創爲騷文，而論篤君子猶不屑好焉，矧〈烏有〉、〈亡是〉、〈長楊〉、〈五柞〉之流乎！則其失而每下者，從可知也。然後世以之設科取士，於是讀書者不復講求義理，惟務摘采對偶，一韻爭奇，一字競巧，緝續成文，去本愈遠。父兄詔子弟，師長訓生徒，皆汲汲孜孜焉，不爲此，則不足以收聲名、躋仕路，一旦得官，回視囊習，芻狗之不如也。所用非所學，所學非所用，人才大壞，其害豈小小哉？〔註62〕

至於腐儒之弊，在於徒務記誦，分章析句，牽制文義，既不能知理，又無益於當世之務。《資治通鑑》卷六十六漢獻帝建安十五年載：「孫權謂呂蒙曰：『卿當塗掌事，不可不學。』蒙辭以軍中多務。權曰：『朕豈欲卿治經爲博士耶？但當涉獵往事耳。孤嘗讀書，自以爲大有益。』蒙始就學，後魯肅與蒙議論，

〔註58〕《斐然集》卷二十八，〈跋胡待制詠古詩〉，頁 625。
〔註59〕《讀史管見》卷十四，頁 906。
〔註60〕同前註。
〔註61〕《讀史管見》卷二十九，頁 1983。
〔註62〕同前書，卷十五，頁 988～989。

大驚曰：『卿非昔日之呂蒙也。』」胡寅論此事云：

> 三國之主，權爲下，全吳之臣，蒙在第三四間，皆以學而自進，大
> 哉學之爲益也。……後世論學者，從事於章句，耽玩於辭藻，直欲
> 多記誦，以愈於不如我者。以爲己則無增益智思之功，以爲人則無
> 制世御俗之略，而所學遂成無用之具矣。〔註63〕

然而文人之所以多浮華，儒生之所以少實用，蓋不知文質合一，理事不二之
故。若不以華廢實，以文滅質，而能尚德致用，亦治道之所貴。故胡寅云：

> 夫理有中正，無往不然，爲文者華則失之輕浮，質則近於俚俗，華
> 而不浮，質而不俗，以之事上諭下，治道所貴也。〔註64〕

又云：

> 書生記誦而不知理，文士浮華而無實用，誠非治道之所貴。以不足
> 貴，乃併經史大訓而廢之，一概視天下學士大夫，輕則束之高閣，
> 重則陷之黨錮，甚則投之黃河，爲此說者，未有能免其身而不累其
> 國者也。〔註65〕

對於工具性知識之二重性認識，使胡寅人才觀念具有更複雜之內容。〔註66〕

　　胡寅著作之中，不用「醇儒」一辭而多見「豪傑」之語。豪傑之形象，
在於具有特立獨行之人格，與輔世濟民之抱負。至於「聖人」，則是內在道德
與外在事功統一之人格範型，易言之，即是醇儒與豪傑統一之理想人才模式。
然而，胡寅略去醇儒一格，由豪傑直接聖人，其用意在於強調聖人當具備豪
傑之特質，顯然可見。王夫之嘗云：「豪傑而不可爲聖賢者有矣，未有無豪傑
之識而可爲聖賢者也。」〔註67〕此言可謂與胡寅之意旨相契合。

　　宋代建國，重文輕武，挫英銳而獎柔順。靖康之禍，探本究源，未始不

〔註63〕同前書，卷五，頁305。

〔註64〕同前書，卷十五，頁989。

〔註65〕同前書，卷二十九，頁1983。

〔註66〕胡寅擅長文學，《斐然集》所載，各體皆備。其視文學爲工具性之知識，價值
　　　　不在工具本身而在使用者如何耳。茲以作詩爲例，胡寅嘗評唐代科舉以詩取
　　　　士，敗壞人才，其言曰：「作詩而臻其極，殆亦操舟累丸，承蜩履狶之技耳，
　　　　韓文公謂之餘事，良有以也。而唐世乃立爲科目以取天下之士，無亦壞敗人
　　　　才之甚歟！」（《讀史管見》卷二十五，頁1683）又云：「夫詩雖小技，豈無知
　　　　識者之所能爲也，託意於諷刺，則可以觀其事君，寓情於美刺，則可以觀其
　　　　達政。若無識，則其言背理傷道，雖有華藻，不能獨勝，而不爲人所賞重矣。」
　　　　（《讀史管見》卷二十五，頁1659）。

〔註67〕《讀通鑑論》卷二十一，頁750。

肇端於此。高宗南渡，既未改弦易轍，反有變本加厲之勢，馴至人才日乏，事功日蹙，北伐雪恥，可望而不可及。王夫之嘗論北朝宋文帝及宋孝宗皆圖治英君，大有為於天下，卒不能北伐之故，在於天生人才，「人主必有以鼓舞而培養之」。其言曰：

> 當世之士，以人主之意指為趨，而文帝、孝宗之所信任推崇以風示天下者，皆拘葸異謹之人，謂可信以無疑，而不知其適以召敗也。道不足以消逆叛之萌，智不足以馭梟雄之士，於是乎摧抑英尤而登進柔輭；則天下相戒以果敢機謀，而生人之氣為之坐痿；故舉世無可用之才，以保國而不足，況欲與猾虜爭生死於中原乎？……孝宗之任邵、李以抗女直，亦猶是也。岳誅韓廢，天下戒心於有為，風靡而弗能再振矣。身無英武之姿，外有方張之寇，獎柔順以挫英奇，雖抱有為之志，四顧無可用之人，前以取敗而不自知，及其敗也，抑歸咎於天方長亂，而虜勢之不可攖也，愈以衰矣！〔註68〕

船山此論，感慨遙深。總歸一言，南宋之所以偏安江左，不能北伐者，以其無豪傑也。胡寅生當兩宋遞嬗之際，其人才理論，既反映時代需要與湖湘學風，又具有超越時代局限之普遍意義，自有不可忽視之價值。〔註69〕

第三節　教學內容與學習方法

一、教學內容

　　教育目的決定教學內容。胡寅以為，教育之目的在培養人才，而理想人才以「聖人」為範型。所謂「聖人」之內涵務求德力兼備，體用合一，入手之處在於勤學。為使學者廣通博洽，多聞多識，以畜德建事，其教學內容特

〔註68〕同前書，卷十五，頁491～492。案，《建炎以來繫年要錄》記紹興二十一年閏四月，高宗策試南省舉人，制策曰：「今朕承中興之運，任撥亂之責，所賴乎有官君子為至切矣。顧狃於聞見，小慧相先，謂了官事為癡，謂履忠信為拙，以括囊為深計，以首鼠為圓機。」（卷一六二，頁3148）亦可見當時士風之委靡。
〔註69〕明清之際，由於救世安邦，開物成務之歷史需求，「豪傑」取代「醇儒」，成為普遍追求之理想人格。其內涵有三：
　　（一）具有經天緯地之膽識，超越自我完善而轉向外部世界。
　　（二）具有實踐之品格，在輔世濟民之現實過程中，展現其人格力量。
　　（三）具有專才而能實踐即是豪傑。（參楊國榮《善的歷程》第八章第一節〈經緯天地：逸出內聖之境〉）

重儒家經典、歷史文獻，以及實際政治問題之考察與研究，其中又有先後之序與輕重之倫。茲分述如下：

　　（一）儒家經典：以《五經》、《語》、《孟》爲主，以《論語》、《春秋》爲要。胡寅嘗云：「夫至難知者，理也；至難平者，事也。知難知之理，乃能平難平之事。《語》、《孟》、《五經》之傳於世，所以教人明理而處事也。」〔註70〕又云：「《五經》、《語》、《孟》之在天下，如衣服飲食器具，一不備則生人之用息，不可無也。」〔註71〕又云：「儒書之要，莫過乎《五經》、鄒、魯之語，是七書者，上下關千五百餘歲，非一聖賢所言，總集百有餘卷而已。既經仲尼裁正，理益明，道益著，三才以立，萬世無弊，違之則與人道遠焉。」〔註72〕《五經》、《語》、《孟》，教人明理以處事，有如衣服飲食器具之於人，不可一日或無。其所以然者，蓋以其書或出於孔子筆削，或爲聖賢之微言，乃義理之極至。其餘諸經則純駁不一，胡寅嘗詳論之云：

> 《易》、《書》、《詩》、《春秋》，全經也，先賢以之配皇帝王霸，言世之變，道之用，不出乎是矣。《論語》、《孟子》，聖賢之微言，諸經之管轄也。《孝經》非曾子所爲，蓋其門人纘所聞而成之，故整比章指又未免有淺近者，不可以經名也。《禮記》多出於孔氏弟子，然必去呂不韋之〈月令〉，及漢儒之〈王制〉，仍博集名儒，擇冠、昏、喪、祭、燕、鄉相見之經與曲，以類相從，然後可以爲一書。若《大學》、《中庸》，則《孟子》之倫也，不可附之禮篇。至於〈學記〉、〈樂記〉、〈閒居〉、〈燕居〉、〈緇衣〉、〈表記〉，格言甚多，非〈經解〉、〈儒行〉之比，當以爲《大學》、《中庸》之次也。〈禮運〉、〈禮器〉、〈玉藻〉、〈郊特牲〉之類，又其次也。《周官》則決不出於周公，不當立博士使學者傳習，姑置之足矣。〔註73〕

此言指出《孝經》非曾子所爲，不可以經名；《大學》、《中庸》當獨立成書，不可附之禮篇；《禮記》當重新分類編纂；《周禮》非周公所作，不當立於學官。〔註74〕然則胡寅主張用爲教材之儒家經典，所謂「《五經》、《語》、《孟》」，

〔註70〕《讀史管見》卷九，頁 554。

〔註71〕同前書，卷十一，頁 739～740。

〔註72〕《斐然集》卷二十，〈桂陽監永寧寺輪藏記〉，頁 413。

〔註73〕《讀史管見》卷三十，頁 1902～1903。

〔註74〕胡寅關於《周禮》、《禮記》、《孝經》之作者及其時代之意見，涉及史料考證，詳見本書第六章〈胡寅之史學思想〉第二節〈史學方法〉。

實際意義乃指《易》、《書》、《詩》、《春秋》、《論語》、《孟子》、以及《大學》、《中庸》而已。其做爲教材之教育功能，胡寅分別有所論述：

1. 《易經》

胡寅曰：

> 《易》書開示中正得失之理，表明吉凶悔吝之先，使人知所避就，詞若隱微，皆指人事，不如是，則聖人豈固爲玄談以無益於世乎？而學《易》者往往歸《易》於虛無幽渺，不涉世用，而其所行，則背義違理以趨乎凶悔之地，其失本於人自人，《易》自《易》，而不知《易》即人也。〔註75〕

蓋「《易》之爲書，盡性至命，而開物成務。」其言吉凶悔吝，詞雖隱微，而皆指人事。故胡寅反對京房占候前知之學，與王弼、何晏以《老》、《莊》訓釋《易經》之說。其言曰：

> 房學《易》不明其義，徒以災變占候，此《易》之末也。……故占候前知之學，君子不貴焉。務明乎消息盈虛之理，語默進退之幾，以不失乎時中，此則《易》之道也。〔註76〕

又曰：

> 自何晏、王弼以老子、莊周之書訓釋大《易》，王衍等競相慕效，專事清談，糟粕《五經》，蔑弃敦實，風流波蕩，晉隨以亡。〔註77〕

又曰：

> 客有問弘景，「吾欲注《周易》、《本草》，宜何先？」對曰：「《易》宜先。」客曰：「何也？」曰：「注《易》誤，猶不至殺人，注《本草》誤，則有不得其死者矣。」世以弘景爲知言，曾不知《本草》所辨動植之性，注而或誤，其害有數也。《易》之爲書，盡性至命，而開物成務，不明其義，而以爲玄言，如王弼、何晏之徒，既自喪其身，又亡人國，至於天下板蕩，神州陸沉，數十年而未止，其所殺豈與《本草》一物之害比哉？王、何談《易》而已，其效已若是，況遍談《六經》而誤者，又何如耶？〔註78〕

〔註75〕 《讀史管見》卷六，頁355～356。
〔註76〕 同前書，卷二，頁125。
〔註77〕 同前書，卷六，頁356。
〔註78〕 同前書，卷十三，頁865～866。宋人唐庚《眉山文集》卷九〈易菴記〉亦引陶弘景語，近人錢鍾書《管錐編》因有「注六經誤其害大」之說。（《管錐編》

胡寅嘗撰《二五君臣論》一卷，說六十四卦之義，其書已佚。唯《讀史管見》
之中，多見徵引《易經》之說以評論史事。如北魏太武帝太平眞君七年（西
元 446 年），崔浩勸帝滅佛。胡寅論之云：

> 欲革天下之弊者，其所施設必有本末先後之序，人君修德正己於上，
> 公卿大臣論道明法於下，人倫既正，教化既行，然後示之以科條，
> 喻之以好惡，變之以漸，俟之以久，則事不駭而政必成矣。夫天地
> 之化，可謂速矣，其爲冬寒也，乃在夏熱之時，其爲夏熱也，乃在
> 冬寒之日。積之遠，故其革之難，爲之豫，故其成之著，豈可以一
> 言一令，用勢力殺伐而行之？是以不旋踵而弊復生焉。在《易・革》
> 之義曰：「巳日乃孚。」言不可遽也；「文明」，言盡其事理也；「說」，
> 言順人心也。如此則「大亨以正」而無悔矣。〔註 79〕

此引〈革〉之〈卦辭〉「巳日乃孚」，及〈彖辭〉「文明以說，大亨以正」，以
明變革之不可遽，且須盡事理，順人心。穩妥得當，一切悔恨必將消亡。由
此可見胡寅論《易》，重言其理，切合人事，以開物成務，而《易經》之教育
功能即在此。

2. 《尚書》

　　《荀子・勸學》云：「《書》者，政事之記也。」《史記・太史公自序》云：
「《書》記先王之事，故長于政。」《尚書》之基本內容爲古代帝王之文告與
君臣之對話，乃我國最早之政治史料彙編。《漢書・藝文志》云：

> 《書》之所起遠矣，至孔子纂焉，上斷于堯，下訖于秦，凡百篇而
> 爲之序，言其作意。

胡寅取班固之說，以爲「序《書》者，孔子也。……凡《書》百篇，皆孔子
所取，以爲經邦大訓。」〔註 80〕故《尚書》乃帝王不可不讀之教材。胡寅嘗
引《尚書・顧命》記成王臨終之命而釋之曰：

> 成王有疾：「甲子，洮頮水」，是不能沐浴矣；「相被冕服」，是不能
> 振衣矣；「憑玉几」，是支幹乏劣矣；召公卿大臣百執事詔之曰：「疾
> 大漸，病日臻，恐不獲訓語嗣事。」是氣息僅屬爾。而其所命，上
> 及文武，中述其身，以及其子，而戒群公，詞意備盡，無僭無亂，

第三冊，頁 1133）
〔註 79〕《讀史管見》卷十，頁 659～660。
〔註 80〕同前書，卷十一，頁 700。

精明卓然，甫至翌日而崩。孔子取其書爲後王終始之法。夫不以疾
病殆而正衣冠、就公卿、出經遠保世之格言，女子小人何由得行
其私？姦謀慝計何由得乘其間？〔註81〕

此蓋有見國之衰亂，每繫於帝王臨終不居於正寢，而死於婦人宦豎之手，故
申論成王之事，以爲後世帝王之典範。胡寅又云：

尚書載帝王治亂備矣，曾無一言及於謀利。……若夫稱不殖貨利爲
盛德，則有之矣；詔乃具貝玉爲丕刑，則有之矣；謂萬民惟正之供，
則有之矣；戒大臣倚法以削，則有之矣；散財發粟，大賚四海而萬
姓悦服，則有之矣。其丁寧反復相訓告，相教誨者，惟以勤以儉，
修德政，用吉士，守成憲，去憸邪爲急。曰：如是則治、則安、則
永年；不如是則危、則亡、則墜命。上下千載，若合符契，所以謂
之大訓，不可違焉者也。〔註82〕

此言爲國以義不以利，有天下國家者，當勤儉修德，必近君子，必遠小人。
故胡寅於《尚書·無逸》尤所關注，嘗取其書誦讀研究，並原本古訓，貫以
時事，分章訓釋，期有補於時政。其釋〈書序〉「周公作無逸」云：

臣竊原人之常情，好安逸，惡勤勞，故雖聖賢必以勤勞自勉，而以
安逸爲戒。自昔帝王勤則治而興，逸則亂而亡。人臣之忠愛其君，
聞勸其勤者有矣，未有勸其逸者也。

又釋「君子所其無逸」一句云：

「所」者，猶居處也。君子之安處其身者，惟無逸乎！無逸，疑於勞
動而不安。然身修而治立，乃所以爲甚安也。好逸，疑於閒暇而無憂。
然德毀而亂萌，乃所以爲甚憂也。故無逸者，圖逸之本也。〔註83〕

〈傳〉中一再強調，爲政者當務農固本，寅畏天命，祇懼自抑，不敢荒寧，
親賢納諫，憐恤鰥寡。所謂談經尚論，必求有益於今，充分顯示胡寅務實之
學風。而《尚書》一經，不僅爲帝王所必讀，亦士人不可不學者。

3. 《詩經》

　　《詩經》爲我國最早之詩歌總集。《史記·孔子世家》謂「古時詩三千餘
篇，及至孔子，去其重，取可施於禮義……三百五篇，孔子皆弦歌之。」胡

〔註81〕同前書，卷二十五，頁 1687。
〔註82〕同前書，卷二十四，頁 1614～1615。
〔註83〕《斐然集》卷二十二〈無逸傳〉，頁 458～459。

寅亦主張孔子刪《詩》之說，以爲「《詩》三千篇，存者十之一，而〈采苓〉、〈青蠅〉、〈巷伯〉、〈巧言〉、〈何人斯〉、〈十月之交〉之作，聖人皆存而不削，于以見雖大聖人量如天地，亦惡讒人之爲害也。」〔註84〕《詩》既經孔子刪削，其所存者，大義與《春秋》同。胡寅曰：

> 昔者文姜預弒魯桓，哀姜預弒二君，聖人例以孫書，若其去而不返，以深絕之，所以著恩輕而義重也。宋桓公之夫人，衛女也，生襄公而出。襄公既立，其母思之而義不可往，乃作〈河廣〉之詩以自抑。襄公尊爲國君，號令自己，莫或干之者，欲迎其母，又何難焉？終不敢徇私恩以廢大義也。聖人錄〈河廣〉于國風，豈獨見衛女之以禮制心，正欲明襄公之重本，其義與《春秋》所書一也。〔註85〕

《論語·陽貨》記孔子謂伯魚曰：「汝爲〈周南〉、〈召南〉矣乎？人而不爲二南，猶正墙面而立耳。」胡寅釋之云：

> 夫〈周南〉首〈關雎〉，〈召南〉首〈鵲巢〉，皆言后妃、夫人佐助君子之道。有男女則有夫婦，自生人以來，誰獨不然，何待明於二南而後無面墙之蔽乎？君子之學也，抑足於〈周南〉、〈召南〉而已乎？曰：此聖哲之格言，天地之常經，人道所由立者，以淺近而論，則失之矣。夫之職莫大乎刑家，婦之德莫盛乎不妒。〈關雎〉之詩，專言后妃不妒忌之美也。次之以〈樛木〉，申之以〈螽斯〉，重之以〈桃夭〉，而終之以〈召南〉之〈小星〉。二南之詩，二十有五，其美后夫人之不妒忌者居五之一焉，其化之應，則又有〈兔罝〉、〈茉苢〉、〈麟之趾〉、〈摽有梅〉、〈騶虞〉之篇。其意以謂王后不妒忌於上，國君夫人不妒忌於下，不獨王與諸侯子孫眾多，天下化之，婦人皆樂有子矣。夫樂有子，則無間於彼我，是庶人匹婦亦有賢行也。人治如此，則陰陽得其道理，而天地之和應之，麟出于郊，庶類蕃殖，葭蓬茁茂，鮿豕之屬亦不可勝用，而王道成矣。〔註86〕

〔註84〕《讀史管見》卷七，頁399。

〔註85〕同前書，卷十九，頁1279。案，文姜孫于齊，見魯莊公元年《春秋經》、哀姜孫于邾，見魯閔公二年《春秋經》。又〈衛風·河廣〉之詩，其〈序〉云：「河廣，宋襄公母歸于衛，思而不止，故作是詩也。」〈毛傳〉云：「宋桓公夫人，衛文公之妹，生襄公而出。襄公即位，夫人思宋，義不可往，故作是詩以自止。」胡寅蓋據〈詩序〉、〈毛傳〉以爲説。

〔註86〕《讀史管見》卷十六，頁1041～1043。

《三百篇》既出於孔子所刪定，其義與《春秋》合，能盡乎人情事變，而爲王道教化之基礎，故學者不可不讀。

4. 《春秋》

胡寅之父安國於儒家經典之中，特重《春秋》，以爲先聖親手筆削之書，天下事物，莫不備於此，乃傳心之要典。〔註87〕胡寅本其說而暢論之，云：

> 昔者仲尼無位以行其道，則綱紀典籍，垂範來世。雖然，於《易》則繫之而已，於《書》則序之而已，於《詩》則刪之而已，於《禮》、《樂》則正之而已，未嘗作也。年七十，致大夫而老，道必不行矣，乃始筆削魯史之文，作爲大典，曰：「吾志在《春秋》。」是則《易》、《詩》、《書》、《禮》、《樂》，前聖之所同，而《春秋》，仲尼之所獨也。〔註88〕

又云：

> 仲尼大聖人也，《春秋》聖治之法也。以大聖人立聖治之法，……蓋經濟無施，而寓於筆削。性命道德莫不中正，禮樂法度莫不備善，俊良賢傑莫不章陟，讒惡慝姦莫不討棄，璣衡七政莫不齊敘，山川動植莫不繁廡，橫目黔首莫不率化，蠻夷戎狄莫不賓服，厥志既定，同符堯、舜、成、康，爲天下萬世太平熙洽之原，於是麟出而爲之祥應。〔註89〕

蓋胡氏父子有感於熙寧新政，重《周禮》而廢《春秋》，使人主不得聞講說，學士不得相傳習，亂倫滅理，用夷變夏，馴至於靖康之難，二帝北狩。高宗南渡，偏安江左，國勢日蹙，人心委靡。欲正人心，圖恢復，必本《春秋》大一統之義，以尊君父、討亂賊、攘夷狄。此爲武夷家學所以重視《春秋》之背景。

5. 《論語》、《孟子》

除《易》、《書》、《詩》、《春秋》之外，胡寅亦重視《論語》、《孟子》，視之爲「聖賢之微言，諸經之管轄。」二者之中，又以《論語》爲要，嘗云：

> 《論語》一書，蓋先聖與門弟子問答之微言，學者求道之要也。
> 〔註90〕

〔註87〕《斐然集》卷二十五，〈先公行狀〉，頁552。
〔註88〕同前書，卷二十一，〈祁陽縣學記〉，頁437。
〔註89〕同前書，卷二十一，〈麟齋記〉，頁444～445。
〔註90〕同前書，卷十九，〈上蔡論語解後序〉，頁394。

又云：

> 前人有詩云：「夜夢入小學，自謂總角時。不記有白髮，猶誦《論語》
> 辭。」意若忽此書者。夫童而習之，白尚紛如，孰比《論語》之難
> 讀而可忽乎？是以欲知後世之故，必觀諸史；欲權史事之是非，必
> 觀《六經》，欲知《六經》道德性命之旨，必通《論語》。〔註91〕

《論語》不僅爲聖人言論之集錦，天下之理所匯聚，更是文學之典範。胡寅
云：

> 聖門問答教詔，本言也而成文，雖文也特一時之言耳。豐而不餘，
> 約而不失，其法備于《論語》，能熟環而體識之，必不敢易于爲文。
> 深之又深，知其有無窮之事業在焉，必不復以文爲志。道果明，德
> 果立，未有不能言者。〔註92〕

胡寅一生，於《論語》用力甚勤，浸淫其中，迨將四十年，晚年以獲罪秦檜，
謫居嶺表，得以撰成《論語詳說》，其書雖佚，然朱熹《論語集註》猶多採其
說。〔註93〕至於《孟子》一書，胡寅較少言及，唯於《讀史管見》中略見徵
引，並對《春秋》尊君而《孟子》貴民之說，有所申論，其言曰：

> 孔子作《春秋》，將而見獲，必書師敗績，眾與大夫敵也。君將不言
> 帥師，君獲不言師敗績，君重於師也。然則堯、舜、孔子皆以君爲
> 重，眾次之，大夫與眾敵，乃經世之大常也。孟子曰：「民爲貴，社
> 稷次之，君爲輕。」意乃異此者。以時君糜爛其民，無愛養之心也。
> 故推原邦本而言之，曰：民爲貴，得其民然後能守其國也。堯、舜、
> 孔子正名定分，以法萬世，故推原作民父母而先元后，有元后然後
> 天下定于一也。此所謂言非一端，各有攸當者也。〔註94〕

此言孟子學說不悖於聖人之道，孔子言道之常，孟子言道之變，於儒家思
想之開展，一脈相承。故張載有云：「要見聖人，無如《論》、《孟》爲要。」
〔註95〕

6. 《大學》、《中庸》

　　《學》、《庸》本在《禮記》之中，張載以爲，《禮記》乃諸儒雜記，而《大

〔註91〕同前書，卷二十，〈東安縣重建學記〉，頁422。
〔註92〕同前書，卷十九，〈洙泗文集序〉，頁401。
〔註93〕《論語詳說》之撰述經過及其提要，見本書第二章第三節〈胡寅著作存佚考〉。
〔註94〕《讀史管見》卷三十。頁2026～2027。
〔註95〕《經學理窟·義理》，《張載集》，頁272。

學》、《中庸》「出于聖門，無可疑者。」〔註96〕胡寅亦云：「若《大學》、《中
庸》，則《孟子》之倫也，不可附之禮篇。」又云：

> 古今之事一也，觀古事而是非明，處今事而得失亂者，何也？有意
> 與無意也。其於涉己不涉己者亦然。……故嘗論之，見人見己，皆
> 如閱鑑中之象；察情燭狀，皆如觀水中之影；執古御今，皆如用尺
> 寸之度；適權合變，皆如持關石之準；參照彼己，皆如挈四平之矩；
> 糾正枉曲，皆如陳一直之繩。然後不出戶而知天下，坐於室而明四
> 海，考諸三王而不謬，以俟百世而不惑矣。……非格物物格，何以
> 啓進此之途？非強恕求仁，何以克安此之居？故自天子至於匹士，
> 必明夫《大學》之道而後可也。〔註97〕

蓋《大學》爲修身入德之門序，《中庸》言至誠率性之妙道，與夫爲天下國家
之常經，皆學者所不可不知者。

　　北宋二程之前，尚無「四書」之名。二程教育學生，主張以《詩》、《書》、
《禮》、《易》、《春秋》等儒家經典爲基本教材，又將《大學》、《中庸》自《禮
記》中抽出，加以強調，使之與《論語》《孟子》并列，從而創立「五經四書」
之新教材系統，與「義理道統」之新知識結構。程頤云：

> 學者當以《論語》、《孟子》爲本。《論語》、《孟子》既治，則《六經》
> 可不治而明矣。〔註98〕

又云：

> 學者先須讀《論》、《孟》，窮得《論》、《孟》自有簡要約處，以此觀
> 他經，甚省力。《論》、《孟》如丈尺權衡相似，以此去量度事物，自
> 然見得長短輕重。某嘗語學者，必先看《論語》、《孟子》。〔註99〕

《論語》、《孟子》不僅是學習其他經書之基礎，《論》、《孟》、《學》、《庸》四
書，更代表儒家自孔子而曾子、子思、孟子之道統。朱熹云：

> 明道，伊川先生之學，以《大學》、《論語》、《孟子》、《中庸》爲指
> 標，而達於《六經》，使人讀書窮理，以誠其意，正其心，脩其身。
> 〔註100〕

〔註96〕同前書，頁 277。
〔註97〕《讀史管見》卷二十三，頁 1577～1578。
〔註98〕《二程集·遺書》，頁 322。
〔註99〕《二程集·遺書》，頁 205。
〔註100〕《性理大全》卷三十九，頁 820。

《宋史》稱二程受業于周敦頤，擴大其所聞，且云：

> 表章《大學》、《中庸》二篇，與《語》、《孟》並行，於是上自帝王
> 傳心之奧，下至初學入德之門，融會貫通，無復餘蘊。〔註101〕

胡寅重視《四書》之教育作用，即是繼承二程洛學之觀點。唯二程視《禮》
為基本教材，胡寅所見似有不同。胡寅雖極肯定禮樂之教化功能，以為：「禮
之教化也微，其止邪也於未形。」〔註102〕又云：

> 聖王之治，以禮制欲而品節之，故自天子至于庶人，其居處服食器
> 用莫不有等，下不敢僭，上不敢逾，此物力所以不屈，而民志所以
> 大定也。〔註103〕

故「治天下莫大於禮」、「有天下國家者，莫先乎定禮制」。〔註104〕然而，胡寅
並不主張以《禮》《樂》為教材，其故有四：

其一、《資治通鑑》卷三十二漢成帝綏和元年載：「犍為郡於水濱得古磬
十六枚，議者以為善祥。劉向因是說上：『宜興辟雍，設庠序，陳禮樂，隆雅
頌之聲，盛揖讓之容，以風化天下，如此而不治者，未之有也。』」胡寅論其
事云：

> 劉向之論美矣，而未循其本。孔子曰：「人而不仁，如禮何？人而不
> 仁，如樂何？」不仁之人，心非己有，視聽舉履，皆迷其當，而何
> 以為禮樂？惟仁者所行皆理，故可以為禮，所安皆樂，故可以為樂，
> 此禮樂之本也。彼庠序之群處，雅頌之聲音，揖讓之威儀，特其具
> 耳，無其本而有其具，則舉此教人，祇益趨之於虛偽之域，不若不
> 行之愈也。〔註105〕

此言仁心為禮樂之本，無其本而教以禮樂之具，徒增學者之虛偽而已。

其二、《資治通鑑》卷二一二唐玄宗開元八年載：「秋，八月，頒鄉飲酒
禮於州縣，令每歲十二月行之。」胡寅論其事云：

> 「物有本末，事有終始，知所先後，則近道矣。」鄉飲酒，古者鄉
> 禮也，於之有敬讓焉，於之有仁義焉，於之貴禮而賤財焉，於之行
> 孝悌而見王道焉，其重如此。然必先制民之產，使安土樂業，急政

〔註101〕《宋史・道學序》卷四二七，頁5194。
〔註102〕《讀史管見》卷二十三。頁1687。
〔註103〕同前書，卷十二，頁810～811。
〔註104〕同前書，卷十五，頁974～1015。
〔註105〕同前書，卷三，頁143。

> 暴賦無施於其間，設爲庠序學校，教以人倫，且興其賢能，出長而
> 入治之，然後禮樂可行。〔註106〕

此言必先制民之產，使安土樂業，然後禮樂可行。

其三、《資治通鑑》卷四十七漢章帝元和三年載：「博士魯國曹褒上疏，以
爲『宜定文制，著成漢禮。』……帝召褒，受以叔孫通《漢儀》十二篇，曰：『此
制散略，多不合經，今宜依禮條正，使可施行。』……曹褒依準舊典，雜以《五
經》、讖記之文，撰次天子至庶人冠、婚、吉、凶終始制度，凡百五十篇，奏之。」
胡寅論其事云：

> 孔子刪《詩》、定《書》、繫《易》、作《春秋》而不述禮樂之制，何
> 也？禮因人情爲之節文，樂以象功，故難立一成不變之制也。殷因
> 於夏，周因於殷，其或繼周者，皆不免於有損有益，夏質殷忠而周
> 文，其不可一也明矣。雖然，聖人必因事以明其義，蓋其數可陳，
> 祝史有司之所能預也，其義難知，非仁且智，則不能本人情而約之
> 於中道也。故或先王有之，而不宜於今之世，或古未之有，而可以
> 義起，神而明之，存乎其人而已。曹褒之志，蓋亦深見叔孫通之儀
> 有未當者，故憤然欲正之，而章帝亦以是命之。若請博徵名儒，遲
> 以年歲，猶庶幾乎不大違戾，有可行者。而身當重任，決以獨見，
> 纔數月間，遽成百五十篇，且又雜以讖記之文，蓋不待見其書，而
> 可逆知舛駁不純乎古之正禮矣。〔註107〕

胡寅以爲，「禮因人情爲之節文，樂以象功，難立一成不變之制。」故孔子不
述禮樂之制。而先王經世之法，因革損益，至周而大備，陵夷至于戰國而亡
于秦。漢初，叔孫通制禮，大抵皆襲秦故，使周室禮文，泯不復見，而秦禮
得傳，所謂王澤熄而霸術興也。〔註108〕

其四、《周禮》一書，非武王、周公之法，「乃六國陰謀之書，欲以亡秦，
而劉歆又補綴附會以成之。」〔註109〕《禮記》雖多出於孔氏門人，頗屬雜戰
國、漢初儒者之說，〈月令〉、〈王制〉諸篇，亦不純乎周制。若夫《樂》經則
久已不存，而古樂又亡於隋文帝時，不能復三代之正。〔註110〕

〔註106〕同前書，卷二十，頁1327。
〔註107〕同前書，卷四，頁219～220。
〔註108〕同前書，卷一，頁48～50。
〔註109〕同前書，卷三，頁162。
〔註110〕同前書，卷十五，頁999。

　　基於上述四項原因，胡寅雖然肯定禮、樂之教化功能，並認爲「治天下莫大於禮」、「有天下國家者，莫先乎定禮制」，然而其重視之儒家基本經典，只在《易》、《書》、《詩》、《春秋》、《論語》、《孟子》、《大學》、《中庸》而已。

　　（二）歷史文獻：武夷家學，極重視史學教育。胡安國嘗窮畢生心力撰成《春秋傳》三十卷，又因司馬光遺稿，修成《資治通鑑舉要補遺》一百卷，並「自爲之序，以廣司馬公願忠君父稽古圖治之意。」〔註111〕安國之子胡宏，年十五，編《程子雅言》并爲之作〈序〉，云：

> 予小子恨生之晚，不得供灑掃于先生之門，姑集其遺言，行思而坐誦，息養而瞬存，因其所言而得其所以言，因其所以言而得其言之所不可及者，則與侍先生之坐而受先生之教也，又何異焉！〔註112〕

文中明確表示對二程之仰慕，與依歸洛學之心願，安國既喜胡宏少年即能立志，又憂其果於自用，故授以所撰之《資治通鑑舉要補遺》，使其接受史學教育。其後，胡宏治史，編著《皇王大紀》一書〔註113〕，胡寅亦有《讀史管見》之作，皆秉承「過庭之訓」所致。胡寅論史，主張史爲經證，嘗云：

> 夫經所明者理也，史所紀者事也，以理揆之事，以事考諸理，則若影響之應形聲，有不可誣者矣。〔註114〕

所謂「以理揆之事，以事考諸理」，即是以經書之「理」爲標準，衡量歷史之是非；以歷史之「事」爲實例，驗證經書之義理。故「史書並記善惡，以垂勸戒。」〔註115〕即使貴爲人主，亦不可不學。胡寅云：

〔註111〕《斐然集》卷二十五，〈先公行狀〉，頁560。
〔註112〕《五峰集》卷三，〈程子雅言前序〉，頁152～153。
〔註113〕《皇王大紀》八十卷，有影印文淵閣四庫全書本行世。胡宏以爲，經書出於聖人之手，記事之情，明心之用，法度文章，足以爲天下典範，而史傳則或出於好事者之胸臆，故有甚悖於理，害於事者。乃承其父安國之業，「研精經典，泛觀史傳，致大荒於兩離，齊萬古於一息，根源開闔之微茫，究竟亂亡之徵驗。事有近似後世而不害於道義者，咸詳而著之。庶幾皇帝王伯之事，可以本始百世。」（〈皇王大紀序〉）可見其撰述本書之用意在以史證經，全書之取材與體例，尚欠精審。張栻論「五峰先生所著《皇王大紀》」云：「五峰未易簀半年前，某見之，求觀此書，云：『此書千瘡百孔，未有倫序，未可拈出，若病少間，當相與考訂之。』後來某得本于其家，殊未成次第，然其論數十篇可傳。」（《南軒先生文集》卷二十，〈答陳平甫〉）然則胡宏對於《皇王大紀》一書，亦不自以爲是，思與南軒相與考訂而不果。其《皇王大紀論》八十三篇，亦載於《五峰集》中，南軒謂其可傳，洵不誣也。
〔註114〕《讀史管見》卷十六，頁1043。
〔註115〕同前書，卷十五，頁1013～1014。

前有覆轍而後不以爲戒者，不讀史也。故姦人欲迷主者，眩以性命道德之高談，誘以二帝三王之遠軌，而不使之讀史。曰：漢唐以下，何足道哉？逮其末流，講《詩》則置國風，講《禮》則置喪紀，講《書》則置湯武之事。雖或讀史，在漢則讀文、景、宣帝、光武、明、章而已，在唐則讀貞觀、開元、永徽、永和而已。稍涉危亡可以警懼主心者，則不進也。於是覆轍在前，後車並轡而不得悟。故博知往古者，人主之要務，不可不學也。〔註116〕

高宗紹興十年至十二年之間，胡寅知永州，施政之餘，嘗爲州學士子講授學問，並以策問試之，中有一題云：

問：留、武二侯，秦、漢以來奇才策士之冠也。高祖與楚解，羽歸太公呂后，引而東矣。良復請襲之，可謂信乎？先主羈旅公安，孔明勸使跨有荊、益，遂奪劉璋之國，可謂義乎？失信違義，鄉黨自好者不爲，而二子爲人建立邦家，厥功巍然，後世至許以三代之佐，而爲此，何也？荀彧爲曹操謀取天下，而沮其九錫，杜牧以盜方之。司馬文正稱其死節於漢。馮道歷事五代，歐陽氏譏其無恥，而臨川先生以知道許之。夫孰爲當？〔註117〕

由此可見，胡寅以爲史學教育，並非徒記事跡，亦非以成敗論是非，而是通過歷史之學習與考察，識治亂安危興廢存亡之理，與賢人君子出處進退之原則，乃學問之實證，格物之一端。

（三）實際政治問題之考察與研究：胡寅嘗云：「善學者必適時務，學而不適時務，是腐儒而已。」〔註118〕學問必須結合時事，以經世致用爲依歸。故云：「夫道固以濟物爲用，大丈夫用道者也。」〔註119〕宋徽宗政和六年，胡寅以弱冠之年，遊辟雍、入太學，嘗與同舍友張致遠「北望大河，西眺諸陵，東臨汴、泗，南想羌、衡。……尋幽弔古，治亂常評。心憂禾黍，耳厭簫笙。顧謂銅駝，將埋棘荊。」〔註120〕其後，任西京國子監教授，尋勝訪幽，登眺嵩、洛。對於山川形勢及國家憂患，有極爲深刻之體認。及宣和之末，河北

〔註116〕同前書，卷二十七，頁1797～1798。
〔註117〕《斐然集》卷二十九，〈零陵郡學策問〉第二十三題，頁637～638。參《斐然集》卷二十一，〈永州重修學記〉，頁436。
〔註118〕《斐然集》卷二十九，〈零陵郡學策問〉第三題，頁629。
〔註119〕《讀史管見》卷五，頁297。
〔註120〕《斐然集》卷二十七，〈祭張給事子猷〉，頁613。

盜起，女眞入寇，徽、欽二帝被俘，高宗即位於南京。金人揮兵南向，高宗渡江，倉皇奔避，數年之間，幾無寧日。胡寅身歷國破世亂之情境，感受特別深刻。嘗撰〈原亂賦〉以抒其悲憤與抑鬱，並敍徽宗致亂之由，期望高宗能撥亂反正。建炎三年九月，胡寅撰〈上皇帝萬言書〉，綱舉七策，別爲二十事，以「論巡幸之失，畫撥亂之計。」〔註121〕紹興五年，胡寅到臨安，任中書舍人，有〈上殿箚子〉、〈輪對箚子〉、〈轉對箚子〉共十五篇，詳論朝政之弊在於兵政不修，流品不清，並逐一提出解決之道。〔註122〕又有〈論遣使箚子〉、〈再論遣使箚子〉，論遣使求和無益於事，主張明復讎之義、用賢才、修政事、息兵訓民，以俟北向。〔註123〕此類有關政治改革之主張，足見胡寅重視實際問題之考察與研究。尤有進者，胡寅於中書舍人任內，嘗命〈中書門下省試館職策問〉二十四道，其一云：

> 蓋聞士之處世，稱于家者，其德當周于一家，聞于鄉者，其賢當蓋於一鄉。今有以事舉言揚，達乎天子之聽，而咨詢之於禁省，則必其遠大之識，宏達之謀，固不可以小言片善取也。敢問今天下之吏，員數眾多，流品雜出，有司無缺以處之。欲置而不恤歟，則下有失職之歎；將使人得其欲歟，則聞爲民設官，而不聞十羊九牧以殘之也。天下之兵分統既久，欲因而不革歟，則末大必折，古人之戒；欲有所變制歟，則乘塞者以力寡爲言，分閫者以不專爲患，固難于改作也。天下之材調度既廣，欲取于民歟，則利源已竭，民力已困；取之不已，露根可畏也。欲輕徭薄賦以休息百姓歟，則環數十萬之師，荷戈被甲以捍寇敵，不可一日而無食，有功而不賞。不取於民，安所從出哉？是三者皆當今之急務，學士大夫究心於兩說之間，謀其利不蹈其害，而未知其術，渴佇崇論，願茂明之，將以告于上焉。〔註124〕

題中所言吏員冗多，流品雜出；兵統於將，尾大不掉；取財于民，利源已竭；三者皆時政之極弊。胡寅明舉以爲策問之目，足見其對現實問題之關心，並要求學者在現實政治活動中學習知識，增長才幹，積累實際經驗，具備解決問題之能力。

〔註121〕同前書，卷十六，又卷十有〈進萬言書箚子〉一篇。
〔註122〕同前書，卷十，頁214～227。
〔註123〕同前書，卷十一，頁228～233。
〔註124〕同前書，卷二十九，頁628。

　　綜前所述，胡寅論教育內容，以儒家經典、歷史知識、以及實際政治問題之考察與研究爲主，至於諸子百家之說，以其畔夫中庸之道，故必折衷於聖人而後可。其言曰：

> 《春秋》謂一爲元，元，即仁也，仁，人心也。……周道既衰，孔子作《春秋》，首明此心，以示萬世人君南面之法。更秦絕學，異端並作，言黃、老者以虛無爲心，明申、韓者以慘刻爲心，好攻戰者以權謀爲心，毀倫類者以寂滅爲心。心體既差，其用遂失。學士大夫謂誠不如詐，謂正不如譎，謂道德不賢于術數，謂教化不捷于法令。遺經雖在，而帝王之迹熄矣。〔註125〕

又云：

> 老子之言，其害非若釋氏之甚也。然弃仁義，捐禮樂以爲道，則其道亦不從事於務，遺物離人，趨于沖泊而生人之治忽矣。……老佛者，皆畔夫中庸者也，畔中庸，則爲己爲人同歸於弊。〔註126〕

又云：

> 老、莊之言，反經悖道者多矣，使人用其言而不知其所以言，則以禮法不足尚，事務不足理，超然放曠，以空虛相尚而不究其實，子而如此，何以爲孝？臣而如此，何以爲忠？〔註127〕

又云：

> 文籍惟吾儒與釋氏爲最多。然儒書之要，莫過乎《五經》、鄒、魯之語，是七書者，……既經仲尼裁正，理益明，道益著，三才以立，萬世無弊，違之則與人道遠焉。……其餘百氏著述日繁，世人得以卷記者，至於數萬，可謂眾矣。然明智之士，則必紀綱大訓，折衷於聖人，使至當歸一，精義無二，詖淫邪遁之辭過而不得肆，固不盡以爲是也。〔註128〕

若夫天文曆法，乃學者所當知；醫藥占卜之術，亦有其用，胡寅嘗云：

> 君子有言，凡人居覆載之內而不識天地之所以爲天地，在照臨之下而不識日月之所以爲日月，蚩蚩之民何責焉，學者如是，其闕大矣。〔註129〕

〔註125〕同前書，卷十，〈乙卯上殿劄子〉，頁214。
〔註126〕《讀史管見》卷十四，909。
〔註127〕同前書，卷八，頁471。
〔註128〕《斐然集》卷二十，〈桂陽監永寧寺輪藏記〉，頁413～414。
〔註129〕《讀史管見》卷十五，頁1026。

又云：

> 某識德餘十有六年，每見之，口道古今，而未聞其論醫。觀李尚書、
> 路樞密所與序跋，則知德餘兼通神農、岐、扁之術，而有家學，蓋
> 恥以藝名耳。某曰，醫已人病，救人死，君子之心，無足恥者。向
> 使德餘既富且貴，而殃民害物，其可恥豈不甚乎！今仕而不偶，曷
> 若已人病，救人死。如君平賣卜，稍可藥飢而止，斯亦賢於受祿居
> 位而爲人病者遠矣。〔註130〕

至於分章析句，訓詁辨說，乃讀書明理之基礎，專精之，亦有其用。《資治通鑑》卷一六六載齊顯祖高洋「以楊愔爲相，使進廁籌，以馬鞭鞭其背，流血浹袍。」胡寅論其事云：

> 字有一字而數義者，訓詁不明，則後來承誤，失之愈遠。漢武踞廁
> 見衛青，廁者，床廉也，亦猶文帝臨廁，謂山岸也。失其義，遂如
> 高洋之無禮。洋之爲是，必以武帝自解，夫武帝駕馭英傑，莫不盡
> 力，若如高祥之無禮，大將軍憪然有不服之心矣。〔註131〕

此辨「廁」字之義，以爲訓詁不明，則承誤之失愈遠。又〈觀瀾閣記〉云：

> 瀾之爲言，古今未有訓而當其義者。《文中子》曰：「吹波助瀾」，退
> 之南山詩曰：「微瀾動水面」，其〈進學解〉曰：「迴狂瀾於既倒」。是
> 則二子皆從趙岐、顧野王以瀾爲波，特有大小之異，而目之曰微者，
> 語雖近而意已遠矣。夫瀾非波也，謂水流動之狀也。〔註132〕

此考「瀾」字之義，謂水流動之狀，惟有源之水爲然。又胡寅撰〈無逸傳〉，其方法爲：「分章訓釋，本原古訓，貫以時事。」此外，《讀史管見》、《崇正辯》、《斐然集》諸書，對於儒、釋經典之眞僞、名物制度之意義，以及歷史事件之眞象，皆有所辨證，由此可見胡寅對於治學基本工夫之重視。然而，教育之目的在於培養明體達用之人才，若溺於訓詁箋注，精乎誦數詞藝，而不識「道」之所在而力行之，則空談而已。

二、學習方法

　　教育目的決定教學內容，針對教學內容之特性，必須有與之相應之學習方法。胡寅在長期治學與教學實踐活動之中，積累豐富經驗，提出頗多有價

〔註130〕《斐然集》卷二十八，〈跋李尚書、路樞密送張元裕主簿序〉，頁625。
〔註131〕《讀史管見》卷十四，頁917。
〔註132〕《斐然集》卷二十一，頁448。

值之見解,概括而言,其類有六:

　　(一)自身改造,變化氣質:教育之目的在培養人才,人之稟賦有愚明柔強之異,知學以反之,則無一偏之失。故教育所直接涉及者,乃個體自身之改造。胡寅嘗述其父安國之事云:

> 每語學者曰:「學以能變化氣質爲功。」公性本剛急,及其老也,氣宇沖澹,容貌雍穆,若無喜怒者,即知和樂而有毅然不可犯之象,望之嚴威而薰然可親。年寖高矣,加以疾病,而謹禮無異平時。〔註133〕

《宋史・胡寅傳》載寅少時性情桀黠難制,安國閉之空閣中,其上有雜木,寅盡刻爲人形,安國曰:「當思所以移其心」,遂引置書數千卷於其上,年餘,悉成誦,不遺一卷。從此折節向學,終成大儒。胡寅受安國身教之影響,故本其父之說而暢論之,其言曰:

> 天之生物,均於生之而已,美惡在物,天無意厚於美而薄於惡也。故五穀松柏與臭草毒木同育乎雨露之滋,鳳凰麒麟與梟獍狼虎並安乎覆載之大,若夫裁成輔相以補其不全,則在人矣。是故或藝畜之,或薙斬之,或靈異之,或驅放之,然後萬物各得其所。〔註134〕

又曰:

> 「天之生人,有華夷之分乎?」曰:「否!」「然則聖人內華而外夷,賤戎狄而貴中國,無乃與天異乎?」曰:「使夷狄而爲中國之事,是亦中國矣。惟其不仁不義,貪得而嗜殺,非人理也,故賤而外之,惡其以所行者亂中國而淪胥也。」曰:「天之生人無華夷之分,則夷狄何爲不仁不義,貪得而嗜殺,與人理異乎?」曰:「均五行之氣也,而有聖哲,有昏愚,非天私於聖哲而靳於昏愚也。均覆載之內也,而有中國,有夷狄,非天美於中國而惡於夷狄也。所鍾有粹駁偏正之不齊,則其分自爾殊矣。五胡之魁,其才皆有過人者,而不能輔之以學,矯揉而成就之,故其所爲,雖有幸中於善,而暴戾之氣稟於所賦者,終亦自勝,不可掩也。」〔註135〕

此言天生人成,即使夷狄之人,亦有才過人者,惟其不能輔之以學,變化氣質,使趨於純正而已。且夫氣質之變化,亦非一蹴可及,尚須持志以養之,

---

〔註133〕同前書,卷二十五,〈先公行狀〉,頁558。
〔註134〕《讀史管見》卷二十三,頁1578。
〔註135〕同前書,卷七,頁439。

胡寅嘗論《資治通鑑》載「元忠爲相，不復強諫，惟與時俯仰，中外失望。」
云：

> 君子有言，德成者不爲血氣所使，何以能成其德，持志以養之而
> 已。……知所以戒，則志常爲主，血氣不能盛衰之矣。又曰：「血氣，
> 性也，有命焉，君子不謂性也。」夫此所謂聖學也。元忠受材美矣，
> 而不知學以養之，故忘在得之戒，而罹殆辱之患也。〔註136〕

「志常爲主，血氣不能盛衰之。」即孟子所謂「以志帥氣」之意。孔子曰：「君
子有三戒：少之時，血氣未定，戒之在色；及其壯也，血氣方剛，戒之在鬥；
及其老也，血氣既衰，戒之在得。」〔註137〕個體自身之改造與夫氣質之變化，
乃一無限歷程，與生命相終始，此所以「學不可以已」也。

（二）立志務本，優游涵泳：張載有云：「有志於學者，都更不論氣之美
惡，只看志如何。『匹夫不可奪志也』，惟患學者不能堅勇。」〔註138〕胡寅論
學，亦重立志，嘗云：

> 士之大致有三：志於道德者，功名非所慕；志於功名，富貴利達非
> 所羨；求富貴利達而已矣，則亦無所不至矣。〔註139〕

又云：

> 君子有三立，必有祈向慕用，乃克有成。顏回曰：「舜何人也？有爲
> 者亦若是。」此立德者也；諸葛武侯以管、樂自許，此立功者也；
> 揚子雲準《易》作《太玄》，準《論語》作《法言》，此立言者也。
> 所志在上，其成則中；所志在中，其成則下。苟茫茫然無所志，師
> 心而行，或幸而成，或偶而中者有矣，必不足以垂世而名家，以方
> 圓不出於規矩故也。小人亦然，王莽述祿產者也，胡廣述張禹者也，
> 恭顯述趙高者也，盧杞述李林甫者也。慕之不切，則述之不力，其
> 述不力，則其禍不極。故君子、小人各有所睎，而行其志焉。〔註140〕

此言學必先立志，乃克有成。取法乎上，得乎中；取法乎中，僅得乎下；若
師心自用，雖有所成，亦僥倖偶中而已。尤有進者，志之所向，乃君子小人

〔註136〕魏元忠事見《資治通鑑》卷二〇八，唐中宗神龍二年（西元706年）。胡寅此
　　　　論見《讀史管見》卷十九，頁1287～1288。

〔註137〕《論語・季氏》。

〔註138〕《張載集・語錄中》，頁321。

〔註139〕《斐然集》卷二十六，〈進士梁君墓誌銘〉，頁585。

〔註140〕《讀史管見》卷二十三，頁1543。

之分野，君子之志，以立德、立功、立言爲尚，三者之中，以立德爲本。故胡寅又有學必務本知要之說，其言曰：

> 夫瀾非波也，謂水流動之狀也。流動之狀，汩汩袞袞，沖融演迤，浩乎其方來，潝然而不窮，惟有源之水爲然，蓋未嘗不安也。彼其無源者，雖萬頃之瀦，非有激之，則固安矣。而求其瀾，又不可得。此義也，惟孟子知之，故曰：「觀水有術，必觀其瀾。」蓋觀其有源也。不觀其源而徒觀其波，是猶觀人者不考其實，觀道者不要其用，觀政者不稽其心，觀言者不質其事，失之遠矣。夫水之爲物，不盈科不行，盈科而後進，則放乎四海。凡喻夫學不可無本也。〔註141〕

又曰：

> 士未嘗不論學，而知要者實鮮矣。彼有敏慧秀爽之資，玩心於載籍，馳騖乎見聞，以記誦精博爲功，詞華藻麗爲能，獨步儒林而擅名當代者，非不足賢也。試舉洙、泗之間，聖人與門弟子答問之微言以質之，未有不瞠然而視，咶然謇，望洋向若而莫測其際者，何哉？英華易披，而本根難見，樊籬可越，而閫奧難詣也。〔註142〕

學問之要在儒家經典，《五經》、《語》、《孟》所言者，天下之理也，知天下之理者，在乎人之存心，苟心術不正，則「《五經》、《語》、《孟》，殆亦姦宄之囊橐耳。」讀書反無益之事。胡寅云：

> 天下之理，至《五經》、《語》、《孟》亦可謂正矣。……然而道大如天，見在乎人，小智姦識，謂聖人之心與我何異哉？則《五經》、《語》、《孟》雖存于世，而竊言橫議亦傍緣而作。……堯舜爲天下得人，而奪國者用以爲名，湯武順天革命，而代君者取以藉口。……遂使詆訾儒術者，舉是以爲笑，曰：「《五經》、《語》、《孟》，殆亦姦宄之囊橐耳。」〔註143〕

又云：

> 窮經旨而不歸之義理，則經必不明，索義理而不歸之於心，則理必不得，心不得理，則心也、理也、經也，猶風馬牛之不相及也。〔註144〕

〔註141〕《斐然集》卷二十一，〈觀瀾閣記〉，頁448。
〔註142〕同前書，卷二十，〈東安縣重建學記〉，頁422。
〔註143〕《讀史管見》卷五，頁270～271。
〔註144〕同前書，卷二十四，頁1590。

又云：

> 義者，天理之公也，……利者，人欲之私也，……學而不本於義，
> 惟利是圖，其患可勝言乎？未得之，惟恐不得也，既得之，惟恐不
> 多也，既多矣，惟恐不久也。相貴以等，不尤則悲，相覿以貨，不
> 積則憂。必放此而行，懷此以相接，是謂失其本心，亦何往而不失
> 耶？故善學者擇義而已矣。〔註145〕

故為學以正心為要，明義利之辨，別公私之分，務本知要，造之既得門，進
之又有序，「游而泳之有樂，積而久之有成。」〔註146〕乃為學之正術。

（三）多聞多識，博而後約：張載嘗云：「學愈博則義愈精微，舜好問，
好察邇言，皆所以盡精微也。」〔註147〕蓋天下之理無窮，唯有多聞多見，
始能「致廣大，盡精微」。故胡寅云：「前事不忘，後世之師也，古人求多
聞，將以建事，貴多識，所以畜德，至聖賢猶不敢不勉。」〔註148〕然而，
博學若只是貪多務得，將流于雜而無統，故必須由博返約，以會至當。胡
寅又云：

> 著書既難，釋聖人之言尤非易。要當多求博取，以會至當。驗之於
> 心，體之於身，則考諸前言往行而不謬矣。〔註149〕

《資治通鑑》卷一六五載，梁元帝承聖三年，魏師攻城，城陷，帝焚圖書十
四萬卷，曰：「讀書萬卷，猶有今日，故焚之！」胡寅論之云：

> 世有《金樓子》一書，乃蕭世誠所著者，其言雜出百氏小道，皆不
> 述《五經》正理，又高自誇大，謂人莫己若也。劉盛有云：苟能行，
> 則《論語》、《孝經》一篇足矣。此猶為博而寡要者。使蕭繹服膺恕
> 之一言，亦必保其社稷，又何以十四萬卷為讀書至是，誠不若無書

〔註145〕《斐然集》卷二十〈桂陽監學記〉，頁430。
〔註146〕語見《斐然集》卷二十，〈岳州學記〉，頁428。《讀史管見》云：「學經者必
得正術，又優游涵泳，久而後成，非一日講之，頃暫知之，遽能有功。」（卷
四，頁211）《二程集・遺書》載：伯溫問：「學者如何可以有所得？」曰：「但
將聖人言語玩味久，則自有所得。當深求於《論語》，將諸弟子問處便作己問，
將聖人答處便作今日耳聞，自然有得。孔、孟復生，不過以此教人耳。若能
於《論》、《孟》中深求玩味，將來涵養成甚生氣質！」（卷二十二上，頁278）
胡寅以為讀書欲深造有成，必須潛心涵泳，優游玩味，然後有功，蓋本諸「伊、
洛至教」。
〔註147〕《張載集・經學理窟・氣質》，頁270。
〔註148〕《斐然集》卷二十八，〈跋胡待制詠古詩〉，頁625。
〔註149〕同前書，卷二十八，〈跋葉君論語解〉，頁626。

之愈也。嗚呼！均是食也，有以安身永年者，有以生疾墜命者，夫
豈食之罪哉？〔註150〕

梁元帝因讀書亡國，並非讀書之罪，乃是博學而雜，食古不化所致，正如朱
熹云：「所讀書亦太多，如人大病在床，而眾醫雜進，百藥交下，決無見效之
理。」〔註151〕胡寅有詩云：「欲收反約功，必也破萬卷。」「閱書五行下，未
勝百迴讀。」〔註152〕此種由博返約，博專結合之法，實為學習之不二法門。
〔註153〕

（四）尚志親師，質疑問難：學者莫先乎立志，張載嘗云：「志大則才大、
事業大，……志久則氣久、德性久。」〔註154〕胡寅亦云：

> 學熟難？莫難以知道德之本，性命之正，幽明之故，死生之說，鬼
> 神之情狀矣。……蓋治其難，則振領而裘舉，澄源而流清；安於所
> 易，則耳目鼻口不可相借官，而私意小智僥倖成功，自以為是，不
> 合於道理者眾矣。是故有志之士，所存必大，所期必遠，譬彼涉海，
> 必窮其源，譬彼登山，必造其極，凡外營末趨，人所共騖，無與乎
> 我者，一不留於太靈之舍。〔註155〕

所謂志乎其大者，即「知道德之本，性命之正」，以孔、孟思想為依歸，而不
溺於異端，不陷於利祿。胡寅嘗論及當時學者之失有八，其言曰：

> 古之學者必有師，……今學者往往訾病後世，以為無足師也，……
> 寅嘗即是以求學者之失，蓋不尚志而親師，一也；膠陋護舊，憚於
> 擇善，一也。指記誦詞藻為事業，一也；用於覓舉干祿而已矣，一
> 也；不得之，或歎儒冠誤身，棄而他從，一也；既得之，視故習猶
> 兔蹄蟬蛻焉，一也；效官庀職，以柱後、惠文支梧一切，謂政材學
> 術本自異科，一也；進乎此者，知有上達之理矣，乃不探索於《語》、

〔註150〕《讀史管見》卷十四，頁911～912。
〔註151〕《晦庵先生朱文公文集》卷四十七，〈答呂子約〉，頁3224。
〔註152〕《斐然集》卷一，〈和范元作五絕〉，頁10。
〔註153〕二程主張學宜守約，反對廣博。認為凡百玩好皆足喪志，唯專志經學乃為學
之正道。程顥云：「學者先學文，鮮有能至道。至如博觀泛覽，亦自為害。」
（《二程集·外書》卷十二，頁427）程頤云：「學不貴博，貴于正而已矣。」
又云：「君子之學貴乎一，一則明，明則有功。」（《二程集·遺書》卷二十五，
頁321）胡寅並未接受二程此項教育主張，足見其於「伊、洛至教」亦採批
判繼承之觀點。
〔註154〕《張載集·正蒙·至當》，頁35。
〔註155〕《斐然集》卷二十一，〈永州重修學記〉，頁435～436。

《孟》之微，《易》之幾，《詩》之深，《書》之要，《春秋》之奧，

則取遁辭小道，兀焉而宅心，一也。〔註156〕

欲矯其弊，必愼擇良師以講明之。胡寅又云：

建學校者必祀先聖，示道業之有所宗也。天下同知宗孔氏，然自孟

子而後，曠千餘載，居仁由義，德業備成，卓然而爲斯人之先覺者，

不越數君子而已。是誠宜師而學，士大夫鮮克師焉。或且悻悻然曰：

孰爲數君子，吾知師孔氏而已。予竊惡其說，託是而濟非也。今有

人生乎遐方下域，而欲至乎王者之國都，必得知王都之所在者，引

而導之，庶乎其可至焉。弗逮中人之資，豈特下域之比也。孔氏之

堂室，豈特王都之遠也，乃從未嘗知者導吾而前，其不迷津而冥途，

入叢棘而陷大澤也幾希？故欲學孔氏，必求深乎孔氏之術，居仁由

義，德業盛大者，志而潛之，講而明之，精而深之，然後孔氏之堂

室邇而弗遠，造而弗差也。〔註157〕

「師者，所以傳道、授業、解惑也。」教師對學生有指引迷津，講明道學之

作用。然而學生讀書不能完全依賴老師，老師教學亦不能採用灌輸方式。蓋

「學必有疑，疑必有問，問必資賢智于我者。問非所疑，答不酬問，與夫不

待問而自告之，此師弟子之失也。」〔註158〕學習之目的在於獲得新知，解決

疑惑，經由不斷懷疑，釋疑之過程，累積知識，並推陳出新，學問始能日進

不已。教師所扮演之角色，在於把握時機，啓發誘導，鼓勵學生求知之積極

性與主動性。若學生「問非所疑」，教師「答不酬問，與夫不待問而自告之。」

表示師生之互動關係不良，難以獲致教學效果。〔註159〕

　　（五）把握時機，著緊用力：人生有涯，知識無限，欲多聞多識，建事

畜德，必須把握時機，努力學習。胡寅有詩云：「功名易立書難讀，努力當乘

少壯時。」〔註160〕又嘗解《論語》首章「學而時習之」之義，云：

〔註156〕同前書，卷二十一，〈建州重修學記〉，頁442～443。

〔註157〕同前書，卷二十一〈祁陽縣學記〉，頁437。

〔註158〕同前書，卷十九，〈傳燈玉英節錄序〉，頁399。

〔註159〕張載論學習方法，主張「學貴心悟，守舊無功。」（《經學理窟・義理》，頁268）
故「學則須疑」。（《經學理窟・學大原下》，頁286）朱熹亦以爲，「讀書始讀，
未知有疑，其次則漸漸有疑，中則節節是疑，過了這一番後，疑漸漸解，以致
融會貫通，卻無所疑，方始是學。」（《宋元學案・晦翁學案》）由此可見胡寅
提倡「學必有疑，疑必有問。」乃學習方法中具有普遍性之重要命題。

〔註160〕《斐然集》卷四，〈留別王元治、師中、譚純益三首〉，頁91。

《論語》一書，自先哲人人爲之說。昨見李尚書語及此，因問以第一句，某問何謂時習。答曰：「諸家說不如先儒言日中時，時中時，身中時。所謂日中時，如昏定晨省，中夜以興，坐以待旦，朝聽政，晝訪問之類。時中時，如春夏學干戈，秋冬學羽籥之類。身中時，如自十五志學，至七十從心之類。」某曰：「是固善矣，不審方其昏定晨省之時，適在春夏，則廢學干戈乎？其學干戈，適當三十，則廢立乎？恐有妨礙耳。」〔註161〕

「時習」之義，僅是及時學習而不間斷之謂。朱熹亦強調「時習」之重要，云：「習而不時，雖日習之而其功夫間斷，一暴十寒，終不足以成其習之功矣。」唯有隨時、隨地、隨事溫故知新，勇猛精進，日積月累，道德事功始克有成。

（六）窮理致用，知行合一：湖湘學派自胡安國始，即著重經世致用，強調實踐力行。胡寅稟承過庭之訓，論學亦以務實爲尚，嘗云：「學如何而爲當？始于明善而行之，力而守之，固亦可矣。」〔註162〕又云：

學之失有五，而其難有二。蓋其書契已來至於今，上下數千年，紙墨之傳以萬號，卷不知其幾也。則有溺於名數者焉，則有囿於訓詁者焉，則有役於記誦者焉，則有耽於文詞者焉，則有惑於異端者焉。夫是之謂五失。……故學而得正，一難也。明善審是，擇中庸，知正當，不身踐之，猶無有也，是二難也。〔註163〕

學者之失在於博而寡要，不知務本，其難在於學不得正，知而不行。然則何以去二難而離五失？胡寅以爲，唯有游心於儒家經典之中，進德修業，用則兼善天下，舍則獨善其身。其言曰：

以《詩》理情而養性，以《書》監古而決今，以《易》從道而隨時，以《春秋》正己而正物。心日廣，體日胖，德日進，業日修。用則致君堯、舜，措俗成、康，舍則獨善其身，不願乎外。非此族也，夫亦何足道於闕里之前哉！〔註164〕

胡寅極爲重視讀書之作用，嘗云：

〔註161〕同前書，卷十八，〈寄張相〉，頁381。
〔註162〕《斐然集》卷十九，〈送張堯卿序〉，頁395。
〔註163〕同前書，卷二十，〈岳州學記〉，頁428。
〔註164〕同前註，頁429。

「讀書有益於人乎？」曰：「是何言也！性命之理，道德之意，正心修身之方，治國平天下之事，可法可監，可戒可懼，莫不備載，何名無益於人也。」〔註165〕

然而對於讀書不能致用者，則多所批評，云：

夫讀聖人經而留心於考詳略，采同異，溺文章之末，是未嘗讀經也。……故爲其事，必有其功。今讀是經而不知經之弘意大旨，以見於行事，不若不讀之爲愈也。〔註166〕

又云：

《五經》、《語》、《孟》之在天下，如衣服飲食器具，一不備，則生人之用息，不可無也。……今好讀書而不事事，是人自人，書自書，了不相預，則何必孜孜矻矻，弊精神於縑素哉？〔註167〕

教育之目的，在培養明體達用，經世治國之人才。個體之改造與自我完成，必須歸向於窮理致知，言行一致。故胡寅云：

君子之知貴乎至，知之至者，如知水之濕，知火之熱，知美色之可愛，知惡臭之可惡，雖不幸而瞽而聵，此知不可亂也。知之不至者，猶士而言學、言善、言道、言中、言誠、言性、言仁、言恕、言鬼神，得其形影之似而已。學以記誦斷，善以柔弱斷，道以玄妙斷，中以隨俗斷，誠以椎朴斷，性以靜斷，仁以愛斷，恕以寬宥斷，鬼神以幽冥斷，是皆形影之似而非其至也。窮理不至，則在我者有蔽而不盡，在我者有蔽而不盡，則在人者安能洞達而無惑乎？〔註168〕

又云：

蓋聞此理而口言之，筆書之，未嘗反求諸心也。心與理二，未有見才而不疾，見功而不忌，見賢而思齊，見不善而能改者也。〔註169〕

窮理不至，捕風捉影，不能獲得眞知；學而不思，未嘗反求諸己，則心與理二，言與行乖。知識乃爲無用之物，經書反成奸宄之囊橐。胡寅之教育思想，奠定湖湘學派「務實效，去虛文」之學風，具有相當豐富之內涵。

〔註165〕《讀史管見》卷五，頁272。
〔註166〕同前書，卷十三，頁826。
〔註167〕同前書，卷十一，頁739～740。又卷二十八，亦云：「記問該淹，語論辨給而不肯爲善，書自書，人自人，則讀書爲無益之事耳。」（頁1888）
〔註168〕同前書，卷二十三，頁1567。
〔註169〕同前書，頁1563～1564。

第六章　胡寅之史學思想

　　陳寅恪嘗云：「中國史學莫盛于宋。」〔註1〕有宋一代，歷史學者人數眾多，史書撰述豐富，史學思想之內涵亦極為可觀。究其原因，又當從理學與史學之關係求之。宋代理學家多重視史學，尤以洛學一脈為甚。程顥雖曾訶讀史為玩物喪志，然讀《前漢書》，未嘗蹉過一字。〔註2〕程頤「每讀史到一半，便掩卷思量，料其成敗，然後卻看有不合處，又更精思。」〔註3〕並謂「至顯者莫如事，至微者莫如理，而事理一致，微顯一源。古之君子所謂善學者，以其通於此而已。」〔註4〕湖湘學派之開創者胡安國，私淑二程，其子胡寅、胡宏，受學於楊時，承伊、洛至教，皆留心於史學之撰述。胡安國窮畢生精力完成《春秋傳》一書，又撰《資治通鑑舉要補遺》。〔註5〕胡宏編纂《皇王大紀》，以「根源開闢之微茫，究亂亡之徵驗。」又撰《易外傳》，觀象玩辭，著意於時代治亂，以史證經，蓋欲致用於當世也。〔註6〕胡寅史學著作之存於

〔註1〕　《金明館叢稿二編》頁240。
〔註2〕　胡憲〈上蔡先生語錄跋〉引胡安國說，載《上蔡語錄》頁93。
〔註3〕　《二程集‧遺書》卷十九，頁258。
〔註4〕　同前書，卷二十五，頁323。
〔註5〕　《斐然集‧先公行狀》云：「（公）每患史傳浩博，學者不知統要，而司馬公編年《通鑑》之正書，敘述太詳，目錄首尾不備，晚年著《舉要歷》八十卷，將以趨詳略之中矣。然尚有重複及遺缺者。……遂略用《春秋》條例，就三書修成一百卷，名曰《資治通鑑舉要補遺》，自為之序，以廣司馬公願忠君父稽古圖治之意。」（卷二十五，頁560）據《玉海》所載，是書成於紹興八年。（卷四十七，〈乾道資治通鑑綱目〉條）。此書卷數，《宋史‧胡安國傳》作一百卷，與〈先公行狀〉同。《宋史‧藝文志》作一百二十卷。其書已佚，難以考見詳情。劉兆祐先生以為：「疑此書既行，後人復有增益。」（《宋史藝文志史部佚籍考》，頁424）理或然也。
〔註6〕　《五峰集》卷五，載《易外傳》一卷。

今者，除《敘古千文》、〈左氏傳故事〉、〈子產傳〉、〈諸葛孔明傳〉之外，又有《讀史管見》，為其研讀《資治通鑑》等史書之評論或感想，共一七八一則。其書在宋元之際，評價甚高，李心傳稱其持論甚正；朱熹作《通鑑綱目》，載錄其文頗多，如卷一：「周威列王二十三年，初命晉大夫魏斯、趙籍、韓虔為諸侯。」分注先引司馬光之說，後即引胡氏曰：

> 陰陽之運，天地之化，物理人事之始終，皆自芒忽毫釐至不可禦，故修德者矜細行，圖治者憂未然，君子所以貴於見幾而作也。夫三晉之欲剖分宗國舊矣，自悼公以來，陰凝冰堅，垂及百載，王之命之，蓋亦不得已焉，是故善為天下國家者，每謹於微而已矣。卑宮惡服，慮侈汰也；不遑暇食，防逸豫也；慄慄危懼，戒驕溢也；動守憲度，虞禍亂也。不為嗜欲，則娛樂之言無自進；不好功利，則興作之計無自生。誠如是，雖使六卿並起，三家輩出，莽、操、懿、溫接跡於朝，方且效忠宣力之不暇，而何有於他志？是故韓、趙、魏之為諸侯，孔子所謂吾末如之何者，人君監此，亦謹於微而已矣。〔註7〕

司馬光論韓、趙、魏三家分晉，周王不能討而許其立為諸侯，乃天子違禮失職。胡寅則借其事以發抒人君修德圖治，當謹微見幾之義。二說不同，而朱熹兩引之，其意何在？劉友益云：

> 或曰，《通鑑》之托始於是也，朱子於感興篇嘗有迷先幾之疑矣，《綱目》修《通鑑》者，則曷為無改焉？蓋夫子之修《春秋》也，曰：「其義則某竊取之。」又曰：「述而不作。」知此則知朱子之《綱目》矣。
>
> 是故仍溫公之文於其首，備胡氏之論於其後，其意概可見也。〔註8〕

然則朱熹蓋有取於胡寅之說也。馬端臨《文獻通考》中屢見「致堂曰」之辭，可見其對此書之重視。有清一代，崇尚漢學，對《讀史管見》之評論趨於嚴苛，《四庫全書總目提要》即將此書歸於史部存目之列。近代學者更少有論之者。胡寅此書著於謫居新州時，感懷時事，難免借古諷今，多生枝蔓。唯其如此，故全書內容豐富，「闡幽發潛，可謂殫精竭慮，用功極勤。」〔註9〕其中有關理學思想、經世思想及教育思想者，本文已多所徵引，今再就其史學思想析論之。

〔註7〕　《御批資治通鑑綱目》卷一上，頁 52。案，此文節引自《讀史管見》卷一，頁 2～4。

〔註8〕　《御批資治通鑑綱目》卷一上，頁 56。

〔註9〕　《湖湘學派源流》，頁 185。

第一節　歷史變遷之趨勢與史學之功能

一、「氣之淳漓」之歷史觀與人事決定興衰論

興衰治亂之變遷，乃歷史之必然。其變遷之動力何在？有無規則可循？則是史學家，更是理學家所急欲探討之問題。司馬遷撰述《史記》之基本精神，即在稽成敗興壞之理，究天人之際，通古今之變，以成一家之言。宋儒二程子提出「理」、「氣」概念，以釋歷史之盛衰變動，其言曰：

> 或問：「後世有作，虞帝弗可及，何也？」子曰：「譬之於地，肇開而種之，其資毓於物者，如何其茂也，久則漸磨矣。虞舜當未開之時，及其聰明，如此其盛，宜乎後世莫能及也。胡不觀之：有天地之盛衰，有一時之盛衰，有一月之盛衰，有一辰之盛衰，一國有幾家，一家有幾人，其榮枯休戚未有同者，陰陽消長，氣之不齊，理之常也。」〔註10〕

二程從「氣」之運行變化，說明歷史變動之永恆性。「陰陽消長，氣之不齊」，是造成自然、社會盛衰變遷之根據。又以「理」爲氣之所由生，且爲氣變動之規律。故云：

> 凡物既散則盡，未有能復歸本原之地也。造化不窮，蓋生氣也。近取諸身，於出入息氣見闔闢往來之理。呼氣既往，往則不返，非吸既往之氣而後爲呼也。〔註11〕

氣形成萬物，物既散則不復歸本原之地，故氣有常停，往而不返。唯造化不窮，天理不滅。故程頤以爲歷史之變化，乃呈循環退化之趨勢。云：

> 且以歷代言之，二帝、三王爲盛，後世爲衰。一代言之，文、武、成、康爲盛，幽、厲、平、桓爲衰。以一君言之，開元爲盛，天寶爲衰。……然有衰而復盛者，有衰而不復反者。若舉大運而言，則三王不如五帝之盛，兩漢不如三王之盛，又其下不如漢之盛。至其中間，又有多少盛衰。如三代衰而漢盛，漢衰而魏盛。此是衰而復盛之理。譬如月既晦而再生，四時往復來也。若論天地之大運，舉其大體而言，則有日衰削之理。如人生百年，雖赤子才生一日，便是減一日也。〔註12〕

〔註10〕　《二程集・粹言》卷二，〈聖賢篇〉，頁1241。
〔註11〕　同前書，〈心性篇〉，頁1253。
〔註12〕　《二程集・遺書》卷十八，頁199～200。

歷史盛衰之變，雖有種種不同，總體而言，「三王不如五帝之盛，兩漢不如三王之盛，又其下不如漢之盛。」其間雖有衰而復盛者，猶日月循環往復，然「論天地之大運，舉其大體而言，則有日衰削之理。」此「日衰削之理」，即社會與自然變動之共同原則。二程進而將歷史變動之過程分爲三期，而以「天理」爲衡量其盛衰之標準。其言曰：

> 二帝而上，聖賢出世，隨時有作，順乎風氣之宜，不先天以開人，各因時而立政。暨乎三王迭興，三重既備，子丑寅之建正，忠質文之更尚，人道備矣，天運周矣。聖王既不復作，有天下者，雖欲傚古之迹，亦私意妄爲而已。事之謬，秦至以建亥爲正；道之悖，漢專以智力持世。豈復知先王之道也。〔註13〕

又曰：

> 先王之世，以道治天下；後世只是以法把持天下。〔註14〕

又曰：

> 三代之治，順理者也。兩漢以下，皆把持天下者也。〔註15〕

又曰：

> 王者奉若天道，故稱天王，其命曰天命，其討曰天討，盡此道者，王道也。後世以智力把持天下者，霸道也。〔註16〕

五帝時期之歷史特徵爲：人之出現，社會秩序形成。二帝、三王時期之歷史特徵爲：天理純正，以「理」、「道」治天下，即「王道」之世也。秦漢以後之歷史特徵爲：以「智力」控制天下，即「霸道」之世也。

總括而言，二程理氣之歷史觀，其要點有三：

（一）「理」生「氣」，「氣」形成萬物。「氣」之散則不復歸本原之地，故人類歷史乃呈循環退化之趨向。

（二）「理」支配「氣」，故「理」爲歷史變化之最後支配者。落在政治上說，順理而治，即是「王道」；逆理而行，即是「霸道」。

（三）國家之治亂不可歸諸天命，人君之品質及其行爲關係歷史之盛衰。

〔註13〕 《二程集·經說》卷四，〈春秋傳序〉，頁1124。
〔註14〕 《二程集·遺書》卷一，頁4。
〔註15〕 同前書，卷十一，頁127。案，黃懷祺以爲，「順理而治」有兩重含義：一是順天理決定之上下尊卑之名分等級，治理社會；一是順人心而治。（《宋代史學思想史》頁71）
〔註16〕 《二程集·經說》卷四，〈春秋傳〉，頁1087～1088。

胡寅對於歷史變遷趨向之理解，大體依循二程之思路，又受張載之影響。其言曰：

> 以書契以來觀之，三代之時，固不若唐虞之世，周之文勝，又不
> 若夏商之質，兩漢風俗，豈敢望周，唐室風俗，又安能及漢耶？……
> 要之，一治一亂，天地之大數也。亂極人少，則氣厚而人淳，治
> 極人夥，則氣漓而人澆，蓋或二三百歲，或五六百歲，淳漓一變，
> 而天地之氣，虛盈息消，後世誠不及古遠矣。且地之生物無窮，
> 尚有一易再易三易之差，而天之運行，亦不能常春而不秋也，此
> 大淳漓之驗也。若夫人之所以為人，出於本心不可泯滅者，則古
> 猶今耳。〔註17〕

又曰：

> 有盛必有衰，有成必有壞，天地盈虛，與時消息，而況於人乎？……
> 繁夥既極，理復虧耗，豈人力所能過哉？〔註18〕

胡寅指出歷史有盛有衰，社會有治有亂，其盛衰治亂，決定於氣之「淳漓」，即氣之厚薄。亂極人少氣聚，故厚；治極人夥氣散，故薄。當氣由薄轉厚時，國家便由治而亂；當氣由厚轉薄時，國家即由亂而治。如此循環不息，其周期大約二三百或五六百年。歷史即依此規則轉換與循環，其循環之趨向，則是不進反退，故「後世誠不及古遠矣」。胡寅此說，蓋本諸二程理氣歷史觀所謂氣之運行，往而不反，日漸衰削之言。然而，胡寅又云：

> 氣交而物生焉。……天地變化，草木蕃，人民眾，禽獸息，氣不為
> 之耗，兵革水旱之後，人物彫瘁，或十去七八，氣不為之羨。〔註19〕

氣無增減，而有聚散。此與前述氣有淳漓之說，顯然不同，當是受到張載氣不滅說之影響。〔註20〕氣之聚散，依類而應，人事謬亂，則陰陽之氣從之。故治亂由人，不可盡歸於天數。胡寅嘗云：

> 莒人以外孫為郳後，春申以其妹與李園，呂不韋以侍妾與秦太子，
> 皆欲奪人之國而覆其宗。然陰計密行，不使主人覺也。至漢、唐乃

〔註17〕《讀史管見》卷十七，頁 1136～1137。
〔註18〕同前書，卷二十一，頁 1381～1382。
〔註19〕同前書，卷十七，頁 1166。
〔註20〕張載以氣之聚散說明物有成壞而氣不滅，其言曰：「動物本諸天，以呼吸為聚
　　　　散之漸；植物本諸地，以陰陽升降為聚散之漸。物之初生，氣日至而滋息；
　　　　物生既盈，氣日反而游散。」（《張載集·正蒙·動物篇》頁 19）

好賜人以姓，與夷狄叛逆之人顯通譜牒，其昧於別生分類甚矣。末
流乃有養異姓爲假子，寵遇猶親出者，小則至將相，大則至帝王，
其與奄人養子何以異耶？人事如此，則陰陽之氣從而謬亂，天地之
位從而倒置，其爲將相帝王者，或出於盜賊，或出於蠻貊，或出於
俘虜，或出於童僕，雖不旋踵殄滅，然亦搶攘馳驚乎一時，使人綱
人紀因以大壞，夫豈可盡歸之天數耶？〔註21〕

又云：

堯舜以天下爲公，選賢而付，故亂不生。三王與子，子不能皆賢也，
於是亂生焉。非與子之法使然，由與子之人不善處也。……三代而
後，有天下者，趨一切之功，以智力持之，豈有仁義之訓，君子之
助，友邦之賴，子孫智淺力劣，則多智多力者謀奪取之，莫之能較，
則不可如何之勢至矣。……然則天歟？人歟？曰，以天言之，歷數
有歸，以人言之，惟德是輔。……是以古聖人立教，不言天命，惟
曰敬德。……是故敬之一字，道之樞，治之原也。〔註22〕

夫時運不窮，事變無止，治亂興衰雖如晝夜寒暑之迭代，觀變思常，禮由義
起，〔註23〕而世無不可革之弊。胡寅在政治上要求進取改革，切望中興，亦
有其歷史觀之理論依據。故胡寅之歷史觀，實不能歸類爲反歷史之神秘主義，
與天命論同出一轍也。〔註24〕

二、明理求鑑之史學功能論

胡寅既主張人事決定歷史之興衰，國家之治亂，端視人君之舉措，是非
曲直能否各當其理而已。然則，如何驗證「理」之存在？胡寅以爲，「理」存
於儒家經典之中，而讀史有助于明「理」。嘗云：

夫經所明者理也，史所紀者事也。以理揆之事，以事考諸理，則若
影響之應形聲，有不可誣者矣。〔註25〕

〔註21〕《讀史管見》卷二十七，頁1823。
〔註22〕同前書，卷二十七，頁1806～1808。
〔註23〕胡寅嘗云：「禮緣人情，以義而起。」（《斐然集·寄秦丞相書》卷十七，頁368）
又云：「禮因人情爲之節文，……故或先王有之，而不宜於今之世，或古未之
有，而可以義起，神而明之，存乎其人而已。」（《讀史管見》卷四，頁219）
〔註24〕陳谷嘉、朱漢民合著《湖湘學派源流》以爲，胡寅「以『氣』來解釋國家的治
亂，說明歷史的興衰變化，這無疑是一種反歷史的神祕主義。雖然沒有提出『天
命』、『神』一類的概念，實際上『氣』與天命論是同出一轍的。」（頁193）
〔註25〕《讀史管見》卷十六，頁1043。

程頤論《春秋》經，曾有「傳爲案，經爲斷」之言。〔註26〕胡安國嘗云：「史文如畫筆，經文如畫工。」〔註27〕胡宏亦云：「史之有經，猶身之支體有脈絡也。……經之有史，猶身之脈絡附支體也。」〔註28〕胡寅論經史關係，與上述諸說觀點一致。蓋事有實據而理無定形，理因事而顯，事因理而著。故胡寅撰《讀史管見》，即運用史論方式，闡發經書之義理，借助史學建構其理學體系，達到經世致用之目的。唯其既持經先史後，經深史粗之觀點，故所作評論，每多歷史之想像。如論司馬懿與諸葛亮之成敗，有云：

> 世之論古者，往往以司馬、諸葛不及一戰以決勝負爲恨，此殆以形求而不察理也。五丈原之師，正與赤壁之役等，然曹公大敗于赤壁，謀拒之者眾，其勢亦搶攘傾側。會天方佐佑孫、劉，故孟德以八十萬人爲十艘油葦所挫，幾不得免，勝負之偉，爲快於無窮也。若夫五丈原之師，深入客地，耕田積穀，聲勢震薄而意思安閒。司馬仲達姦雄善兵，懾不敢動，請戰示武，情見勢窮，甘受巾幗之辱，殊無他計，但快孔明食少，幸其早斃，固不俟兵刃之交，而懿已披靡大敗矣！惟漢不復興，孔明亟死，故以形迹觀者，謂魏勝而蜀負，雖杜甫善評，亦有嘔血酸辛之歎。向使孔明未死，豈但禽懿，長安以東，破竹而下矣。……夫成敗之利害係於一時，而理之得失，事之是非，雖千載而不泯。當此時，蜀喪元帥，慘戚而歸，魏師歡欣，奏旋振旅，一榮一悴，存亡關焉。時運不留，世代遷革，向之成敗利鈍，皆爲陳迹，而青史所載，赫赫若前日事。孔明忠義之行，節制之兵，皆可詳細思惟，反復觀考。使人懦氣激昂，因以興起，而曹操、司馬懿欺人孤兒寡婦，狐媚以取天下，羯奴猶羞而不取。然則雖誇奪雄伯於俄頃間，何足道哉！以是知古今一心，理無間斷，志士以遠大自期，則本心正理常不屈於天下矣。〔註29〕

文中所論，固然言之成理，而謂「向使孔明未死，豈但禽懿，長安以東，破竹而下矣。」則純屬推測之辭。其用意在說明「古今一心，理無間斷」，志士仁人，正其本心，則理常不屈於天下，而無往不利矣。又，《資治通鑑》記汲

〔註26〕《二程集‧遺書》卷十五，頁165。
〔註27〕《春秋胡傳》桓公四年，卷四，頁13。
〔註28〕《五峰集》卷三，〈皇王大紀序〉，頁156。
〔註29〕《讀史管見》卷六，頁338～339。

黯謂武帝曰：「陛下內多欲而外施仁義，奈何欲效唐虞之治乎！」〔註30〕胡寅論曰：

> 黯此言，豈惟深中武帝之病，凡人君鮮不然矣。堯、舜、禹、湯、
> 文、武，則無欲者也；自餘賢主，則能克己窒欲者也；屈於物欲，
> 不知自反，則昏亂危亡之君也；內多欲而外施仁義，齊小白、晉重
> 耳，假之之徒也。所謂欲者，或酒，或色，或貨寶，或宮室，或遊
> 畋，或狗馬，或博奕，或書藝圖書以為文，或開土闢遠以為武，或
> 志尚佛釋，或希慕神仙。雖清汙不齊，害有大小，皆足以變移志慮，
> 荒廢政理，雖勉於行仁，仁必不足以感人心；雖強於行義，義必不
> 足以止民行。以無本也。是故人君莫大乎修身，而修身莫先於寡欲。
> 欲誠不行，則心虛而善入，氣平而理勝，動無非理，事無不善，唐
> 虞之治，不越此矣。〔註31〕

此論以歷史為導引，闡發天理與人欲之辨，要求人君修身寡欲，動無非理，
事無不善，以達三代致治之隆。

歷史之性質，具有不受時空限制之永恆性，尺幅千里，轉瞬萬年，經由
時光隧道，透視治亂興衰，成敗勝負，歷歷在目。唯理明心正者，歷史之鑑
戒作用才能彰顯。《資治通鑑》載唐玄宗欲以李林甫為相，問於張九齡，對曰：
「宰相繫國安危，若林甫相，必為廟社之憂。」〔註32〕胡寅論曰：

> 宰相莫大乎知人，曲江公以安祿山必為後日之患，李林甫必貽宗社
> 之憂，雖蓍龜不過也，可謂大臣矣。林甫欺君蔽主，摠權柄，饕富
> 貴垂二十年，九齡一斥不復，竟死于外。自一時觀之，九齡為辱，
> 林甫為榮，九齡為負，林甫為勝，然而天地之化，一息不留，二十
> 年雖久，何嘗如飛電之過目也。其氣燄威力與其朽骨，既已化為浮
> 塵，蕩為泠風，而其姦心邪迹，與九齡之忠規正道，並存于史書，
> 而人之好惡良心未亡也。則聞九齡之風者，孰不聳然興起，願為執
> 鞭，而於林甫，雖匹夫匹婦亦羞道焉。〔註33〕

《資治通鑑》又載後唐明宗以軍食不足，敕河南尹預借夏秋稅，民不聊生。

〔註30〕 事在漢武帝建元六年。《資治通鑑》卷十七，頁 576。
〔註31〕 《讀史管見》卷二，頁 80～81。
〔註32〕 事在唐玄宗開元二十四年。《資治通鑑》卷二一四，頁 6822。
〔註33〕 《讀史管見》卷二十，頁 1348～1349。

〔註34〕胡寅論曰：

> 當其時，爲其民，身被借稅之虐，後世讀史者，其仁人耶，固惻怛
> 而增戒，其小人耶，必唾手而取則。明君宜思之曰：百姓供常賦，
> 於豐年猶有受病者，況饑饉之後，而可借一年之稅乎？借稅其與治
> 同道歟？其與亂同事歟？考其所始，則從違可否判矣。〔註35〕

史書並記善惡以垂勸戒，歷史只是客觀存在之事實，讀者從歷史中學到智慧
或權謀，取決於能否以「理」論其是非，以良心爲從違耳。若理不明，心不
正，則歷史適成反面之教材。胡寅研究歷史，目的不在探究歷史之眞象，而
在總結治亂興亡之理，通過正人心、格君心之非以求治，提供國家中興圖存
之借鑑。故特重以理揆事，據經說史，融史學與理學於一爐，成爲湖湘學派
之一大特色。

第二節　史學方法

　　胡寅評論歷史，就跡原心，每多歷史想像。《讀史管見》一書，雖不以考
證見長，其中涉及史學方法者，吉光片羽，亦有可觀者。

一、辨史料之眞僞

　　《六經》、《語》、《孟》雖是儒家公認之經典，胡寅對於諸書之眞僞及其
價值，頗有意見。以爲《易》、《書》、《詩》、《春秋》，全經也；《論語》、《孟
子》，聖人之微言也；《大學》、《中庸》，蓋《孟子》之倫。〔註36〕其餘諸經，
如《周禮》、《禮記》、《孝經》，則多有可疑。

　　（一）論《周禮》：胡寅以爲，《周禮》決不出於周公，乃六國陰謀之書，
經劉歆補綴附會以成之者。其言曰：

> 先儒謂《周禮》非全經，乃六國陰謀之書，欲以亡秦，而歆又補綴
> 附會以成之。凡莽所以勞弊精神，困苦天下，征財斂怨，泥古召亡
> 者，此書之用，十居六七，而歆當國師之號，則知莽受教而爲之也。

〔註37〕

〔註34〕事在後唐明宗天成元年。《資治通鑑》卷二七四，頁 8968。
〔註35〕《讀史管見》卷二十八，頁 1879。
〔註36〕同前書，頁 1902。
〔註37〕同前書，卷三，頁 162。

胡寅進一步指出《周禮》所以非周公所作之具體理由，在於「《周官》之屬，有不當設而設，不當屬而屬者，其舛駁甚眾。」其職掌亦有不合理者。其言曰：

> 夫貢賦所入，皆天子所有，以供邦用，安有內府外府之別？其名見於《周官》，雖王氏亦不能巧為詞說。〔註38〕

《周禮·天官》太宰之屬，有「內府」一職，「掌受九貢、九賦、九功之貨賄，良兵良器，以待邦國之大用。」又有「外府」一職，「掌邦布之出入，以共百物而待邦之用。」〔註39〕胡寅以為「內府」、「外府」不應分置。胡寅又曰：

> 《周禮》太宰之職，詔王建六典，持八柄，治道甚備。至於王后、世子，則不會其膳服而已。若夫庖膳、饔享、魚梁、獸罟、漿酒、醴酏、鹽醯、醯腊、幕奕、幄綏、裘服、皮幣，閽寺內豎，嬪婦御敘，絲枲縫染之役，悉屬冢宰，而天王正家之道，則無一言及之。宰相以道佐人主，曾謂周公而察成王燕寢以為後法乎？……周禮太宰官屬，必非周公所建，無疑矣。〔註40〕

「太宰之職，掌建邦之六典，以佐王治邦國。」其屬官建置過於繁瑣，其職掌無一言及於天王正家之道，故《周禮》太宰官屬必非周公所建。胡寅又曰：

> 《周官》有王及后、世子不會之文，以愚度之，非武王、周公之法也。莫尊於王，次曰后，曰世子。用物不會，是以尊貴之故，得肆為費侈，豈聖人節以制度、自家刑國之道哉？正使《周官》膳夫、酒正、內府有此文，然冢宰之職，量入為出，得以九式佐王均節財用，則雖曰不會，而會在其中，特不使有司以法沮止，若自下而制上者耳。……且《周官》三職所掌，抑可疑也。人之日用好美好者，莫大乎膳與服，而易以溺人者莫如酒，此三物者惟意所取，不限多寡，則窮極口腹，為珠襦瓊弁，長夜之飲，當由此起。聖人所以抑情制欲，未有不防其微漸，今乃立費侈之法，自躬行之，燕及妻子，則不必其餘，淫樂之過，獨此亦可以亡國而敗家矣。〔註41〕

此言《周禮·天官》膳夫、酒正、內府有王及后、世子不會之文，其設官之意，使尊者肆為費侈，有違聖人節以制度，自家刑國之意。

〔註38〕同前書，卷二十八，頁1865。

〔註39〕《周禮注疏》卷六，頁98。

〔註40〕《讀史管見》卷二十三，頁1549～1550。

〔註41〕同前書，卷十八，頁1173～1174。

　　《周禮》原名《周官》，至劉歆始改稱《周禮》，視之為周公致太平之
書。東漢大儒鄭興、鄭眾、馬融、鄭玄，並為之解，皆信為周公所作。唯
鄭玄同里後進林孝存（臨碩）以為「武帝知《周官》末世瀆亂不驗之書，
故作《十論》、《七難》以排棄之。」何休亦「以為六國陰謀之書」。〔註42〕
宋人研究《周禮》者甚眾，〔註43〕胡安國父子始倡劉歆偽造《周禮》之說，
其目的在借此批評王安石援《周禮》變法。胡宏以為，劉歆偽造《周禮》，
目的在於「附會王莽，變亂舊章，殘賊本宗，以趨榮利。」故「假託《周
官》之名，剿入私說，希合賊莽之所為。」〔註44〕胡寅對於《周禮》之真
偽，所持立場與胡宏相同。〔註45〕唯胡寅嘗引《周官》之言，以證井田、
封建之可復，其言曰：

> 太宗嘗讀《周官》書辨方正位，體國經野，設官分職，以為民極之
> 言。慨然嘆曰：「不井田，不封建，不足以法三代之治。」令群臣議
> 封建，其本於此乎！夫封建與天下共其利，天道之公也；郡縣之以
> 天下奉一人，人欲之私也。〔註46〕

又以《周官》「三赦」、「八議」為司法，〔註47〕則又不免自相矛盾矣。
　　（二）論《禮記》：胡寅以為，《禮記》多出於孔氏弟子，唯〈月令〉出
於呂不韋，〈王制〉出於漢儒。〔註48〕又曰：

> 孔子刪《詩》、定《書》、繫《易》、作《春秋》、言《禮》、正《樂》，
> 為後世教亦備矣，未嘗言封禪之事，……獨《禮記》有曰：因名山
> 而升中于天。鄭氏釋云：升，上也；中，成也。巡守至方嶽，燔柴
> 祭天，告以諸侯之成功也。……此梁許懋所謂緯書曲說，非《五經》

〔註42〕賈公彥〈序周禮廢興〉，《周禮注疏》頁9。
〔註43〕宋代學者之《周禮》研究，參汪惠敏《宋代經學之研究》，頁215～233。
〔註44〕《五峰集》卷四，〈皇王大紀論‧極論周禮〉，頁207。後之學者持此說者甚眾，
　　　　宋人洪邁，清末今文學家廖平、康有為，民國以來之學者錢玄同、杜國庠、
　　　　徐復觀、侯家駒等為其較著者。參彭林《〈周禮〉主體思想與成書年代研究》，
　　　　頁7～8。
〔註45〕胡寅嘗云，《周官》之屬，「舛駁甚眾，皆劉子駿私意所述，《皇王大紀》既已
　　　　詳辯，此不復云。」（《讀史管見》卷十四，頁916）
〔註46〕《讀史管見》卷十七，頁1138。
〔註47〕南朝宋明帝時，晉安王反于尋陽，兵敗，被殺，年十一。胡寅論其事云：「《周
　　　　官》三赦，一曰幼弱，二曰蠢愚；其在八議，一曰議親，二曰議貴。以此處
　　　　子勛，廢為庶人其可也。」（《讀史管見》卷十一，頁706）
〔註48〕《讀史管見》卷二十八，頁1903。

正義者也。豈惟鄭氏爲然，雖《禮記》之文，亦有可疑者矣，夫豈
出於聖人乎！〔註49〕

胡寅更舉九事以證〈王制〉出於漢文帝時。其言曰：

〈王制〉者，漢文帝時諸儒剌經爲之，是時無達理之眞儒，而掇拾
遺經於煨燼，其文具在，其合於周制者，蓋不能純。……或問：〈王
制〉不純于周制者，可得聞歟？曰：〈王制〉出於漢文時，去孟子蓋
遠矣。其論制農田、班爵祿，與《孟子》異，一也；其論九州之國
及縣内之國，與武王邦諸侯之里數不同，二也；其論伯正帥長，其
制不見於〈立政〉，三也；其論千里之内曰甸，千里之外曰采，曰流，
與《書》載侯、甸、男、邦、采、衛有異，四也；其論學，以天子
之學曰辟廱，諸侯之學曰頖宮，異乎《孟子》，無所經見，五也；其
論冢宰，專以制國用、量出入爲事，而不及統百官、均四海之職，
於五官亦然，六也。其論六官而闕大宗伯，遂以天子諸侯宗廟之祭
同名，而有袷禘、袷嘗、袷烝之舛，七也；既曰諸侯宗廟之祭，春
礿、夏禘、秋嘗、冬烝矣，又曰諸侯礿則不禘，禘則不嘗，嘗則不
烝，烝則不礿，八也；其言井地之尺曰，古以周尺八尺爲步，今以
周尺六尺四寸爲步。不知此書誰爲之？所謂古今者，果何時也？凡
此皆不純於周制之尤大者也。然去古未甚遠，其言可取者十九，在
學者明辨而愼擇之耳。〔註50〕

《禮記》一書，乃秦漢儒者之集體著作，成書約當漢宣帝年間，而各篇之時
代不盡相同。陳瑞庚云：

《尚書大傳》成書時代，必不能早於文帝初年。今《禮記・王制篇》
既及采《尚書大傳》之文，則其著成必在《尚書大傳》之後；《尚書
大傳》可爲《禮記・王制篇》著成時代之上限，至〈王制〉著成時
代之下限，當不晚於《禮記》成書之時。《禮記》成書約當漢宣帝年
間，已爲公論，此不贅述。〔註51〕

然則，胡寅以爲〈王制〉出於漢文帝時，亦言之有據。

（三）論《孝經》：胡寅以爲，《孝經》出於曾子之門人，不可以經名。

〔註49〕 同前書，卷十七，頁1152。
〔註50〕 同前書，卷十一，頁741～743。
〔註51〕 〈王制著成之時代及其制度與周禮之異同〉《續僞書通考》，頁590引。

〔註52〕又曰：

> 《孝經》一書，明百行之首要矣，然非曾子所自為也。曾子嘗問孝
> 於仲尼，仲尼語之，曾子退而與門弟子言之，門弟子類而成書也。
> 　若使曾子自為，則其體必簡質如《中庸》，不若是其整整也。〔註53〕

《孝經》一書，朱熹曾指出其內容雜亂，全無義理，非聖人之言，疑是戰國
之人綴緝湊合而成者。〔註54〕近人蔡汝坤舉出其書「辭句格格不入，文氣上
下不接」，「論孝毫不親切，內容多所矛盾。」斷定現存之《今文孝經》乃漢
初儒者雜襲各書而成。〔註55〕胡寅以《孝經》內容有淺近者，當出於曾子門
人之手。其說雖不中，亦可謂發其端緒矣。

（四）論《史記》：《史記‧伯夷列傳》云：

> 西伯卒，武王載木主，號為文王，東伐紂。伯夷、叔齊叩馬而諫曰：
> 「父死不葬，爰及干戈，可謂孝乎？以臣弒君，可謂仁乎？」

蘇軾因而有「武王非聖人，孔子罪湯武」之論，胡寅謂其辭美而理不然。其
言曰：

> 伯夷叩馬之諫，自太史公傳之，孔氏未嘗及也。孤竹君舍長而立幼，
> 伯夷以父命為尊而讓其弟，去之，餓于首陽，孔子以為仁而無怨者，
> 豈為武王伐紂而不食其粟哉？孟子以紂為獨夫者，祖〈泰誓〉之言。
> 〈泰誓〉之言，蓋當時實事，受帥其旅，眾多若林，而倒戈自攻，
> 無一人為紂致死者，非獨夫而何？所以為獨夫者，非以其賊仁賊義
> 而何？殘賊之人，肆於民上，天絕之，人離之，君之位亡矣，是則
> 誅獨夫而已。……凡《書》百篇，皆孔子所取以為經邦大訓，若孔
> 子心非湯武，則直削其誓誥，有何不可？而與典謨並存，垂諸後世，
> 其意蓋恐後世亂臣賊子，假湯武以濟其姦，故存其誓誥，以見桀紂
> 之罪，明湯武之德，以謂必也德如湯武，罪如桀紂，乃可襲其迹云
> 耳。……夫天下之理折衷於孔子亦足矣，以孟子為未足信，已不可
> 言智，又不信仲尼，則吾誰與歸乎？〔註56〕

此文駁蘇軾之說，因及太史公書伯夷叩馬之諫，不見於經，而疑其說為不可

〔註52〕《讀史管見》卷二十八，頁1902。
〔註53〕同前書，卷七，頁423。
〔註54〕《朱子語類》卷八十二，頁2141～2143。
〔註55〕〈今文孝經成書年代考〉，《古史辨》第六冊，頁122～129。
〔註56〕《讀史管見》卷十一，頁699～701。

信。蓋胡寅治史，重解釋而不重考據，鑑別史料之方法，以「理證」為主。事之是非，因理而定，據經可以正史。而經之真偽，則以書中之理是否合乎孔子之道為判定之標準。故曰：「夫天下之理，折衷於孔子，亦足矣。」

二、論史事之敍述

唐太宗嘗云：「以銅為鑑，可以正衣冠；以古為鑑，可以知興替；以人為鑑，可以明得失。」〔註 57〕銅鏡必先光潔而後能照物，歷史必需覈實才能見得失。故史家敍事，必正名以統實。《資治通鑑》載晉恭帝既封劉裕為宋王，既而，宋王欲受禪而難於言，乃集朝臣宴飲，從容曰：「桓玄篡位，鼎命已移，我唱大義，興復帝室……今將衰暮……當奉還爵位，歸老京師。」獨中書令傅亮諭其意，遂還建康，諷帝禪位。〔註 58〕胡寅論其事云：

> 實者名之主，名所以賓夫實也。禪之為言，堯以天下與舜，舜以天下與禹之名，若曰傳之賢者云爾。堯舜既沒，世無禪事矣。父死子繼，兄終弟及，家天下而非禪也。後世亂臣賊子以異姓而奪國，難乎其冒繼及之名也，則竊謂之禪。……是猶正晝攫市人之金，而曰彼以遺我也，而可乎？作史者正其名以統實，則宜書曰，某人取某人之國，庶乎其不僭矣。〔註 59〕

又，《史記·留侯世家》載酈食其議封六國後，張良自外來，曰：「誰為陛下畫此計者？」〔註 60〕胡寅論曰：

> 漢王未稱尊，而子房以陛下呼之，何也？曰，作史者之過也。……或曰：「此亦文史之所同，猶左氏載石碏稱陳侯而舉其謚耳。」是不然，自後而舉前，庸可如此。……雖曰文史所同，謂之失辭，亦可矣。烏有人非天子而天子號之，乃以是為比也。使後世恧士傾夫、推戴跋扈之臣，引以為例，史氏之罪大矣！〔註 61〕

孔子有言：「名不正，則言不順，言不順，則事不成。」胡寅強調史書之作者必須使用精確之文字，以敍述歷史事實，即是孔子正名思想在史學方法上之體現。然而，史書毀譽人，鮮得是非之當。《晉書·陶侃傳》云：

〔註 57〕《新唐書·魏徵傳》卷九十七，頁 1344。
〔註 58〕事在宋武帝永初元年。《資治通鑑》卷一一九，頁 3732～3734。
〔註 59〕《讀史管見》卷十，頁 605～606。
〔註 60〕事在漢王三年，時劉邦尚未即皇帝位。見《史記》卷五十五，頁 814。
〔註 61〕《讀史管見》卷一，頁 42～43。

蘇峻作逆，京師不守，侃子瞻為賊所害，平南將軍溫嶠要侃同赴朝廷。初，明帝崩，侃不在顧命之列，深以為恨。答嶠曰：「吾彊場外將，不敢越局。」嶠固請之，因推為盟主。侃乃遣督護龔登率眾赴嶠，而又追迴。嶠以峻殺其子，重遣書以激怒之，侃妻龔氏亦固勸自行，於是便戎服登舟，星言兼邁，瞻喪至不臨，五月，與溫嶠、庾亮等俱會石頭。……尚書梅陶與親人曹識書曰：「陶公機神明鑒似魏武，忠順勤勞似孔明，陸抗諸人不能及也」。謝安每言陶公雖用法而恆得法外意。其為世所重如此。……或云：侃少時漁於雷澤，網得一織梭，以挂于壁，有頃，雷雨，自化為龍而去。又夢生八翼，飛而上天，見天門九重，已登其八，唯一門不得入，闍者以杖擊之，因墜地，折其左翼，及寤，左腋猶痛。……及都督八州，據上流，握彊兵，潛有窺窬之志，每思折翼之祥，自抑而止。〔註62〕

胡寅論曰：

侃以不預顧命為歎，故赴義紆遲，而本傳乃謂侃以子瞻為賊所害而興師，豈知侃者哉？侃之戎服登舟也，瞻喪至而不臨，亦可見其割抑私愛而徇國之急矣。凡史書毀譽人，鮮得是非之當。以士行一傳觀之，多可辨者。謂侃據上流，握強兵，潛有窺窬之志，每思折翼之夢，自抑而止，此則毀之過其實也。而梅陶與曹識書，稱侃機神明鑒似魏武，忠順勤勞似孔明，此又譽之過其真也。獨東山太傅品題一言，乃得要領耳。〔註63〕

夫不隱不諱，如實得當，發揮懲惡勸善之功能，乃作史者心嚮往之，夢寐以求之鵠的。然而，既成之史書往往不能避免溢美溢惡，以致於失去歷史之客觀性。胡寅標舉「正名統實」之說，足以為史家敘事之普遍原則。

三、評史書之價值

胡寅既以撰史之目的在提供後人行事之借鑑，只宜客觀記載事實，不可溢美溢惡，妄加褒貶。歷史敘述貴在正名統實，故對兩漢以後史家撰述之法，及史書之優劣，乃多所評論，茲舉其要論述之。

〔註62〕《晉書斠注》卷六十六，頁 1187～1190。
〔註63〕《讀史管見》卷八，頁 461。

（一）評《漢書》：胡寅首先批評班固以文、景比美周之成、康，就景帝而言，有溢美之嫌，其言曰：

> 班固曰：「孝文恭儉，景帝遵業，周云成康，漢言文景，美矣。」竊以為不然。文帝寬厚長者，以德化人，無事則謙抑如不能，有難則英氣奮發。景帝刻薄任數，以詐力御下，平居則誅賞肆行，緩急則惝懼失措，其大較縣絕如此。……獨節儉不妄費，育民以致豐富一事，為克遵前業耳，夫豈可與成康同得美稱哉？〔註64〕

其次，胡寅又以班固黨於竇憲，終遭殺身之禍，而評其「短於識而長於文，輕於德而急於進。」其言曰：

> 班固史筆，自馬遷而後，莫與抗者，非文學妙才何能爾？然其見古人行事得失成敗之迹，不為不博，〈人物志〉分九等，聖賢愚不肖之分，不為不詳。彼竇憲者，其在人品之何等歟？若外戚禍敗之釁，則又纍纍皆前日事，固乃為憲賓客，以至殺身，可謂短於識而長於文，輕於德而急於進。〔註65〕

班固《漢書》體仿《史記》，而改通史為斷代，記事整齊劃一。劉知幾《史通‧六家篇》稱其：「言皆精練，事甚該密，故學者尋討，易為其功。」范曄《後漢書‧班固傳贊》曰：「遷文直而事核，固文贍而事詳。」胡寅謂其文學妙才足以頡頏史遷，良有以也。《史通‧書事篇》引傅玄評班固云：「論國體，則飾主闕而折忠臣；敘世教，則貴取容而賤直節；述時務，則謹辭章而略事實。此其所失也。」則胡寅評其識短德輕，豈徒然哉！

（二）評《南史》：胡寅謂「《南史》文雖荒蕪，然事亦粗備。」〔註66〕李延壽承其父太師之志，撰《南北史》。《南史》記南朝宋、齊、梁、陳四代，以四朝舊史排纂刪潤而成，減字節句，每失本意。王鳴盛謂李延壽「學淺心粗，才短識陋。」〔註67〕不免武斷偏見，胡寅之評，蓋得其實。〔註68〕

（三）評《新五代史》：宋太祖開寶六年（西元973年）四月，詔令薛居正監修《五代史》，盧多遜、李昉等人參與編撰。其書多據累朝實錄，材料豐

〔註64〕同前書，卷二，頁71～72。
〔註65〕同前書，卷四，頁223。
〔註66〕同前書，卷十三，頁874。
〔註67〕《十七史商榷》卷五十三，頁55。
〔註68〕《南史》之編纂及其價值，參劉節《中國史學史稿》頁153～154；柴德賡《史籍舉要》頁93～100。

富，唯史料整理與文字潤色工夫不足。歐陽修私撰之《新五代史》，蓋有意模仿《春秋》，寓褒貶，別善惡，借以發揮自己之政治、歷史觀點，其文筆在薛史之上。胡寅比較《新五代史》與《資治通鑑》之敘事，以爲後者之史料較爲翔實。《資治通鑑》載：「吳越王錢弘佐年十四即位，溫恭好書禮士，問倉吏今蓄積幾何？對曰：十年。王曰：然則軍食足矣，可以寬吾民，乃命復其境內稅三年。」〔註69〕胡寅論曰：

> 錢氏當五代時，不廢中國貢獻，又有四鄰之交。史氏乃謂自武穆王鏐常重斂以事奢侈，下至魚雞卵鷇，必家至而日取，每笞一人以責其負，則諸案吏各持簿立于庭，凡一簿所負，唱其多少，量爲笞數，笞已，則以次唱而笞之，少者猶積數十，多至百餘，人不堪其苦。信斯言也，是取之盡錙銖而用之如泥沙，安得倉廩有十年之積，而又復境內三年之稅？則其養民亦厚矣。故如史所載，則錢氏宜先亡，而享國最久，何也？是故司馬氏記弘佐復稅之事，而《五代史》（指《新五代史》）不載；歐陽公記錢氏重斂之虐，而《通鑑》不取，其虛實有證矣。〔註70〕

《四庫全書總目提要》嘗云：「司馬光作《通鑑》，胡三省作《通鑑注》，皆專據薛史，而不取歐史。」〔註71〕實則「《通鑑》于歐史有取有不取，此因凡歐史所引資料，修《通鑑》時均能見到，有的直接引原書，亦時訂歐史之失。」〔註72〕周師虎林嘗考新、舊《五代史》之得失，以爲歐史有四得二失，其得爲：網羅浩博、體例甚精、書法謹嚴、敘事明暢。其失爲：略於事跡、褒貶過當。〔註73〕此於歐史，可謂確論。胡寅指出歐史取材之疏，亦可爲考證之一助。

其次，歐陽修於《新五代史·本紀》中，書大蝗、大旱、大雨霖、河決溢之災，而不書日食之變。曰：「昔孔子作《春秋》而天人備，予述〈本紀〉，書人而不書天。《春秋》雖書日食星變之類，孔子未道其所以然，故弟子之徒莫得有所述於後世也……其於天地鬼神，以不可知爲言，其可知者人而已。」〔註74〕胡寅對此亦有評論，其言曰：

〔註69〕 事在後晉高祖天福六年。《資治通鑑》卷二八二，頁 9227～9228。
〔註70〕 《讀史管見》卷二十九，頁 1940～1941。
〔註71〕 《四庫全書總目提要》卷四十六，頁 990。
〔註72〕 《史籍舉要》，頁 122。
〔註73〕 〈新舊五代史之比較研究〉，載《高仲華先生八秩榮慶論文集》頁 187～215。
〔註74〕 《新五代史·司天考第二》卷五十九，頁 833。

自秦漢以來，學者惑於災異天文五行之說，不勝其紊，故其作《五代史・本紀》，書人而不書天，自謂不得不異乎《春秋》也。愚竊以其言過矣。秦漢學者，固以牽合傅會，失於末流，若仲尼之法，豈可改也。使仲尼書災異而道其所以然，則與後世之失同矣。惟其遇災異而必書，書之而不道其所以然，使人君有恐懼修省之心而不敢忽，是其垂訓之大指也。雖然，仲尼雖不道其所以然，而稽之於經，則事應具存。……惟漢儒牽合附會，是以泥而不通，必明乎天人合一之理，則知仲尼所書之意，苟一概以爲占步之學，歸之有司，則自古列聖敬畏天道，皆爲虛文，豈不淺陋可笑，誤人心之甚哉！〔註75〕

胡寅以爲，「天人一理，占術一道」，孔子作《春秋》每災必書，乃所以警人君使修其德，而日食爲天變之大者，儒者博極群書，正應據經持論，以明斯道，沃人主。〈本紀〉以記帝王之事蹟，豈可不書日食之變？

再次，《新五代史・晉出帝本紀》載：天福八年，五月，丁亥，「追封皇伯敬儒爲宋王。」〔註76〕歐陽修於《晉問》中設爲或問以申論之云：

或問：「爲人後者，改其所生父母之名，攷於《六經》與古今典禮，固無之矣，而前世有天下之君多矣，果無之乎？」曰：「有而不足法也。蓋自漢以來，由藩侯入繼大統，其爲人後合禮而得正之君皆無之也。惟五代晉出帝嘗以其所生父爲皇伯矣，此何足道也。彼出帝者，立不以正，非爲後繼統之君也。蓋其不當立而立，必絕其所生則得立，不絕則不得立，故不得已而絕之也。出帝父曰敬儒，高祖之兄也。敬儒早卒。高祖憐出帝孤而養以爲己子，而高祖自有子五人，高祖疾病，以其子重睿託於大臣。及高祖崩，晉大臣皆約欲得長君，故捨重睿而立出帝，其義不當立，惟欺天下以爲高祖眞子，故得立，則其勢豈敢復顧其所生父也哉？其以爲皇伯者，不得已也。蓋立不以正之君，又不得已而至此，其可爲世法哉！」〔註77〕

歐陽修辨析此事，以爲出帝之立，違禮而不得其正，故稱所生之父爲「皇伯」以諱之，用欺天下之人，不可以爲後世法。歐陽修又云：「所謂子者，未有不

〔註75〕《讀史管見》卷二十八，頁 1908～1909。
〔註76〕《五代史記注・晉出帝本紀》卷九，頁 227。
〔註77〕同前書，頁 227 引。

由父而生，故爲人後者，必有所生之父，有所後之父，此理之自然，何必諱哉！聖人又以爲後者所承重，故加其服以斬，然恩有屈於義，故降其服以期。服，外物也，可以降，而父母之名不可改。」胡寅對此不以爲然。以爲其說雖「意甚決，詞甚費，而不自知其理之失也。」乃申論之曰：

> 出繼之子，固有所生、有所後矣，既有所後，則不得號其所生曰父母，故以伯父母，若叔父母稱之。天生萬物，皆一本也，豈有二本者乎？不得已而以兄弟之子爲子，述天理而時措之，則父母之稱，歸於所後，而變於所生矣。……如許其稱父母，是聖人立二本之教，率天下而墨道也。……又曰，服，外物也，故可以加，可以降，而父母之名不可改。夫服，稱情而爲輕重者也。……服而或加或降者，以恩屈於義也，屈所生之恩，以伸所後之義，則恩輕而義重矣。恩輕而義重，則所生父母固可名之曰伯父母、叔父母矣。……夫天人無二道，心迹不可判，此孔孟之學也。於〈司天考〉而見歐陽氏之分天於人；於論爲人後而見歐陽氏之別心於迹，使其概乎有聞，則其論不至若是慎而使天下之爲父子者不定也。〔註78〕

胡寅批評歐陽修之說，重點不在晉出帝之立正或不正，而在爲人後者稱所生父母之「名」。歐陽修以爲，喪服之制，爲人後者爲所生之父服期，爲所後之父服斬。蓋服爲外物，恩屈於義，故服可變而父母名不可改。胡寅以爲，若以服爲外物，則是心與跡二。服既可降，名自可改，此謂名實合一。即孔孟「天人無二道，心跡不可判」之學，故爲人後者，於所生父母，當以伯父母或叔父母稱之。平心而論，胡寅之說，亦言之成理。

又次，《新五代史・周世宗家人傳》載：「周世祖聖穆皇后柴氏無子，養后兄守禮之子以爲子，是爲世宗。守禮字克讓，……終世宗之世，未嘗至京師，而左右亦莫敢言，第以元舅禮之。而守禮亦頗恣橫，嘗殺人于市，有司以聞，世宗不問。」歐陽修論曰：

> 嗚呼！父子之恩至矣。……予讀《周史》，見守禮殺人，世宗寢而不問，蓋進任天下重矣，而子於其父亦至矣。故寧受屈法之過以申父子之道，其所以合於義者，蓋知權也。君子之於事，擇其輕重而處

〔註78〕《讀史管見》卷二十九，頁 1945～1950。參卷二，頁 108～111；《斐然集》卷九，〈申尚書省議服狀〉，頁 208～209；卷十七，〈寄秦丞相書〉，頁 366～369。

之耳，失刑輕，不孝重也。刑者所以禁人爲非，孝者所以教人爲善，其義一也，孰爲重？刑一人，未必能使天下無殺人，而殺其父，滅天性而絕人道，孰爲重？權其所謂輕重者，則天下雖不能棄，而父亦不可刑也。……世宗之知權明矣夫。〔註79〕

胡寅對於歐陽稱周世宗「知權」，不表贊同，曰：

歐陽公以守禮殺人，世宗不問爲寧受屈法之過，以伸父子之道。夫既以元舅處之，何名爲父子？……夫事固皆當權輕重而執其中，然非可以殺父而論之也。故孟子發明父道之重，至以天下爲敝屣，此乃與權者矣。〔註80〕

歐陽修《新五代史》論，每每以「嗚呼」二字發端，愛憎分明，議論不苟，讀其書往往令人精神爲之一振。然而亦有褒貶失當之處，以周世宗知權一事而言，過於維護統治秩序，所論不如胡寅通達。

（四）評《資治通鑑》：司馬光撰《資治通鑑》，始修於宋英宗治平三年（西元1066年），至神宗元豐元年（西元1084年）成書，歷時十九年。其同修諸人，如劉攽、劉恕、范祖禹等，皆學有專精。全書取材豐富，抉擇謹嚴，深受後世治史者所重視。胡寅對於司馬光極爲佩服，嘗稱其行義無可訾，於「史學尤精」。〔註81〕然而，對於《資治通鑑》一書，亦有指瑕糾繆之言。《資治通鑑》後唐莊宗同光三年，書「自春夏大旱，六月，壬申，始雨。」又書「自六月甲午雨，罕見日星，江河百川皆溢，凡七十五日。」〔註82〕胡寅指出其中錯誤，云：

按四月癸亥朔，則六月無甲午日。《資治通鑑》之置局也，劉恕通長曆，不應有差，蓋小誤也。何爲小誤？司馬氏六任冗官，皆以書局自隨，歲月既久，又數應詔上書論新法之害，小人欲中傷之，而光行義無可訾者，乃唱爲浮言，謂書之所以久不成，緣書局之人利尚方筆墨繒帛及御府果餌金錢之賜耳。既而承受中貴人陰行檢校，乃知初雖有此旨而未嘗請也。光於是嚴課程，省人事，促修成書，其〈表〉有云：「日力不足，繼之以夜，簡牘盈積，浩如淵海，其間抵捂，不敢自保。」今讀其書，蓋自唐及五代，采取微冗，日夜或差，

〔註79〕《五代史記注》卷二十，頁377。
〔註80〕《讀史管見》卷三十，頁2043。
〔註81〕同前書，卷二十六，頁1730。
〔註82〕《資治通鑑》卷二七三，頁8934，頁8937。

良有由也。〔註83〕

此言《通鑑》之史料采取微冗，史實敘述略有小誤之故，充滿同情之理解。故其批評《資治通鑑》，重點不在史料及文字之細節，而在全書之義例及歷史評論，舉其大端，約有三焉：

（1）不別正閏：中國史學中之「正統」觀念，含義有二，一爲「德統」，一爲「法統」。德統以倫理爲根據，法統以帝系爲基礎。〔註84〕就史書之修撰而言，在天下統一時代，問題不大，一到分裂時期，必先辨清法統源流，以確立史書之體例，此即涉及正統與閏位問題。陳壽作《三國志》，以魏爲正統，習鑿齒作《漢晉春秋》，始立異議，帝蜀以繼漢。《晉書·習鑿齒傳》云：

> 是時桓溫覬覦非望，鑿齒在郡，著《漢晉春秋》以裁正之。……於三國之時，蜀以宗室爲正，魏武雖受漢禪晉，尚爲篡逆，至文帝平蜀，乃爲漢亡，而晉始興焉。〔註85〕

習氏之論，深獲正統說者所贊許。宋代首先提出正統論者爲歐陽修，嘗徵引《春秋公羊傳》「君子大居正」、「王者大一統」二語，指出衡量正統與否之原則，不僅要合天下於一，更要得天下以正。合乎此義，方能以正統歸之，否則正統寧斷不續。〔註86〕基於上述正統觀念，歐陽修撰《新五代史》，即以李唐之正統繼禪朱梁，其中篡弑予奪，例皆直書，不爲之諱。司馬光撰《資治通鑑》，不取正閏之說，述三國之事，用曹魏年號以紀年。其言曰：

> 天生烝民，其勢不能自治，必相與戴君以治之，苟能禁暴除害以保全其生：賞善罰惡使不至於亂，斯可謂之君矣。……秦焚書坑儒，漢興，學者始推五德生、勝，以秦爲閏位，在木火之間，霸而不王，於是正閏之論興矣。……臣愚誠不足以識前代之正閏，竊以爲苟不能使九州合爲一統，皆有天子之名而無其實者也。雖華夷（夏）仁暴，大小強弱，或時不同，要皆與古之列國無異，豈得獨尊獎一國謂之正統，而其餘皆爲僭僞哉？……是以正閏之論，自古及今，未有能通其義，確然使人不可移奪者也。臣今所

〔註83〕《讀史管見》卷二十八，頁1870～1871。

〔註84〕呂謙舉〈中國史學思想的概述〉，載《中國史學史論文選集》頁1086。

〔註85〕《晉書斠注》卷八十二，頁1422。

〔註86〕歐陽修爲北宋正統論之代表，其《居士集》收有〈正統論〉（含或問）共四首，《居士外集》又收有〈原正統論〉七首。有關宋代正統論之史料，參陳芳明〈宋代正統論的形成背景及其內容〉、王德毅〈由宋史質談到明人的宋史觀〉（載《宋史質》卷首），饒宗頤《中國史學上的正統論》。

述，止欲敘國家之興衰，著生民之休戚，使觀者自擇其善惡得失，以爲勸戒，非若《春秋》立褒貶之法，撥亂世反諸正也。正閏之際，非所敢知，但據其功業之實而言之。……然天下離析之際，不可無歲、時、月、日以識事之先後。據漢傳魏而晉受之，晉傳于宋以至於陳而隋取之，唐傳於梁以至於周而大宋承之，故不得不取魏、宋、齊、梁、陳、後梁、後唐、後晉、後漢、後周年號，以紀諸國之事，非尊此而卑彼，有正閏之辨也。〔註87〕

司馬光之說，有兩大特點，一是擺脫五德終始爲中心之「正閏說」，強調立君所以爲民，具有重人事非天命之人本思想。二是否定道德評判，一律以「功業之實」爲正統，避免主觀之偏見。然而，作史者對於年代問題，不能無所繼承，無所斷限。《通鑑》記三國之事採用曹魏年號，司馬光雖稱此爲借年以記事，非有所取捨抑揚，唯其下既不分注吳蜀之年號，顯然有尊曹魏而卑蜀漢之微意，故有太和二年「諸葛亮將入寇」之文，〔註88〕爲後人所訾議。胡寅亦曾對此提出質疑，其言曰：

司馬氏以昭烈於中山靖王族屬疏遠，不能紀其世數名位，是非難辨，遂抑之不使得紹漢統，則未知其去取之意也。……乃推獎苟彧，寬宥曹操，至謂操取天下於群盜，非取之於漢室，而抑退蜀之主相，不少假借，於孔明北伐，又以入寇書之，亦獨何哉？〔註89〕

胡寅以爲，敘三國之事，當以蜀漢爲正統，蓋曹操只是霸主之淺者，而劉備所爲則是王道。其《敘古千文》有云：「許都曹操，鄂保孫權。亮今翊備，據蜀當天。」〔註90〕謂劉備乃漢室宗子，志在興復漢室，故亮輔之據蜀，比吳、魏爲當天也。又《資治通鑑》於後梁太祖開平元年書「晉兵寇洺州」。胡寅論曰：

司馬氏自以謂正閏之際非所敢知，然蜀魏分據，則書諸葛亮入寇，是以魏爲正矣。梁晉交爭，而書晉兵寇洺州，是以梁爲正矣。……先主、武侯縱不爲興復漢室，其人品高賢，固自冠冕三國，乃以曹氏壓之。若河東雖出蕃夷，然忠功義烈，蓋唐末第一流，而又顯然

〔註87〕《資治通鑑》卷六十九，魏文帝黃初二年，頁2185～2188。參陳克明《司馬光學述》頁430～440；董根洪《司馬光哲學思想述評》頁208～215。
〔註88〕《資治通鑑》卷七十一，頁2239。
〔註89〕《讀史管見》卷五，頁322～323。
〔註90〕《敘古千文》頁24～25。

斥爲梁寇。地雖數倍，德則不倫，是以成敗論事，而不要義理之實，
豈所以訓哉？然則如何？以兩下相殺書梁、晉之事，以北伐魏賊紀
蜀兵之出，然後當於人心矣。〔註91〕

胡寅以爲，史學應立正統，所謂正統，當以人品德業爲標準，不以土地之廣
狹，事功之成敗爲取捨。其主張顯然是以「德統」重於「法統」，蓋法統可斷
而德統不可斷也。

（2）王霸無異道：司馬光在史書撰述上不別正朔，不立正統，又與其「王
霸無異道」思想有關。王霸治道之辨始於孟子，所謂「王道」即「以德行仁」、
「以德服人」；所謂「霸道」則是「以力假仁」、「以力服人」。孟子主張王道，
反對霸道。〔註92〕荀子推崇王道，不反對霸道。〔註93〕漢儒桓譚倡言王霸并
用，二者無優劣之分。〔註94〕至宋，二程極力推崇王道，貶斥霸道，認爲「先
王之世，以道治天下，後世只是以法把持天下。」程頤更力陳王霸異道，在
於理欲之辨，公私之別，其言曰：

得天理之正，極人倫之至者，堯、舜之道也；用其私心，依仁義之
偏者，霸者之事也。王道如砥，本乎人情，出乎禮義，若履大路而
行，無復回曲。霸者崎嶇反側於曲徑之中，而卒不可與入堯、舜之
道。故誠心而王則王矣，假之而霸則霸矣，二者其道不同，在審其
初而已。〔註95〕

司馬光反對二程之說，竭力倡明王道霸道對於治國而言，具有同樣之合理性
與必要性。其言曰：

王霸無異道。昔三代之隆，禮樂征伐自天子出，則謂之王；天子微
弱不能治諸侯，諸侯有能率其與國同討不庭以尊王室者，則謂之霸。
其所以行之也，皆本仁祖義，任賢使能，賞善罰惡，禁暴誅亂；顧
名位有尊卑，德澤有深淺，功業有鉅細，致令有廣狹耳！非若白黑、
甘苦之相反也。〔註96〕

〔註91〕《讀史管見》卷二十七，頁1822。
〔註92〕見《孟子‧公孫丑上》頁63。
〔註93〕《荀子‧王霸》云：「故用國者，義立而王，信立而霸，權謀立而亡。」（《荀子集解》頁196）
〔註94〕見《新論‧王霸》。
〔註95〕《二程集‧文書》卷一，〈論王霸箚子〉，頁450～451。
〔註96〕《資治通鑑》卷二十七，頁881。司馬光「王霸無異道」論，參董根洪《司馬光哲學思想述評》頁340～345；吳懷祺《宋代史學思想史》頁112～116。

司馬光既從歷史變遷說明王、霸得名之由來，又言其名雖異，其道則同。皆是「本仁祖義，任賢使能，賞善罰惡，禁暴誅亂。」唯「名位有尊卑，德澤有深淺，功業有鉅細，政令有廣狹耳。」故王、霸之間，只有量之差別，而無質之迥異。胡寅極力反對司馬光之說，嘗駁之曰：

> 帝王之德，莫不本於格物致知以誠其意，正心正身以正其家。若夫正朝廷以正百官，正百官以正萬民，則自正家而推之耳。內外本末，精粗先後，非有殊致，猶百尋之木，起自萌芽，河出崑崙，至于大海，一以貫之。雖成功巍巍，與天地並，而知遠之近，則其本微矣！小白、重耳、宋襄、秦穆之徒，抑有格物致知之學乎？其意果誠，心果正，身果修而家果齊乎？其輔佐之者，果皆稷、契、伊、周之比乎？其所行政事，果與唐虞、夏后、商周之教化類乎？以是考之，王道霸術正猶美玉之與碔砆，不可同年而語也。
>
> 而謂王霸無異可乎？〔註97〕

胡寅以為，王道之君，必有誠意正心之德，其取天下也，順乎天而應乎人。霸術之主，則是右智力，廢仁義，其取天下也，逆取而順守。故「王道霸術正猶美玉之與碔砆，不可同年而語也。」司馬光「王霸無異道」觀點，不免有將王霸之道、儒法之術結合之嫌，此為胡寅所以極力反對其說之故。

（3）維州事件：唐文宗太和五年（西元831年）九月，吐蕃維州副使番悉怛謀請降，西川節度使李德裕上奏朝廷。事下尚書省，集百官議，皆請如德裕策。唯牛僧孺獨持異議，曰：「吐蕃之境，四面各萬里，失一維州，未能損其勢。比來脩好，約罷戍兵，中國禦戎，守信為上。彼若來責曰：『何事失信？』養馬蔚茹川，上平涼阪，萬騎綴回中，怒氣直辭，不三日至咸陽橋。此時西南數千里外，得百維州何所用之！徒棄誠信，有害無利。此匹夫所不為，況天子乎！」文宗深以為然，詔德裕以其城歸吐蕃，執悉怛謀及所偕來者悉歸之。吐蕃盡誅之於境上，極其慘酷。〔註98〕唐武宗會昌三年（西元843年）三月，李德裕追論維州悉怛謀事，亟陳維州地勢之險要，及當年吐蕃誅戮之慘，云：「維州據高山絕頂，三面臨江，在戎虜平川之衝，是漢地入兵之路；……當時不與臣者，望風疾臣，詔臣執送悉怛謀等令彼自殺，……及將就路，冤叫鳴鳴，將吏對臣，無不隕涕。其部送者更為蕃帥譏誚，云既已降彼，何用

〔註97〕《讀史管見》卷二，頁120。參卷二十八，頁1883～1884。
〔註98〕《資治通鑑》卷二四四，頁7878。

送來！復以此降人戮於漢境之上，恣行殘忍，用固攜離，至乃擲其嬰孩，承以槍槊。絕忠款之路，快兇虐之情，從古已來，未有此事。」請求朝廷「追獎忠魂，各加褒贈。」乃詔贈悉怛謀右衛將軍。〔註99〕司馬光論曰：

> 論者多疑維州之取捨，不能決牛、李之是非。……是時唐新與吐蕃脩好而納其維州，以利言之，則維州小而信大；以害言之，則維州緩而關中急。然則為唐計者，宜何先乎？悉怛謀在唐則為向化，在吐蕃不免為叛臣，其受誅也又何矜焉！且德裕所言者利也，僧孺所言者義也，匹夫徇利而忘義猶恥之，況天子乎？……以是觀之，牛、李之是非，端可見矣。〔註100〕

溫公此論，佑牛僧孺而斥李德裕。以為就形勢言，維州緩而關中急，就道義言，維州小而守信大，故不可捨大取小，趨緩避急。其說後儒多有非之者。〔註101〕胡寅即嘗駁之，曰：

> 司馬氏佑牛僧孺，抑李德裕，其素志也。至於維州之事，則判然以德裕為非，愚竊謂其言之過矣。夫維州本唐地也，開元二十八年春，劍南帥章仇兼瓊，與維州別駕董承晏同結吐蕃安戎城中，守者開門納唐兵，使監察御史許遠守之。是秋，吐蕃寇安戎城及維州，詔發關中強騎救之，吐蕃引去。然則維州本唐有，而安戎乃吐蕃城也。至代宗廣德二年冬，吐蕃陷松、維、保三州，高適不能救。於是西山諸州皆陷。德宗貞元八年，韋皋攻維州，獲其大將。九年，西山八國內附，皋處之於維，保霸州。十七年，皋大破吐蕃，拔七城、五軍鎮、焚百五十堡，遂圍維州。十八年，吐蕃以兵十萬解維州之圍，虜兵大敗，而維州竟不下。是知維州者，吐蕃所必爭，唐失而復得，得而復失，不可弃焉者也。使本非唐地，既與吐蕃和，弃而不取，姑守信約可耳。本唐之地，為吐蕃所侵，及欲守區區之信，舉險要而弃之。借使吐蕃據秦州、下鳳翔而來講好，亦將守信而不取乎？僧孺所謂虜養馬蔚茹川，下平涼阪，萬騎綴回中，怒氣直辭，

〔註99〕同前書，卷二四七，頁 7976～7978。維州（故治在四川理縣東，距成都四百里）。在唐代，其地「繫一國之盛衰，為成都敵前之大門。」（《李德裕研究》頁 341。）

〔註100〕《資治通鑑》卷二七四，頁 7978。

〔註101〕參湯承業《李德裕研究》第七章第九項〈溫公曲筆違實〉，頁 354～358；牛致功《唐代的史學與通鑑》，頁 239～241。

不三日至咸陽，于時西南數千里外，得百維州何所用？此特以大言怖文宗，非事實也。已當國政，必不爲程元振召寇之事，邊隅豈得空然無備，而使吐蕃不三日至咸陽乎！唐有天下，西北二虜入寇多矣，苟非如元振之時，亦皆有扞禦之略，何至爲一維州而遂至宗社不守耶？司馬氏亦信其說，謂以利言之，則維州小而信大，以害言之，則維州緩而關中急。夫奪吾之地而約我以盟，此正蒲人所以要孔子者，不可謂之信也。維州在西南數千里外，而開元中發關中強騎往救，不可謂之緩也。夫信近於義，而後可復，取我故地，乃義所當爲，司馬氏不以義斷之，而以利害爲言，既以利害爲言，又斥德裕爲利，取僧孺爲義，是皆無所據矣。故以維州歸吐蕃，棄祖宗土宇，縛送悉怛謀，沮歸附之心，僧孺以小信妨大計也。下維州，遣兵據之，洗數十年之恥，追獎悉怛謀，贈以官秩，德裕以大義謀國事也。此二人是非之辨也。〔註102〕

胡寅此文，汪洋恣肆，氣盛理平。先詳舉史實，以證維州本屬唐地，形勢險要，乃唐與吐蕃所必爭者，故唐受悉怛謀之降，不可謂之背信。次言牛僧孺所謂唐若失信，則吐蕃興師問罪，不三日而至咸陽，特大言以怖文宗，非事實也。終言溫公之言，混淆義利之辨，自相矛盾，不可爲據。就事論事，胡寅之說，實爲允當。然而，司馬光主張捨維州而取信，除字面上所呈現之理由外，尚有深層之含義焉。胡三省《通鑑》注云：「元祐之初，棄米脂等四寨以與西夏，蓋當時國論大指如此。」朱熹《通鑑綱目》曰：

> 吐蕃將悉怛謀以維州來降，蓋深惜之也。牛、李是非，如此其著，溫公之言，反以義利斷之，直牛而曲李者，其意蓋有所爲。宋神宗在位，喜於論兵，富鄭公嘗云：「願陛下二十年不可道著用兵二字。」溫公之意，即鄭公之意也。

王夫之曰：

> 牛、李維州之辨，伸牛以詘李者，始於司馬溫公。公之爲此說也，懲熙、豐之執政用兵生事，敝中國而啓邊釁，故崇獎處錞之說，以

〔註102〕《讀史管見》卷二十五，頁 1695～1698。胡寅謂「司馬氏佑牛僧孺，抑李德裕，其素志也。」此言有待商榷。《通鑑》之中，除維州事件外，司馬光對牛僧孺頗有尖銳之指責，嘗云：「僧孺任居承弼，進則偷安取容以竊位，退則欺君誣世以盜名，罪孰大焉。」（卷二四四，文宗太和六年，頁7881。）

　　　戒時君。夫古今異時，強弱異勢，戰守異宜，利害異趣。據一時之
　　　可否，定千秋之是非，此立言之大病，而溫公以之矣。〔註103〕

胡寅之言，亦隱然可見南宋初年時局之投影。將史學與性理融爲一爐，乃胡
寅學術之特色；以現實爲原型，以歷史爲影子，爲胡寅研究歷史之基本方法。
〔註104〕唯其能持心平正，依理論事，故歷史之影響不因主觀詮釋而扭曲變形，
此胡寅史學之所以可觀者也。

〔註103〕《讀通鑑論》卷二十六，頁 918～919。
〔註104〕見《湖湘學派源流》頁 185。

第七章 結 論

本書主體撰述既成，茲歸納各章要點以爲結論。

第一章〈緒論〉，略述湖湘學派之源流，及其發展以至於衰落之過程。

湖湘學派開創者胡安國於兩宋遞遭之際，感懷時勢，思有以拯救之。乃遠承二程，近取上蔡，精研《春秋》，發揚尊王攘夷之義。又盱衡時勢，屢進忠言，以求撥亂反正。其理學思想，言心體心用，顯微無間，道與身一，不離乎人倫日用。故教育學者，以立志爲先，以忠信爲本，以致知爲窮理之門，以主敬爲持養之道。加以人品高潔，剛勁不回之氣，松柏特立之姿，湖湘士子受其感召，皆以篤實踐履，崇尚氣節爲務。

湖湘學派奠基時期之學者，胡寅、胡宏兄弟同出武夷之門，雖或仕或隱，取捨不同，然不趨流俗，不媚權貴，憂國憂民，思有以拯濟之，其心則無異也。詳言之，二者學術思想之分流，就政治上說，胡寅積極入仕，追求外王之事功；胡宏終身隱居，對現實政治採取議而不治之態度。就思想上說，胡寅兼容並蓄，融史學與理學於一爐，採二程、張載之說以排佛，就跡論理，發露而無餘蘊。胡宏則由史學轉入理學，持「性本論」之說，倡言「性無善惡」、「理欲同體」，「以心顯性」、「性以心成」，於理學思想有獨到之創獲。

張栻爲湖湘學派發展歷史中之殿軍。湖湘之學因其而顯，亦因其思想與朱熹合流而衰落。蓋張栻從學於胡宏之日短，又享年不永，有以致之。唯湖湘學派雖三傳而衰，然而，對於宋代理學之發展，卻有承先啓後之貢獻。

第二章〈胡寅生平及其著作〉，首述胡寅之生平經歷。分爲早年求學、中年出仕、退居衡嶽、謫居新州四階段。其性格、學術深受胡安國之影響，或在朝論事，或在野陳書，皆力主抗金復仇，先後一貫，雖屢遭斥逐，而百折

不回，足以承擔「豪傑」之稱而無愧。

次為胡寅傳記資料考異。計糾正《宋史‧胡寅傳》之誤一則、《宋史‧秦檜傳》之誤一則、《四庫全書‧斐然集提要》之誤一則、《胡寅年譜》之誤十則，並對胡寅卒年及葬地有所補證。

再次為胡寅著作存佚考。從歷史傳記及諸家書目之中，查考胡寅著作之存佚情形，所得結果如下：

《二君君臣論》一卷	佚	
《無逸傳》一卷	存	載《斐然集》中
《論語詳說》二十卷	佚	
《胡文定公行狀》一卷	存	載《斐然集》中稱〈先公行狀〉
《讀史管見》三十卷	存	
《三國六朝攻守要論》十卷	佚	
《崇正辯》三卷	存	
《敘古千文》一卷	存	載《斐然集》中
《斐然集》三十卷	存	

第三章〈胡寅之理學思想〉，胡寅並無理學思想之專著，其著作之中，對於宋代理學之主要命題，雖有論述，皆只呈現一特殊傾向而欠缺系統，經過詳加清理，大約可見其心性論之大端有二：

一、性體情用，性無善惡。

二、心體心用，心與理一。

其意概以「理」為客觀之精神本體，「理」被人所稟受時謂之「性」；「理」被人稟受，並變為「性」時，表現為「心」。即「理」是「心」之內容，「心」是「理」存在之形式，故「理」、「性」、「心」皆有本體意義，皆超越善惡之價值判斷。欲論善惡，必待性流為情後方可，所謂「動於誘之謂情」。就現實狀態言，情有善惡，然而情本身不能決定善惡，亦不能有循理而動之力量。決定善惡，使情循理而動之力量，來自於「心」，澄治之對象亦在於「心」。故其修養論之重點亦有二焉：

一、致知窮理，主敬存誠。

二、道物一體，崇實務本。

「致知窮理」為外求之工夫，目的在博聞多識以求「理」；「主敬存誠」為內求之工夫，目的在涵養心知之明以見「理」。至於「道物一體」，則是道

不離乎日用之間之意，即形上之道德本體存在於形下之感性生命之中。故胡寅強調「崇實務本」，注重從日用倫常實踐之中，尋求道德心性之超越。

第四章〈胡寅之經世思想〉，宋徽宗宣和之末，胡寅任職於西京國子監，金人入寇，胡寅親身遭遇離亂之憂，感受極為深刻。及宋室南渡，胡寅檢討北宋滅亡之原因，以及南宋面臨之危機，提出肯切之建言。以為民力有水涸魚死之勢，原因在於高宗皇帝無恢復之心、改革之意。故胡寅首先倡言「集思廣議，定為國計」，力主定都建康以團結民心，必罷和議以凝聚民力。政策既定，則必須改革內政，以厚植國力。其具體建議為：

一、就高宗皇帝而言，必須體元居正，端本清源。蓋君猶政源，民庶猶水，源濁而欲流清，理不可得。故胡寅以「仁、明、勇」為人君之德。要求皇帝正心誠意，貴實去虛；勤儉修德，納諫改過；知人惟明，任賢勿貳；法天自強，畏天自警。天道人事，一以貫之，可謂無所不至矣。

二、就國家弊政而言，首先必須整頓朝綱，改紀法制。冗官敗政乃宋朝長期以來存在之問題，唯有從制度上根本改革，才有除舊布新之氣象。故胡寅建議裁減官職，謹行銓選。就用人而言，在朝廷應謹擇宰相，在地方須州郡得人。蓋宰相輔佐人君以治國，郡守縣令乃近民之官。其次，必須修明軍政，厚植國力。南宋初年，民生之凋敝，除官員冗濫之外，兵政不修亦是重要原因。針對兵政之積弊，胡寅主張增強宿衛，親御禁軍；簡汰老弱，選募壯勇；選任賢將，專任責成；屯田養兵，厚植國力。蓋國以民為本，以兵為衛，未聞用兵以殘民者也。兵政既修，俟機北向，抗金復仇，始有可能。再次，必須重農固本，稅賦有常。當南渡之初，由於金人數次南侵，江南地區之工商業受到嚴重破壞，政府財政全仰賴農業生產，故賦役煩重，民不聊生。加以宋朝「不抑兼併」之政策，以至於大批農民或淪為佃農，或轉徙無定，胡寅因而極力主張重農固本，具體措施為薄稅斂，復井田。薄稅斂為直接減輕農民之經濟負擔，復井田則是求土地分配之公平合理。

第五章〈胡寅之教育思想〉，大廈非一木之支，太平非一士之略，治國以得人才為急。然而，為政治國者，往往重視人才之銓選，忽略人才之培養。如此，竭澤而漁，久則無魚；用而不教，久則乏人。胡寅有見及此，對人才培養與教育改革皆提出具體明確之意見：

一、學校乃教養人才之基地，國子學之地位應提升使與尚書、門下、中書等並列，以示尊儒重道之意。州郡必置學校，選擇師儒，購求圖書，以廣

儲人才而爲國用。

二、胡寅將人才分爲文士、儒生、豪傑、聖賢四種類型，以爲教育所培養之人才，當以「知道之儒」、「豪傑」、「聖人」爲目標，而「文士」與「腐儒」不與焉。所謂「知道之儒」，乃學問富，德義修，節行高之人才。所謂「豪傑」，乃有專長，有器識，敢「斥百家之異說」，「力足以當天下之任者」，在輔世濟民之踐履過程中展現其人格力量。至於「聖人」，則是理想人格之最高範型，其特徵在於，天賦本質靈於萬物，能將有限之感性存在統攝於理性之中，又「誠於善」、「勤於學」。

三、教育以培養「知道之儒」、「豪傑」、「聖人」爲鵠的，其教學內容與學習方法皆應歸向此一目標。

（一）就教學內容而言：

1. 儒家經典：胡寅特別重視《論語》與《春秋》，以爲《論語》不僅是聖人言論之集錦，更是天下之理所匯聚，從中可求「道德性命」之旨，而《春秋》則是聖人史外傳心之要典，二者不可偏廢。

2. 歷史文獻：史書並記善惡，以垂勸戒，學者可以歷史之「事」爲例，驗證經書之「理」，經史相輔相成，乃致知窮理之要務。

3. 實際政治問題之考察與研究：湖湘學風，崇尙務實。胡寅以爲，學問必須結合時事，以經世致用爲依歸。學者當在現實政治活動中學習知識，增長才幹，積累經驗，具備解決問題之能力。

4. 諸子百家之說：以其畔夫中庸之道，必折衷於聖人而後可。

（二）就學習方法而言，胡寅以其長期治學與教學之經驗，提出頗多有價值之見解，概括而言，其類有六：

1.自身改造，變化氣質。

2.立志務本，優游涵泳。

3.多聞多識，博而後約。

4.尙志親師，質疑問難。

5.把握時機，著緊用力。

6.窮理致用，知行合一。

第六章〈胡寅之史學思想〉，可得而言者有二：

一、興衰治亂之變遷，乃歷史之必然，其變遷之動力何在？有無規則可循？胡寅受二程影響，以爲歷史之盛衰，社會之治亂，決定於氣之「淳漓」。

歷史變遷之規則，呈循環退化之趨勢。唯胡寅又取張載氣不滅說，以爲氣之聚散，依類而應，人事謬亂，則陰陽之氣從之。故治亂由人，而不可盡歸於天數。既然人事決定歷史之興衰，社會之治亂，則興衰治亂之機，端視人君之舉措是非曲直能否各當其理而已。然則，如何驗證「理」之存在？胡寅以爲，「理」存於儒家經典之中，而讀史有助於明「理」，故歷史之功能，即在於明理求鑑。

二、胡寅評論歷史，大抵就跡原心，借歷史爲當世人君畫像，原不以考證見長。唯《讀史管見》中涉及史學方法者，如辨史料之眞僞、論史事之敍述、評史書之價值。雖吉光片羽，然指瑕糾謬，補苴隙漏，亦有可採者。

由上述之結論，湖湘學派由開創、奠基以至於衰微之過程，可得而知，胡寅思想體系之圖像得以呈現，胡寅在宋代理學史上之地位亦可獲得確定。

附錄一　湖湘學派主要理學人物著作存佚考

敘　例

一、本篇考述南宋湖湘學派主要理學人物胡安國、胡寅、胡宏、胡憲、曾幾、張栻、彭龜年、吳儆、舒璘、游九言諸子之著作，依師承先後順序，以書繫人，其一人之著述多種者，依《四庫全書總目》之分類以爲次。

二、諸書之敘錄，首述諸史傳記、各家文集、歷代書目所載該書之卷帙離合及存佚狀況，其書現存者，列舉所知版本，其書已佚而有遺文留存者，則輯錄之，以見其梗概。次爲簡介該書之內容，引述其主要見解及諸家評論，並參以己見，以明一書之得失。

三、本篇之末，附列湖湘學派主要理學人物著作存佚表，俾便省覽。

胡安國

《春秋傳》三十卷（存）

　　《郡齋讀書志》卷三載《胡氏春秋傳》三十卷，云：「胡安國被旨撰」。《直齋書錄解題》卷三載《春秋傳》三十卷《通例》一卷《通旨》一卷，云：「《通旨》者，所與其徒問答及其他議論條例凡二百餘章，其子寧輯爲一書。」《文獻通考經籍考》卷十著錄胡文定《春秋傳》、《通例》、《通旨》共三十二卷。《福建通紀‧藝文志》著錄《春秋傳》三十卷《通例》一卷。《鐵琴銅劍樓藏書目

錄》卷五載《春秋傳》三十卷，宋刊本。《善本書室藏書志》卷三載《春秋胡氏傳》三十卷，元刊小字本；《春秋胡傳》三十卷，崇道堂刊本。

　　本書存世版本頗多，《江蘇省立國學圖書館現存書目》卷一《經部・春秋類》所載，即有：

　　　　《春秋胡氏傳》三十卷，元刊小字本，八冊。

　　　　　　又一部三十卷，清康熙朱氏崇道堂刊本，六冊。

　　　　　　又一部三十卷，汲古閣刊本，六冊。

　　　　　　又一部三十卷，怡府刊本，八冊。

　　　　　　又一部三十卷，恕堂巾箱本，八冊。

　　　　　　又一部三十卷，天德堂刊本。

　　　　《臺灣公藏先秦經子書目・春秋類》胡氏之屬載有：

　　　　《春秋傳》存十四卷，元刊本。中善（北平）。

　　　　《春秋傳》三十卷，明正統十二年司禮監刊本。中善。

　　　　《春秋傳》存八卷，明內府朱絲欄鈔本。中善（北平）。

　　　　《春秋胡傳》三十卷，明內府刊本。故善。

　　　　《春秋胡傳》三十卷，明內府刊清初修補本。故善。

　　　　《春秋傳》三十卷，明刊本。臺善。

　　　　《春秋胡傳》三十卷，清康熙間內府刊五經四書本。故善。

　　　　《胡氏春秋傳》三十卷，文淵閣《四庫全書》本。故善。

　　　　《胡氏春秋傳》三十卷，《摛藻堂薈要本》。故善。

　　　　《春秋胡氏傳》存十二卷，舊鈔本，墨批。中善（東大）。

　　　　《春秋胡氏傳》三十卷，民國三十二年上海復性書院校刊本。
　　　　　師大。

　　　　《春秋胡氏傳》三十卷，朝鮮舊刊本。中善。

　　　　《春秋胡氏傳》存十九卷，林堯叟音注，元建刊本。中善（北平）。

　　　　《春秋胡氏傳》存三卷，林堯叟音注，明永樂丙戌（四年）廣勤書堂刊本。中善（北平）

　　　　《春秋胡傳》三十卷，林堯叟音注，明繡谷吳繼武校刊本。中善。

　　　　《春秋》三十卷，林堯叟音註，朝鮮舊刊本，中善。

今有一九八九年四川成都巴蜀書社影印怡府藏板、明善堂重梓《春秋胡傳》三十卷本等行世。案，胡安國撰述《春秋傳》之動機與經過，具見於胡寅《斐然集》卷二十五〈先公行狀〉，其言曰：

> 初，王莉公以字說訓釋經義，自謂千聖一致之妙，而於春秋不可以偏旁點化通也，則詆爲斷爛朝報，廢之不列於學官。下逮崇寧，防禁益甚。公自少留心此經，每曰：「先聖親手筆削之書，乃使人主不得聞講說，學士不得相傳習，亂倫滅理，用夷變夏，殆由此乎！」於是潛心刻意，備徵先儒，雖一義之當，片言之善，靡不采入。歲在丙申（宋徽宗政和六年），初得伊川先生所作傳，其間大義十餘條，若合符節。公益自信，研窮玩索者二十餘年，以爲天下事物無不備於春秋，喟然嘆曰：「此傳心要典也。」翰林朱震久從公游，方侍講此經，欲見公所著。公曰：「某之初學也，用功十年，遍覽諸家，欲多求博取，以會要妙，然但得其糟粕耳。又十年，時有省發，遂集眾傳，附以己說，猶未敢以爲得也。又五年，去者或取，取者或去，己說之不可於心者尚多有之。又五年，書向成，舊說之得存者寡矣。及此二年，所習益察，所造益深，乃知聖人之旨益無窮，信非言論所能盡也。」

胡安國以爲，《春秋經》乃先聖親手筆削之書，儒家傳心之要典，而王安石詆之爲斷爛朝報，廢之不列於學官。故窮心研索，歷三十二載而書成。紹興五年二月，安國除徽猷閣待制，知永州，以衰病辭，詔令纂修所著《春秋傳》，以進。安國「即自爲工程，再加訂正。然後繕寫進御，凡十餘萬言。」時在紹興六年十二月。〔註1〕安國生當兩宋遞遭之際，親歷靖康之恥。宋室南渡之後，國步日蹙，將相大臣，多去戰主和，爲偏安之計，寖忘東京宮闕、西京

〔註1〕 胡寅〈先公行狀〉不載胡安國上《春秋傳》之確實年月，《四庫全書總目》卷二十七〈胡安國春秋傳提要〉云：「案《玉海》載『紹興五年四月詔徽猷閣待制胡安國經筵舊臣，令所著《春秋傳》纂述成書進入。十年三月，書成上之，詔獎諭除寶文閣直學士，賜銀幣。』是安國此傳久已屬稿，自奉敕撰進，又覆訂，五年而後成也。」胡玉縉《四庫全書總目提要補正》以爲《玉海》「十」字係「六」字傳刻之誤，並云：「涵芬樓有影印宋刊本，張元濟跋云：『安國進書表，實在紹興六年十二月，館臣未見此表，致沿《玉海》之訛。』」考胡寅〈先公行狀〉載安國卒於紹興八年四月十三日，《皇朝中興聖政》載紹興七年三月，上次建康府，「召提舉江州太平觀胡安國赴行在。時安國上所纂《春秋傳》，翰林學士朱震乞降詔嘉獎。」則《四庫全書總目提要》之誤的然可見，胡玉縉之說是也。

陵寢而不有者。安國感懷時事，憂心發憤，著爲此書，視《春秋》爲史外傳心之要典，本《春秋》大一統之義，宣揚華夷之辨，於尊君父，討亂賊，攘夷狄，正人心，無不屢書而致詳焉。元代科舉，《春秋》之學惟重安國與張洽二家。〔註2〕厥後張微胡盛，胡《傳》單行，影響極爲深遠。然後世對此書之評價，褒貶不一，朱熹嘗云：「能解經而通世務者，無如胡文定。」〔註3〕「胡文定《春秋》所說盡是正理」。〔註4〕又云：胡文定《春秋》解「說的太深」。〔註5〕「解經不使道理明白，卻就其中多使故事，大與做時文答策相似。」〔註6〕又云：「胡《春秋傳》有牽強處，然議論有開合精神。」〔註7〕何喬新曰：「宋之論《春秋》而有成書者，無如胡文定公。文定之傳，精白而博贍，忼慨而精切；然所失者，信《公》、《穀》太過，求褒貶太詳，多非本旨。」〔註8〕由此可見《春秋胡氏傳》之優缺點當分別考查，不可一概而論。

《資治通鑑舉要補遺》一百卷（佚）

《宋史》卷四三五胡安國傳載安國著有《資治通鑑補遺》一百卷，《玉海》卷四十七「乾道資治通鑑綱目」條云：

> 紹興八年，胡安國因司馬光遺稿，修成《舉要補遺》，文約而事備。乾道壬辰（八年）朱熹因兩公之書，別爲義例，爲《綱目》五十九卷。

《斐然集》卷二十五〈先公行狀〉云：

> 公……每患史傳浩博，學者不知統要，而司馬公編年通鑑正書，敘述太詳、目錄首尾不備，晚年著《舉要歷》八十卷，將以趨詳略之中矣。然尚有重複及遺缺者，意司馬公方事筆削，入秉鈞軸，尋薨於位，不得爲成書也。遂略用《春秋》條例，就三書修成一百卷，名曰《資治通鑑舉要補遺》，自爲之〈序〉，以廣司馬公願忠君父稽古圖治之意。

據此可知安國所撰《通鑑舉要補遺》僅一百卷，而《宋史‧藝文志》著錄者

〔註2〕張洽有《春秋集注》十一卷，《綱領》一卷。
〔註3〕《朱子語類》卷九十五，頁 2458。
〔註4〕同前書卷六十七，頁 1650。
〔註5〕同前書卷五十五，頁 1318。
〔註6〕同前書卷八十三，頁 2157。
〔註7〕同前書卷八十三，頁 2155。
〔註8〕《經義考》卷一八五引。

爲一百二十卷，其書今已亡佚，難以考見詳情。劉兆祐先生以爲，「疑此書既行，後人復有所增益」，〔註9〕理或然也。

《胡氏傳家錄》五卷（佚）

《直齋書錄解題》卷九傳記類載《胡氏傳家錄》五卷，云：「曾幾、徐時動、楊訓所記胡安國問答之語，及其子寧所錄家庭之訓。」《朱子語類》卷一〇一云：

> 胡文定公《傳家錄》，議論極有力，可以律貪起懦，但以上功夫不到。如訓子弟作郡處，未後說道：「將來不在人下。」便有克伐之意。子升云：「有力行之意多，而致知功夫少。」

眞西山〈跋劉慶子母胡夫人萱室記〉云：

> 觀胡文定公《傳家錄》，自聖學之源流，治道之機括，修己接物，亡間細鉅，皆爲弟子言之。故致堂、五峰昆弟，至於西圍，或出或處，皆能行天下之大道，守古今之正法。〔註10〕

案，是書今已亡佚，唯見《湘潭縣志》徵引一則，摘錄如下：

> 楊宋臣，不詳其邑里，紹興初權知湘潭，盛暑之官，未幾感疾卒。楊訓以爲其居官愷悌君子也，訓請於其師胡安國言於朝，將從沒於王事之例，請卹錄焉。安國曰：「楊君而在，必不欲也。」乃命訓教其孤子。〔註11〕

《西銘集解》一卷（佚）

《直齋書錄解題》卷九著錄《西銘集解》一卷，云：「張載作〈訂頑〉、〈砭愚〉二銘，後更曰東、西銘，其〈西銘〉即〈訂頑〉也。大抵發明理一分殊之旨。有趙師俠者，集呂大臨、胡安國、張九成、朱熹四家之說爲一編，刻之興化軍。」《文獻通考經籍考》卷三十七同。是胡安國嘗有解說〈西銘〉之語，惜其說已佚，無以考見其詳。

《謝子雅言》上下篇（佚）

朱熹〈謝上蔡語錄後序〉云：

〔註9〕　《宋史藝文志史部佚籍考》，頁424。
〔註10〕　《西山題跋》卷三，頁19。
〔註11〕　光緒十四年刊《湘潭縣志》卷五，頁474。

> 《上蔡先生語錄》三篇，先生姓謝氏，名良佐，字顯道，學於程夫子昆弟之門……此書傳者蓋鮮焉。熹初得友人括蒼吳任寫本一篇（題曰《上蔡先生語錄》），後得吳中版本一篇（題曰《逍遙先生語錄》），二家之書，皆溫陵曾恬天隱所記。最後得胡文定公家寫本二篇於公從子籍溪先生，（題曰《謝子雅言》）凡書四篇。以相參校，胡氏上篇五十五章，記文定公問答，皆他書所無有，而提綱挈領，指示學者用力處，亦卓然非他書所及。下篇四十七章，與版本、吳氏本略同，然時有小異，蓋損益曾氏所記，而精約過之。輒因其舊，定著爲二篇，且著曾氏本語及吳氏之異同者於其下，以備參考。〔註12〕

案，現存之《上蔡語錄》，乃紹興二十九年（1159）朱熹所編。朱子係以友人吳任之抄本、吳中版本、胡安國家藏寫本上下篇爲參考而編成者。其中，胡氏本之上篇記安國之問答，不見於他本，與上蔡無涉。依朱子所言，則安國嘗輯上蔡語，名《謝子雅言》，迨無可疑，惜其書不存，難以考見其詳。

《武夷集》十五卷（佚）

《郡齋讀書志・附志》卷五下載《胡文定公武夷集》十五卷，《直齋書錄解題》卷十八、《文獻通考經籍考》同。《宋史・藝文志・集部・別集類》作「二十二卷」，《福建通紀・藝文志・別集類》同。

案，胡寅《斐然集》卷二十五〈先公行狀〉云：

> 公少時，有作爲文章立名後世之意，其後篤志於天人性命之學，乃不復作。故召試辭免之奏曰：「少習藝文，不稱語妙。晚捐華藻，纔取理明。既覺昨非，更無餘習。」《文集》十五卷，皆不得已而應者，靡麗無益，一語不及。

又卷十九〈進先公文集序〉云：

> 紹興十八年閏八月，太常丞臣寧次當輪對，奏事殿中。皇帝若曰：「惟乃父既纂釋《春秋》，尚當有他論著，其具以進。」臣寧走使告其兄臣寅曰：「先大夫沒十有一載，遺文雖就編綴，然未之出也。學士大夫欲見者已鮮矣，何況天子崇高富貴，日有萬幾，今主上眷言舊學之臣，久而未愁，其思所以仰稱明詔者。」臣寅即取先集釐爲門次，繕寫以獻。

〔註12〕《朱文公文集》卷七十五。朱子又有〈謝上蔡語錄後記〉一篇，見《朱文公文集》卷七十七。二文亦附於《上蔡語錄》卷末。

據此可知，胡安國文集乃其子胡寅所編次，爲十五卷，《宋史・藝文志》作二十二卷，或係誤載。此集已佚，胡寅〈先公行狀〉徵引安國之奏議書論頗多，如，高宗建炎元年上言崇寧以來，朝政之失其大者有九。紹興二年上〈時政論〉十二篇（定計、建都、設險、制國、恤民、立政、覈實、尚志、正心、養氣、宏度、寬恤）皆其較著者。又有〈與楊時書〉、〈與許景衡書〉、〈與呂頤浩書〉、〈與秦檜書〉、〈答曾幾書〉，〔註 13〕皆爲研究胡安國學術思想之重要史料。此外，《南宋文範》卷二十七收錄〈謝許侍養表〉、〈謝罷給事中表〉。《南宋文錄》卷四收錄〈請二程夫子從祀疏〉。《朱文公文集》卷八十一〈跋方伯謨家藏胡文定公帖〉抄錄〈與呂尙書手帖〉，〈跋劉平甫家藏胡文定公帖〉抄錄〈與劉祕閣及與族兄書〉，〈跋胡文定公詩〉抄錄〈答僧絕句〉五首。《宋詩紀事》卷三十四收錄〈胡安國詩〉三首：〈舟入荊江東赴建康〉、〈嚴陵釣臺〉、〈題崔白喧晴圖〉。《宋詩紀事補遺》卷三十收錄〈移居碧泉詩〉一首。朱熹嘗論胡安國之文云：「胡文定公文字皆實，但奏議每件引《春秋》，亦有無其事而遷就之者。」〔註 14〕又云：「著述文章，皆要有綱領，文定文字有綱領。」〔註 15〕王應麟云：「胡文定父子奏疏，以《春秋》之義扶世道、正人心，可以立懦夫之志。此義不明，人欲橫流，始也不知邪正，終也不知順逆。」〔註 16〕自今存遺文觀之，上述評語，頗能指明胡安國議論之特色。

胡　寅

《論語詳說》遺文輯（佚）

〈學而篇〉

第四章

子曰：「道千乘之國，敬事而信，節用而愛人，使民以時。」
胡氏曰：「節用者，愛人之本也，然愛人者其名覃眾，故慕之而易，節用者其事切己，故憚之而難行。徒以愛人之名揚于眾，而不能以節用之實本諸己，則雖日愛人而人終不蒙其愛矣。」（《論語或問》

〔註 13〕答曾幾書亦見於《閩中理學淵源考》卷三。
〔註 14〕《朱子語類》卷一三九，頁 3315。
〔註 15〕同前書，頁 3320。
〔註 16〕《困學記聞》卷五，頁 882。

卷一）

胡氏曰：「凡此數者，又皆以敬爲主。」（《論語集註》卷一）

第十章

子禽問於子貢曰：「夫子至於是邦也，必聞其政，求之與？抑與之與？」子貢曰：「夫子溫、良、恭、儉、讓以得之。夫子之求之也，其諸異乎人之求之與？」

胡氏曰：「凡人未見聖，若不克見，既見聖，亦不克由聖。彼既語夫子以政矣，未聞一君舉國以聽其所爲，然是亦可以爲之兆也，而聖人一言不契，則委而去之，未嘗屑就。在齊時，行道之心雖篤，而未嘗屈道以信身也。」（《論語或問》卷一）

案，朱子曰：「大抵此章說之善者莫踰於程子，而胡氏亦有所發明也。」

第十一章

子曰：「父在，觀其志；父沒，觀其行；三年無改於父之道，可謂孝矣。」

胡寅曰：「於之爲言，依近慕思之意也，執三年之喪，而依近慕思不少變焉，可謂孝矣，非指父道而言。」（《斐南遺老集》卷四〈論語辨惑〉一）

第十四章

子曰：「君子食無求飽，居無求安，敏於事而愼於言，就有道而正焉，可謂好學也已。」

胡氏曰：「食期飽，居期安，人之情也，而聖人之言如此，豈反人之情而強其所難？亦曰有志於學，則不當以此爲念耳。食必求飽，居必求安，役役焉惟口體之奉而無所不至焉，其分於道也，不亦遠乎？」（《論語或問》卷一）

案，朱子謂此章之說，「尹氏最善，胡氏及張敬夫之說亦善。」

第十五章

子貢曰：「貧而無諂，富而無驕，何如？」子曰：「可也。未若貧而樂，富而好禮者也。」子貢曰：「《詩》云：『如切如磋，如琢如磨。』其斯之謂與？」子曰：「賜也，始可與言《詩》已矣！告諸往而知來者。」

蘇氏曰：「子貢言貧而無諂，富而無驕，此之所謂可者，蓋貧則防其諂也，富則防其驕也，紛紛乎自防之不給。孔子曰：貧而樂，富而好禮。夫貧而樂，雖欲諂，不可得也；富而好禮，雖欲驕，亦不可得也。豈不賢於彼二言哉！然亦未可以爲至也。自是而上，則可而不止，則必有至焉者矣。」

朱子曰：「蘇氏之說，於文意最爲得之，吾之說誠不異乎彼矣，然其大旨，則有不同焉者……蓋彼謂樂與好禮未足而至，自是而不已，則是將有至焉者矣。而吾謂以貧富而爲言，則至於樂與好禮而無以加矣。夫蘇氏之意，豈以爲將有忘乎貧富者，然後爲至耶？此老佛之餘，而非孔子之意矣。故胡氏非之曰：「貧而樂，非顏子不能，富而好禮，非周公不能，夫子所以誘掖子貢者高矣，由以爲未至，則孰可以爲至者耶？」其說當矣。（《論語或問》卷一）

〈爲政篇〉

第四章

子曰：「吾十有五而志于學，三十而立，四十而不惑，五十而知天命，六十而耳順，七十而從心所欲，不踰矩。」

胡氏曰：「聖人之教亦多術，然其要使人不失其本心而已。欲得此心者，惟志乎聖人所示之學，循其序而進焉。至於一疵不存，萬理明盡之後，則其日用之間，本心瑩然，隨所意欲，莫非至理。蓋心即體，欲即用，體即道，用即義，聲爲律而身爲度矣。」（《論語集註》卷一）

又曰：「聖人言此，一以示學者當優遊涵泳，不可躐等而進；二以示學者當日就月將，不可半途而廢也。」（《論語集註》卷一）

第五章

孟懿子問孝。子曰：「無違。」樊遲御，子告之曰：「孟孫問孝於我，我對曰『無違』。」樊遲曰：「何謂也？」子曰：「生，事之以禮；死，葬之以禮，祭之以禮。」

胡氏曰：「人之欲孝其親，心雖無窮，而分則有限。得爲而不爲，與不得爲而爲之，均於不孝。所謂以禮者，爲其所得爲者而已矣。」（《論語集註》卷一）

第七章

子游問孝。子曰：「今之孝者，是謂能養。至於犬馬，皆能有養；不敬，何以別乎？」

胡氏曰：「世俗事親，能養足矣。狃恩恃愛，而不知其漸流於不敬，則非小失也。子游聖門高弟，未必至此，聖人直恐其愛踰於敬，故以是深警發之也。」（《論語集註》卷一）

第九章

子曰：「吾與回言終日，不違如愚。退而省其私，亦足以發，回也不愚。」

胡氏曰：「顏子之質，鄰於生知，故聞夫子之言，心通默識，不復問辨，反如愚蒙之未達者。及侍坐而退，夫子察其燕私，則其視聽言動，皆能以聖人所教，隨用發見，然後知向之所謂愚者，乃所謂上智也。然聖人久矣知顏子之不愚矣，而必曰退而省其私之云者，所以見其非無證之空言，且以明進德之功，必由內外相符，隱顯一致，欲學者之慎其獨也。嗚呼！夫子與回言終日，則言多矣，而今存者無幾，可勝惜哉！」（《論語或問》卷二）

第二十三章

子張問：「十世可知也？」子曰：「殷因於夏禮，所損益，可知也；周因於殷禮，所損益，可知也。其或繼周者，雖百世可知也。」

胡氏曰：「子張之問，蓋欲知來，而聖人言其既往者以明之也。夫自修身以至於為天下，不可一日而無禮。天敘天秩，人所共由，禮之本也。商不能改乎夏，周不能改乎商，所謂天地之常經也。若乃制度文為，或太過則當損，或不足則當益。益之損之，與時宜之，而所因者不壞，是古今之通義也。因往推來，雖百世之遠，不過如此而已矣。」（《論語集註》卷一）

〈八佾篇〉

第十八章

子曰：「事君盡禮，人以為諂也。」

胡氏曰：「聖人事君盡禮，非自賢以駭俗，內交以媚君也。亦曰畏天命、畏大人而已矣。以子思、孟子之言觀之，則聖賢之分可見矣。

然仰遵夫子，則作中和之德，師法二子，則強不弱之志，二者審己
所聞，擇而從之可也。」（《論語或問》卷二）

第二十一章

哀公問社於宰我。宰我對曰：「夏后氏以松，殷人以柏，周人以栗，
曰：使民戰栗。」子聞之，曰：「成事不說，遂事不諫，既往不咎。」
胡氏曰：「古者祭地於社，猶祀天於郊也，故〈秦誓〉曰：『郊祀不
修』。而周公祀于新邑，亦先用二牛于郊，後用太牢于社也。《記》
曰：『天子將出，類于上帝，宜于社。』又曰：『郊所以明天道，社
所以神地道。』《周禮》以禋祀祀昊天上帝，以血祭祭社稷，而別無
地示之位，兩圭有邸舞雲門以祀天，兩圭有邸舞咸池以祀地，而別
無祭社之說，則以郊對祀可知矣。後世既立社，又立北郊，失之矣。」
（《論語或問》卷二）

〈里仁篇〉

第一章

子曰：「里仁爲美。擇不處仁，焉得知？」
胡氏曰：「里，居也。居仁如里，安仁者也；擇而處仁，利仁者也。」
（《論語或問》卷四）
致堂云：「里，居也。居仁如里，安仁者也。」（《困學紀聞》卷七）

第二章

子曰：「不仁者，不可以久處約，不可以長處樂。仁者安仁，知者利
仁。」
胡氏曰：「舜之飯糗茹草，若將終身，衣袗衣、鼓琴，若固有之，此
安仁者之久處約，長處樂也。原憲環堵、閔損汶上，魯之季文子、
齊之晏平仲，此利仁者之久處約，長處樂也。」（《論語或問》卷四）
案，朱子曰：「胡氏於此發明，似得其本旨者。」

第四章

子曰：「苟志於仁矣，無惡也。」
朱子曰：「謝氏以志仁爲知仁，以去聲讀惡字，則又誤矣。蓋志仁則
實有意於爲仁，非但知之而已也。且上章適言惟仁者能好人，能惡
人，則仁人曷嘗無所好惡哉！今曰無惡，然則謂其獨有所好可乎？

故胡氏力排其說，以爲貪無惡之美名，失仁人之公道，非知仁者，蓋得之矣。然此又或有說焉，蓋仁固公矣，而主於愛，故仁者於物之當好者，則欣然悅而好之，有所不得不惡者，則惻然不得已而惡之，是以好惡各當其物，而愛之理未嘗不行乎好惡間也。以此而觀，則胡氏之言，其亦未免於偏與！」〈《論語或問》卷四〉

第六章

子曰：「我未見好仁者，惡不仁者。好仁者，無以尚之；惡不仁者，其爲仁矣，不使不仁者加乎其身。有能一日用其力於仁矣乎？我未見力不足者。蓋有之矣，我未之見也。」

朱子曰：「胡氏以好仁爲利之，惡不仁爲強之者，得之矣。」（《論語或問》卷四）

第十六章

子曰：「君子喻於義，小人喻於利。」

胡氏曰：「義固所以利也，《易》所謂利者義之和者，是也。然自利爲之，則反致不奪不饜之害；自義爲之，則蒙就義之利而遠於利之害矣。孟子之告梁王，意猶是也。」（《論語或問》卷四）

第十七章

子曰：「見賢思齊焉，見不賢而內自省也。」

胡氏曰：「見人之善惡不同，而無不反諸身者，則不徒羨人而甘自棄，不徒責人而忘自責矣。」（《論語集註》卷二）

第二十章

子曰：「三年無改於父之道，可謂孝矣。」

胡氏曰：「已見首篇，此蓋複出而逸其半也。」（《論語集註》卷二）

第二十四章

子曰：「君子欲訥於言而敏於行。」

胡氏曰：「言而能訥，畜德則固，喻人則信，謀事則密，不訥者反之。行而能敏，遷善則速，改過則勇，應務則給，不敏者反是。夫敏與訥雖或出於天資，然可習也。言煩以訥矯之，行緩以敏勵之，由我而已，不自變其氣質，學豈有功哉！」（《論語或問》卷四）

又曰：「自吾道一貫至此十章，疑皆曾子門人所記也。」（《論語集註》
卷二）

第二十六章

子游曰：「事君數，斯辱矣；朋友數，斯疏矣。」

胡氏曰：「事君諫不行，則當去；導友善不納，則當止。至於煩瀆，
則言者輕，聽者厭矣，是以求榮而反辱，求親而反疏也。」（《論語
集註》卷二）

〈公冶長篇〉

此篇……胡氏以為疑多子貢之徒所記云。（《論語集註》卷二）

第一章

子謂公冶長：「可妻也。雖在縲絏之中，非其罪也。」以其子妻之。
子謂南容：「邦有道，不廢；邦無道，免於刑戮。」以其兄之子妻之。
胡氏曰：「聖人之於昏姻，參度彼己如是之審，所以能保終而無弊也。
後世或以富貴結，或以急難合，或憑媒妁兩美之言，或因意氣一時
之諾，初未嘗深知二人之性行也。雖然，婿猶易見，女最難知，人
多謹於擇婿，不能慎於擇女。逮德下衰，又惟財色是迷，而不思家
之隆替自內助始也，可勝嘆哉！」（《論語或問》卷五）

第二章

子謂子賤：「君子哉若人！魯無君子者，斯焉取斯？」

胡氏曰：「《家語》云：『子賤少孔子四十九歲，有才智仁愛，為單父
宰，民不忍欺。』以年計之，孔子卒時，子賤方年二十餘歲，意其
進師夫子，退從諸弟子遊，而切磋以成其德者，故夫子嘆之如此。」
（《論語或問》卷五）

第五章

子使漆雕開仕。對曰：「吾斯之未能信。」子說。

胡氏曰：「漆雕開之言如此，蓋為己之心勝而進道之志大也。」（《論
語或問》卷五）

第八章

子謂子貢曰：「女與回也孰愈？」對曰：「賜也何敢望回。回也聞一

以知十，賜也聞一以知二。」子曰：「弗如也！吾與女弗如也。」

胡氏曰：「聞一知十，舉始知終，無不盡也。聞志學則知從心不踰矩之妙，聞可欲之義則知聖人而不可知之神，豈上智之資，生知之亞也。聞一知二者，序而進，類而達也。語以出告反面，而知昏定晨省；語以徐行後長，而知天顯克恭。此中人以上之資，學而知之之才也。子貢平日以己方回，見其不可企及，故稱之如此。」（《論語或問》卷五）

胡氏曰：「子貢方人，夫子既語以不暇，又問其與回孰愈，以觀其自知之如何。聞一知十，上知之資，生知之亞也。聞一知二，中人以上之之資，學而知之之才也。子貢平日以己方回，見其不可企及，故喻之如此。夫子以其自知之明，而又不難於自屈，故既然之，又重許之。此其所以終聞性與天道，不特聞一知二而已也。」（《論語集註》卷二）

案，陳天祥曰：「經中雖常有子貢方人之語，當時果曾比方何人，不可得知。今言平日方回，豈有據邪？縱或有據，猶當慎取。夫顏子亞聖也，人不自量，以己方之，雖至愚之人，亦必不為，而謂子貢為之乎？向者以己方回，直與之均齊，今乃以知十知二為比，何其陞降陡驟如此邪？方回之說，蓋未敢信。」（《四書辨疑》卷四）

第九章

宰予晝寢。子曰：「朽木不可雕也，糞土之牆不可杇也，於予與何誅。」

子曰：「始吾於人也，聽其言而信其行；今吾於人也，聽其言而觀其行。於予與改是。」

胡氏曰：「『子曰』疑衍文，不然，則非一日之言也。」（《論語集註》卷二）

案，王若虛曰：「始吾於人。此一章而再稱子曰，胡氏疑其衍文，或非一日之言。予謂以語法觀之，只是一章，其為衍文無疑也。」（《滹南遺老集》卷五〈論語辨惑〉二）

第二十七章

子曰：「十室之邑，必有忠信，如丘者焉，不如丘之好學也。」

胡氏曰：「十室之邑，尚有忠信如孔子者，況以天下之大，萬民之眾，

千歲之遠，其可以學而入聖者宜亦多矣。然自孟子之後，以至于今，讀書學問者不絕於世，而求如曾、閔者，不能以一二數，則以不知孔子所好之學而好之耳。」（《論語或問》卷五）

案，朱子曰：「胡氏之說，亦有所發明。」

〈雍也篇〉

第一章

仲弓問子桑伯子，子曰：「可也，簡。」仲弓曰：「居敬而行簡，以臨其民，不亦可乎？居簡而行簡，無乃大簡乎？」

或問子桑子何人也？曰：「胡氏以爲莊子所稱子桑戶，與孟子反、子琴張爲友者，蓋老氏之流也。」（《論語或問》卷六）

子桑伯子，魯人。胡氏以爲疑即莊周所稱子桑戶者是也。（《論語集註》卷二）

第三章

子華使於齊，冉子爲其母請粟。子曰：「與之釜。」請益。曰：「與之庾。」冉子與之粟五秉。子曰：「赤之適齊也，乘肥馬，衣輕裘。吾聞之也，君子周急不繼富。」

胡氏曰：「冉子爲其母請，聖人所以重違而少與之也。」（《論語或問》卷六）

案，朱子曰：「胡氏之說亦善。」

第六章

季康子問：「仲由可使從政也與？」子曰：「由也果，於從政乎何有？」曰：「賜也，可使從政也與？」曰：「賜也達，於從政乎何有？」曰：「求也，可使從政也與？」曰：「求也藝，於從政乎何有？」

胡氏曰：「求爲季氏宰久矣，此問從政，爲可使爲大夫否也。蓋宰有家事而已，大夫則與聞國政也。然康子卒不能與三子同外諸公，此魯之所以卒不競也。」（《論語或問》卷六）

第十章

冉求曰：「非不說子之道，力不足也。」子曰：「力不足者，中道而廢。今女畫。」

胡氏曰：「夫子稱顏回不改其樂，冉求聞之，故是有言。然使求說夫子之道，誠如口之說芻豢，則必將盡力以求之，何患力之不足哉？畫而不進，則日退而已矣，此冉求之所以局於藝也。」（《論語集註》卷二）

第十三章

子曰：「孟之反不伐，奔而殿。將入門，策其馬，曰：『非敢後也，馬不進也。』」

或問：「孟子反何人也？」曰：「胡氏以為即莊子所謂孟子反，蓋聞老氏懦弱謙下之風而悅之者也。」（《論語或問》卷六）

胡氏曰：「反，即莊周所稱孟子反者是也。」（《論語集註》卷二）

胡先生說：「莊子所載三子云：孟子反、子桑戶、子琴張。子反便是孟子反。子桑戶便是子桑伯子，『可也簡』底。子琴張便是琴張，孔子所謂『狂者』也。但莊子說的怪誕。」（《朱子語類》卷三十二）

〈述而篇〉

第五章

子曰：「甚矣吾衰也！久矣吾不復夢見周公。」

胡氏曰：「心空萬物之至虛，非但藏往，故能知來，凡天地古今之所有，無一外乎此者，無明晦古今遠邇通塞之間，此人之所以有夢，夢之所以多變也。然聖人誠存，賢人存誠，則其夢治，若夫思慮紛擾，精神不定，則所夢雜亂，或正或邪，亦如且畫之所為等爾。善學者既謹其言動，而又必驗諸夢寐之間。」（《論語或問》卷七）

案，朱子曰：「胡氏說亦有可取者焉。」

第二十七章

子曰：「蓋有不知而作之者，我無是也。多聞，擇其善者而從之，多見而識之，知之次也。」

胡氏曰：「聖人生而知之，作無非理，故無不知而作之者。孔子不以生知自居，今乃自謂其無不知而作之者，又以見聞擇識之知為次，則孔子之知乃生知也。夫不為妄作，在聖人為不足道，然味之則無所不知，非聖人不能矣。若君子有所未知，則不可作也。多聞多見，耳目所受也；擇善去不善，致知之端也；從之，效於事為也；識之，

記而不忘也。內外並進，利仁之事，雖異於生知，亦其次矣。」（《論語或問》卷七）

案，朱子曰：「胡氏似程子而小不同……不若程子之密。」

第三十四章

子疾病，子路請禱。子曰：「有諸？」子路對曰：「有之。誄曰：『禱爾于上下神祇。』」子曰：「丘之禱久矣。」

胡氏曰：「禱之爲禮，非正禮也，而忠臣孝子切至之情有不可廢者，故聖人之立制，猶盟詛之類爾。然君子不自爲也，惟君父則可，而又必於其病焉。若非其鬼，則是淫祀而已，又安取福乎！子路所謂上下神祇者，殆非大夫之所得禱也。以此推之，後世祀典之失，又豈可勝言哉！」又曰：「上下神祇與人一理，夫子道參天地，誠貫幽顯，仰無所愧，俯無所怍，豈疾病而後禱哉？生而知之，安而行之，少而壯，壯而老，非日月至焉者，其何以如之。」（《論語或問》卷七）

〈泰伯篇〉

第四章

曾子有疾，孟敬子問之。曾子言曰：「鳥之將死，其鳴也哀；人之將死，其言也善。君子所貴乎道者三：動容貌，斯遠暴慢矣；正顏色，斯近信矣；出辭氣，斯遠鄙倍矣。籩豆之事，則有司存。」

胡氏曰：「曾子之病，見於此二者，而見於〈檀弓〉者一。愚嘗考其事之先後，竊意此章最先，前章次之，而易簀之事最在其後，乃垂絕時語也。當是時也，氣息奄奄僅在，而聲爲律，身爲度，心即理，理即心，其視死生猶晝夜然，夫豈異教坐亡幻語，不誠不敬者所可彷彿。學者誠能盡心於此，則可以不惑於彼也。」（《論語或問》卷八）

案，朱子曰：「胡氏所考曾子之事則善。」

第十章

子曰：「好勇疾貧，亂也。人而不仁，疾之已甚，亂也。」

胡氏曰：「好勇而不疾貧，則不肯爲亂，疾貧而不好勇，則不能爲亂。自古亂民皆其材力出眾，而迫於飢寒者也。爲人上者，其可不思制

其產厚其生乎！抑學者不幸而勇，勇又不幸而貧，苟無道以持之，自行一不義，取非其有，日長月滋，其不流於亂也幾希矣。此又學者所當自警也。(《論語或問》卷八)

案，朱子曰：「胡氏上句小異，然亦可取。」

第十二章

子曰：「三年學，不至於穀，不易得也。」

胡氏曰：「穀，善也、成也。《爾雅》曰：『信善為穀。』言善之成實也。今世方言亦以物之成實者為穀。」(《論語或問》卷八)

胡氏寅《論語詳說》云：「以至為志，其義益精，或聲同而誤也。」(《集註旁證》)

案，朱子曰：「若以穀為善，則胡氏之釋為善。」

第十四章

子曰：「不在其位，不謀其政。」

胡氏曰：「東漢季年，黨錮禍起，潁川杜密去官家居，每謁守令，多所請託，而同郡劉勝亦自蜀還，閉門掃軌。太守王昱見杜密，獨稱季陵清高以箴之。密謂昱曰：『劉勝位為大夫，見禮上賓，知善不薦，見惡不論，隱情惜己，自同寒蟬，乃罪人也。今密舉志義力行之賢，糾違道失節之士，使明府賞罰得中，令聞休暢，不亦萬之一乎！』昱乃慚服。以愚觀之，昱從善服義，固不可訾，若密之為，是代昱行事也，不在其位而謀其政者，大繄如此，黨錮諸賢，多陷此失，可不戒哉。」(《論語或問》卷八)

第二十章

舜有臣五人而天下治。武王曰：「予有亂臣十人。」孔子曰：「才難，不其然乎？唐虞之際，於斯為盛。有婦人焉，九人而已。三分天下有其二，以服事殷。周之德，其可謂至德也已矣。」

胡氏曰：「孔子稱武王、周公善繼人之志，善述人之事。蓋文王受命作周，大統未集，武王嗣為西伯，又十二年而紂益不悛，於是武王順天應人，繼志述事，一服戎衣，天下大定，此文武之實也。而論者乃謂文王無意於伐紂，獨武王行之，此考之不詳也。夫文王之時，三分天下既有其二，以加倍之力可取而不取，猶北面臣節，此周德

之所以爲至德也。言周則文武兼舉矣，誠使仲尼有取文貶武之意，曷不曰文王之德以白之乎？誠使文王無廣周於下之心，曷不專守分地而取其三分之二乎？聖人之動，莫非天理。當文王時，商曆未終，文王安得而取之？及武王時，受罪貫盈，武王安得而不取？向若文王享堯、舜之壽，則夫三分之一亦不行周師而服矣。」（《論語或問》卷八）

第二十一章

子曰：「禹，吾無間然矣。菲飲食，而致孝乎鬼神；惡衣服，而致美乎黻冕；卑宮室，而盡力乎溝洫。禹，吾無間然矣。」

胡氏曰：「禹爲天子，有常奉矣，然以鯀功不就而殛死，故心常痛之，而不忍享其奉也。至豐享祀、華黻冕，則以奉其先也。盡力溝洫，則以終其事也。古之聖人愛其親有深長之恩如此，然而不棄天下者，不敢以一人之私而害天下之公也。若王褒、嵇紹，則終身不仕可也。」（《論語或問》卷八）

〈子罕篇〉

第十章

顏淵喟然歎曰：「仰之彌高，鑽之彌堅；瞻之在前，忽焉在後。夫子循循然善誘人，博我以文，約我以禮。欲罷不能，既竭吾才，如有所立，卓爾。雖欲從之，末由也已。」

胡氏曰：「無上事而喟然嘆，此顏子學既有得，故述其先難之故，後得之由，而歸功於聖人也。高堅前後，語道體也；仰鑽瞻忽，未領其要也。惟夫子循循善誘，先博我以文，使我知古今，達事變；然後約我以禮，使我尊所問，行所知。如行者之赴家，食者之求飽，是以欲罷而不能，盡心盡力，不少休廢。然後見夫子所立之卓然，雖欲從之，末由也已。是蓋不怠所從，必欲至乎卓立之地也。抑斯歎也，其在請事斯語之後，三月不違之時乎？」（《論語集註》卷五）

朱子曰：「胡說最爲完備，但歸功聖人一句未安。蓋此非有所歸功，但敘其所學之本末，而歎其未能遽至聖人之地耳。」（《論語或問》卷九）

問：「程子言『到此大段著力不得』，胡氏又曰『不怠所從，必欲至乎卓立之地。』何也？」（《朱子語類》卷三十六）

第十一章

子疾病，子路使門人爲臣。病閒，曰：「久矣哉！由之行詐也，無臣而爲有臣。吾誰欺？欺天乎？且予與其死於臣之手也，無寧死於二三子之手乎？且予縱不得大葬，予死於道路乎？」

胡氏曰：「此必夫子失司寇之後，未致其事之前也。若夢奠則子路死於衛久矣。大夫老而致仕後，得從其列，無家臣者，無祿故也。孔子初未嘗知爲臣之事，而曰吾誰欺者，引咎歸己以深責子路也。或曰：如使夫子疾病不閒，非禮之臣遂以奉終，豈不仰累聖人乎？曰：夫子儻至大故，耳目所接有異，必遂正之矣。聖人病，則不能無，若其方寸，絕不以病而憒也。」（《論語或問》卷九）

第十三章

子欲居九夷。或曰：「陋，如之何！」子曰：「君子居之，何陋之有？」

或問九夷之說。曰：「刑以爲九夷，蓋玄菟、樂浪、高麗之屬。而胡氏亦曰：『君子指箕子也。箕子居於遼東九夷之地，其教條風俗至漢猶存，夫子之時，又當純固。』此說蓋出於班固，然恐非聖人之本意也。」（《論語或問》卷九）

第十七章

子曰：「吾未見好德如好色者也。」

胡氏曰：「好德而好色，是好德而未能深也，不好色而不好德焉，則其不好色亦何所就也。是故色者人之所好，好而難疏；德亦人之所同好，好而難親。知其病而痛藥之，不使稂莠得害嘉穀，則志氣清明而獨立乎萬物之表矣。」（《論語或問》卷九）

第十八章

子曰：「譬如爲山，未成一簣，止，吾止也；譬如平地，雖覆一簣，進，吾往也。」

胡氏曰：「顏淵曰：『舜何人也，予何人也，有爲者亦若是。』此吾往者也。冉求曰：『非不說子之道，力不足也。』此吾止者也。其進其止，皆非佗人所能，此君子所以自強不息也。」（《論語或問》卷九）

案，朱子曰：「諸說……惟胡氏爲盡善耳。」

第二十三章

子曰：「法語之言，能無從乎？改之爲貴。巽與之言，能無説乎？繹之爲貴。説而不繹，從而不改，吾未如之何也已矣。」

胡氏曰：「法言者，伊尹所謂逆于汝心者也。理不可拒，故勉而從之，然以其逆心也，故能改革者鮮矣。巽言者，伊尹所謂遜于汝志者是也。情無所悟，故甘而悦之，然以其遜志也，故能尋繹者鮮矣。改，則法言爲有功；繹，則巽言爲無取。此身之脩壞、國之治亂之所由也。」（《論語或問》卷九）

案，朱子曰：「胡氏本韓文公……亦可觀。」

第三十章

「唐棣之華，偏其反而。豈不爾思？室是遠而。」子曰：「未之思也，夫何遠之有？」

曰：「或以〈小雅・常棣〉之一章，而夫子所刪而不取者也，信乎？」

曰：「不然也。」（《論語或問》卷九）

唐棣與常棣不同。致堂謂「偏其反而」即《詩・常棣》篇，孔子刪而不取，恐誤。（《困學紀聞》卷七）

〈鄉黨篇〉

第九節

惟酒無量，不及亂。

胡氏曰：「亂者，内昏其心志，外喪其威儀，甚則班伯所謂淫亂之原，皆在於酒。聖人飲無定量，亦無亂態，蓋從心所欲而不踰矩，是以如此。學者未能然，則如晉元帝未帝，初鎮江東，以酒廢事，王導以爲言，帝命酌飲觴而覆之，於此遂絕。」（《論語或問》卷十）

案，朱子謂：「唯酒無量，不及亂」，胡氏説得之。

第十七節

凶服者式之。式負版者。

曰：「胡氏以負版爲喪服之在背者，此蓋記者釋上文式凶服爲必重服有負版者乃式之也，然乎？」曰：「未可知也，然禮家説大功以下無負版，恐亦或有此禮，姑存其説，以俟知者擇之。」（《論語或問》卷十）

第十八節

色斯舉矣，翔而後集。

胡氏以爲雉之飛也決起，其止也下投，無翔集之狀。（《論語或問》卷十）

〈先進篇〉

胡氏曰：「此篇記閔子騫言行者四，而其一直稱閔子，疑閔氏門人所記也。」（《論語集註》卷六）

第三章

子曰：「回也非助我者也，於吾言無所不說。」

胡氏曰：「夫子之於回，豈眞以助我望之。蓋聖人之謙德，又以深贊顏氏云爾。」（《論語集註》卷六）

第四章

子曰：「孝哉閔子騫！人不間於其父母昆弟之言。」

胡氏曰：「父母兄弟稱其孝友，人皆信之無異辭者，蓋其孝友之實，有以積於中而著於外，故夫子歎而美之。」（《論語集註》卷六）

案，朱子曰：「諸說於文義皆有未諧者，唯胡氏爲可通耳。」

第六章

季康子問：「弟子孰爲好學？」孔子對曰：「有顏回者好學，不幸短命死矣！今也則亡。」

胡氏曰：「記言之例，君問，則稱孔子以對，尊君也。大夫之問亦然，則非禮矣。盍稱氏以異乎門人，而去對以降於國君者乎！」（《論語或問》卷十一）

第七章

顏淵死，顏路請子之車以爲之槨。子曰：「才不才，亦各言其子也。鯉也死，有棺而無槨。吾不徒行以爲之槨。以吾從大夫之後，不可徒行也。」

胡氏曰：「孔子遇舊館人之喪，嘗脫驂以賻之矣。今乃不許顏路之請，何邪？葬可以無槨，驂可以脫而復求，大夫不可以徒行，命車不可以與人而鬻諸市也。且爲所識窮乏者得我，而勉強以副其意，豈誠

心與直道哉？或者以爲君子行禮，視吾之有無而已。夫君子之用財，視義之可否，豈獨視有無而已哉？」（《論語集註》卷六）

案，王若虛曰：「顏淵死，顏路請子之車以爲之椁，孔子不許。東坡曰：『古者行禮，視其所有而已。遇其有，則脫驂於舊館人；及其無，不捨車於顏淵。』胡氏曰：『葬可以無椁……豈獨視有無而已哉？』予謂胡氏之論，若勝於東坡，然喪具稱其家貲而不以死傷生，古之道也。雖於父母且然，況卑幼乎！以子之椁而奪師之車，其不量彼己，不知輕重亦甚矣。在禮意人情，自當拒之，何必如胡氏之辨析哉？」（《滹南遺老集》卷六〈論語辨惑〉三）

第九章

顏淵死，子哭之慟。從者曰：「子慟矣。」曰：「有慟乎？非夫人之爲慟而誰爲？」

胡氏曰：「痛惜之至，施當其可，皆情性之正也。」（《論語集註》卷六）

第十五章

子貢問：「師與商也孰賢？」子曰：「師也過，商也不及。」曰：「然則師愈與？」子曰：「過猶不及。」

或問：「楊墨之學，出於師、商，信乎？」曰：「胡氏論之當矣。」

胡氏曰：「楊朱，即莊周所謂楊子居者，與老聃同時，墨翟又在楊朱之前，宗師大禹而晏嬰學之者也。以爲出於二子，則其考之不詳甚矣。」（《論語或問》卷十一）

致堂曰：「楊朱與老聃同時，墨翟又在前，宗師大禹而晏嬰學之，以爲楊、墨出於師、商，考之不詳甚矣。」愚謂，觀此……則異端之學，非孔門弟子流傳之差也。（《困學紀聞》卷八）

第十八章

子曰：「回也其庶乎！屢空。賜不受命而貨殖焉，億則屢中。」

或問屢空之說。曰：「空爲匱乏，其說舊矣，何晏始以爲虛中受道，蓋出老莊之說，非聖人言本意也。諸先生亦或從之，誤矣。惟范氏不從，而胡氏亦論之曰：『以屢空爲虛中受道，聖人之言未嘗如是之僻而晦也。屢而有間，是頻復耳，方其不空之時，與傭人亦奚遠哉？』此得之矣。」（《論語或問》卷十一）

第二十二章

子畏於匡，顏淵後。子曰：「吾以女爲死矣。」曰：「子在，回何敢死？」

或曰：「顏淵若死於夫子之難，其如顏路何？」胡氏曰：「程子嘗言之矣，閭巷之人，辭親遠適，則同患難有相死之理，況朋友乎？況弟子之於師乎？其可不可，當未行而預斷，不可臨難而始謀也。」（《論語或問》卷十一）

胡氏曰：「先王之制，民生於三，事之如一。惟其所在，則致死焉。況顏淵之於孔子，恩義兼盡，又非他人之爲師弟者而已。即夫子不幸而遇難，回必捐生以赴之矣。捐生以赴之，幸而不死，則必上告天子，下告方伯，請討以復讎，不但已也。夫子而在，則回爲何而不愛其死，以犯匡人之鋒乎？」（《論語集註》卷六）

案，王夫之云：「胡氏告天子方伯請討之說，尤迂疏無理。傷人者刑，殺人者死，司寇治之耳。夫子非有國之君，匡人亦非能阻兵負固者，何待天子方伯之討哉？然要不須如此論，亦聊破胡氏之謬耳。」（《讀四書大全說》卷六）

第二十三章

季子然問：「仲由、冉求可謂大臣與？」子曰：「吾以子爲異之問，曾由與求之問。所謂大臣者，以道事君，不可則止。今由與求也，可謂具臣矣。」曰：「然則從之者與？」子曰：「弒父與君，亦不從也。」

胡氏曰：「亂臣賊子欲動其惡，其不從者，未有能全其身者也。然則夫子此言，是以死難不可奪之節許二子矣。況使季氏先聞此言，則邪謀亂心，豈不潛消於冥冥之中乎！」（《論語或問》卷十一）

〈顏淵篇〉

第五章

司馬牛憂曰：「人皆有兄弟，我獨亡。」子夏曰：「商聞之矣，死生有命，富貴在天。君子敬而無失，與人恭而有禮。四海之內，皆兄弟也。君子何患乎無兄弟也？」

胡氏曰：「子夏四海皆兄弟之言，特以廣司馬牛之意，意圓而語滯者

也，惟聖人則無此病矣。且子夏知此而以哭子喪明，則以蔽於愛而昧於理，是以不能踐其言爾。」（《論語集註》卷六）

曰：「四海兄弟之說如何？」曰：「謝氏得之矣，胡氏謂意圓者蓋得諸此。」（《論語或問》卷十二）

問：「『四海皆兄弟』，胡氏謂『意圓語滯』，以其近於二本否？」曰：「子夏當初之意，只謂在我者『敬而無失』，與人又『恭而有禮』，如此則四海之內皆親愛之，何患乎無兄弟？要去開廣司馬牛之意。只不合下箇『皆兄弟』字，便成無差等了。」（《朱子語類》卷四十二）

子夏告司馬牛以四海皆兄弟，姑以寬解其憂云耳，非謂真如己之兄弟也，故胡氏以為意圓而語滯。（《潭南遺老集》卷六〈論語辨惑〉三）

兄弟本同連枝，天倫至親，無他人相混之理。子夏四海皆兄弟之言，正與墨氏之兼愛相類，胡氏謂有語滯之病，其說誠是。然既以其言為有病矣，而又譏其不能踐其言，必使子夏絕父子之情而寬牛之言自寬曰：「四海之內皆父子耶，君子何患乎無父子。」以此自處，然後為能踐其言也。比之前病，不又甚歟！惟刪去踐言一節則為無累。（《四書辨疑》卷六）

第十章

子張問崇德辨惑。子曰：「主忠信，徙義，崇德也。愛之欲其生，惡之欲其死。既欲其生，又欲其死，是惑也。『誠不以富，亦祇以異。』」

或問：「崇德辨惑何以有是目，而子張、樊遲皆以為問也？」曰：「胡氏以為『或古有是言，或世有是名，而聖人標而出之，使諸弟子隨其所欲知，思其所未達，以為入道之門戶也。』其說得之矣。」（《論語或問》卷十二）

第十三章

子曰：「聽訟，吾猶人也，必也使無訟乎！」

胡氏曰：「聖人耳順目徹，物無遁情，其聽訟豈可及也。而曰吾猶人也者，將以深顯夫使人無訟之難也。」（《論語或問》卷十二）

第十七章

季康子問政於孔子。孔子對曰：「政者，正也。子帥以正，孰敢不正？」

胡氏曰：「魯自中葉，政由大夫，家臣效尤，據邑背叛，不正甚矣。故孔子以是告之，欲康子以正自克，而改三家之故。惜乎康子之溺於利欲而不能也。」（《論語集註》卷六）

第十八章

季康子患盜，問於孔子。孔子對曰：「苟子之不欲，雖賞之不竊。」

胡氏曰：「季氏竊柄，康子奪嫡，民之爲盜，固其所也。盍亦反其本耶？孔子以不欲啓之，其旨深矣。」（《論語集註》卷六）

第二十章

樊遲從遊於舞雩之下，曰：「敢問崇德、脩慝、辨惑。」子曰：「善哉問！先事後得，非崇德與？攻其惡，無攻人之惡，非脩慝與？一朝之忿，忘其身，以及其親，非惑與？」

胡氏曰：「慝之字從心從匿，蓋惡之匿於心者。脩者，治而去之。」（《論語集註》卷六）

〈子路篇〉

第三章

子路曰：「衛君待子而爲政，子將奚先？」子曰：「必也正名乎！」

子路曰：「有是哉，子之迂也！奚其正？」子曰：「野哉由也！君子於其所不知，蓋闕如也。名不正，則言不順；言不順，則事不成；事不成，則禮樂不興；禮樂不興，則刑罰不中；刑罰不中，則民無所措手足。故君子名之必可言也，言之必可行也。君子於其言，無所苟而已矣。」

胡氏曰：「衛世子蒯聵恥其母南子之淫亂，欲殺之不果而出奔。靈公欲立公子郢，郢辭。公卒，夫人立之。又辭。乃立蒯聵之子輒，以拒蒯聵。夫蒯聵欲殺母，得罪於父，而輒據國以拒父，皆無父之人也，其不可有國也明矣。夫子爲政，而以正名爲先。必將具其事之本末，告諸天王，請於方伯，命公子郢而立之。則人倫正，天理得，名正言順而事成矣。夫子告之之詳如此，而子路終不喻也。故事輒不去，卒死其難。徒知食焉不避其難之爲義，而不知食輒之食爲非義也。」（《論語集註》卷七）

案，陳榮捷《王陽明傳習錄詳註集評》云：

胡氏，大槻信良《朱子四書集註典據考》以爲胡安國。東敬治與中田勝以爲胡寅，誤以其號爲五峰。安井小太郎與近藤康信以爲胡宏。葉紹鈞以爲胡瑗，必誤。諸註家並不指語出自何書，無從對檢。查《朱子語類》，卷四十三，頁一七五三，謂「胡文定說輒事，極看得好」。接著即「問胡氏之說，只是論孔子爲政正名，事理合如此」。似胡氏即指胡安國。然安國之《春秋胡氏傳》哀公二年論輒事，不論孔子爲政。所言輒事約二百字與此處所引不同。《語類》，卷十九，頁七〇五云：「問語解胡氏爲誰？曰：『胡明仲也』」。則此處胡氏指胡寅可知。惟查《讀史管見》，不見論輒事。《五峰集》（《四庫全書》珍本），卷五，頁四十四上下《論語指南》，評〈子路篇〉第十三，第三章必也正名云，「蒯聵無父出奔，失世子者，罪其輕。佻謀非常，至于出奔，失世子之道也。趙鞅納之而稱世子者，罪大。臣輔輒而拒父也。蒯聵無父，輒亦無父。天下豈有無父之人尚可以事宗廟社稷，爲人上者哉？故孔子爲政於衛，則必具靈公父子祖孫本末，上告于天王，下告于方伯，乞立公子郢。然後人倫明，天理順。無父之人不得之，名正而國家矣。」此段下截與朱子所引大致相同。豈朱子述其義耶？然朱子云，語解爲胡寅。朱彝尊《經義考》謂胡寅有《論語》解說，但不見，想已佚矣。豈所引果出于胡寅之《論語》解說耶？待考。（卷上〈陸澄錄〉）

考胡安國《春秋傳》哀公三年云：「是故輒辭其位以避父，則衛之臣子拒　聵而輔之可也；輒利其位以拒父，則衛之臣子舍爵祿而去之可也。」（卷二十九，頁八〇）則《論語集註》所引非胡安國之說可知。又《朱子語類》卷三十四云：

因說記錄之難，如劉質夫記明道說，輒據位而拒父，則衛之臣子去之可也；輒去之而從父，則衛之臣子拒蒯聵可也。是以蒯聵爲得罪於父，亦不當立也。後胡文定公引在《春秋》中說，如上句卻是，但下句卻云輒去而從父，則衛之臣子當輔輒以拒蒯聵，則是錯了。後來胡致堂卻說立郢爲是，乃是救文定前說之錯。

據此，胡寅以爲蒯聵、輒皆不當有國，而公子郢當立，所見與胡宏同。然朱子既云語解胡氏爲胡明仲，則本章所引「胡氏曰」，當是胡寅之說。

又案，王夫之云：

胡氏立郢之論，雙峰辨其非是，甚當。孟子所言易位者，爲貴戚之卿可耳。據馮厚齋所考，子路此問，在輒位十三年之後，雖貴戚之卿，爲已晚矣。《春秋》書齊「弒其君商人」。商人弒君之賊，齊人君之而又殺之，則書「賊」，豈有二十年之後，業已爲之臣，而敢行廢置者乎？胡氏此等議論，極粗疏，墨守其《春秋》之家學而誤焉者也。（《讀四書大全說》卷六）

第八章

子謂衛公子荊，「善居室。始有，曰：『苟合矣。』少有，曰：『苟完矣。』富有，曰：『苟美矣。』」

胡氏曰：「自合進而完，自完進而美，非善乎其事，不能彌光於前，而公子荊知此非所存心者，直謂之苟且而已。既見其不以殖產自能，又見其不以多財自累。富而無驕，滿而弗溢，非賢而能之乎？此可爲居室之法。」（《論語或問》卷十三）

案，朱子謂諸家之說，皆有不事事之意，獨胡氏之說爲備。

第九章

子適衛，冉有僕。子曰：「庶矣哉！」冉有曰：「既庶矣，又何加焉？」曰：「富之。」曰：「既富矣，又何加焉？」曰：「教之。」

胡氏曰：「天生斯民，立之司牧，而寄以三事。然自三代之後，能舉此職者，百無一二。漢之文、明，唐之太宗，亦云庶且富矣，西京之教無聞焉。明帝尊師重傅，臨雍拜老，宗戚子弟莫不受學；唐太宗大召名儒，增廣生員，教亦至矣，然而未知所以教也。三代之教，天子公卿躬行於上，言行政事皆可師法，彼二君者其能然乎？」（《論語集註》卷七）

第十章

子曰：「苟有用我者，朞月而已可也，三年有成。」

胡氏曰：「以《春秋》考之，定公十年會齊於夾谷，孔子以中都宰攝行相事，以禮折齊，齊人歸田，魯之國事已強矣。至十二年夏墮三都，是孔子行乎季孫三日不朝之時也，而少正卯已誅，男女已別於途，商賈已信於市矣。郈、費既墮，圍成弗克，於是桓子聽公伯寮

之譜，受齊女樂之饋，至十三年春，郊不致膰俎於大夫，而孔子去魯矣。蓋其明年築囿大蒐，若孔子爲政，則不爲此，其可驗也。然則孔子爲大司寇纔歷三時，又不得專其政，而其功烈已如此。使魯舉國以聽，而又及於暮月三年之久，則其效宜如何哉！」（《論語或問》卷十三）

案，朱子云：「胡氏所說年數，與周公、孔子世家皆不合，蓋以意言之爾。」

第十七章

葉公語孔子曰：「吾黨有直躬者，其父攘羊，而子證之。」孔子曰：「吾黨之直者異於是。父爲子隱，子爲父隱，直在其中矣。」

致堂曰：「直躬，猶曰正己，而《呂氏春秋》以爲人姓名，妄也。」（《困學紀聞》卷七）

第十八章

樊遲問仁。子曰：「居處恭，執事敬，與人忠。雖之夷狄，不可棄也。」

胡氏曰：「樊遲問仁者三：此最先，先難次之，愛人其最後乎！」（《論語集註》卷七）

或問：「胡氏謂：『樊遲問仁者三：此最先，先難次之，愛人其最後乎！』何以知其然？」曰：「雖無明證，看得來是如此。若未嘗告之以恭敬忠之說，則所謂『先難』者，將從何下手？至於『愛人』，則又以發於外者言之矣。」（《朱子語類》卷四十三）

第二十七章

子路問曰：「何如斯可謂之士矣？」子曰：「切切偲偲，怡怡如也，可謂士矣。朋友切切偲偲，兄弟怡怡。」

胡氏曰：「切切，懇到也。偲偲，詳勉也。怡怡，和悅也。皆子路所不足，故告之。又恐其混於所施，則兄弟有賊恩之禍，朋友有善柔之損，故又別而言之。」（《論語集註》卷七）

問：「胡氏說：『切切，懇到也；偲偲，詳勉也。』如何是懇到詳勉意思？」曰：「……『切切偲偲』，胡氏說爲當。懇到，有苦切之意。然一向如此苦切，而無浸灌意思，亦不可。又須著詳細相勉，方有相親之意。」（《朱子語類》卷四十三）

〈憲問篇〉

胡氏曰：「此篇疑原憲所記。」（《論語集註》卷七）

胡氏曰：「憲問一篇，皆原憲所記。」慵夫曰：「《論語》本無篇名，今之篇名，亦不成義理。如學而、述而、子罕之類，是何等語？且章自爲旨，不相附屬，豈可以兩字冠之？此蓋後儒以簡冊繁多，欲記習之便，因其科節以爲號，前輩既已辨之矣。胡氏徒見首章如原憲自稱者，遂謂一篇悉原憲所記，此臆度之說，豈可必哉！又疑〈里仁篇〉自吾道一貫，至君子欲訥於言十章，出自曾子門人，〈公冶長篇〉多出子貢之徒，益無所據，刪之可也。」（《濡南遺老集》卷六〈論語辨惑〉三）

案，陳天祥曰：「予謂濡南之論極當。胡氏又以〈先進篇〉爲閔子騫門人所記，與前三說同病，皆當刪去，以戒人後人之鑒。」（《四書辨疑》卷七）

第十章

或問子產。子曰：「惠人也。」問子西。曰：「彼哉！彼哉！」問管仲。曰：「人也。奪伯氏駢邑三百，飯疏食，沒齒無怨言。」

胡氏曰：「鄭，小國也，介乎晉、楚，子產爲政，黜汰侈，崇恭儉，作封洫，鑄刑書，惜弊爭業，皆以豐財足國，禁奸保民，其用法雖深，爲政雖嚴，而卒歸於愛，故夫子以惠人蔽之。及其卒也，聞之出涕，而曰：古之遺愛也。然孟子以爲惠而不知爲政。《禮記》以爲能食而不能教者，蓋先王之政之教，子產誠有所未及也。」（《論語或問》卷十四）

第十三章

子路問成人。子曰：「若臧武仲之知，公綽之不欲，卞莊子之勇，冉求之藝，文之以禮樂，亦可以爲成人矣。」曰：「今之成人者何必然？見利思義，見危授命，久要不忘平生之言，亦可以爲成人矣。」

胡氏以爲，「言卞莊子蓋以況子路耳，言有是一能而不能兼眾人之長，與成於禮樂焉，則亦不足爲成人矣。」恐有此意也。（《論語或問》卷十四）

胡氏曰：「此子路之所已能也，夫子方進子路於成人之域，豈又取其

己能者而重獎之哉？子路晚節末路，不復聞斯行之之志，而有終身
誦之之堅，是以自名其善而爲此，固非之辭耳，與未見其止者異矣。」
（《論語或問》卷十四）

胡氏曰：「今之成人以下，乃子路之言。蓋不復聞斯行之之勇，而有
終身誦之之固矣。」未詳是否？（《論語集註》卷七）

案，朱子曰：「『今之成人者』以下，胡氏以爲是子路之言，恐此說
卻是，蓋聖人不應只說向下去。且『見利思義』至『久要不忘平生
之言』三句，自是子路已了底事，亦不應只恁地說。蓋子路以其所
能者自言，故胡氏以爲『有終身誦之之固』也。」亞夫云：「若如此，
夫子安得無言以繼之？」曰：「恐是他退後說，也未可知。」（《朱子
語類》卷四十四）王若虛曰：「子路問成人章，胡氏以今之成人者何
必然爲子路之語，此蓋惑於曰字耳。觀其文勢，殆不然也。」（《滹
南遺老集》卷六〈論語辨惑〉三）陳天祥曰：「註文以爲夫子再言，
胡氏以爲子路之言，蓋皆爲『曰』字所誤，故各說一端而無定論也。
若爲既言而復答，古今文字中皆無如此之文理。若爲子路之言，乃
是面折孔子之非，孔子再無一言以答之，何也？二說皆不可取。此
一節只是一段話，但無『曰』字則上下之義自通。『曰』字衍。」（《四
書辨疑》卷七）

第二十二章

陳成子弒簡公。孔子沐浴而朝，告於哀公曰：「陳恆弒其君，請討之。」
公曰：「告夫三子。」孔子曰：「以吾從大夫之後，不敢不告也。君
曰『告夫三子』者。」之三子告，不可。孔子曰：「以吾從大夫之後，
不敢不告也。」

胡氏曰：「《春秋》之法，弒君之賊，人得而討之。仲尼此舉，先發
後聞可也。」（《論語集註》卷七）

案，朱子曰：「胡氏乃特爲弒逆而言，考之《春秋》，先王之時，疑必
有此法。凡弒君者，人人得而討之。」（《論語或問》卷十四）王若虛
曰：「胡氏解孔子請討陳恆事云：『《春秋》之義，弒君之賊，人人得
而討之。仲尼此舉，先發後聞可也。』嗚呼！此何等事，且孔子有權
而擅發之邪？其紕繆可笑，亦已甚矣。」（《滹南遺老集》卷六・〈論
語辨惑〉三）陳天祥曰：「胡氏譏孔子處事不當，別爲畫策，以示後

人。何其無忌憚之甚也！夫以孔子之聖，加之沐浴齋戒而後言事，豈有思慮不及胡氏者哉？弒君之賊，人人固皆得以誅之，然齊國之君被弒，而魯見有君在上，孔子豈有不請於君，擅自發兵征討之理？己先不有其君，欲正他人弒君之罪，不亦難乎！況魯國兵權果在何人，而責孔子不先發邪？後人果用胡氏之言，擅為如此之事，則其僭逆之罰，必不免矣。明哲君子，宜審思之。」（《四書辨疑》卷七）

第二十六章

蘧伯玉使人於孔子。孔子與之坐而問焉，曰：「夫子何為？」對曰：「夫子欲寡其過而未能也。」使者出。子曰：「使乎！使乎！」

胡氏曰：「未能寡過，乃伯玉之事，而使者知之，雖伯玉克己日新之事著見於外，而使者亦可謂知德而能言者矣。」（《論語或問》卷十四）

第三十八章

公伯寮愬子路於季孫。子服景伯以告，曰：「夫子固有惑志於公伯寮，吾力猶能肆諸市朝。」子曰：「道之將行也與？命也。道之將廢也與？命也。公伯寮其如命何！」

胡氏以為，寮非孔子弟子，特季氏之黨耳。若遊於孔門，則豈至於陷其朋友哉！（《論語或問》卷十四）

案，王應麟曰：「伯寮非孔子弟子，乃季氏之黨，致堂胡氏之說當矣。」（《困學紀聞》卷七）

第四十一章

子路宿於石門。晨門曰：「奚自？」子路曰：「自孔氏。」曰：「是知其不可而為之者與？」

胡氏曰：「晨門知世之不可而不為，故以是譏孔子。然不知聖人之視天下，無不可為之時也。」（《論語集註》卷七）

第四十三章

子張曰：「《書》云：『高宗諒陰，三年不言。』何謂也？」子曰：「何必高宗？古之人皆然。君薨，百官總己以聽於冢宰三年。」

胡氏曰：「位有貴賤，而生於父母無以異者。故三年之喪，自天子達。子張非疑此也，殆以為人君三年不言，則臣下無所稟令，禍亂或由以起也。孔子告以聽於冢宰，則禍亂非所憂矣。」（《論語集註》卷七）

或問諒陰之說。曰：「孔氏曰：『諒，信也。陰，默也。』……胡氏釋之曰：『謂其信能默而不言也。』」（《論語或問》卷十四）

第四十五章

子路問君子。子曰：「脩己以敬。」曰：「如斯而已乎？」曰：「脩己以安人。」曰：「如斯而已乎？」曰：「脩己以安百姓。脩己以安百姓，堯舜其猶病諸！」

胡氏曰：「可願莫如善，敬立則百善從；宜遠莫如邪，敬立則百邪息。敬也者，存心之要法，檢身之切務歟！欲持敬者奈何？曰：君子有言，主一之謂敬，無適之謂一。如執大圭，如捧盤水，如震霆之在上也，如淵谷之在下也，如師保之在前也，如鬼神之在左右也。是則持敬之道也。」（《論語或問》卷十四）

第四十六章

原壤夷俟。子曰：「幼而不孫弟，長而無述焉，老而不死，是爲賊！」以杖叩其脛。

胡氏以爲，「原壤之喪母而歌也，孔子謂弗聞者矣，今乃責其夷俟，何舍其重而責其輕也。蓋數其母死而歌，則壤當絕，叩其箕踞之脛，則壤猶爲故人耳。盛德中禮，見乎周旋，此亦可見。」其說亦善。（《論語或問》卷十四）

第四十七章

闕黨童子將命。或問之曰：「益者與？」子曰：「吾見其居於位也，見其與先生並行也。非求益者也，欲速成者也。」

胡氏以爲抑而教之，得其旨矣。（《論語或問》卷十四）

〈衛靈公篇〉

第二十五章

子曰：「吾猶及史之闕文也，有馬者借人乘之。今亡矣夫！」

胡氏曰：「此章義疑，不可強解。」（《論語集註》卷八）

案，朱子謂此章「諸說之義，皆有所未通……不若從胡氏而闕之之爲得也。」（《論語或問》卷十五）陳天祥曰：「此章義實難曉，不可強解，胡氏之說誠是。」（《四書辨疑》卷七）

第三十一章

子曰：「君子謀道不謀食。耕也，餒在其中矣；學也，祿在其中矣。君子憂道不憂貧。」

胡氏曰：「聖人之教，小以成小，大以成大，各因其材而發達之。謀食憂貧，誠致之最下者，亦必誘掖使不淪陷於卑陋也。言雖平常，意則高遠矣。」（《論語或問》卷十五）

〈季氏篇〉

第十二章

齊景公有馬千駟，死之日，民無德而稱焉。伯夷、叔齊餓於首陽之下，民到于今稱之。其斯之謂與？

胡氏曰：「程子以爲第十二篇錯簡『誠不以富，亦祗以異』，當在此章之首。今詳文勢，似當在此句之上。言人之所稱，不在於富，而在於異也。」（《論語集註》卷八）

〈陽貨篇〉

第一章

陽貨欲見孔子，孔子不見，歸孔子豚。孔子時其亡也，而往拜之，遇諸塗。謂孔子曰：「來！予與爾言。」曰：「懷其寶而迷其邦，可謂仁乎？」曰：「不可。」「好從事而亟失時，可謂知乎？」曰：「不可。」「日月逝矣，歲不我與。」孔子曰：「諾，吾將仕矣。」

胡氏曰：「揚雄謂孔子於陽貨爲詘身以伸道。雄之意，蓋以身與道爲二物也，是以其自爲也，黽勉於莽賢之間，而擬《論語》、《周易》以自附於夫子，豈不謬哉！」（《論語或問》卷十七）

第十五章

子曰：「鄙夫可與事君也與哉？其未得之也，患得之；既得之，患失之。苟患失之，無所不至矣。」

胡氏曰：「許昌靳裁之有言曰：『士之品大概有三：志於道德者，功名不足以累其心；志於功名者，富貴不足以累其心；志於富貴而已者，則亦無所不至矣。』志於富貴，即孔子所謂鄙夫也。」（《論語集註》卷九）

第二十三章

子路曰：「君子尚勇乎？」子曰：「君子義以爲上。君子有勇而無義爲亂，小人有勇而無義爲盜。」

胡氏曰：「疑此子路初見孔子時問答也。」（《論語集註》卷九）

〈微子篇〉

第二章

柳下惠爲士師，三黜。人曰：「子未可以去乎？」曰：「直道而事人，焉往而不三黜？枉道而事人，何必去父母之邦？」

胡氏曰：「此必有孔子斷之之言而亡之矣。」（《論語集註》卷九）

第八章

逸民：伯夷、叔齊、虞仲、夷逸、朱張、柳下惠、少連。子曰：「不降其志，不辱其身，伯夷、叔齊與！」謂：「柳下惠、少連，降志辱身矣。言中倫，行中慮，其斯而已矣。」謂：「虞仲、夷逸，隱居放言。身中清，廢中權。我則異於是，無可無不可。」

「無可無不可」，致堂謂以五字成文。聖人從容中道，無所偏倚，世之通儻不泥者，纔足謂之無不可爾。馬援以此稱高帝，亦稅於常談。

（《困學紀聞》卷七）

第十章

周公謂魯公曰：「君子不施其親，不使大臣怨乎不以。故舊無大故，則不棄也。無求備於一人。」

胡氏曰：「此伯禽受封之國，周公訓戒之辭。魯人傳誦，久而不忘也。其或夫子嘗與門弟子言之歟？」（《論語集註》卷九）

〈子張篇〉

第十二章

子游曰：「子夏之門人小子，當洒掃、應對、進退，則可矣。抑末也，本之則無。如之何？」子夏聞之曰：「噫！言游過矣！君子之道，孰先傳焉？孰後倦焉？譬諸草木，區以別矣。君子之道，焉可誣也？有始有卒者，其惟聖人乎！」

胡氏曰：「人之資稟不同，故夫子引而進之之術不一。味游、夏之言，

子游敏於聞道而脫略於小物，施之武城者也，子夏從事小物而後有
得，施諸小子者一也。」（《論語或問》卷十九）

第十八章

曾子曰：「吾聞諸夫子：孟莊子之孝也，其他可能也；其不改父之臣，
與父之政，是難能也。」

胡寅曰：「莊子之繼世也，必其先臣先政有不利於己者，他人不能不
改，而莊子能之，是以稱其難。」（《斐南遺老集》卷七）

案，王若虛於本章註解，引胡寅及張栻說，云：「是二說者，可謂有
理矣，而胡氏尤親切，學者其詳焉。」陳天祥曰：「斐南謂二說皆有
理，胡氏之說尤親。予意亦然。」（《四書辨疑》卷八）

〈堯曰篇〉

第二章

子張問於孔子曰：「何如斯可以從政矣？」子曰：「尊五美，屏四惡，
斯可以從政矣。」子張曰：「何謂五美？」子曰：「君子惠而不費，
勞而不怨，欲而不貪，泰而不驕，威而不猛。」子張曰：「何謂惠而
不費？」子曰：「因民之所利而利之，斯不亦惠而不費乎？擇可勞而
勞之，又誰怨？欲仁而得仁，又焉貪？君子無眾寡，無小大，無敢
慢，斯不亦泰而不驕乎？君子正其衣冠，尊其瞻視，儼然人望而畏
之，斯不亦威而不猛乎？」子張曰：「何謂四惡？」子曰：「不教而
殺謂之虐；不戒視成謂之暴；慢令致期謂之賊；猶之與人也，出納
之吝，謂之有司。」

胡氏曰：「在人上者，大欲爲多，不能窒之，則其貪無時而已，惟反
是心以欲仁，則求諸己而必得，何物足以累其心，夫何貪？泰者，
安舒自得之謂，近於驕矣。然君子之心，一主於敬，不以彼之眾寡
小大而二其心，則其處未嘗不安，而何驕之有？」（《論語或問》卷
二十）

第三章

子曰：「不知命，無以爲君子也。不知禮，無以立也。不知言，無以
知人也。」

胡氏曰：「一定而不可易者，命也。人不知命，常求其所不可得，避

其所不可免，斯所以徒喪所守，而爲小人也。」（《論語或問》卷二十）

案，朱子曰：「胡氏之説亦善，蓋合韓公、蘇氏之説而爲言耳。」

胡　寧

《春秋通旨》一卷（佚）

《宋史》卷四三五〈胡寧傳〉云：「安國之傳《春秋》也，脩纂檢討盡出寧手，寧又著《春秋通旨》以羽翼其書。」《直齋書錄解題》卷三載胡安國《春秋傳》三十卷《通例》一卷《通旨》一卷，云：「《通旨》者，所與其徒問答及其他議論條例凡二百餘章，其子寧輯爲一書。」《文獻通考經籍考》卷十著錄胡文定《春秋傳》、《通例》、《通旨》共三十二卷。《經義考》卷一八五載胡寧《春秋通旨》，云：「《宋志》一卷，未見。」又引吳萊〈後序〉曰：

胡氏正傳三十卷外，又有總貫條例，證據史傳之文二百餘章，子寧集之，名曰《春秋通旨》，輔傳而行。……欲觀正傳，又必先求之《通旨》。故曰：『史文如畫筆，經文如化工。』若一以例觀，則化工與畫筆何異？惟其隨事而變化，則史外傳心之要典，聖人時中之大權也。世之讀《春秋》者，自能知之，固不可以昔者歆、向之學而異論矣。

案，此書已佚，唯見《困學紀聞》卷六徵引一則，輯錄如下：

齊桓之霸，自盟于幽至會于淮，凡十有二會，而孔子稱九合諸侯。……胡氏《通旨》曰：「桓公霸四十二年，會盟凡二十有一，獨稱九合，舉衣裳之會爾。」

胡　宏

《易外傳》一卷（存）

《直齋書錄解題》卷一載胡宏《易外傳》一卷，《經義考》卷二十五載胡宏《易外傳》一卷，云：「《易外傳》載《五峰集》中，自屯、蒙始，至賁、剝止，中間泰、否、同人、大有、謙、豫、隨、蠱、臨、觀、噬嗑都闕。」

案，胡宏《易外傳》載於《五峰集》卷五，多引史事以釋經義，如解〈蒙卦〉：「六五，童蒙吉。象曰：童蒙之吉，順以巽也。」云：

漢昭所以委政霍光者，沖幼未明習國家事耳。非天資愚蒙，乃童蒙
也。以其童蒙而天性聰明，故能上順先帝之志，下任霍光之賢，而
燕王之謀不成，篡弒之禍不作，故爲吉也。

又釋〈屯卦〉：「元亨利貞，勿用，有攸往，利建侯。」云：

方天下屯難之時，紀綱未正，法度未明，豈獨力所能濟，建侯廣求
輔，憂勤不懈，然後能濟矣。

又釋〈屯卦〉六二云：

六二，九五之正應而逼於初陽，不得相從者，以屯故也。天子者，
天下之首，蠻夷者，天下之足。中國盛強，蠻夷屈服，天下之常經
也。

由此可見，是書觀象玩辭，著意於時代之治亂，以史證經，蓋欲致用於當世。
惜未竟全功，於經旨釋之未詳耳！

《論語指南》一卷（存）

《直齋書錄解題》卷三載五峰《論語指南》一卷，云：「監南嶽廟胡宏仁
仲撰，詳論黃祖舜、沈大廉之說。」《文獻通考經籍考》卷十一同，《經義考》
卷二一六云：「未見。」

案，胡宏《論語指南》載於《五峰集》卷五，共三十一則，爲評黃祖舜、
沈大廉《論語》解而作。其體例爲先引黃、沈二氏之說，再加以評論。茲舉
一例如下：

曾子曰：「以能問於不能，以多問於寡，有若無，實若虛，犯而不校。
昔者吾友嘗從事於斯矣。」〔註17〕

黃氏曰：「學道未至於無心，非善學也；自問不能至實若虛，無矜伐
之心也；犯而不校，無物我之心也。此顏子克己之學。」

沈氏曰：「矜伐之心，由物我之心生也。自好問、若虛以至不校，皆
是無物我之事，不必分也。」

評曰：黃氏以此五者爲顏子克己之學，甚好。而曰：「學未至於無心，
非善學也。」異乎愚所聞矣。學道者以傳心爲主，不知如何卻要無
心，心可無乎？又二氏皆有無物我之說，愚竊惑焉。蓋天地之間，
無獨必有對，有此必有彼，有內則有外，有我則有物，是故一陰一

〔註17〕《論語・秦伯篇》。

　　　　陽之謂道，未有獨者也。而聖人曰毋我者，恐人只見我而不見人，

　　　　故云爾也。若物我皆無，不知酬酢萬變，安所本乎？

黃祖舜、沈大廉之《論語》解，多取佛老之說，胡宏所評甚當，故樓鑰跋胡
五峰《論語指南》云：「茲讀《指南》一卷，樞密黃公、察院沈公皆深於此者，
五峰斷以一言，方見二公猶有差處。」〔註18〕

《皇王大紀》八十卷（存）

　　　　《郡齋讀書志・附志》卷五上載《皇王大紀》八十卷，云：「胡宏所述皇
帝王伯之事，始於盤古氏而終於周之末。自堯以上六闕逢無紀，堯之初載迄
於赧王乙巳，二千有三十年，貫通經典，採摭史傳，靡所不載。又因事而為
之論，所以述去取之原，釋疑似之惑者至矣。」《直齋書錄解題》卷四亦載此
書，且云：「博採經傳，時有論說，自成一家之言，然或取莊周寓言以為實，
及敘邃古之初，終於無徵不信云爾。」《四庫全書總目提要》卷四十七云：「是
書成於紹興辛酉，紹定間嘗宣取入祕閣。所述上起盤古，下迄周末，前二卷
皆粗存名號事跡，帝堯以後，始用《皇極經世》編年，博採經傳而附以論斷。
陳振孫《書錄解題》譏其誤取《莊子》寓言即敘邃古之初，無徵不信。然古
帝王名號可考，統系斯存，典籍相傳，豈得遽為芟削？至其採摭浩繁，雖不
免小有出入，較之羅泌《路史》，則切實多矣。故陳亮極重是書，而朱子亦取
之，未可以一眚掩也。」

　　　　此書存世之本，見於著錄者，《善本書室藏書志》卷七載《皇王大紀》八
十卷，萬曆刊本。云：「萬曆辛亥高安陳邦瞻序，稱宋代止漕治一刻，近傳益
少。余入閩，始得之諸生馬欻，為之重刻者也。」《江蘇省立國學圖書館現存
書目》卷三著錄《皇天大紀》八十卷，萬曆刊本、鈔本各　一部，《靜嘉堂文庫
漢籍分類目錄》史部編年類著錄《皇王大紀》八十卷，明萬曆刊本。商務印
書館有影印文淵閣《四庫全書》本《皇王大紀》八十卷行於世。

　　　　案，胡宏《皇王大紀・序》以為，經書出於聖人之手，記事之情，明心
之用，法度文章，足以為天下典範。而史傳則或出於好事者之胸臆，故有甚
悖於理，害於事者。乃承其父安國之業，「研精經典，泛觀史傳，致大荒於兩
難，齊萬古於一息，根源開闢之微茫，究竟亂亡之徵驗。事有近似古先而實
怪誕鄙悖者，則裁之削之；事有近似後世而不害於道義者，咸詳而著之。庶

〔註18〕《攻媿集》卷七十八。

幾皇帝王伯之事，可以本始百世。」可見其撰述本書之動機在以史證經，其史料取捨之標準爲：裁削恠誕鄙悖者，詳著不害於道義者。陳振孫評其「無徵不信」，朱子亦云：

> 五峰作《皇王大紀》……不知何故讀書如此不仔細。〔註19〕

清人黃式三《儆居集》〈讀胡子《知言》〉云：

> 《大紀》用編年之例，而採集《孟子》、《荀子》、《莊子》諸書，多
> 至數卷，失編年之體。所編之事，或闕略，或荒誕。〔註20〕

其書之取材與體例有欠精審，實無庸諱言。考《南軒先生文集》卷三十〈答陳平甫書〉，論「五峰先生所著《皇王大紀》」云：

> 五峰先生未易簀半年前，某見之，求觀此書，云：「此書千瘡百孔，
> 未有倫序，未可拈出，若病少間，當相與考訂之。」後來某得本于
> 其家，殊未成次第，然其論數十篇可傳，後便錄寄。

可見胡宏對於《皇王大紀》之體例與取裁，亦不自以爲是，思與南軒相與考訂而不果。其《皇王大紀論》八十三篇，亦載於《五峰集》中，南軒謂其可傳，洵不誣也。

《知言》六卷（存）

《郡齋讀書志·附志》卷五下載五峰先生《知言》一卷，《直齋書錄解題》卷九、《文獻通考經籍考》卷三十七、《宋史·藝文志》所載《知言》卷數並同。其書初刻於宋孝宗乾道四年（1168），乃張栻門人吳儆委諸汪伯虞鋟板刊行者。〔註21〕今存《知言》版本頗有異同，茲分述如下：

《四庫全書》本《知言》六卷《附錄》一卷：此本錄自《永樂大典》，《四庫全書總目提要》卷九十二云：「自元以來，其書不甚行於世。明程敏政始得舊本於吳中，後坊賈遂有刊版。然明人傳刻古書，好意爲竄亂，此本亦爲妄人強立篇名，顛倒次序，字句舛謬，全失其真。惟《永樂大典》所載，尚屬宋槧，原本首尾完備，條理釐然。僅據其章目，詳加刊正，以復其舊。其朱子語錄各條，亦仍原本，別爲《附錄》一卷，繫之於末，以備考證焉。」

舊鈔本胡子《知言》六卷《附錄》一卷《疑義》一卷：《善本書室藏書志》卷十五云：

〔註19〕《朱子語類》卷一○一，頁2593。
〔註20〕胡玉縉《四庫全書總目提要補正》卷十六引。
〔註21〕見張栻〈胡子知言序〉、吳儆〈知言跋〉。

前有門人廣漢張栻〈序〉，目錄後有吳儆、眞德秀兩〈跋〉，後弘治
三年新安後學程敏政謹題云：「新安千戶干侯文遠之子應，見予惓惓
於斯也，爲刻梓傳焉。」又有嘉靖五年正心書院〈題跋〉，成化二年
金華陳相〈序〉。

伍崇曜校刊《粵雅堂叢書》本胡子《知言》六卷《疑義》一卷《附錄》一卷：
此本前有張栻〈序〉，無吳儆、眞德秀二〈跋〉。各卷皆有篇名。《疑義》十則，
凡《疑義》所指摘者，皆不載於六卷中。附錄載朱子語九則、〈跋五峰詩〉，
及《宋史本傳》、明孝宗弘治三年（西元 1490）程敏政〈題辭〉、清宣宗道光
庚戌（西元 1850）伍崇曜〈跋〉。藝文印書館《百部叢書集成》《粵雅堂叢書》
即據此本影印，並於書末附《四庫全書總目提要》及胡玉縉《四庫全書總目
提要補正》各一篇。北京中華書局校點本《胡宏集》（吳仁華校點），其中《知
言》，以《粵雅堂叢書》本爲底本。

日本寶曆六年（西元 1757）和刻本：此本目錄後有吳儆、眞德秀二〈跋〉，
書後有橘義道、稻葉正信二〈跋〉，餘與《粵雅堂叢書》本同。廣文書局有影印
本行世。

案，《知言》一書，乃五峰先生論學之語，隨筆箚記，屢經改訂而後成。
張栻〈知言序〉云：「其言約而義精，誠道學之樞要，制治之蓍龜也。」呂東
萊云：「《知言》勝似《正蒙》。」〔註22〕朱子雖以爲五峰「思索精到處，何可
及也。」〔註23〕然而對《知言》卻有頗多批評。嘗云：

> 看《知言》中議論多病，近疏所疑與敬夫、伯恭議論。如心以成性，
> 相爲體用；性無善惡，心無死生；天理人欲，同體異用；先識仁體，
> 然後敬有所施；先志於大，然後從事於小。如本天道變化爲世俗酬
> 酢，及論游、夏問孝之類，此類極多。又其辭意多迫急，少寬裕，
> 良由務以智力探取，全無涵養之功，所以至此。〔註24〕

又云：

> 《知言》疑義，大端有八：性無善惡，心爲已發，仁以用言，心以
> 用盡，不事涵養，先務知識，氣象迫狹，語論過高。〔註25〕

〔註22〕《朱子語類》卷一○一，頁 2582。
〔註23〕同前書，頁 2583。
〔註24〕《知言》附錄朱子語。
〔註25〕同註22。

朱子所言，實即閩學與湖湘學之歧異處，學者必須脫離朱子理學之見地，始能對《知言》有較爲準確之理解。

《敘古蒙求》一卷（佚）

《郡齋讀書志‧附志》卷五上經部小學類載《敘古蒙求》一卷，云：「五峰先生胡宏所著也，自羲農至於五代周，凡三十章，毛以謨爲之〈序〉，先生之子大壯書而刻之。」《宋史‧藝文志》著錄於子部類事類，《福建通紀‧藝文志》卷四十一則著錄於子部‧儒家類。此外諸家書目皆不見著錄，其書已佚，亦無輯本。

《五峰集》五卷（存）

《郡齋讀書志‧附志》卷五下載《五峰先生文集》五卷，《直齋書錄解題》卷十八載《五峰集》五卷，云：

> 其集凡有二本，一本五卷，一本不分卷。此本題其季子大時所編，
> 門人張栻爲之〈敘〉，凡詩一百六首爲一卷，書七十八首爲一卷，雜
> 文四十四首爲一卷，《皇王大紀論》八十餘條爲一卷，經義三種，蓋
> 即所謂五卷本也。

今存《五峰集》傳世之本頗多，見於書目所載者有：

《五峰胡先生文集》三卷

　　清抄本　北京

《五峰胡先生文集》五卷

　　清陸香圃三間草堂抄本　清陸心源并跋　北京

　　清抄本　清丁丙跋　南京

　　清宜秋館抄本　上海

　　清抄本　江西

　　《四庫全書》（抄本、影印本、縮印本）

　　《四庫全書》珍本初集

《五峰集》一卷

　　《兩宋名人小集》

　　《宋元人詩集》八十二種

《胡宏集》

　　一九八七年中華書局校點本（吳仁華校點），以《四庫全書》珍本初

集爲底本，校以他本。〔註 26〕

《五峰胡先生文集》五卷

舊鈔本　中圖

《五峰集》五卷

民國二十三年上海商務印書館影印本　師大〔註 27〕

《五峰胡先生文集》五卷

陸心源十萬卷樓藏本〔註 28〕

案，理學家之文，多以抒發性情，闡明道義爲重，不以辭藻之華美爲高，張栻〈五峰集序〉云：

先生非有意于爲文者也，其一時詠歌之所發，蓋所以舒寫其性情，而其他述作，與夫問答往來之書，文皆所以明道義而參異同，非若世之爲文者，徒從事于言語之間而已也。

《陳亮集》卷十四〈胡仁仲遺文序〉云：

聞之諸公長者，以爲五峰實傳文定之學。比得其傳文觀之，見其辯析精微，力扶正道，惓惓斯世，如有隱憂，發憤至於忘食，而出處之義終不苟，可爲自盡於仁者矣。

《四庫全書總目提要》卷一五八云：

所上高宗封事，剴切詳盡，《宋史》已採入本傳。其《易外傳》皆以史證經，《論語指南》乃取黃祖舜、沈大廉二家之說折衷之。《釋疑孟》則辨司馬光《疑孟》之誤。議論俱極醇。又有與秦檜一書，自乞爲嶽麓書院山長。蓋檜與宏父安國交契最深，故力汲引之。宏能蕭然自遠，蟬退於權利之外，其書詞婉而意嚴。

以上二家之說，持論平允，足爲研讀《五峰集》之指引。

胡　憲

《論語會義》（佚）

《朱文公文集》卷九十七〈籍溪先生胡公行狀〉云：「其讀書不務多爲訓

〔註 26〕見《現存宋人別集版本目錄》，頁 198。
〔註 27〕見《中國歷代詩文別集聯合書目》第六輯，頁 246。
〔註 28〕見《靜嘉堂文庫漢籍分類目錄》，頁 663。

說，獨嘗纂《論語》說數十家，復抄取其要，附以己說，與他文章稿藏於家。」卷二〈輓籍溪胡先生詩〉第二首：「州府遺編在，丘原宅樹陰。」自注云：「公所定著《論語會義》副在祕閣。」周必大《文忠集》卷三十五〈籍溪胡先生墓表〉云：「原仲自言少從其叔文定公傳《論語》學，時時爲予講說，以爲入道之要也。」林之奇《拙齋文集》卷十八〈秘書省正字胡宣教行狀〉云：「有《論語集解》二十卷傳之學者，遺文若干卷藏於家。」朱彝尊《經義考》卷二一六著錄胡憲《論語會義》，無數卷，云：「佚。」後世亦無輯本。

曾　幾

《論語義》二卷 （佚）

　　《直齋書錄解題》卷三載《論語義》二卷，云：「禮部侍郎章貢曾幾吉父撰，胡文定門人也。」《宋史·藝文志》、《文獻通考經籍考》卷十一並同。《經義考》卷二一五載曾幾《論語義》，云：「《宋史》二卷，佚。」又引朱子曰：「曾文清《論語》解，其中極有好處，亦有先儒道不到處。」鄭可學曰：「文清每日必正衣冠讀《論語》一篇。」此書已佚，亦不見輯錄，其詳不得而知。

《茶山集》八卷《拾遺》一卷 （存）

　　《渭南文集》卷三十二〈曾文清公墓誌銘〉，謂曾幾「有《文集》三十卷，《易釋象》五卷，他論著未詮次者尙數十卷。」《宋史》卷三八二〈曾幾傳〉云：「有《經說》二十卷，《文集》三十卷。」《直齋書錄解題》卷二十載《曾文清集》十五卷，云：「禮部侍郎章貢曾幾吉父撰。」《宋史·藝文志》同。《四庫全書》收錄《茶山集》八卷，〈提要〉云：

> 墓誌稱有《文集》三十卷，《易釋象》五卷。《易釋象》已不傳，《文集》則《書錄解題》及《宋史·藝文志》均作十五卷，是當時已佚其半，自明以來并十五卷亦佚，僅僅散見各書偶存一二。茲從《永樂大典》中搜採編輯，勒爲八卷。凡得古今體五百五十八首，雖不足盡幾之長，然較劉克莊《後村詩話》所記九百一十篇之數，所佚不過三百五十二篇耳。

曾幾，號茶山居士，其文集久佚，四庫館臣自《永樂大典》輯出《茶山集》八卷。現存《永樂大典》錄曾幾詩四十一首，館臣漏輯九首。漏輯者見《四

庫拾遺》。〔註29〕《茶山集》傳世之本頗多，見於書目所載者有：

《茶山集》八卷

　　清乾隆浙江重刻《武英殿聚珍版叢書》本，清・盧文弨批校，存卷
　　　一至四

　　清乾隆甲午（三十九年）武英殿聚珍版本　台大　故宮

　　日本文政十一年（清道光八年）大阪河內屋刊

　　種玉堂藏板　江西　東海（缺七、八兩卷）

　　《四庫全書》（抄本、影印本、縮印本）

　　《武英殿聚珍版叢書》（武英殿示活字本、江浙本、江西書局本）

《茶山集》八卷《拾遺》一卷

　　《武英殿聚珍版書》（福建本、廣雅書局本）

　　《叢書集成初編》（據武英殿聚珍版排印。《拾遺》，清勞格輯目，孫
　　　星華錄文。）

《茶山集》一卷

　　《兩宋名賢小集》

《曾茶山詩集》二卷

　　《宋元詩》六十一種

《曾茶山集》四卷

　　《宋人小集》

《曾幾集》一卷

　　《宋藝圃集》九　《宋元詩會》三十三　《石倉》一百六十二〔註30〕

　　案，曾幾論詩之創作，主養氣以求規模宏放，波瀾壯闊。《詩人玉屑》卷
一載其〈題吳郡所刊東萊呂居仁公詩後〉云：

　　　詩卷熟讀，治擇工夫已勝，而波瀾尚未闊，欲波瀾之闊，須令規模
　　　宏放，以涵養吾氣而後可。規模既大，波瀾自闊，少加治擇，功已
　　　倍於古矣。

陸游〈曾文清公墓誌銘〉云：「公治經學道之餘，發於文章而詩尤工，以杜甫、
黃庭堅為宗。」魏慶之則以為茶山之學，亦出於韓子蒼，而為陸游之所本。《詩
人玉屑》卷十九載：

_____

〔註29〕見《現存宋人別集版本目錄》，頁 171。
〔註30〕見《現存宋人別集版本目錄》，頁 171、《中國歷代詩文別集聯合書目》，頁 251。

陸放翁詩，本於茶山，故趙仲白〈題曾文清公詩集〉云：「清於月出
初三夜，澹似湯烹第一泉。咄咄逼人門弟子，劍南已見一燈傳。」
「劍南」，謂放翁也。然茶山之學，亦出於韓子蒼，三家句律大概相
似，至放翁則加豪也。

其說少異，《四庫全書總目提要》云：「韓駒雖蘇氏之徒，而名列江西詩派中，
其格法實近於黃，殊途同歸，實亦一而已矣。」陸游爲南渡詩人之大宗，其
淵源亦灼然可考。

張栻

《易說》十一卷（闕）

《經義考》卷二十八載張栻《易說》十一卷，云：「未見。」又引董眞
卿曰：「《易說》十一卷，乾坤闕。」〔註31〕《續通志》卷一五六載張栻《易
說》十一卷，《續文獻通考》卷一四二所載無卷數，《文淵閣書目》卷二著錄
《南軒易說》一部，四冊，殘缺，又一部，三冊，闕。又有《南軒繫辭說》
一部，四冊，闕。《明書經籍志·易類》所載與《文淵閣書目》同。今存《南
軒易說》三卷本，收入《四庫全書·經部·易類》，五卷本，收入《枕碧樓
叢書》。〔註32〕

案，《明書經籍志》既著錄《南軒易說》，又載《南軒繫辭說》。《南軒先
生文集》卷三十〈答陳平甫書〉，載平甫嘗請南軒「以己精思深三聖人之用心，
又會以河南、龜山、漢上之說，續成〈上下繫〉、〈說卦〉、〈序卦〉、〈雜卦〉
解五篇傳之，以貽後代。」南軒告以「某近裒集伊川、橫渠、楊龜山〈係辭〉
說未畢，亦欲年歲，間記鄙見于下。如漢上之說，雜而不知要，無足取也。」
又卷二十八〈與吳晦叔〉第十二書云：「〈繫辭〉說亦已裒集。」據此，則南
軒嘗裒集伊川、橫渠等諸家之〈繫辭〉說，以爲撰述《易說》之準備，固無
可疑。然而，《南軒易說》之外，是否尙有《繫辭說》之成書，則難以斷言。

〔註31〕董眞卿《周易會通》十四卷，收入《四庫全書·經部·易類》。《經義考》引
董眞卿之言，見董氏《周易會通》卷首「引用諸書群賢姓氏」。董氏所見本，
已缺〈乾〉〈坤〉二卦，故《周易會通》引《南軒易說》，自〈屯卦〉始。
〔註32〕見《宋代蜀人著作存佚錄》，頁148。中央圖書藏《南軒易說》五卷，爲《枕
碧樓叢書》覆倦圃曹氏舊鈔本，見《現存宋人著述目略》，頁5。

《南軒書說》（佚）

《鶴山集》卷七十九〈張晞顏墓誌銘〉云：

> 會忠獻（張浚）薨，公侍宣公（張栻）護輤歸長沙，留九年。宣公
> 闢嶽麓書院教授後學，嘗讀書，遇解釋，屬君筆之，題曰《南軒書
> 說》。君亦記南軒語，題曰《誠敬心法》。

《南軒書說》乃張栻猶子晞顏所記南軒解《尚書》之語，其書已佚。唯宋人
葉紹翁《四朝聞見錄甲集》「東萊《南軒書說》」條，引南軒解〈酒誥〉語，
力闡儒、釋之分，其文如下：

> 考亭先生嘗觀《書說》，語門人曰：「……南軒〈酒誥〉一段，解天
> 降命，天降威處，誠千年儒者所不及，今備載南軒之說。『酒之爲物，
> 本以奉祭祀，供賓客，此即天之降命也；而人以酒之故，至於失德
> 喪身，即天之降威也。釋氏本惡天降威者，乃併與天之降命者去之。
> 吾儒則不然，去其降威者而已，降威者去而天之降命者自在。如飲
> 食而至於暴殄天物，釋氏惡之，而必欲食蔬茹，吾儒則不至於暴殄
> 而已。衣服而至於窮極奢侈，釋氏惡之，必欲衣壞色之衣，吾儒則
> 去其奢侈而已。至於惡淫慝而絕夫婦，吾儒則去其淫慝而已。釋氏
> 本惡人欲，併與天理之公者而去之，吾儒去人欲，所謂天理者昭然
> 矣。譬如水焉，釋氏惡其泥沙之濁，而窒之以土，不知土既窒，則
> 無水可飲矣。吾儒不然，澄其沙而水之澄清者可酌，此儒、釋之分
> 也。』」

《無逸解》一卷（佚）

《續文獻通考》卷一七三、《古繩鄉紀略・經籍志》著錄張栻《無逸解》
一卷。《經義考》卷九十七云：「未見。」其書已佚，亦無輯本。

《論語說》十卷（存）

《郡齋讀書志・附志》卷五上載張栻《論語說》三卷，《直齋書錄解題》卷
三作十卷，《宋史・藝文志》、《國史經籍志補》、《經義考》卷二一八作《南軒論
語解》十卷，《文獻通考經籍考》卷十一作《南軒論語說》十卷。《文淵閣書目》
卷四、《明書經籍志拾補》作《論語南軒解》三冊，《續通志》卷一五六作《癸
巳論語解》十卷。今存《南軒先生論語解》十卷，見《通志堂經解》（據天一閣
藏明抄本刻入）；《張宣公全集》（清道光二十九年綿邑洗墨池刊本），臺北故宮

博物院墨格舊鈔本；《癸巳論語解》十卷，見《四庫全書‧經部‧四書類》、《摛藻堂四庫全書薈要‧經部》、《學津討原》三集、《叢書集成初編‧哲學類》。《江蘇省立國學圖書館總目》卷六載有《南軒論語解》十卷，《通志堂》刊本、廣東書局刊本；〔註33〕日本《靜嘉堂文庫漢籍分類目錄》載有《南軒論語解》十卷，《通志堂》刊本；《癸巳論語解》十卷，《學津討原》本。

　　《論語說》，乃張栻爲嶽麓書院所撰之講義，〔註34〕其書成於宋孝宗乾道九年，是年歲在癸巳，故名曰《癸巳論語解》。此書撰成之後，曾與朱熹多所商訂，朱子嘗云：

　　　　欽夫最不可得，聽人說話，便肯改。〔註35〕

又云：

　　　　南軒《論語》初成書時，先見後十篇，一切寫去與他說。後見前十
　　　　篇，又寫去。後得書來，謂說得是，都改了。〔註36〕

《朱文公文集》卷三十一「與張敬夫論《癸巳論語說》」，計九十九則，一百二十條。《四庫全書總目》卷三十五《癸巳論語解‧提要》云：

　　　　《朱子大全集》中備載與栻商訂此書之語，抉摘瑕疵，多至一百一
　　　　十八條，又訂其誤字二條，以今所行本校之，從朱子改正者僅二十
　　　　三條，餘則悉仍舊稿。……然則此一百一十八條者，特一時各抒所
　　　　見，共相商榷之言，未可以爲栻病，且二十三條之外，栻不復改，
　　　　朱子亦不復爭，當必有渙然冰釋，始異而終同者。更不必執文集舊
　　　　稿，以朱子之說相難矣。

《提要》謂朱子與張栻《論語》解有始異而終同者，其例見〈學而篇〉「父在觀其志」一章。其義有兩說：一云「爲人子者，父在則能觀其父之志而承順之，父沒則能觀其父之行而繼述之。」此范祖禹之說；一云「欲觀人子之賢否者，父在之時，未見其行事之得失，則但觀其志之邪正；父沒之後，身任承家嗣事之責，則當觀其行事之得失。」此孔安國之說。張栻《論語說》蓋主孔氏，而朱子非之。及撰《集註》，則仍取後一說。足見朱熹與張栻之《論

〔註33〕見《宋代蜀人著作存佚錄》，頁148～149。《公藏先秦經子注疏目錄》，頁166、
　　　　193。
〔註34〕《南軒先生文集》卷十四〈論語說序〉云：「輒因河南餘論，推以己見，輯《論
　　　　語說》爲同志者切磋之資。」
〔註35〕《朱子語類》卷一〇三，頁2606。
〔註36〕同前註。

語》解確有「始異而終同」者，然據此一證，即謂二者之異見已「渙然冰釋」，則又不然。朱子《論語集註》引「張敬夫曰」僅八條，〔註37〕而《語錄》中言及《論語》處，多指摘南軒之說。〔註38〕蓋南軒解經貴通大意，起立新說，不喜句解字求，故瑕瑜互見。朱子解經，力守「句句而解，字字而求」之原則，只求發明書中本義，立言造意，不欲「高出聖言之上」。南軒由於刻意求新，有時不免橫生議論及望文生訓之病。如〈學而篇〉「就有道而正焉」，南軒解云：「異世而求其書。」〈衛靈公篇〉「予一以貫之」章，南軒解云：「此亦子貢年幼時事耳。」此皆發揮太過，不知意足而止之例。又如〈先進篇〉「不可則止」，南軒解云：「不可，謂不合於正理也。有不合於正理，則爲大臣者必從而止之。」此乃望文生訓，曲就己意，無怪乎朱子謂其「穿鑿費力，不成文理。」〔註39〕

《孟子說》七卷（存）

　　《郡齋讀書志・附志》五上載張栻《孟子說》七卷，《直齋書錄解題》卷三、《玉海》卷四十七作十七卷，《宋史・藝文志》載《孟子詳說》十七卷、《孟子解》七卷，《文獻通考經籍考》卷十一載《張南軒孟子說》十七卷，《國史經籍志補》載《南軒孟子》七卷，《經義考》卷二三四載《孟子詳說》十七卷、《癸巳孟子說》七卷，並云：「未見。」《續通志》卷一五六載《癸巳孟子說》七卷，《文淵閣書目》卷四載《孟子張南軒解》七冊、《孟子張宣公解》四冊。今存《南軒先生孟子說》七卷，見《通志堂經解》（據天一閣藏明抄本刻入）；《張宣公全集》（清道光二十九年綿邑洗墨池刊本），臺北故宮博物院藏墨格舊鈔本；《癸巳孟子說》七卷，見《四庫全書・經部・四書類》、《摛藻堂四庫

〔註37〕〈學而〉、〈爲政〉、〈述而〉、〈先進〉各一條，〈雍也〉、〈陽貨〉各二條。

〔註38〕朱子嘗云：「敬夫議論出得太早，多有差舛。此間有渠論、孟解，士大夫多求之者，又難爲拒之。」見《朱子語類》卷九十五，頁2426。此條鄭可學辛亥所聞，時在南軒卒後之十一年，朱子年六十二。

〔註39〕朱學瓊〈宋代的經學風氣與《南軒經解》的弊病〉一文，曾就朱子之說，歸納南軒語解之缺失爲十二條：（1）好發明經外之意，致所說解每無當於經旨。（2）註文與經文不相干。（3）立說無來歷，無考據。（4）造意故作險怪，致語意或不分明，或全不可曉。（5）爲求新奇出勝，致用字或不安，用語或未當。（6）語氣急迫，少曲折。（7）爲求語意高深，反失之不親切，無意味。（8）竄改、顛倒引書原文，以就己說。（9）或引佛老之說入吾儒，或遷吾儒之說就佛老。（10）上下文不相屬，語脈不貫，甚至自相矛盾。（11）誤以二事爲一事，或一物爲二物。（十2）望文生訓。

全書薈要‧經部》。《江蘇省立國學圖書館圖書總目》卷六載有《南軒孟子說》七卷，廣東書局刊本。〔註40〕

　　案，《南軒孟子說》亦是張栻為嶽麓書院所撰之講義，《南軒先生文集》卷十四載有〈孟子講義序〉，即此書之〈序〉。清道光二十五年乙巳綿邑洗墨池重刊本《南軒先生孟子說》載有〈序〉文一篇，末署乾道九年十月二十日，為《文集》所無，其文曰：

> 歲在戊子（宋孝宗乾道四年，1168），栻與二、三學者講誦於長沙之家塾，輒不自揆，綴所見為《孟子說》，明天冬，會有嚴陵之命，未及終篇。辛卯歲（乾道七年）自都司罷歸，秋冬行大江，舟中讀舊說，多不滿意，從而刪正之，其存者蓋鮮矣。還抵故廬又二載（乾道九年癸巳），始克繕寫……題曰「《癸巳孟子說》」云者，蓋將斷此而有考於異日也。

據此，則其書始撰於乾道四年，成書於乾道九年。書成之後，仍不斷修改，嘗語呂伯恭云：

> 《孟子解》雖已寫出，其間毛病改綴不停，正如春草，旋剗旋有。且欲自家體當，遽敢傳諸人。〔註41〕

至淳熙三年（1176），南軒答朱子書猶云：

> 《孟子》欲再改過，終緣公務斷續，蓋雖退食，其於庶事又有當考究思慮者，不敢放下耳。〔註42〕

同年，建寧書坊欲刻此書，南軒獲悉，以刪改尚未盡善，恐誤學者，極力阻止，終未刊行。〔註43〕然《朱子語類》卷一〇三記朱子曰：

> 欽夫最不可得，聽人說話，便肯改。……若孟子，則未經修，為人傳印去了，彼亦自悔。出仕後不曾看得文字，未及修《孟子》而卒。

可見張栻雖極力阻止建寧書坊板印《孟子解》，畢竟無力阻止其他書坊印售，而此尚待修訂之書，終究「為人傳印去了」。南軒撰《孟子說》，少與朱子商

〔註40〕見《宋代蜀人著作存佚錄》，頁149，《公藏先秦經子注疏書目》，頁172。

〔註41〕《南軒先生文集》卷二十五〈答呂伯恭〉第一書。

〔註42〕見《南軒先生文集》卷二十四〈答朱元晦祕書〉第二書。〈書〉中有云：「見刻《三家婚喪祭禮》未畢。」按，南軒刻《三家婚喪祭禮》於桂林學宮在淳熙三年，見《南軒文集》卷三十三〈跋《三家昏喪祭禮》〉，則此書亦當作於淳熙三年。

〔註43〕見《南軒先生文集》卷二十四〈答朱元晦祕書〉第三書、第五書，卷二十三〈答朱元晦書〉第三書。

量。〔註44〕朱子批評南軒解經喜做文字，其言曰：

> 南軒語《孟子》，嘗說他這文字不好看。蓋解經不必作文字，止合解
> 釋得文字通，則理自明，意自足。今多去上做文字，少間說來說去，
> 只說得他自一片道理，經意卻蹉過了！要之，經之於理，亦猶傳之
> 於經。傳，所以解經也，既通其經，則傳亦可無；經所以明理也，
> 若曉得理，則經雖無，亦可。嘗見一僧云：「今人解書，如一盞酒，
> 本自好；被這一人來添些水，那一人來又添些水，次第天來添去，
> 都淡了！」〔註45〕

朱子認爲南軒解《孟子》，如添水於酒，雖是「自做一片文字」，而其味愈淡。
故撰《孟子集註》，引張栻之說，僅一則而已。〔註46〕然《四庫全書總目提
要》對《南軒孟子說》則評價甚高，以爲是書雖「微有寄託於時事」，「其辭
感憤，爲南渡而發」，然皆能推闡經義之所有，「於王霸義利之分，言之最明。」
〔註47〕此論可謂深得南軒撰述《孟子說》之用心。

《諸葛武侯傳》一卷（存）

　　《郡齋讀書志·附志》卷五上著錄《諸葛忠武侯傳》一卷，《直齋書錄解
題》卷七、《文獻通考經籍考》卷二十六、《宋史·藝文志》作《諸葛武侯傳》
一卷。《四庫未收書目提要》云：

> 此傳不載《南軒文集》，乃從宋刊單行本影寫，其闡發武侯生平，考
> 證極確，自陳壽作《三國志》，尊魏斥蜀，使後世莫明正僞，且言武
> 侯志大而短于用兵。司馬光作《通鑑》，朱子作《綱目》，乃正其非。
> 栻更摭拾舊聞，成此一卷，具明才學過于管、樂，稱其有正大之體，
> 且傳中述前後〈出師表〉，與今所傳字句間有異同。其後〈跋〉云，
> 徵自文獻，不敢存疑，則其所見詳明，必有古書足據矣。

今存《諸葛武侯傳》一卷，收入《宛委別藏》；《漢丞相諸葛忠武侯列傳》一
卷，收入《明辨齋叢書初集》、《十萬卷樓叢書》二編、《續古逸叢書》；《漢丞
相諸葛忠武侯傳》一卷，收入《四部叢刊續編》史部。

〔註44〕《朱子語類》卷一○三云：「（南軒）《孟子說》，不曾商量。」《朱文公文集》
　　　　卷三十有〈答張敬夫《孟子說》疑義〉，論《孟子·告子篇》上「夜氣不足以
　　　　存」句。
〔註45〕《朱子語類》卷一○三，頁 2607。
〔註46〕見〈梁惠王篇下〉。
〔註47〕見《四庫全書總目》卷三十五〈癸巳孟子說提要〉。

《通鑑論篤》三卷（佚）

《直齋書錄解題》卷四編年類著錄《通鑑論篤》三卷，云：

> 侍講廣漢張栻敬夫撰，取《通鑑》中言論之精確者表而出之，多或全篇，少至一二語，去取甚嚴，可以見前輩讀書眼力之高。

《宋史・藝文志》作四卷，《文淵閣書目》卷五、《明書經籍志》作三冊，《玉海》卷四十七無卷數。此書已佚，且無輯本，其卷數參差之故已不可考。

《經世紀年》二卷（佚）

《直齋書錄解題》卷四載《經世紀年》二卷，云：「侍講廣漢敬夫撰。」《文獻通考經籍考》卷二十、《蜀中廣記》卷九十二並同，《經義考》卷二七一云：「未見。」其書已佚。據《南軒先生文集》卷十四〈經世紀年序〉，可知此書係依邵康節《皇極經世書》之譜編，自帝堯甲辰至孝宗乾道改元之歲，凡三千五百二十有二年，列為六圖，以便觀覽，間有所見，因以明之。其節目之大者，如夏寒浞弒相，漢呂太后稱制，新莽之篡，曹丕稱帝，皆不以正統許之，顯示南宋人對歷史正朔強烈之好惡觀念。

《三家昏喪祭禮》一卷（佚）

《直齋書錄解題》卷六載《四家禮範》五卷，云：

> 張栻、朱熹所集司馬、程、張、呂氏諸家，而建安劉珙刻於金陵。

張栻〈跋《三家昏喪祭禮》〉云：

> 右文正司馬公、橫渠張先生、伊川程先生昏喪祭禮，合為一卷⋯⋯
> 司馬氏蓋已著書，若橫渠、伊川二先生，雖草定而未具，然所與門人講論反復，其所發明者深矣。〔註48〕

司馬光有《書儀》十卷（《表奏公文私家書式》一卷、《冠儀》一卷、《婚儀》二卷、《喪儀》六卷）及《涑水祭儀》。橫渠、伊川各僅有《祭儀》，故南軒云：「橫渠、伊川二先生，雖草定而未具。」然二先生《語錄》中，語及昏喪祭禮頗多。南軒此書，當即據上述資料編成。〈跋〉語末署「淳熙三年六月」，蓋作於知靜江府任上。〔註49〕又《朱文公文集》卷八十三載朱子〈跋《三家禮範》〉云：

〔註48〕見《南軒先生文集》卷三十二。
〔註49〕《南軒先生文集》卷二十四〈答朱元晦祕書〉第二書云：「見刻《三家昏喪祭禮》（原注：溫公、橫渠、伊川）未畢。」

長沙郡博士邵君，因得吾亡友敬夫所次《三家禮範》之書而刻之學官，……其意美矣，然程、張之言猶頗未具，獨司馬氏爲成書。……熹嘗欲因司馬氏之書，參考諸家之說，裁訂增損，舉綱張目以附其後。……顧已衰病，不能及已。

朱子此文作於宋光宗紹熙甲寅（1194），時爲南軒卒後之十四年。則張栻所集禮範，僅司馬光、張橫渠與程伊川三家，蓋可之知也。

《太極解義》一卷（佚）

《遂初堂書目・子部・儒家類》著錄《南軒太極圖解》，無卷數；《郡齋讀書志・附志》卷五下作張子《太極解義》一卷，云：「張宣公解周元公太極之義也。」

此書已佚，唯《經義考》卷七十一〈周子太極圖說提要〉引張栻〈序〉曰：

> 二程先生道學之傳，發於濂溪周子，而〈太極圖〉乃濂溪自得之妙，蓋以手授二程先生者。……其言約，其義微，自孟子以來，未之有也。《通書》之說，大抵皆發明此意，故其首章曰：「誠者，聖人之本，大哉乾元，萬物資始，誠之源也，乾道變化，各正性命，誠斯立焉。」夫曰聖人之本，誠之源者，蓋深明萬化之一源也，以見聖人之精蘊，此即《易》之所謂密，《中庸》之所謂無聲無臭者也。至於乾道變化，各正性命，則是本體之流行發現者，故曰誠斯立焉。其篇云：「五行陰陽，陰陽太極，四時運行，萬物終始，混兮闢兮，其無窮兮。」道學之傳，實在乎此。愚不敏，輒舉大端與朋友共議焉。雖然，太極豈可以圖傳也。先生之意，特假圖以立義，使學者默會其指歸，要當得之言意之表可也，不然而謂可以方所求之哉！

又〈後序〉曰：

> 或曰：「〈太極圖〉，周先生所授二程先生者也，今二程先生之所講論答問之見於《遺書》者，大略可睹，獨未及此圖，何邪？……」栻應之曰：「二程先生雖不及此〈圖〉，然其說固多本之矣。試詳考之，當自可見，學者誠能從事於敬，眞積力久，則夫動靜之機，將深有感於隱微之間，而是〈圖〉之妙可以嘿得於胸中，不然，縱使辨說之詳，猶爲無益也。嗟乎！先生誠通誠復之論，其至矣乎。聖人與

天地同用，通而復，復而通，《中庸》以喜怒哀樂未發已發言之，又就人身上推尋，至於見得大本達道處，同是此理。此理就人身上推尋，若不於未發已發處看，即何緣知之？蓋就天地之本源與人物上推來，不得不異，此所以動而生陽，難爲以喜怒哀樂已發言之，在天地只是此理也，今欲作兩節看，竊恐差了。〈復〉卦見天地之心，先儒以爲靜見天地之心，伊川先生以爲動乃見，此恐便是動而生陽之理。然於〈復〉卦發出此一段示人，又於初爻以顏子不遠復爲之，此只要示人無間斷之意。人與天理一也，就此理上皆收攝來，與天地合其德，與日月合其明，與四時合其序，與鬼神合其吉凶，皆其度內爾。」

此二篇序文，《南軒先生文集》不載，故具錄之，以見張栻《太極解義》之梗概。

《西銘解義》一卷（佚）

《郡齋讀書志・附志》卷五下著錄《二十先生西銘解義》一卷，云：

明道、伊川、呂大防微仲、呂大臨與叔、楊時中立、游酢定夫、尹焞彥明、劉安節元承、鮑若雨商霖、李朴先之、張九成子韶、胡銓邦衡、許景衡少伊、郭雍子和、謝諤昌國、劉清之子澄、張維祝禹圭、錢聞詩子言、張栻敬夫解橫渠先生〈西銘〉之義也。

此書已佚，唯張栻解〈西銘〉之義見諸《南軒先生文集》者，有〈西銘跋〉二篇，其一爲〈跋西銘示潘支端〉，云：

人之有是身也則易以私，私則失其正理矣。〈西銘〉之作，懼夫私勝之流也，故推明其理之一以示人。理則一而其分森然，自不可易。惟識夫理一，乃見其分殊，明其分殊，則所謂理之一者，斯周流而無蔽矣。此仁義之道所以常相須也，學者存此意，涵泳體察，求仁之要也。〔註50〕

其二爲〈跋西銘示宋伯潛〉，云：

人惟拘於形氣，私勝而迷其所自生，故〈西銘〉之作，推明理之本一，公天下而無物之不體，然所謂分之殊者，蓋森然具陳而不可亂，此仁義之道所以立人之極也。學者深潛力體，而後知所以事天事親

〔註50〕見《南軒先生文集》卷三十三。

者，其持循之要，莫越於敬而已。〔註51〕

《晞（希）顏錄》一卷（佚）

《直齋書錄解題》卷九著錄《晞顏錄》一卷，云：「張栻取經傳中凡言及顏子者錄爲一編。」

此書已佚，唯張栻編纂此書之過程與用心，具見於《南軒先生文集》卷三十三〈跋希顏錄〉一文，茲摘錄如下：

> 某乙卯之歲（宋高宗紹興二十九年，1159），嘗裒集顏子言行爲《希顏錄》上下篇，今十有四年矣。回視舊編，去取倫次，多所未善，而往往爲朋友所傳寫，於是復加考究，定著爲一卷，又《附錄》一卷。蓋顏子之事，獨載於《論語》、《易》、《中庸》、《孟子》之書，其間顏子之所自言與夫見於問答者抑鮮矣。特聖人之所稱，及曾子、孟子之所推述者，其詳蓋可以究知也。自孟子之後，儒者亦知所尊仰矣，而識其然者，則或寡焉。逮夫本朝濂溪周先生、橫渠張先生出，始能明其心，而二程先生則又盡發其大全，於是孔子之所以授於顏子，顏子之所以學乎孔子，與學者知之所當從事乎顏子者，深切著明而無隱於來世者矣。故今所錄，本諸《論語》、《易》、《中庸》、《孟子》所載，而參之以二程先生之論，以及於濂溪、橫渠與夫二先生門人高弟之說，列爲一卷。又采《家語》所載顏子之言有近是者，與夫揚子雲《法言》之可取者，并史之所記者，存之於後，蓋亦學者之所當知而已。既已繕寫，則撫而歎曰：嗟乎！顏子之所至，亞於聖人，孔門高弟莫得而班焉。及考《魯論》師友之所稱，有曰不遷怒，不貳過而已；有曰以能問於不能，以多問於寡，有若無，實若虛，犯而不校而已。自學者觀之，疑若近而易識，然而顏子之所以爲善學聖人者，實在乎此，則聖門之學，其大略亦可見矣。非實用其力而後知其難，知其難後有可進之地也？然則後之學者貪高慕遠，不循其本者，終何所得乎？故予願與同志之士以顏子爲準的，致知力行，趨實務本，不忽於卑近，不遺於細微，持以縝密而養以悠久，庶乎有以自進於聖人之門牆，是《錄》之所爲作也。乾道九年（1173）八月九日謹書。

〔註51〕 同前註。

《洙泗言仁》（佚）

見《遂初堂書目‧子部‧儒家類》、《古繩鄉紀略‧經籍志》著錄。其書已佚，唯《南軒先生文集》卷十四載〈洙泗言仁序〉一篇，云：

> 昔者夫子講道洙泗，示人以求仁之方，蓋仁者天地之心，天地之心而存乎人，所謂人也。人爲蔽於有己，而不能以推夫其所以爲人之道，故學必貴於求仁也……某讀程子之書，其間教門人取聖賢言仁處，類聚以觀而體認之。因袞《魯論》所載，疏程子之說于下而推以己見，題曰《洙泗言仁》，與同志者共講焉。

《二程語錄》卷十一記載：

> 問仁。曰：「此在諸公自思之，將聖賢所言仁處類聚觀之，體認出來。」
> 或問仁。子曰：「聖賢言仁多矣，會觀而體認之，其必有見矣。」

可見張栻類聚《論語》言仁之語，以探究經義，蓋得諸程子之啟示。〔註52〕

《南軒語錄》十二卷（佚）

《直齋書錄解題》卷九著錄《南軒語錄》十二卷，云：「蔣邁所記張敬夫語。」《文獻通考經籍考》卷三十七同，《文淵閣書目》卷四、《明書經籍志‧性理類》作三冊。其書已佚。

《誠敬心法》（佚）

《鶴山集》卷七十九云，張晞顏嘗記南軒語，題曰《誠敬心法》。然《宋史‧藝文志》不載，各家書目亦併未及，蓋已亡佚。

《南軒先生問答》四卷（佚）

《郡齋讀書志‧附志》五下著錄《南軒先生問答》四卷，云：「張宣公敬夫答門人之所問也。」

《明內閣書目》卷五載《南軒語錄拾遺》，不著撰者名氏。家鉉翁《則堂集》卷二〈敬室記〉云：

> 宇文氏再世從（南軒）先生，嘗在大弟子之列。淳祐間，子敬始自蜀來，輯其先世所聞於先生者，求訂於庸齋趙公之門，庸齋深器之，爲大書以表其傳。

《晦庵先生朱文公文集》卷三十一〈答張敬夫書〉云：

〔註52〕 參程元敏〈張栻「洙泗言仁」編的源委〉一文。

建陽一二士人歸自臨安，云嘗奉教，亦錄得數十段答問來。

則錄《南軒語錄》者，不僅蔣邁與張晞顏二人。惜諸人所錄並佚，無以見其異同。

《南軒奏議》十卷（佚）

《直齋書錄解題》卷二十二著錄《南軒奏議》十卷，《文獻通考經籍考》卷七十四、《國史經籍志·集類》同，《蜀中廣記》卷九十九作《奏議》十卷，《文淵閣書目》卷四作二冊，《明書經籍志·經濟》作三冊。其書已佚。

《張宣公帖》四卷（佚）

《郡齋讀書志·附志》五下著錄《張宣公帖》四卷，云：「南軒先生帖，遺表終焉。」其書已佚。宋人文集中，《晦庵先生朱文公文集》卷八十四有〈跋張敬夫與馮公帖〉；《鶴山集》卷五十七有〈跋南軒與坐忘居士房公帖〉、卷六十一有〈跋南軒與李季允帖〉、卷六十四有〈跋張宣公帖〉；《真文忠公集》卷三十五有〈南軒東萊帖跋〉；《碧梧玩芳集》卷十五有〈題南軒帖〉；《後村大全集》卷一〇二有〈跋南軒與方耕道帖〉等，可資參考。

《南軒先生文集》四十四卷（存）

《郡齋讀書志·附志》卷五上著錄《南軒先生文集》四十四卷，《續通志》卷一六二同，《直齋書錄解題》卷十八載《南軒集》三十卷，《文獻通考經籍考》卷六十六、《國史經籍志》並同，《遂初堂書目》載《張南軒集》，無卷數；《宋史·藝文志》載《南軒文集》四十八卷、《蜀中廣記》卷九十九作三十卷，《文淵閣書目》卷九、《明書經籍志》載《張南軒文集》三十冊，《明書經籍志拾補·子雜》載《張南軒文集》四冊。

《南軒先生文集》係宋孝宗淳熙十一年（1184）朱熹所編輯。《晦庵先生朱文公文集》卷七十六〈張南軒文集序〉云：

> 敬夫既沒，其弟定叟哀其故稿，得四巨編以授予，曰：「先兄不幸蚤世，而其同志之友亦少存者，今欲次其文以行於世，非子之屬而誰可？」……因復益為求訪，得諸四方學者所傳，凡數十篇，又發吾篋，出其往還書疏讀之，亦多有可傳者。方將為之定著繕寫，歸之張氏，則或者已用別本摹印而流傳廣矣。遽取觀之，蓋多＿＿所講焉而未定之論，而凡近歲以來談經論事，發明道要之精語，反不與

　　焉……於是乃復亟取前所蒐輯，參伍參校，斷以敬夫晚歲之意，定
　　其書爲四十四卷。

又卷五十六〈答方賓王〉第五書「前書下詢數條」云：

　　敬夫未發之云，乃其初年議論，後覺其誤，即已改之。但舊說已傳，
　　學者又不之察，便加模刻，往時嘗爲編次，正爲此耳。

朱子以爲南軒之學「日新而無窮」，當以晚歲之意爲斷，故於南軒少作詩文，
及事涉溢美之作（〈張浚行狀〉），皆刪而不錄。朱子此舉，曾引起胡宏之子，
亦即南軒之婿胡大時之質疑。《晦庵先生朱文公文集》卷五十三〈答胡季隨
書〉云：

　　《南軒集》誤字已爲檢勘，今卻附還……〈序〉文後段若欲刪去，
　　即不成文字，兼此書誤本之傳，不但書坊而已，黃州印本亦多舊來
　　文字，不唯無益，而反爲累，若不如此說破，將來必起學者之疑，
　　故區區特詳言之，其意極爲肯到，不知何所惡而欲去之耶？且世之
　　所貴乎南軒之文者，以其發明義理之精，而非以其文詞之富也。今
　　乃不問其得失是非而唯務多取，又欲刪去〈序〉文緊切意思，竊恐
　　未免乎世俗之見而非南軒所以望乎後學之意。試更思之，若必欲盡
　　收其文，則此〈序〉意不相當，自不必用，須別作一〈序〉以破此
　　〈序〉之說乃可耳。若改而用之，非惟熹以爲不然，南軒有靈，亦
　　必憤歎於泉下也。

《四庫全書總目》卷一六一《南軒集・提要》，以爲張栻與朱子交最善，朱子
所編「足以見醇儒心術光明洞達，無一毫黨同伐異之私。」然則亦足見朱子
所編《南軒文集》，非張栻著作之全豹也。

　　今存《南軒集》四十四卷，收入《四庫全書・集部・別集類》；《張宣公
集》四十卷單刊道光本、咸豐本；《張南軒先生文集》七卷，收入《正誼堂全
書》、《叢書集成初編・文學類》，《南軒（詩）集》一卷，收入《兩宋名賢小
集》。《江蘇省立國學圖書館圖書總目》卷三十二載有《南軒文集》四十四卷，
明刊本；四十四卷，清康熙四十五年無錫華氏刊本；四十四卷，清咸豐南軒
祠堂重刊本。《靜嘉堂文庫漢籍分類目錄》載有《重刊正誼堂全書》本《張南
軒文集》；日本有寬文九年（清康熙八年，1169）和刻本《南軒先生文集》四
十四卷。

《詩十六首》（存）

分別收入《宋詩紀事》卷五十七，清雍正《湖廣通志·藝文》，清光緒《江西通志·勝跡略》，清光緒《廣東通志·山川略·十四》及清嘉慶《廣西通志·勝跡·四》。

《南嶽倡酬集》一卷《附錄》一卷（存）

《續通志》卷一六三著錄。

宋孝宗乾道三年（1167）九月，朱子與林用中訪張栻於潭州，十一月，偕登衡嶽，至櫧州而有《南嶽倡酬集》。此書今存，收入《四庫全書·集部·總集類》；《靜嘉堂文庫漢籍分類目錄·集部·總集類》載有陸心源十萬卷樓藏本《南嶽倡酬集》一卷《附錄》一卷。

《韓文評論》（存）

收入《五百家注音辨昌黎先生文集》中。

彭龜年

《經解》（闕）

樓鑰《攻媿集》九十六〈寶謨閣待制致仕特贈龍圖閣學士忠肅彭公神道碑〉，謂彭龜年著有《止堂訓蒙》、《內治聖鑒》二十卷、《經解》、《奏議外制》，並表牋雜著合爲若干卷，藏於家塾。《宋史》卷三九三〈彭龜年傳〉稱所著書有《止堂訓蒙》、《經解》、《祭儀》、《五致錄》、《奏議外制》。

彭龜年《經解》，諸家書目皆不見著錄。《止堂集》卷八載其解《易經·需卦》繇辭、彖辭、象辭、初九爻辭、初九象辭、九二爻辭、九二象辭、九三爻辭、九三象辭、六四爻辭、九五爻辭、九五象辭、上六爻辭共十三則。及《詩經·王風·中谷有蓷》首章、次章，〈鄭風·狡童〉，〈齊風·雞鳴〉第三章解。蓋其經解之僅存者。

《內治聖鑒》二十卷（佚）

《攻媿集》〈忠肅彭公神道碑〉載彭龜年著《內治聖鑒》二十卷。《直齋書錄解題》卷五著錄《內聖鑒》二十卷，云：

起居舍人兼嘉王府贊讀清江彭龜年子壽撰。取列聖修身齊家教子訓

齊宗室防制外戚宦官贅御等事，以紹熙五年表上之，光宗稱善，且
曰：「祖宗家法最善，漢唐所不及也。」

《玉海》卷一三〇「紹熙《內治聖鑒》」條云：

五年正月，右史彭龜年直前奏事，且進《內治聖鑒》二十卷，奏以
祖宗家法，集爲此書。光宗曰：「不至是。」其目則略循《會要》之
舊，其事則多本《長篇》，《名臣奏議》亦錄，間其所見又爲論著。

《郡齋讀書志‧附志》五上著錄《內治聖鑒》二十卷，云：

彭忠肅公龜年爲起居舍人兼皇子嘉王府直講日所進也。上自九重后
妃世子、旁及宗藩戚里，下至官寺胥史，以類紀之，而外廷百司庶
府不與焉。

是書乃彭龜年於宋光宗紹熙五年（西元 1194）爲起居舍人兼皇子嘉王府直講
時所進，其書已佚，後世亦無輯本。《止堂集》卷三〈載進內治聖鑒疏〉一篇，
卷十載〈內治聖鑒序〉，茲錄其序文，以見此書之梗概：

臣聞《大學》曰：「古之欲明明德于天下者，先治其國；欲治其國者，
先齊其家；欲齊其家者，先脩齊身；欲脩齊身者，先正其心，欲正
其心者，先誠其意；欲誠其意者，先致其知；致知在格物。」其道
自源徂流，具有始終。三代以後，此學不傳；然世之治亂，鮮不由
之。三代既遠，帝王家法，質諸經傳，惟周最爲較著。……臣自得
官成均，成均舊有《國朝會要》，及李燾所進《續資治通鑑長篇》錄
本，因得竊讀。乃摭祖宗正家等事，一時名臣奏議，有足裨補內治
者，亦復採錄。間有愚見，輒復論著，凡二十卷，名之曰《內治聖
鑒》。雖分比次序，不無逸謬，不能如〈文王世子〉及〈大明〉等詩；
然其事則無愧于周，而《大學》不傳之學，世世萬萬子孫，庶乎其
可驗諸此矣。

《祭儀》（佚）

《宋史》本傳謂彭龜年撰有《祭儀》一書，然諸家書目皆不見著錄，其
內容已不得而知。

《止堂訓蒙》二卷（佚）

《玫瑰集》〈忠肅彭公神道碑〉、《宋史》本傳，並云彭龜年著有《止堂訓蒙》。
《鶴山集》卷五十四〈彭忠肅公止堂文集序〉曰：「又得《止堂訓蒙》之書，自

一本二氣、五常五典，娓娓乎密而辯也。」又卷五十五〈止堂訓蒙序〉曰：

> 彭忠肅公爲訓蒙之書，諏經攷傳，韻聯辭屬，以便於學士之習讀。
> 予始得於公之子欽，蓋六學之會，百行之畜。其季鉉也以校本來，
> 嗜之益篤，玩之益熟，起家守瀘，念扶世而善俗，取諸此書，殆不
> 翅是。乃刻梓于州府，以俟世之知言知德者焉。

據此可知，《止堂訓蒙》之書，魏了翁曾刻梓于瀘州州府，《宋史・藝文志・
子部・儒家類》載彭龜年《止堂訓蒙》二卷，《經義考》卷二四三載彭氏《龜
年訓蒙》，云：「佚。」則其書已佚，後世亦無輯本。

《五致錄》

《宋史》本傳謂彭龜年著有《五致錄》，諸家目錄不載。其書已佚，後世
亦無輯本。《困學紀聞》卷七云：

> 彭忠肅公以致敬、致樂、致憂、致哀、致嚴哀集格言爲《五致錄》。
> 司馬公《家範》亦以五致類事，忠肅之書本於此。

《止堂集》十八卷（存）

《攻媿集》〈忠肅彭公神道碑〉稱龜年著《內治聖鑒》二十卷、《訓蒙》、
《經解》、《奏議外制》，并表牋雜著合爲若干卷，藏於家塾。《鶴山集》卷五
十四〈彭忠肅公止堂文集序〉云：

> 盧陵李公鼎受知于公有年矣，今將漕胡南，而公之子鉉來爲屬，乃
> 以公平生所爲文，刻諸湖西精舍⋯⋯《文集》凡四十有七卷，《訓蒙》、
> 《聖鑑》與《別集》不與。

魏了翁此〈序〉作於宋理宗紹定三年（西元 1230），乃《止堂集》鏤版印行之
始。《宋史・藝文志》著錄彭龜年《止堂集》四十七卷，與魏〈序〉合。其書世
久失傳，清四庫館臣從《永樂大典》所載，益以《歷代名臣奏議》所錄，輯得
文二百二十首，依類編次，釐爲二十卷。〔註53〕其傳世版本見於書目著錄者有：

　　《止堂集》十八卷
　　　　清乾隆四十一年武英殿聚珍本　故宮　日本靜嘉堂文庫
　　　　《武英殿聚珍本版叢書》（武英殿木活字本、福建本、廣雅書局本）
　　　　《四庫全書》（抄本、影印本、縮印本）

〔註53〕　《現存宋人別集版本目錄》云：「現存《永樂大典》錄《止堂集》二十五條，
　　　　館臣漏輯十五條，漏輯者見《四庫拾遺》。」

《叢書集成初編》（據《武英殿聚珍版書》排印）〔註54〕

《四庫全書總目》卷一六〇,《止堂集‧提要》云:

> 龜年官右史時,面折廷諍,劘切人主,有古直臣之風。《集》中所存奏疏箚子尚五十五篇,敷陳明確,多關於國家大計。……史稱其學識正大,議論簡直,善惡是非,辨析甚嚴。故生平雖不以文章名,而懇惻之忱與剛勁之氣,浩然直達,語不求工而自工,固非鑿悅爲文者所得絜其長短也。

龜年學術,以務實爲尙,以爲心性修養當落實於經世活動之中,故不求精微而求平實。《提要》所言,頗能指明其文章之特色。

吳 儆

《竹洲文集》二十卷（存）

吳儆《竹洲集》,《宋史‧藝文志》、《直齋書錄解題》、《文獻通考》皆不著錄。丁丙《善本書室藏書志》載明萬曆七年吳瀛刊本《吳文肅公文集》二十卷,云:

> 曾孫資深始裒其遺文爲二十卷表上之,得易名之典。兵燹版亡。弘治六年,十世孫雷亨始續刻之,前列端平乙未程泌、淳祐七年呂午、嘉熙戊戌洪揚祖及外曾孫婿陳塤〈序〉四篇,又列同邑敏政〈序〉,後附其兄俯《棣華雜著》一卷。附錄〈勒誥〉、〈進書表〉、〈謚議〉、〈行狀〉、〈傳贊〉及往來投贈諸作。

又載舊寫本《竹洲文集》十卷,云:

> 此本作十卷,驗其賜謚敕牒款式,當出自宋槧……一至九卷爲〈奏議〉、〈政議〉、〈表〉、〈啓〉、〈書〉、〈記〉、〈序〉、〈祭文〉、〈雜著〉、〈銘〉、〈贊〉、〈賦〉、〈詩〉、〈樂府〉,十卷爲《棣華雜著》,乃其兄俯,字益華,仕至國學錄所著。集前有程珌、呂午、洪揚祖三〈序〉,集後附錄陳亮、陸伯壽、張南軒、朱文公序贈書簡,及程卓所撰〈行狀〉、〈進書表〉、〈謚告敕牒〉。

今存《竹洲文集》版本頗多,見於書目所載者有:

〔註54〕 參見《中國歷代詩文別集聯合目錄》第七輯,頁52,《現存宋人別集版本目錄》,頁209。

《竹洲文集》二十卷《附錄》一卷

　　明弘治六年吳雷亨刻藍印本　　上海　杭大　廣東　日本靜嘉堂文庫

　　明弘治六年吳雷亨刻本，清張金吾跋　　北京

　　明弘治六年吳雷亨刻本，清姚茫錄、張金吾跋　　天津

　　日本昭和四十二年據東京《靜嘉堂文庫》藏明刊本影照　　日本京都
　　　大學

　　明弘治六年休寧吳雷亨刊本配補鈔本　　中圖

《竹洲文集》二十卷

　　明弘治間刊本　　故宮

《竹洲集》二十卷《棣華雜著》一卷

　　《四庫全書》（抄本、影印本、縮印本）

《吳文肅公文集》二十卷《棣華雜著》一卷《附錄》一卷

　　明萬曆七年吳瀛刻本　　北京　科學院　中央黨校　上海　南京　日
　　　本內閣文庫

　　明萬曆七年吳瀛刻本　　清丁丙跋　　南京

　　明萬曆七年吳瀛刻三十二年吳繼京重印本　北大　清華　北京文物
　　　局　上海　浙江　中國　日本靜嘉堂文庫　美國國會

　　明萬曆七年吳瀛刻崇禎十七年吳聞禮重修本　　社科院文學所

《竹洲集》十卷《附錄》一卷

　　明萬曆吳繼良刻本　北京　北大　華東師大　杭大　湖南　中圖

　　清抄本　清丁丙跋　　南京

《竹洲文集附錄》一卷

　　明萬曆間刊本　　史語所

《吳文肅公摘稿》二卷

　　明刻本　　東北師大

《竹洲詩抄》一卷

　　《宋詩抄初集》（康熙本、影康熙本）

《竹洲詩集》一卷

　　《宋代五十六家詩集》

《竹洲集補抄》一卷

　　《宋詩抄補》

《竹洲詞》一卷

　　《十名家詞》《栗香室叢書・名家詞集》　《宋元名家詞》　《百家
　　詞》。〔註55〕

《四庫全書總目提要》卷一五九云：

　　程珌〈序〉稱其文峭直而紆餘，嚴潔而平澹，質而非俚，華而不雕。
　　今觀其詩文皆意境劖削，於陳師道爲近。雖深厚不逮，而模範略同，
　　蓋以元祐諸人爲法者。其〈上蔣樞密書〉論戰守和之俱非，〈汪楚材
　　書〉論伊川之徒，皆有卓識。其〈芻言〉中豪民黠吏一條，與論邕
　　州以互市劫制化外一條，亦具有吏才，非但以文章爲重也。

吳儆之學術思想，強調體用兼備、本末一致，傾向於義理事功相結合，《四庫
全書總目提要》稱其具有吏才與卓識，可謂確論。

舒　璘

《詩學發微》（佚）

　　《宋元學案》卷七十六《廣平學案》〈舒璘傳〉云：「所著有《詩學發微》、
《詩禮講解》、《廣文類稿》。」全祖望《鮚埼亭集外編》〈淳熙四先生祠堂碑
文〉云：「廣平經術，深於詩禮，而尤爲吾鄉說詩大宗。」

　　《詩學發微》不見於諸家書目著錄，蓋已亡佚。

《詩學講解》（佚）

　　《寶慶四明郡志》卷九〈先賢事跡下〉〈舒璘傳〉云：

　　分教新安，士習頓革。是邦大比，詩禮久不預賓送，而學幾無傳。
　　璘作《詩禮講解》，家傳人習，自是其學浸盛。

《經義考》卷一○八載舒氏璘《詩學發微》，云：「佚。」其內容已難以考見。

《舒文靖集》二卷（《廣平先生類搞》四卷、《舒文靖公類搞》四卷）
　　（存）

　　《宋元學案》卷七十六〈廣平學案〉〈舒璘傳〉謂璘著有《詩學發微》、《詩
禮講解》、《廣平類稿》。且云：「先生常自言樸拙不能文章，然淳祐詔正文體，

〔註55〕同前書頁280、頁214。

特舉先生文，稱其厚重質實，以爲世鵠。予求得其《類蒿》殘本讀之，則固
德人之言也。」丁丙《善本書室藏書志》載舊鈔本《舒文靖集》二卷，云：

> 《文集》十六卷，危素嘗〈序〉之云。……公里人呂盧夷，素嘗屬
> 之求公文集。既數年，乃以書介公之六世孫莊、七世族孫祥金，奉
> 遺集至京師以授素。……此本初不分卷，首有瀚林院印，中有校簽，
> 鉤勒集中書誌墓志記錄爲上卷，箚子與啓爲下卷。著錄於四庫，或
> 當時之底本耳。

又載《精鈔本文靖集》二卷，云：

> 吳焯題云：雍正間，慈溪鄭義門過杭，以此冊見貽，蓋爲姚江梨洲
> 黃氏從其裔孫鈔得者。按館中底本原止一冊，分編爲二。別見雍正
> 辛亥十六世孫玢刻本，題《廣平先生類稿》，作四卷，核之仍一百十
> 四篇。……似梨洲即鈔於《類稿》將刻之時耳。

據丁氏之言，《舒璘文集》原有十六卷，乃危素得之於舒璘六世孫莊及七世
族孫祥金者。雍正辛亥（九年）舒玢刻本題《廣平先生類稿》，作四卷，一
百十四篇。《四庫全書》則題《舒文靖集》，作二卷，內容與四卷本並無不同。
〔註56〕今存《舒文靖集》版本頗多，見於書目所載者有：

　　《舒文靖集》二卷
　　　　清抄本　南京
　　　　文瀾閣傳抄本　日本靜嘉堂文庫
　　　　清傳抄《四庫全書》本徐時棟〈跋〉　　北大
　　　　《四庫全書》（抄本、影印本、縮印本）
　　《舒文靖集》二卷《附錄》三卷《校勘記》三卷《事實冊》一卷
　　　　清光緒二十二年四明孫氏七千卷樓刻本　北京　首都　科學院　上
　　　　　海　華東師大　山東　山東大學　江西　蘇州　遼寧　吉林　吉
　　　　　林大學
　　《舒文靖公集》二卷
　　　　民國二十五年上海掃葉山房石印本　黑龍江
　　《廣平先生舒文靖公類稿》四卷

〔註56〕《宋元學案》卷七十六〈廣平學案〉，黃宗羲云：「廣平之〈集〉之不傳矣，
　　　　近得之其子孫，所論常平茶鹽、保長、義倉、荒政，皆鑿鑿可見之行事，而
　　　　言學者甚寡，則其遺逸者尚多也。」

清雍正九年刊本　復旦

《舒文靖公類稿》四卷《附錄》三卷（《附錄》爲清徐時棟輯校）

清同治十一年裔孫亨熙刊本　首都　北大　江西　師大　河南　吉林大學

日本東京大學　京都大學

《四明叢書》本（民國二十五年四明張氏約園據舒氏刻本校雍正刻

本刊）〔註57〕

《四庫全書總目》卷一六○《舒文靖集‧提要》云：

璘棲遲州縣，終身未一挂朝籍，故《集》中無奏章之文，其經略遂

不可考見。……然《集》中〈與陳蒼筍子〉，論常平義倉、茶鹽、保

長之法，深切時弊，皆其教授新安時所作，則璘亦非短於經世者也。

《寶慶四明郡志》卷九〈先賢事跡〉〈舒璘傳〉云：

時張宣公官中都，璘每請益，有所開警。繼與兄琥、弟琪從象山陸文

安公遊，琥、琪頓有省悟，璘則曰：「吾非能一蹴而入其域也。吾惟

朝於斯，夕於斯，刻苦磨厲，改過遷善，日有新功，亦可以弗畔云爾。」

袁燮〈舒元質祠堂記〉云：

元質之賢行可稱述者多矣，要以篤實不欺爲主。

舒璘學術以篤實爲尚，重視日用生活與社會政治之實踐，今存《文集》雖非

其作品之全部，亦足見其踐履務實之學術風格。

游九言

《默齋遺稿》二卷（存）

《福建通記‧列傳》卷十三云，九言有語錄詩文傳於世。《鶴山集》卷五

十四〈游誠之默齋集序〉云：

始勉之哀其伯氏《默齋文集》，……類卷板行，俾某申序焉，熟復累

日，歎其爲詩清而則，論事辯而正，記述贈送之文，貫融精粗，造

次理道，大抵內盡己志，外期有益於人，非若世之矜奇衒巧，務以

譁眾取妍者。

可知九言《默齋文集》乃其弟九功所哀集版行者，唯魏〈序〉不言其卷數，《宋

史‧藝文志》不載此書，蓋流傳不廣。丁丙《善本書室藏書志》卷三十一著

〔註57〕見《現存宋人別集版本目錄》，頁242，《靜嘉堂文庫漢籍分類目錄》，頁670。

錄振綺堂藏小山堂鈔本《默齋遺稿》二卷，云：

> 詩一卷，文一卷。……殆後人採輯之本。……後無增輯，猶原本也。

又著錄勞平甫藏鈔本《默齋遺稿》二卷，云：

> 前錄提要，後有鮑廷博從劉大彬《茅山志》、曹學佺《宋詩選》，及《詩家鼎臠》、《檇李詩繫》補錄詩九首。勞氏丹鉛精舍又從《天台續集》補輯登巾山七律一首，從《方輿勝覽》補〈禱雨辭并序〉，從《景定建康志》補〈建康府學御書閣記〉、〈明道書院記〉、〈安撫廳壁記〉、〈江東安撫司親兵寨記〉，又從《金陵新志》補〈能仁寺佛殿記〉，凡六篇。按劉後莊《詩話》載游默齋序張晉彥詩云：「近世以來，學江西詩不善，其學往往音節聱牙，意象迫切，其論太多，失古詩吟詠性情之本意。」後村謂切中時人之病。可見先生之善於論詩，并以見文之散落尚多也。

《四庫全書》據鮑廷博增輯本錄入，〈提要〉云：

> 此本爲浙江鮑氏知不足齋所藏，詩一卷，文一卷。……其詩格不甚高，而時有晚唐餘韻，不涉於生硬杈椏。

據上述資料，可見《默齋遺稿》抄本，其類有三：其一爲後人採輯之原本，詩一卷，文一卷，無增輯。其二爲鮑廷博增輯本。（增輯詩、詞九首。）其三爲勞平甫丹鉛精舍補輯本。（在鮑氏增輯之外，又多詩一首，文六篇。）今存《默齋遺稿》，見於書目所載者有：

《默齋遺稿》二卷

　　清勞氏丹鉛精舍抄本勞權校補丁丙〈跋〉　　南京

　　清趙氏小山堂抄本丁丙〈跋〉　　南京

　　《四庫全書》（抄本、影印本、縮印本）

　　《宋元人詩集》八十二種

　　民國四年南城李氏宜秋館據小山堂鈔本校刊本　　台大

《默齋遺稿》二卷《增輯》一卷

　　《宋人集乙編》（民國六年李氏宜秋館據勞氏補校本刊）

《默齋詞》一卷

　　《彊村叢書》〔註58〕

〔註58〕見《中國歷代詩文別集聯合目錄》第七輯頁五十二，《現存宋人別集版本目錄》，頁 253～254。

　　魏了翁序《默齋文集》，稱其「氣稟沈實，而蚤有立志。」「為詩清而則，論事辯而正，記述贈送之文，貫融精粗，造次理道，大抵內盡己志，外期有益於人，非若世之矜奇衒巧，務以譁眾取妍者。」《四庫全書總目提要》謂：「其詩格不甚高，而時有晚唐遺韻，不涉於生硬杈椏。」所論雖有不同，皆可為讀《默齋文集》之參考。

湖湘學派主要理學人物著作存佚表

書　名	作　者	存　佚	備　註
《春秋傳》三十卷	胡安國撰	存	
《資治通鑑舉要補遺》一百卷	胡安國撰	佚	
《胡氏傳家錄》五卷	曾幾等記	佚	
《西銘集解》一卷	趙師俠集	佚	
《謝子雅言》上下篇	胡安國輯	佚	
《武夷集》十五卷	胡安國撰	佚	
《二五君臣論》一卷	胡寅等撰	佚	
《無逸傳》一卷	胡寅撰	存	載《斐然集》中
《論（魯）語詳說》二十卷	胡寅撰	佚	
《胡文定公行狀》一卷	胡寅等撰	存	載《斐然集》中
《讀史管見》三十卷	胡寅撰	存	
《三國六朝攻守要論》十卷	胡寅撰	佚	
《崇正辨（辯）》三卷	胡寅撰	存	
《敘古千文》一卷	胡寅撰	存	載《斐然集》中
《斐然集》三十卷	胡寅撰	存	
《春秋通旨》一卷	胡寧撰	佚	
《易外傳》一卷	胡宏撰	存	載《五峰集》中
《論語指南》一卷	宏寅撰	存	載《五峰集》中
《皇天大紀》八十卷	胡宏撰	存	
《知言》一卷	胡宏撰	存	
《敘古蒙求》一卷	胡宏撰	佚	
《五峰集》五卷	胡宏撰	存	
《論語會義》	胡憲撰	佚	
《論語義》二卷	曾幾撰	佚	
《茶山集》八卷《拾遺》一卷	曾幾撰	存	

《易說》十一卷	張栻撰	闕
《南軒書說》	張晞顏輯	佚
《無逸解》一卷	張栻撰	佚
《論語說》十卷	張栻撰	存
《孟子說》七卷	張栻撰	存
《諸葛武侯傳》一卷	張栻撰	存
《通鑑論篤》三卷	張栻撰	佚
《經世紀年》二卷	張栻撰	佚
《三家昏喪祭禮》一卷	張栻撰	佚
《太極解義》一卷	張栻撰	佚
《西銘解義》一卷	張栻等撰	佚
《晞（希）顏錄》一卷	張栻輯	佚
《洙泗言仁》	張栻輯	佚
《南軒語錄》十二卷	蔣邁記	佚
《誠敬心法》	張晞顏輯	佚
《南軒先生問答》	張栻撰	佚
《南軒奏議》十卷	張栻撰	佚
《張宣公帖》四卷	張栻撰	佚
《南軒先生文集》四十卷	張栻撰	存
《詩十六首》	張栻撰	存
《南嶽倡酬集》一卷《附錄》一卷	張栻等撰	存
《韓文評論》	張栻撰	存
《經解》	彭龜年撰	闕 載《止堂集》中
《內治聖鑒》二十卷	彭龜年撰	佚
《祭儀》	彭龜年撰	佚
《止堂訓蒙》二卷	彭龜年撰	佚
《五致錄》	彭龜年撰	佚
《止堂集》十八卷	彭龜年撰	存
《竹洲集》二十卷	吳儆撰	存
《詩學發微》	舒璘撰	佚
《詩禮講解》	舒璘撰	佚
《舒文靖集》二卷	舒璘撰	存
《默齋遺稿》二卷	游九言撰	存

附錄二　湖湘學派主要理學人物生平著述年表

略　例

一、湖湘學派創始於胡安國，奠基於胡寅、胡宏，正宗化於張栻。唯南軒英年早逝，門下弟子或改換門庭，或留心經濟，湖湘之學趨於式微。故本表斷自胡安國之生（宋神宗熙寧七年甲寅，西元 1074 年），以迄張栻之卒（宋孝宗淳熙七年庚子，西元 1180 年）。

二、湖湘學風，踐履務實，兼容並蓄，門戶之見不強。本表所列湖湘學派主要理學人物，以《儒林宗派》所載者爲主，參照《宋元學案》之武夷、衡麓、五峰、劉胡諸儒、南軒、嶽麓諸儒等學案，取其具有學術傳授關係，學術風格一致者錄之，若其學術宗旨有異而別爲源流，如汪應辰從胡文定學而別爲〈玉山學案〉者，則不錄。

三、本表以宋代帝王紀年爲主，並附甲子及西元紀年，以便查考。

四、本表徵引諸史傳記及各家文集以著錄諸子之生平著述，皆分別注明出處，以爲覆按之資。「紀事」一欄，取諸以下四書爲多，表中用其簡稱，茲分述如下：

《中興聖政》:《增入名儒講義皇宋中興聖政》

《繫年要錄》:《建炎以來繫年要錄》

《紀事年表》:《歷代通鑑紀事年表》

《續通鑑》:《續資治通鑑》

湖湘學派主要理學人物生平著述年表

紀　年	生　卒	紀　事	著　述
宋神宗熙寧七年甲寅（西元1074年）	胡安國康侯生（據《斐然集》卷二十五〈先公行狀〉，康侯歿於高宗紹興八年，享年六十有五，逆推當生於此年。）	四月，王安石罷相。《續通鑑》卷七十	
宋神宗熙寧八年乙卯（西元1075年）		二月，復以王安石同平章事。六月，王安石進所撰《詩》、《書》、《周禮》義，詔頒於學官，號曰《三經新義》。《續通鑑》卷七十一	
宋神宗熙寧九年丙辰（西元1076年）		胡安國三歲。《斐然集》卷二十五〈先公行狀〉載：「公初能言，令人試教以訓童蒙語數十字，兩過能記。大母余氏撫之曰：『兒必大吾門。』」十月，王安石罷相，退處金陵（《續通鑑》卷七十一）	
宋神宗熙寧十年丁巳（西元1077年）	九月，邵雍堯夫卒，年六十七（西元1011～1077年）。《河南程氏文集》卷四〈邵堯夫先生墓誌銘〉）十一月，張載橫渠卒，年五十八（西元1020～1077年）。《伊洛淵源錄》卷六、〈張子全書附行狀〉）		程顥撰〈邵堯夫先生墓誌銘〉，稱邵雍之學草一不雜，汪洋浩大。（《河南程氏文集》卷四）
宋神宗元豐元年戊午（西元1078年）	彪居正漢明生。《五峰集》卷三〈彪虎臣墓誌銘〉，漢明卒於高宗紹興二十二年，享年七十有五，逆推當生於此年。）		
宋神宗元豐二年己未（西元1079年）		二月，召程顥判武學，既而罷之。（《紀事本末》卷八十六）十二月，下知湖州蘇軾獄，責授黃州團練副使、本州安置。（《續通鑑》卷七十四）	

年代	生平著述	時事
宋神宗元豐三年庚申（西元 1080 年）		胡安國七歲。「為小詩，有自任以文章道德之句。令人俾就外家學，歲得一歸，留不過信宿。日記數千言，不復忘。」(《斐然集》卷二十五〈先公行狀〉)
宋神宗元豐七年甲子（西元 1084 年）	曾幾告甫生（據《渭南文集》卷三十二〈曾文清公墓誌銘〉，吉甫卒於孝宗乾道二年，享年八十有三，逆推當生於此年。）	十二月，司馬光《資治通鑑》書成。(《續通鑑》卷七十八)
宋神宗元豐八年乙丑（西元 1085 年）	程顥伯淳卒，年五十四（西元 1032～1085 年）。(《河南程氏文集》卷十一〈明道先生行狀〉)	三月，宋神宗崩，太子煦立，高太后聽政。以司馬光為門下侍郎，罷保甲、方田、市易、保馬等新法。(《續通鑑》卷七十八)
宋哲宗元祐元年丙寅（西元 1086 年）	胡憲原仲生。(據《朱文公文集》卷九十七〈籍溪先生胡公行狀〉，原仲卒於孝宗紹興三十二年，享年七十有七，逆推當生於此年。) 王安石卒，年六十六（西元 1021～1086 年）。(《續通鑑》卷七十九) 司馬光卒，年六十六（西元 1021～1086 年）。(同前)	閏二月，以司馬光為尚書左僕射兼門下侍郎。罷青苗及免役法。(《續通鑑》卷七十九) 三月，召程頤為崇政殿說書。(同前)
宋哲宗元祐二年丁卯（西元 1087 年）		正月，禁科舉用王氏經義、字說。(《紀事本末》卷八十六) 八月，罷崇政殿說書程頤。頤與蘇軾交惡，其黨互相攻訐。(《續通鑑》卷八十)
宋哲宗元祐三年戊辰（西元 1088 年）		胡安國「年十有五，遊學信州。一日，有馬戲于學前者，諸生百許人皆不告而出。教授歙人胡公行無間，聞誦書聲，問為誰，得公姓名，延之堂上，詢所習業，答唯數數，出紙筆生俔所為贈，

年代	事件	備註
宋哲宗元祐四年己巳（西元1089年）	益勉之曰：「當為大器。」（《斐然集》卷二十五〈先公行狀〉）彪虎臣年十一，遊郡庠。（《五峰集》卷三〈彪君墓誌銘〉）	
宋哲宗元祐五年庚午（西元1090年）	四月，分經義詩賦為兩科試士，罷明法科。（《續通鑑》卷八十一）胡安國年十七，入太學，修德業，不合書夜。「是時元祐盛際，師儒多賢彥，公所從遊者伊川程先生之友朱長文及潁川靳裁之。裁之才識高邁，最奇重公，與論經史大義。」（《斐然集》卷二十五〈先公行狀〉）	
宋哲宗元祐六年辛未（西元1091年）		劉勉之致中生。（據《朱文公文集》卷九十〈聘士劉公墓表〉，勉之卒於高宗紹興十九年，享年五十有九，逆推當生於此年。）
宋哲宗元祐七年壬申（西元1092年）	三月，以程頤嶷直秘閣、判西京國子監，既而罷之。（《續通鑑》卷八十二）	
宋哲宗元祐八年癸酉（西元1093年）	九月，太皇太后高氏崩。（《續通鑑》卷八十三）十月，哲宗親政，復章惇、呂惠卿官。（同前）	李侗愿中生。（據《朱文公文集》卷九十七〈延平李先生行狀〉，愿中卒於高宗隆興元年，享年七十有一，逆推當生於此年。）
宋哲宗紹聖元年甲戌（西元1094年）	四月，以章惇為尚書左僕射兼門下侍郎，復行新法。（《續通鑑》卷八十三）	
宋哲宗紹聖四年丁丑（西元1097年）	胡安國年二十四，中進士第。殿試策問推明《大學》格物致知修身齊家治國平天下以漸復三代為對，哲宗親致江陵府觀察推官第三。授常州軍事判官，改授江陵府觀察推官。未赴。（《斐然集》卷二十五〈先公行狀〉）正月，復罷《春秋》科。（《續通鑑》卷八十五）	

年代		
宋哲宗元符元年戊寅（西元 1098 年）	胡寅明(仲)生。《斐然集》卷十一〈議葬箚子〉。	胡安國年二十五。如荊門(網)室。道出江陵，帥臣監司合章秦乙除荊南府學教授，遂寓居荊門（《斐然集》卷二十五〈先公行狀〉）
宋哲宗元符三年庚辰（西元 1100 年）		九月，章惇罷知越州。又貶武昌軍節度副使，潭州安置。《續通鑑》卷十六
宋徽宗建中靖國元年辛巳（西元 1101 年）		胡安國江陵府學教授任滿。除太學錄，謝絕請求，無所假借。未幾，遷博士，足不躡權門。《斐然集》卷二十五〈先公行狀〉 二月，貶章惇為雷州司戶參軍。《續通鑑》卷八十七
宋徽宗崇寧元年壬午（西元 1102 年）	范伯達(如圭)生。(據《朱文公文集》卷八十六〈直秘閣朝議大夫范公神道碑〉，伯達卒於紹興三十年，享年五十有九。逆推當生於此年。)	七月，以蔡京為尚書右僕射中書侍郎。(復罷《春秋》博士。《續通鑑》卷八十八) 八月，詔天下興學，建外學於國南。(同前) 九月，立黨人碑於端禮門。(同前)
宋徽宗崇寧三年甲申（西元 1104 年）		六月，詔以王安石配享孔子，重定元祐黨人籍，刻石朝堂。《續通鑑》卷八十九
宋徽宗崇寧四年乙酉（西元 1105 年）	胡宏仁(仲)生。《五峰集》卷二〈與秦會之書〉云：「發憤念四十三年矣，先人即世，忽已十年。」胡宏之父安國卒於紹興八年，至紹興十七年恰好十載，時胡宏年四十三，據此推知當生於崇寧四年。	胡安國際舉提舉湖北路軍事，以為學校所以養育人才，當以德行為先，文藝為下。徽宗皇帝首肯之。到官，改使湖南。《斐然集》卷二十五〈先公行狀〉。 同書卷十八〈寄張相德遠書〉則云：「先公自崇寧二年任湖南路學事。」安國使湖北時，楊時為府學教授，謝良佐為應城宰，安國質疑訪道，禮之甚恭，每來見而去，必端肅正立目送之。像屬驚異，後民皆觀。（《斐然集》卷二十五〈先公行狀〉） 五月，除黨人父兄子弟之禁。《續通鑑》

年代		事件
宋徽宗崇寧五年丙戌（西元 1106 年）		八月，大赦天下。詔從元祐黨人於近地。（同前） 卷八十九 正月，詔求直言，毀元祐黨人碑，復謫者仕籍。（《續通鑑》卷八十九） 二月，尚書左僕射蔡京罷為開封儀同三司、中太一宮使。（同前） 三月，例罷學事司，改除胡安國通判成德軍。安國以母多病，厭道逶之勞，留居荊門。會詔諸道學士官舉遺逸，安國以永州布衣鄧璋、王繪應詔。時方治元祐黨人，零陵縣主簿李良輔以贓被劾，訴於朝，稱二人是黨人范純仁客，而為鄉浩所請託。蔡京特改良輔官，與在京差遣，命湖南憲司置獄，推置安國罪。後推治無所得。蔡京以獄不成，罷憲使陳義夫、命移獄北路。然迄無証讞託狀。蔡京直除安國名，勤停。安國罷官後，同舍求田於漳水之濱、治農桑、甘淡薄。一意養親，服勤子道，得間則專意經史及百家之文。心甚適。《斐然集》卷二十五（先公行狀））
宋徽宗大觀元年丁亥（西元 1107 年）	程頤正叔卒，年七十五（西元 1033～1107 年）。《續通鑑》卷九十）	正月，蔡京復為尚書左僕射兼門下侍郎。（《續通鑑》卷九十） 三月，詔以八行取士（案、八行者、孝、友、睦、婣、任、恤、忠、和也。凡有此八行者，即免試補太學上舍。）（同前）
宋徽宗大觀三年己丑（西元 1109 年）		六月，尚書左僕射蔡京罷為中太一宮使。（《續通鑑》卷九十） 十一月，蔡京進封楚國公、致仕、仍提舉編修《哲宗實錄》。朝朔望。（同前）

年代			
宋徽宗大觀四年庚寅（西元1110年）	李良輔以他罪詆法，臺臣毛注辨明前事，有旨，復胡安國官，改正元斷。《斐然集》卷二十五〈先公行狀〉 四月，蔡京上所修《哲宗實錄》。《續通鑑》卷九十 五月，詔蔡京降授太子太保，依舊致仕，任外任便居住。以張商英為左僕射兼中書侍郎。（同前）		
宋徽宗政和元年辛卯（西元1111年）	胡安國年三十八，除提舉成都府學事，以親老乞養。得請，滿二年，未朝參。《斐然集》卷二十五〈先公行狀〉 胡寅年十四。「少穎異難制，父閉之空閣，其上有雜木，過數旬，則盡刻成人形。安國曰：『當思所以移其心。』遂置書數千卷於其上，年餘，悉成誦，遂為名儒。」《宋史》卷四三五〈胡寅傳〉 八月，向書右僕張商英罷。《續通鑑》卷九十一		
宋徽宗政和二年壬辰（西元1112年）	胡安國母吳氏卒。安國「居喪哀毀，營辦窀穸，冒犯霜露，一事一物，必躬必親。糲食適年，不能勝衣。」《斐然集》卷二十五〈先公行狀〉 四月，詔士毋得兼習史學。《紀事年表》卷八十七		
宋徽宗政和三年癸巳（西元1113年）	胡寅自述十六、七歲時治學之經歷，云：「某年十六、七，見先君案上有河南語錄，上蔡謝公、龜山楊公論語繙之，間纔繙竟，乃果平塾之業。一日，請諸塾師，曰：『河南、楊、謝所說，與王氏父子誰賢？』」塾		

年代	大事	出處
	師曰：『彼不利于應科舉。爾將遊會選，則當違王氏。』于時某能樹立，而輒萌好惡矣。」（《斐然集》卷十九〈魯語詳說序〉） 十一月，饗太廟、祀圜丘，大赦天下。帝嘗夢被召，如在潘邸時，見老君坐殿上，議衛如王者，諭帝曰：「汝以宿命，當還吾教。」帝受命而出，夢覺，記其事。及是冬祀，王老志亦告。帝在太廟小次中，老志曰：「陛下昔夢，倘記之乎？時臣在帝旁也。」帝黎明，出南薰門，見天神降於空中，議者謂老志所爲。道教之盛自此始。（《續通鑑》卷九十一） 十二月，詔天下求道教仙經。（同前）	
宋徽宗政和四年甲午（西元1114年）	十二月，詔內侍童貫爲陝西經略招討使。（《續通鑑》卷九十一）	
宋徽宗政和五年乙未（西元1115年）	游酢定夫卒，年七十一（西元1045～1115年）。（《龜山集》卷三十三〈御史游公墓誌銘〉） 正月，女真完顏阿骨達稱皇帝，國號金，改元收國。（《續通鑑》卷九十二）	
宋徽宗政和六年丙申（西元1116年）	胡安國初得伊川先生所作《春秋傳》，其間大義數十條，與己見若合符節，益自信。（《斐然集》卷二十五〈先公行狀〉） 胡寅年十九，舉鄉貢，入辟雍。（《斐然集》卷七〈謝貢啓〉） 正月，以童貫爲陝西、河北宣撫使。（《續通鑑》卷九十一） 賜方士林靈素號通眞達靈先生。（《紀事本末》卷八十八） 閏月，立道學。詔太學辟雍各置內經、道	胡寅撰〈謝貢啓〉（《斐然集》卷七）

年代	事蹟	著述
宋徽宗政和七年丁酉（西元 1117 年）	德經、莊列博士二員。又集古今道教事為紀志，賜名《道史》。（同前） 三月，以童貫領樞密院。（《續通鑑》卷九十二） 四月，宋徽宗自稱教主道君皇帝。（同前） 五月，詔諸路監司兼領措置起發花石。綱運所過，州縣莫敢誰何，殆至劫掠，遂為大患。（同前）案，《續通鑑》卷八十九云：崇寧四年，蔡京過蘇，欲建僧寺閣，會費鉅萬。沖曰：「必欲集此緣，非郡人未沖不可。」沖之父也。京即召沖語之，沖願獨任。居數日，沖請京語寺度地，皆得官則大木數千章積庭下，京器其能，皆得官帝頻垂意花石，京議漸盛，魑魅相鉤於進、許，號「花石綱」；置局蘇州，命B總其事。	
宋徽宗重和元年戊戌（西元 1118 年）案，政和八年十一月改元重和。	胡安國居憂服除，以舉臣余深薦，赴召至京師，臥疾，居百餘日，詔告而歸。（《斐然集》卷二十五〈先公行狀〉） 胡寅年二十一，在太學，得上蔡《論語解》。（同前書卷十九〈上蔡論語解序〉）	
宋徽宗宣和元年己亥（西元 1119 年）	胡安國除提舉江南東路學事，復召對，未受命而父卒。（《斐然集》卷二十五〈先公行狀〉）案，安國之父淵在世時，常欲其出仕。「及時報國榮家」淵既卒，安國乃絕意仕進。嘗謂子弟曰：「吾舊迹塞鄉，為親而仕。今雖有祿萬鍾，將向所施？」遂築室山旁，分置圖籍，繕閣古今，慕陶靖節為人，誦心遠之章，望雲尚伏，	胡宏撰〈程子雅言前序〉、〈程子雅言後序〉。（《五峰集》卷二）

臨水觀魚，淡然無外營，將終身焉。

胡宏年十五，自撰《論語說》，編《程子雅言》並爲之作序，旦夕玩誦。文定權其果於自用，乃授以所修《通鑑舉要》。(《道南源委》卷一)

正月，詔收寺、院爲宮、觀，佛改號大覺金仙，餘爲仙人，大士之號，僧爲德士，易服飾，稱姓氏。時林靈素欲廢釋氏以逞前憾，請悉更其號，故有是命。(《續通鑑》卷九十三)

十二月，召楊時爲祕書郎。(同前)

年代	大事
宋徽宗宣和二年庚子 （西元 1120 年）	正月，罷道學。以儒道合而爲一，不必別置道學也。(《續通鑑》卷九十三) 八月，宋遣趙良嗣與金締約夾攻契丹。(同前) 十一月，睦州青溪人方臘，以花石綱擾民，聚衆起義，號聖公，建元永樂。(同前) 十二月，方臘陷陸州、歙州、杭州、東南大震。詔童貫、譚稹討之。(同前)
宋徽宗宣和三年辛丑 （西元 1121 年）	胡寅年二十四，中進士甲科，名列第十。中書侍郎張邦昌欲以女妻之，寅部當時公卿，不願從。時參主試兵部郎中張勞賀有季女、名季蘭。愛之，擇配。寅念受智知，且其家儒素，可以長久。以書東安國。兩家意合，於四月定婚。(《斐然集》卷二十〈悼亡別記〉、〈胡寅年譜〉) 正月，童貫承詔罷蘇杭花石綱，帝亦黜未勸父子弟姪之任職者，吳民大悅。(《續通鑑》卷九十四)

年代	事蹟	著述
宋徽宗宣和四年壬寅（西元1122年）	二月，罷方田，及州縣學三舍法。（同前） 三月，方臘敗還青溪幫源洞，譚稹等追擊，王淵襬將韓世潛行豁合，擒方臘以出。俘至東京，殺之。（同前） 四月，胡寅親迎張季蘭於京師官男橋張家。萬舍。十二月三十日，歸荊門省親。（《斐然集》卷二十〈悼亡別記〉） 五月，童貫與金人夾擊遼，末師敗績。（《續通鑑》卷九十四） 十二月，末遣趙良嗣與金議還燕京六州地。萬歲山成，賜名曰艮嶽。山周十餘里，麋鹿運四方奇花異石置其中，千巖萬壑，築飛成群，樓觀臺殿，不可勝計。最後未勚於大湖取巨石，高廣數丈，載以大舟，挽以千夫，鑿河斷橋，毀堰拆門，數月方至京師，賜號昭功慶成神運石，時初得燕地故也，勸緣此授節度使。（同前）	胡寅撰〈上蔡論語解後序〉《斐然集》卷十九
宋徽宗宣和五年癸卯（西元1123年）	二月，宋、金議定交還燕京條款。宋得燕地，而以租稅百萬歸金人。（《續通鑑》卷九十四） 四月，金人歸末燕及涿、易等州。（同前書卷九十五） 五月，以楊時為邇英殿說書。（《紀事年表》卷八十八） 八月，金太祖阿骨打卒，弟吳乞買嗣位，改名晟，是為金太宗。（《續通鑑》卷九十五） 九月，胡寅攜妻張季蘭赴西京國子監教授任。（《斐然集》卷二十〈悼亡別記〉）	

年代		
宋徽宗宣和六年甲辰（西元 1124 年）	胡大原(伯逢生《斐然集》卷二十〈悼亡別記〉)	胡宏年二十、至京師、入大學、與樊光遠、張九成善、謁楊時、求道益力、既而從侯師聖受業。(《宋史》卷四三五〈胡宏傳〉) 正月、西夏稱藩於金。(《續通鑑》卷九十五)
宋徽宗宣和七年乙巳（西元 1125 年）		胡安國以侍臣李彌大、吳敏、譚世勣合薦、除尚書屯田員外郎、辭。(《斐然集》卷二十五〈先公行狀〉) 二月、金滅遼。(《續通鑑》卷九十五) 蔡京以太師、魯國公致仕。(同前) 十月、胡寅以河北盜益起、金人又將入寇、乃謁告、攜家歸荊門、又罷車之官。(《斐然集》卷二十〈悼亡別記〉) 十二月、金人大舉侵宋、宋徽宗禪位於太子趙桓、是爲欽宗。(《續通鑑》卷九十五) 大學生陳東等伏闕上書、乞誅蔡京等六人。(同上) 詔除李綱爲兵部侍郎。(同上)
宋欽宗靖康元年丙午（西元 1126 年）	胡安國撰〈與楊時書〉(《斐然集》卷二十五〈先公行狀〉)	侯仲良自三山避亂來荊州、胡寅、胡宏從之遊、議論聖學。(《五峰集》卷三〈題呂與叔中庸解〉) 正月、以楊時爲諫議大夫兼侍講。(《紀事年表》卷八十九) 金兵東路渡河攻東京、宋遣使與金議和。金人索犒師金銀、割太原、中山、河間三鎮、以親王、宰相爲質、宋皆從之。命康王構、宰相張邦昌往金營。(《續通鑑》卷九十六)

二月，金以已得割三鎮詔書，因遣康王趙構等回，另以肅王趙樞爲質，遂退兵。（同前）

除元祐黨籍學術之禁。《紀事年表》卷八十九）

以楊時兼國子祭酒。

胡寅遷祕書省校書郎。楊時爲祭酒，寅從時受學。《斐然集》卷二十〈悼亡別記〉）

胡安國除太常少卿。辭。再除起居郎，又辭。與楊時書，引《春秋》之義，表達主戰立場，責楊時無所建言。時人以是知其通於《春秋》者也。《斐然集》卷二十五〈先公行狀〉）

三月，宋貶王和議者，詔三鎮固守。《續通鑑》卷九十六）

四月，復以詩賦取士，禁用王莊、老及王安石字說。（同前）

種師道薦尹焞德行，召至京師，不欲留，賜號和靖處士，遣還。中書舍人胡安國等合奏乙擢用之，不報。（同前）

五月，詔罷王安石配享，降居從祀之列。國子祭酒楊時言罷，改給事中，力辭，遂以徽猷閣待制致仕。（同前）

六月，胡安國以朝廷促督告降，幡然有復仕意，至京師，以疾在告。《斐然集》卷二十五〈先公行狀〉）

七月，欽宗召見安國，奏對，語甚卹切。耿南仲聞其言而惡之。（同前）

童貫移吉州軍安置，詔「隨所至州軍行刑

年代	事件
宋欽宗靖康二年 宋高宗建炎元年丁未 （西元1127年）	訖，函京赴闕。」（《續通鑑》卷九十七） 蔡京死於潭州，子孫分竄遠地，遇赦不許量移。（同前） 八月，金以宋不履行割三鎮之約，復備兵分兩路攻宋。（同前） 九月，欽宗召試胡安國，除中書舍人，賜三品服。（《斐然集》卷二十五〈先公行狀〉） 金圍宋太原年餘，至是始破。 宋主和議者耿南仲再得勢，貶逐李綱。（《續通鑑》卷九十七） 十月，金兵南下，東路陷真定府，西路陷汾州、平陽府、澤州。（同前） 胡安國以議論坐黨李綱，為唐恪、何㮚所擠，除右文殿修撰，知通州。（《斐然集》卷二十五〈先公行狀〉） 十一月，金兩路兵皆渡河，西路入鄭州，與東路會攻東京。（《續通鑑》卷九十七） 閏十一月，宋命康王趙構為河北兵馬大元帥，卑統援兵。（同前） 十二月，金人陷汴京。（同前） 二月，金廢宋帝趙桓及太上皇佶為庶人，宋帝、太上皇與皇后妃、諸王、公主等皆被送至金營。（《續通鑑》卷九十七） 三月，金立張邦昌為皇帝，國號楚，都金陵。（同前）當金人陷汴京，不書議狀。張邦昌言者劾其僭立，寅棄僞官歸，降一官。（《宋史·本傳》）四月，金人俘宋帝、太上皇及六宮、皇族三千人北離次，太上皇帝、皇帝及六宮、皇族三千人北

年代	生平紀事	著述
宋高宗建炎二年戊申（西元 1128 年）	去。《續通鑑》卷九十七） 五月，宋康王趙構即位於南京，改元建炎。以李綱為相，貶主和議大臣。（同前書卷九十八）胡安國上言「崇寧以來，事不稽古，奸臣擅朝，濁亂天下，論其大者，凡有九失。」《斐然集》卷二十五〈先公行狀〉） 六月四日，召知通州胡安國為給事中。會宰相黃潛善專權安作，不逐忠賢，安國辭免。（同前） 八月，李綱與黃潛善、汪伯彥議不合，罷相。陳東、歐陽澈以直言被殺。《續通鑑》卷九十九） 十月，宋高宗至揚州。（同前書卷一〇〇） 范伯達延對，極論人主正心立志之方，力抵和議憂安之失，言甚壯切，為考官抑寘乙科，授武安節度判官。《閩中理學淵源考》卷三） 春夏之交，胡寅至揚州，久不調。《斐然集》卷二十〈悼亡記〉） 七月，東京留守宗澤，屢請宋高宗回東京，不聽，憂憤而卒（西元 1059～1128 年）。《繫年要錄》卷十六）	
宋高宗建炎三年己酉（西元 1129 年）	吳翌晦叔生。《宋元學案》卷四十二） 正月，金破徐、泗、楚州。《續通鑑》卷一〇三） 二月，宋高宗南幸杭州。金人入揚州，焚之而去。胡寅以金兵渡淮、揚州潰、脫身至常州、潤州間。《朱子語類》卷一二七、〈悼亡記〉）	胡安國撰〈移居碧泉詩〉《宋詩記事補遺》卷三十〉。胡寅撰〈辭免起居郎奏狀〉《斐然集》卷九〉、〈上皇帝萬言書〉《同前書卷十六〉、〈進萬言書劄子〉《同前書卷十〉〈祭外舅張兵部〉《同前書卷二十七〉。

三月，苗傅、劉正彥等逼宋高宗禪位於皇
子旉，改元明受。《續通鑑》卷一○四）

四月，宋高宗復辟，苗傅、劉正彥敗死。（同
前書卷一○五）

宋高宗至江寧，改江寧為建康府。胡寅至
江寧，以樞密使張浚薦，復任起居郎，
擢起居郎。《斐然集》卷二十八〈跋高宗
御筆〉）

七月，宋高宗升杭州為臨安府，以張浚宣
撫川、陝。以金人南侵，詔議移蹕之所。《續
通鑑》卷一○五）

樞密使張浚薦胡安國可大用，申命前除。
安國辭。朝廷遣達諭言使諭以將赴敎
遺。行次池陽，聞車駕移駐姑蘇，將歸浙
而東。公重感疾。遂具奏而返。《斐然集》敕下，除
提舉臨安府洞霄宮。《斐然集》卷二十五
〈先公行狀〉）

九月二十一日，胡寅上皇帝萬言書，指陳
高宗即位之失，乞按行准、襄、絕和議，
以圖中原。又言必務實效，去虛文，任君
子，斥小人。（同前書卷十六）書上，宰相
呂頤浩惡其切直，遂奉祠，除直龍圖閣學
士，主管江州太平觀。（同前書卷二十〈悼
亡別記〉）

十月，金人大舉攻宋，一路趨江西，一路
趨兩浙。宋高宗至臨安府，又至越州。《續
通鑑》卷一○六）

十一月，金兵渡江，連破撫州、建康。（同
前）

宋高宗建炎四年庚戌（西元 1130 年）	朱熹元晦生。（《朱子年譜》卷一上）	十二月，金破臨安府、越州。宋高宗住明州，旋入海避之。（同前） 建炎間，兵戈擾攘，胡安國家在荊門，已為盜區，安國家人渡洞庭而南，寓居湘潭之碧泉。（《朱子語類》卷一〇一、《斐然集》卷二十〈悼亡別記〉） 胡寅奉祠後，返鄉、行次臨川，值金兵方下江西諸郡，道路梗塞，至次年三月，方抵湘潭。（《斐然集》卷二十〈悼亡別記〉） 正月，金破定海、明州，以府師追宋高宗不及。宋高宗至溫州。（《續通鑑》卷一〇七） 二月，金屠潭州、楚明州、杭州、大掠湘北，又焚平江。（同前） 胡寅自去歲奉祠，還家。《崇正辯》卷二三月，值兵火之亂。由於親歷國破世亂之局勢，悲憤潭家中，乃撰〈原亂賦〉，敘抑鬱之懷積累於胸中，與對高宗皇帝之期望。宋徽宗致闕之由。（《斐然集》卷一） 四月，宋高宗至越州。（《續通鑑》卷一〇七） 八月，金破承州，攻楚州。（同前書卷一〇八） 九月，金破楚州，秦檜鎖夫人王氏自楚州金軍營歸宋，高宗以為試禮部尚書，始倡議與金人解仇議和。（同前） 十月一日，胡寅丁母王令人憂。（《斐然集》	胡寅撰〈原亂賦〉、〈送吳邠賦〉、《斐然集》卷一）、〈聞寇張相啟〉（同前書卷七）、〈跋高宗御筆〉（同前書卷二十八）

年代	事略	著述
宋高宗紹興元年辛亥（西元1131年）	卷二十〈悼亡別記〉） 十一月，金破泰、通等州。（《續通鑑》卷一○八） 春，胡寅守母王令人憂，居湘潭。時巨盜馬友、孔彥舟交戰於衡、潭，兵滿原野。胡寅窮居憂鬱，有詩述當時之情境。（《斐然集》卷三〈文定題范氏壁次韻詩〉，卷二十〈悼亡別記〉） 二月，宋高宗以秦檜參知政事。金連下熙河諸州，盡得關中、南山以北地。（《續通鑑》卷一○九） 四月，胡寅奉父安國西入郡，席未暖，他盜至，又南入山，與峒獠為鄰。（《斐然集》卷二十〈悼亡別記〉） 五月，吳玠敗金兵於和尚原。（《續通鑑》卷一○九） 八月，以秦檜為尚書右僕射，兼知樞密院事。（同前） 十二月，宋高宗因秦檜薦，詔除胡安國為中書舍人兼侍講。安國書秦檜為國辭，因致書朝廷。指陳崇寧以來朝政之失。引《春秋》大義，指斥秦檜。（《斐然集》卷二十五〈先公行狀〉） 盜曹成敗，帥兵赴於衡，又遷於全，西南至灕江，與峒昭接境。（同前書卷二十〈悼亡別記〉）	胡安國撰〈與秦檜書〉（《斐然集》〈先公行狀〉）胡寅撰〈酒〉詩一百韻〉及〈送黎才翁任荊門〉、〈文定題范氏壁次韻〉諸詩。（同前書卷三）
宋高宗紹興二年壬子（西元1132年） 陸九齡子壽生。（據《東萊集》卷十三〈陸先生墓誌銘〉，九齡卒於孝宗淳熙七年，享年四十有九，逆推當生於此年）	正月，宋高宗回臨安。（《續通鑑》卷一一○） 四月，曹成擾荊湖經年，至是，岳飛大破之於岳州。（同前）	胡安國撰〈時政論〉（《斐然集》卷二十五〈先公行狀〉）胡寅撰〈中興十事〉。（同前書卷二十）又有詩：〈初至青

宋高宗紹興三年癸丑（西元 1133 年）		

五月，朝廷不許胡安國辭中書舍人兼侍講，又遣使至所居教論先獻。論既入，高宗命再遣使促召。未至，〈復除給事中〉。（《斐然集》卷二十五〈先公行狀〉）

胡寅與弟寧侍安國自清江登舟，趣行任所。（《斐然集》卷五〈再遊資中有感前事也〉、〈同成詩兩首以遺寺僧惠高〉）

曹成率餘眾入灌江，胡黃妻張季蘭二妃將子女自奔皇季避。（同前書卷二十〈悼亡別記〉）七月，胡安國入對於臨安行在所。（〈先公行狀〉）

八月一日，胡安國轉對，復詳論定計、建都、設險三事。高宗命安國侍讀、專讀《春秋》。安國乞任外編集成書，不敢當講席。章再上，不允。曾除故相朱勝非同都督江淮、荊、浙諸軍事，胡安國上奏論之，為呂頤浩所忌，遂落職提舉學昌軍仙都觀。右僕射秦檜三上章乞留安國，不報，即解相印而去位。（同前）

十一月，安國還居豐城，憩於智度院，遣貢禹家。（同前書卷二十〈豐城新修智度院記〉、〈悼亡別記〉）

十二月，張浚自川陝宣撫使，為終焉計。（《斐然集》卷二十一）

湘鬧安仁帥司為曹成所襲四首〉、〈題嶽麓西軒三絕〉、〈題指南軒二絕〉、〈和郭友直〉、〈示黃尚長老二絕〉、〈題上饒半月岩寺〉、〈題郡伯過疏山〉、〈題畫竹譜道房人家作雨勢〉、〈過疏山成畫一覽亭架鋕公所書也二首〉、〈同余汝霖遊四湖觀天竺觀音水簾林和靖三絕〉、〈初歸范伯達伯仲會相會夜歸有成〉。（同前書卷三）

胡安國自去年冬寓居豐城半載，乃渡南江而西，休於衡岳、買山結廬、名曰書堂為終焉計。（《斐然集》卷二十〈先公行狀〉）

胡寅作〈豐城縣新修智度院記〉、〈湘潭縣龍王山慈雲寺建佛寺記〉（殿成於紹興三年，先文定作。）〈記首一百四十字，《斐然集》卷二十）又有詩：〈癸丑日又定時留

張栻敬夫生。（據《朱文公文集》卷八十九〈右文殿修撰張公神道碑〉，敬夫卒於孝宗淳熙七年，享年四十有八，逆推當生於此年。）

年代	生平事蹟	著作
		豐城今歸青湘暗家〉、〈和仁仲春日十絕〉、〈將次鍾鄉先寄愚昏文〉、〈元院冠〉、〈再遊嶽麓示法光五絕〉、〈題湘西小景〉、〈題浯溪小景〉、〈自勝聲堂〉、〈題詮書德秋聲堂〉、〈奉家君自勝業遷居書堂〉、〈久雨午晴〉、〈道中口占〉、〈和鍾漕汝強四首〉、〈和會漕吉甫〉、〈題雲峰齋閣示住山忠達二絕〉、〈題淨明觀〉、〈題劉師練師居壁〉、〈題草衣岩〉。（同前書卷三）〈題全州龍岩〉。（同前書卷一）
宋高宗紹興四年甲寅（西元1134年）		胡寅居南嶽。遍觀大乘諸經及傳燈錄，先佛氏所論，逐有所見，著《崇正辯》（〈崇正辯〉、〈悼亡別記〉）。數萬言。（《斐然集》卷二十〈悼亡記〉） 金攻宋仙人關。三月，吳玠敗之，復秦、鳳等州。劉豫結金兵侵宋。（《續通鑑》卷一一三） 九月，末高宗至平江府，下詔暴劉豫罪。（同前） 十一月，胡寅被召，任起居郎，限三品起發。《斐然集》卷九〈辭免起居郎表狀〉）	胡寅撰《崇正辯》、《斐然集》卷二十〈辭免起居郎奏狀〉、〈辭免再除起居郎奏狀〉、〈第二狀〉（同前書卷九）。又有詩：〈臘月春雪示告甫〉、〈同邢子有詩范伯達遊遠方廣二絕〉、〈仲秋赴杜達洛兒遊不見月〉、〈將遊上封先寄南臺珏兄老〉、〈登上封三絕〉、〈和上封洪辯用明察院讀〉、〈同宣樞卿上封和仲仲達遊上封值雨而歸時上封樞南臺珏兄同行〉、〈酬宣樞卿見和〉。（同前書卷三）
宋高宗紹興五年乙卯（西元1135年）	楊時卒，年八十三（西元1053～1135年）。《伊洛淵源錄》卷十）羅從彥卒，年六十四（西元1072～1135年）。《羅豫章集·附年譜》）	二月，胡安國除徽獻閣待制、知永州。辭詔差提舉江州太平觀。《斐然集》卷二十五〈春秋傳〉）修所著《春秋》。候書成送進入。〈乞行狀〉 胡寅去歲十二月除起居郎，雖一再請辭，不獲允。於二月到臨安，遷中書舍人，賜	胡寅撰〈辭免再除起居郎奏狀〉、〈第二狀〉《斐然集》卷九〈除中書舍人謝表〉（同前書卷六）〈乙卯上殿劄子〉（十三篇）、〈輪對劄子〉（同前書卷十〈中書門下對劄子〉（同前書卷十〈中書門下省試館職策問〉（同前書卷二十

年代	生平	事蹟	著述
宋高宗紹興六年丙辰（西元1136年）	胡寊廣仲生。（據《南軒先生文集》卷四十〈欽州玉山主簿胡君墓表〉，享年三十有八，逆卒於孝宗乾道九年，推當生於此年。） 張栻年四歲，其父即教以忠孝之義。《宋文公集》卷八十九〈張公神道碑〉 二月六日，胡寅至家。以父憂感染瘵疾，氣血衰損，乞除在外宮觀差遣，任便居住。（〈乞宮祠狀〉）	三品服。有〈乙卯上殿劄子〉、〈輪對劄子〉、〈轉對劄子〉、所言多切直，於是忌之者眾。（同前書卷十） 四月，宋徽宗趙佶卒殂於金，未尚未知。《續通鑑》卷一一五） 五月，宋遣忠訓郎[何蘚]使金。詔中書舍人胡寅論遣使事，寅於五月十一日上〈論遣使劄子〉，援引《春秋》大義，以復仇爲請（《斐然集》卷十一）十三日，三省同奉聖旨：「中書舍人胡寅論遣使事，辭旨剴切，深得獻納論思之體，可令學士院降詔獎諭。」既而張浚自江上還，奏遣使爲兵家機權，高宗覓反前言（《中興聖政》卷十八） 寅有〈再論遣使劄子〉，列舉遣使之無益十事。（《斐然集》卷十一）寅既與張浚意見不合，遂乞便郡就養。 十一月，中書省奏中書舍人胡寅所言六事：一曰清中書之務，二曰議學校之制，三曰重臺諫之任、四曰京官必歷縣民，五曰監司郡守並以三年爲任、六曰除監司迴避戶貫之禁。詔三省措置立法。後頗有施行。《中興聖政》卷十八） 十二月，胡寅除徽猷閣待制，知邵州。二十八日發離行任。《斐然集》卷九〈乞宮祠狀〉）	九、〈無逸傳〉（同前書卷二十一）、〈左氏傳故事〉（同前書卷二十三）〈論遣使劄子〉、〈再論遣使劄子〉（同前書卷十一）、〈應詔薦監司郡守奏狀〉、〈舉王蘋自代奏狀〉、〈中書舍人乞出狀〉、〈乞出第二狀〉、〈待罪狀〉、〈辭免徽猷閣待制奏狀〉、〈第二狀〉、〈第三狀〉（同前書卷九）〈除英英殿修撰知邵州謝表〉（同前書卷六）〈資政殿學士許公墓誌銘〉（代文定作）（同前書卷二十六）〈內外制〉一八六篇（同前書卷十一至十四）、〈繳奏〉二十篇（同前書卷十五）。又有詩：〈謹次家君元明之韻〉、〈和宣風寺壁間韻〉、〈遊三角寺〉、〈和邵堯夫見和〉、〈酬周顯謨〉、〈和路樞四首〉（同前書卷三）。 胡寅撰〈乞宮觀奏狀〉、〈辭免徽猷閣待制狀〉（《斐然集》卷九）〈寄趙張二相〉（同前書卷十七）〈除徽猷閣待制謝表〉（嚴州

年代	事蹟	人物	著作
		舒璘元賓生（《歷代人物年里碑傳綜錄》）	到任謝表〉（同前書卷六）〈答湖北趙憲書〉（同前書卷七）〈嚴州祝文〉（同前書卷二十）。又有詩：〈寄趙張二首〉（同前書卷一）〈子正生日以黃柑爲壽〉〈和余柑示汝霖三絕〉〈再和〉〈嚴除示汝霖三絕〉（同前書卷三）。
	《斐然集》卷九〈乞宮觀狀〉） 四月，胡寅得劉勉之書，始知本爲胡安國再從堂兄之子。（同前書卷十七〈寄劉致中書〉） 七月，胡寅除徽猷閣待制，改差知嚴州。辭免，不許。（《斐然集》卷六〈除徽猷閣待制謝表〉、〈嚴州到任謝表〉） 九月，胡寅以林彥質、朱震等薦，特賜進士出身，授左迪功郎，添差建州州學教授。（《中興聖政》卷二十） 十二月，陳公輔乞禁程氏學，詔從之。朱震任經筵延不能辭，論者非之。（同前） 胡安國撰《春秋傳》成，表上之。《玉海》卷四十、〈四庫全書總目提要補正〉		
宋高宗紹興七年丁巳（西元1137年）	正月，秦檜任樞密使。（《續編》卷一八） 何蘚自金遷，始聞大上皇趙佶及寧德皇后之喪、帝遵禮成服。（同前） 朱震以陳公輔乞禁程氏學求去、胡安國與中丞周祕。侍御史論伊川學、公辭人，公辭不修。除知永州。《中興聖政》卷二十一〉（《斐然集》卷二十五〈先公行狀〉） 二月，百官七上表，請遵以日易月之制。胡寅上疏請服三年。（《斐然集》卷十一〈請行三年喪劄子〉）時張浚連疏論喪服不可即戎。遂詔：「外朝勉從所請，宮中仍行三年之喪。」	呂祖謙東萊生。《東萊集·附錄》卷一〈年譜〉） 陳傅良君舉生。《攻媿集》卷九十五〈寶謨閣待制贈通議大夫陳公神道碑〉、〈陳文節公年譜〉） 樓鑰論大防生。《攻媿集》卷九十五〈寶謨閣待制贈通議大夫陳公神道碑〉）	胡寅撰〈富陽觀山嚴先生別廟記〉（《斐然集》卷二十）〈吳越國濟陽郡夫人江氏墓表〉（同前書卷二十六）〈請行三年喪劄子〉〈乞回避呂頤浩造張守呂祉劄子〉（同前書卷十一）〈鸞幸建康問起居表〉（同前書卷六）〈祭亡室張氏任謝表〉（同前書卷二十七）〈室亡張氏墓誌銘〉（同前書卷二十六）〈悼亡別記〉（同前書卷二十）又有詩：〈和汝霖二首〉〈和未成伯〉〈和信仲見和二首〉〈以崇正辭示新仲〉、〈賦向伯共五老小山六言五絕〉、〈和錢孫叔委心〉亭

年代		生平事蹟	著述
		三月，宋高宗次饒江府，召胡安國赴行在。時安國上所著《春秋傳》，高宗屢對近臣稱道，謂「深得聖人之旨，非諸儒所及也。」（《中興聖政》卷二十五）〈先公行狀〉 九月四日，胡寅妻張季蘭卒，年三十。胡寅與季蘭結髮，留季蘭侍父，居衡岳，病與死時守嚴州，遂皆不見。（《斐然集》卷二十一〈悼亡列記〉） 胡寅改知永州，返家省父，有〈永州到任謝表〉。（同前書卷六）	二絕〉、〈同前書卷三〉〈送朱經赴召〉、〈與范信仲及嚴陵同官納涼萬松亭〉〈同前書卷一〉。
宋高宗紹興八年戊午（西元 1138 年）	胡安國康侯卒，年六十五（西元 1074～1138 年）。（《斐然集》卷二十五〈先公行狀〉） 朱震子發卒：年六十七（西元 1072～1138 年）。（《繫年要錄》卷一二〇）	正月七日，胡寅奉旨召赴臨安府行在。有辭免詔命狀、云依舊知永州，或除宮觀差遣，且令便養。不允。（《斐然集》卷九〈永州辭免召命奏狀〉） 二月，宋高宗回駐臨安府。（《續通鑑》卷一二〇）以徽猷閣待制胡安國充資政殿直學士、賜銀絹三百匹兩。安國以衰疾乞致仕。（《中興聖政》卷二十三）安國常念宗族貧不能自給，遂受此賜，即付猶子憲以先廬傍、歲時修祀曾高丘壟，施及親屬，以疏賑戚差。（《斐然集》卷二十五〈先公行狀〉） 三月，胡寅到臨安府，令兼直學士院。以秦檜為尚書右僕射、同中書門下平章事兼樞密使、自是專主和議。（《中興聖政》卷二十三） 四月，命徽猷閣待制胡寅試尚書禮部侍郎，又除兼待講。（《續通鑑》卷一二〇）	胡寅撰〈永州辭免召命奏狀〉（四通）、〈辭免禮部侍郎兼待講奏狀〉（《斐然集》卷九）〈戊午上殿劄子〉、〈乞宮觀劄子〉、〈辭免直學士院劄子〉（同前書卷十一）〈代除賁文閣直學士賜銀絹謝表〉、〈代賁文閣學士賜銀絹謝表〉〈賜先公遺表〉〈賜先公賻贈詔九謝表〉〈賜先公贈諡降詔二相〉（同前書卷六）〈寄張相德遠寄趙秦二相〉（三篇）（缺三頁）（同前書卷十八）。

年代	事件	出處
	詔以胡安國解釋《春秋》成書，進職加賜。詔安國進一官，致仕，命未下而安國卒。（《中興聖政》卷二十三） 九月，詔特賜胡安國銀絹三百匹兩，令湖南轉運司應副葬事，仍賜田十頃以恤其孤。胡寅辭免賜田。（《斐然集》卷二十五〈先公行狀〉） 十一月，秦檜主和，朝中官吏凡主戰者，多遭貶逐。（《續通鑑》卷一一一） 十二月，金詔諭使至宋許和，宋遣使如金報謝，秦檜見金國使，受國書以歸。《中興聖政》引大事記曰：「方其（秦檜）入相之初，朝士皆動色相賀，惟晏敦復目之為姦人。然向子忞於紹興之初與胡安國論書曰：與檜同時被執者，鮮有生者，獨檜盡室而歸，非大姦能如是乎？當時安國猶以為忠，其子寅猶以子忞之言為過，則檜之奸可以欺賢人君子也如此。」（《中興聖政》卷二十四） 吏部尚書李光除參知政事，秦檜議撤淮南守備，奪諸將兵權，光極言戎狄狼子野心，和不可恃，備不可撤，檜惡之。《宋史》卷三六三〈李光傳〉	胡寅撰〈祭陳運判夢兆〉（《斐然集》卷二十七）〈寄張相書〉「聞敵人果以河南地授我」（《斐然集》卷十八、《繫年要錄》卷一二五）
宋高宗紹興九年己未（西元1139年）	陸九淵子靜生。（《陸象山全集·附年譜》） 正月，宋以金許和，大赦。又以金許歸河南地，奏告天地宗廟。宋歲貢銀絹共五十萬匹兩，秦檜以相賀無可質，秦檜惡之，遂成仇隙。（《續通鑑》卷一二○） 六月，吳玠卒於仙人關。（《中興聖政》卷二十五）	

年代	生平事蹟	著述
宋高宗紹興十年庚申（西元 1140 年）	十一月，參知政事李光罷。（《宋史》卷三六〈李光傳〉） 正月，宋遣使如金迎徽宗之喪。李綱卒，年五十六（西元 1085～1040 年）。（《續通鑑》卷一二二） 四月，胡寅父喪服除。寅曾到建州崇安縣見其生母。（《斐然集》卷九〈祭劉待制序文修〉） 五月，金敗盟，復出兵取河南、陝西地，各城不戰而下。（《中興聖政》卷二十六） 閏六月，三省同奉旨。除胡寅徽猷閣直學士知永州。寅有〈申尚書省議服狀〉，向尚書省請乞取旨。唯朝議並無裁定。（《斐然集》卷九〈辭免徽猷閣直學士知永州表狀〉） 閏六月，岳飛軍克西京，又屢敗金兵於鄭城、小商橋，未仙鎮。末高宗聽秦檜議，詔岳飛班師，於是收復諸城諸皆失。（《中興聖政》卷二十六）	胡寅撰〈辭免徽猷閣直學士知永州表狀〉、〈第二狀〉、〈辭徽猷閣直學士知永州恩命蒙降詔不允謝表〉（《斐然集》卷六）〈申尚書省議制差修狀〉（同前書卷九）〈祭劉待制差修狀〉（同前書卷二十七）〈赴永州答衡守啟〉（同前書卷二十六）〈答任大夫啟〉（同前書卷七）〈永州諸門上梁文〉、〈永州天申節功德疏四首〉、〈永州天申節致語口號〉。（同前書卷三十）
宋高宗紹興十一年辛酉（西元 1141 年）	四月，宋罷韓世忠、張俊、岳飛兵柄，以飛為樞密副使。（《中興聖政》卷二十七） 八月，罷岳飛樞密副使。（同前） 九月，末遣使如金議和。（同前） 十月，岳飛被誣下獄，韓世忠罷樞密使。（同前） 十一月，宋金和議成，以淮為界，歲幣銀絹各二十五萬，末高宗向金稱臣。（同前）	胡寅撰〈東安縣重建學記〉《斐然集》卷二十）。又有詩：〈題永州東山亭〉、〈題朝陽閣〉、〈題永倅廳康功堂〉、〈送茶與陳霆用賈閣老韻〉、〈用前韻示賈閣老〉、〈遊靈湖〉、〈示龍王長老法讚〉（示龍王長老法讚用舊韻先公住城與寺相直〉、〈賦韓叔夏雩齋〉、（同前）〈謝人惠春陵石山〉、〈和賈陶……（同前書卷一）

年代			
		十二月，岳飛被害於大理寺，斬其子雲及張憲於市，家屬徙廣南，官屬于鵬等論罪有差。（同前） 冬，万俟卨論李光陰懷怨望，節度副使藤州安置。（《宋史》卷三六三〈李光傳〉）	二老二首〉、〈和邢子友〉、〈和趙生二首〉、〈遊淡竹庵〉、〈題賈氏超然堂〉、〈又題迎月亭〉、〈和賈閣老三首〉、〈中秋寄賈閣老〉、〈和彥達九日〉。（同前書卷三） 胡宏撰《皇王大紀成》。（《廌齋老學叢譚》卷一）。
宋高宗紹興十二年壬戌（西元 1142 年）	尹焞彥明卒，年七十二。（西元 1142 年）《尹和靖集·呂德元撰墓誌銘》） 彭龜年子壽生。（據《攻媿集》卷九十六〈忠肅彭公神道碑〉，龜年卒於寧宗開禧二年，享年六十有五，逆推當生於此年。）	二月，宋高宗進誓表於金。（《續通鑑》卷一二五） 三月，金冊宋高宗爲皇帝。（同前） 胡寅任知永州任，請改宮祠，降詔不允。（《斐然集》卷六） 六月，胡寅辭知永州，除提舉江州太平觀。（同前） 後辭致仕，退居衡山之陽。（同前） 十一月，張俊罷樞密使。（《續通鑑》卷一二五）	胡寅撰〈乞宮祠降詔不允謝表〉《斐然集》卷六〉〈宮祠劄子〉（二通）、〈除議服劄子〉（同前書卷十一）、〈除提舉江州太平觀謝表〉、〈致仕謝表〉、〈寄蔡丞相書〉（同前書卷十七）、〈復州重修伏羲廟記〉（同前書卷二十一）、〈岳州學記〉、〈桂陽監學記〉（同前書卷二十）。又有詩：〈和唐壽隆上元五首〉、〈寄題吳郁養素軒〉、〈和次山遊朝陽岩〉、〈和范元作二首〉、〈和李子楊〉、〈題龍源田舍〉、〈又和湘濱卜居〉、〈郭偉求郢文〉、〈思歸八絕〉、〈和孫奇父〉、〈留別唐次山〉、〈和次山贈別〉、〈留別賈閣老〉、〈和任次山贈別〉、〈贈張德餘〉、〈觀書〉、〈溪勞才楊秀才〉、〈大楷爲水所浸將數將補數棄五書屋有墨竹一枝其添其數棄五絕〉、〈和叔夏歲歲除〉、《斐然集》卷三~四）。
宋高宗紹興十三年癸亥（西元 1143 年）	陳亮同甫生。（《陳亮年譜》） 吳獵德夫生。（據《鶴山集》卷八十九〈吳公行狀〉，獵卒於寧宗嘉定六年，享年七十有一，逆推當生於此年。）	胡寅自永州罷任後，與弟宏偕歸南嶽，並同住荊門，拜祖父墓，過益陽、濱江，舟上岳陽樓，又下岳陽樓、舟行還、五溪、公安等地。還，經湘西而還。（《胡寅年譜》）	胡寅撰〈右承事郎譚君墓誌銘〉《斐然集》卷二十六）、〈謝趙鹽啟〉（同前書卷七）。又有詩：〈和仁仲歸鄉有感〉、〈登南紀樓〉、〈題觀雲長

廟〉、〈和仁仲屏陵有感〉、〈和仁仲桃源〉、〈歸舟灔灘示仁仲〉。《斐然集》卷一、多蒙與弟仁仲唱和之作）

〈和叔夏水仙八絕〉、〈寄康堅伯〉、〈遊元陽觀〉、〈早梅〉、〈和康伯梅江之上六題十二絕〉、〈馬廣作亭湘江之上六題名以飲江名之〉、〈中秋雨〉、〈憶端午三首〉、〈又題草衣岩〉、〈初冬快晴陪宣卿叔夏遊石菴十五絕〉、

〈題叔夏田舍谷〉、〈和叔夏田舍三絕〉、〈又和松碧軒三絕〉、〈和寄父壁間留題〉、〈冬至前半月赴季父梅花之集與韓蒲向憲唐諸人唱和十首〉、〈和彥達至日木氷〉、〈蜜鄉有感與仁仲過宿彥達〉、〈過益陽〉、〈和仁仲過濱江〉、〈遇雨晚宿彥達〉、〈出益陽〉、〈夜大風雪次日快晴〉、〈過鼎灃〉、〈和仁仲過五溪〉、

〈和彥達至公安〉、〈和仁仲至荊門〉、〈清風風雪小酌莊舍示黎才翁〉、〈拜大父中大塋和彥達〉、〈和王泉達彥達過先公舊居有感〉、〈留別王元冶師中覃純益三首〉、〈酬師中見和〉、〈酬任正叔見和〉、〈岳陽樓雜詠十二絕〉、〈泝江濡滯〉、〈和仁仲舟中三絕〉、〈歸次湘西元元作見迎和之〉、〈賦水蜜嚴老幻菴〉、〈題淨明觀用舊韻讀簡黎才翁〉、〈示詩僧了信〉（《斐然集》卷四胡宏有詩：〈同伯氏還鄉〉、〈桃源行〉（《五峰集》卷一）。

三月辛亥，朱熹之父朱松喬年卒。朱子年十四，稟父命學於胡籍溪（憲）、劉草堂（勉之）、劉屏山（子翬）之門。不數年，二劉公相繼下世，獨事籍溪胡公最久。《朱文公文集》卷九十七〈籍溪胡先生行狀〉、卷九十八〈奉直祕閣朱公行狀〉）

宋高宗紹興十四年甲子（西元1144年）	三月，胡宏移書責高閌。（《繫年要錄》卷一五一） 十月，何若請黜程頤之學，秦檜從之。（《紀事本末》卷九十二） 十一月朱勝非卒。（《續通鑑》卷一二六）	胡寅撰〈永州重修學記〉，《斐然集》卷二十一、〈答劉帥啟〉（同前書卷七）、〈朝議大夫田公墓誌銘〉、〈吳國大夫人王氏墓誌銘〉（同前書卷二十六）。又有詩：〈過方廣不遇主僧留示〉、〈和叔夏海棠次東坡韻〉、〈和彥達新居〉、〈寄題義陵吳簿義方堂〉、〈和仲賢賞梅〉。《斐然集》卷一、〈春雪〉、〈謝諸友見和〉、〈和李生九日〉、〈過明田寺會楊權視權三首〉、〈和叔夏碧玉三首〉、〈和叔夏雙峰李一首〉、〈阻雪懷叔夏〉、〈和奇父〉、〈和叔夏遊雙峰〉、〈雪中寄黎才翁〉、〈和叔夏〉、〈和高柳雲〉（同前書卷四）。 胡宏撰〈與高抑崇書〉（《五峰集》卷二）。
宋高宗紹興十五年乙丑（西元1145年）		胡寅撰〈建州重修學記〉，《斐然集》卷二十一、〈麥氏墓誌銘〉（同前書卷二十六）。又詩：〈和叔夏牡丹五絕〉、〈和叔夏十絕〉、〈小池及遊春五絕〉、〈赴宣卿和之集和奇父二首〉、〈和奇父二首〉、〈和彥達〉、〈上封登高〉、〈題能仁軒〉、〈和子楊雲峰留題〉、〈送麥醫伯留題莊舍〉、〈和趙石頭菴〉、〈和唐堅伯留題能仁西堂印老〉、〈再次前韻〉、〈用明有攜用明梅〉、〈和用明明梅十三絕〉、〈和趙嗣酒賞梅之約久而未至復和以督之〉、〈出門偶成〉、〈和用明賞殘梅二絕〉、〈飲攜尊賞梅〉等。

宋高宗紹興十六年丙寅（西元 1146 年）		

秋，胡寅回建州崇安縣居住。過建陽、魏挺之來詢，出書相屬，寅謂其書論陳義甚高，不為無詞，文采蔚然，無舉子態度。其詩則幽思感發，遷往之氣軒翥乎筆墨之外。（《斐然集》卷二十六〈處士魏君墓誌銘〉）

七月，張浚落職提舉江州太平觀、連州居住。（《繫年要錄》卷一五五）後「獨契子弒，親教授其子栻。時張栻年十四，雖年少，已脫然可語聖人之道。」（《鶴林玉露》高示卷若）

胡寅撰〈麟齋撰〉、〈曾亭記〉、〈進士梁君墓誌銘〉、〈左朝奉大夫大集英殿修撰翁公神道碑〉、〈左朝散郎江君墓誌銘〉、〈左朝請大夫王公墓誌銘〉（同前書卷二十六）〈祭外大舅翁殿撰〉（同前書卷二十七）〈答崇安詹令啓〉（同前書卷七）〈送張喬卿序〉（同前書卷十）。又有詩：〈赴德秀海棠之集〉（《斐然集》卷一）〈和劉彥沖白髮〉、〈醉步前溪示彥沖〉、〈和彥沖三日飲〉、〈又和早飲〉、〈自開善寺飯已赴彥備之集新版初成其次其韻〉、〈賦吳守友石堂〉、〈示吳守〉、〈題泉石軒〉、〈和劉仲固痛飲四疊〉、〈曉乘大霧訪仲固〉、〈題傳氏眞意堂〉、〈和彥沖〉、〈碧泉弓藥四首〉（同前書卷二）〈和唐人韻〉、〈和堅伯碧泉留題〉、〈謝晦和毛生端香〉、〈贈劉仲固〉、〈謝彥備攜具見過〉、〈和彥沖晚飲〉、〈和彥沖長汀舖留題〉、〈和彥沖雲際院彥仲長題〉、〈和彥沖茉莉二首〉、〈和彥沖新涼〉、〈小飲武夷道士吳之奇竹留題〉、〈遊武夷贈諸生〉、〈坡乘示章副觀〉、〈十二月二十一日雪於籍窠〉、〈謝道醇見和〉、〈二十七日立春夜

〈寄奇父〉、〈攜酒訪奇父小酌竹齋以詩求和謝次其韻〉、〈和奇父再寄〉（《斐然集》卷四）。

年代	事蹟	著作
		雪〉、〈二十八日快晴〉、〈讀禮至五十始哀有感示彥沖〉、〈和仲固〉（同前書卷四）。
宋高宗紹興十七年丁卯（西元1147年）	胡寅在建州崇安縣，後回南嶽。（《胡寅年譜》） 胡宏致書秦檜，拒絕秦檜召用，並請求修復嶽麓書院，自薦為山長，以在此講學。（《五峰集》卷二〈與秦會之書〉） 七月，胡寅引疾告老，仍舊職致仕。（《繫年要錄》卷一五六） 八月，趙鼎卒，年六十三。（《續通鑑》卷一二七） 十二月，胡宏妻唐氏病逝。（《斐然集》卷二十七〈祭季弟婦唐氏〉）	胡寅撰〈邵武軍重建軍治記〉（《斐然集》卷二十一）、〈答鄧倅柞啟〉（同前書卷二十七）、〈祭季弟婦唐氏〉（同前書卷二十七）。又有詩：〈春日幽居示仲固彥沖十二絕〉、〈和仲固春日村居即事十二絕〉、〈題翁道人竹軒〉、〈題斫厚親菴世祀閣〉、〈贈李子揚〉（同前書卷五）、〈清湖山大火〉、〈遊將軍岩〉、〈觀柳源瀑布〉、〈題棲雲閣〉、〈題四畫〉（同前書卷二）。
宋高宗紹興十八年戊辰（西元1148年）	朱熹年十九，登進士第。（《朱子年譜》卷一） 汪應辰為宜春別乘，鄭允升來從學。（《文定集》卷九） 三月，壬午，資政殿大學士提舉萬壽觀兼侍讀秦檜知樞密院事。秦檜問救令所刪定官胡寧：「兒子近除，外議如何？」寧曰：「外議以為相公不必襲蔡京之跡。」（《續通鑑》卷一二八） 閏八月，胡寧任大常丞。奏事殿中，高宗面論袞集胡安國著以進。寧走使以告胡寅，寅乃取安國遺文，離為門次，繕寫以獻。（《斐然集》十九〈進先公文集序〉）	胡寅撰〈進先公文集序〉（《斐然集》卷十九）、〈祭龍王長老法讚〉（同前書卷二十七）。又有詩：〈陪叔夏遊法輪〉、〈賦向貴卿有裕堂〉、〈以墨一品餉向令豐之〉、〈和諸友春雪〉、〈上元寄向令豐之〉、〈贈邢子友〉、〈示法輪宗覺〉、〈仁仲小圃〉、〈人日驚蟄前數日大雪寄孫奇父韓叔夏〉、〈送智京長老〉（同前書卷二）、〈和彥達落梅〉、〈簡奇父〉、〈從趙彥求菖蒲〉、〈和趙榮州〉、〈和奇父二首〉、〈和洪秀才八首〉、〈示法輪長老〉（同前書卷五）。

年代		著述
宋高宗紹興十九年己巳（西元1149年）	劉勉之致仕中卒，年五十九（西元？～1149年）（《勝士劉公先生墓表》） 二月，左奉議郎范如圭添差權通判邵州（《繫年要錄》卷一五九） 四月，太常丞胡寅守尚書祠部員外郎。（同前） 十二月，胡寅罷尚書祠部員外郎，充慶州安撫司參議。（同前書卷一六）	胡寅撰〈承仕郎蔣君熙君墓誌銘〉（《斐然集》卷二十六）〈祭劉致中〉（同前書卷二十七）。又有詩：〈趙樟源嶺下老媼井欄〉、〈和楊秀才一首〉、〈和仁仲〉、〈示延平日者〉、〈已巳歲偶遊祖印……因成兩詩以遺高〉、〈宿餘干觀江高寺〉、〈十二月題中元觀次黎才翁韻〉、〈和仁仲沿圃二首〉（同書卷五）〈餘釀盛開〉。 胡宏撰〈不息齋記〉（《五峰集》卷三）。
宋高宗紹興二十年庚午（西元1150年）	葉適正則生。（《疑年錄》卷二、《葉水心先生年譜》卷一） 胡寅年十五，從胡宏學，有志於聖賢之道（《南軒先生文集》卷四十〈欽州靈山主簿胡君墓表〉） 正月、丙午、李光、秦孟堅私史鼠起。曹詠言李堅堅其父孟誦私史，語涉譏諦，詔送大理寺，繫獄。《繫年要錄》卷一六二） 三月、丙申、獄成。詔李光昌化軍安置，遇赦永不檢舉。右承務郎李孟堅際名，峽州編管，前從官及朝士連坐者八人。 胡寅坐與光通書、譏訕朝政，落職。 壬寅、右正言章夏奏胡寅朋母持服、不孝；趙鼎、傅會李綱、建明不通都國之同，不忠。詔：「胡寅授果州團練副使，新州安置。」（同前） 寅即日上道，水陸兼程，奔赴新州。（《斐然集》卷六〈散官安置謝表〉）	胡寅撰〈洛職謝表〉、〈散官安置謝表〉（《斐然集》卷六）〈新州竹閣記〉、〈新州竹城記〉（同前書卷二十一）〈祭姜兄翁主簿子光〉（同前書卷二十七）又有詩：〈謫居新昌過黃翁嶺〉、〈遊龍山寺〉、〈次劉坦見和〉、〈喜雨〉、〈沼園二首〉、〈喜義卿得子端倅攝新守〉、〈和郡將勸農〉、〈酬黃執禮見和〉、〈再美勸農〉、〈觀諸人唱和〉（同前書卷五）。

年代	事蹟	著述
宋高宗紹興二十一年辛未（西元1151年）	游九功舉進士。（《福建通紀・列傳》卷十三） 曾幾僑寓於上饒茶山寺。（《陸游年譜》） 汪應辰權吏部侍郎，上書言胡災防盜事。（《文定集》卷一） 八月，壬申，韓世忠卒，年六十三（西元1089～1151年）。（《續通鑑》卷一二九）	胡寅撰〈王氏墓誌銘〉（《斐然集》卷二十六）。又有詩：〈示端軍晉〉、〈和王維三首〉、〈和黃執禮六首〉、〈送茶與執禮以詩來謝和之〉、〈黃倅生日送茶書之〉、〈和李靖〉、〈寄題趙化州情白亭〉、〈和黃祈求有懷〉、〈又和錦草登高〉、〈示程生一首〉、〈再和前韻〉、〈和單晉一首〉、〈示程生二首〉、〈和單晉二首〉（同前書卷五）。
宋高宗紹興二十二年壬申（西元1152年）	彭庇臣漢明卒，年七十五（西元1078～1153年）。《五峰集》卷三〈彪君墓誌銘〉 向子諲伯恭卒，年六十八（西元1085～1152年）。《五峰集》卷三〈向侍郎行狀〉	十二月，福建路安撫司屬官胡憲上書於張宗元，告以爲政大體，宗元不悅。久之，憲請歸祠以歸。（《朱文公集》、《繫年要錄》卷九十七〈籍溪先生胡公行狀〉卷一六三）

胡寅撰〈傳燈玉英節錄序〉（《斐然集》卷十九）〈處士魏君墓誌銘〉（同前書卷二十六）〈先公行狀〉（同前書卷二十五）。又有詩：〈謝楊衒梅栽〉、〈簡蔡生〉、〈和蔡生〉、〈贈陳生〉、〈寄陳生〉、〈謝朱推梅栽〉、〈示臨川會革〉、〈送黃守歸八桂三首〉、〈趙戎惠白松庭腴目再分求之〉、〈逆黃秀才〉、〈熙赴詔推〉、〈送黃守再來二首〉、〈謝蔡生見和〉、〈病中有感〉、〈和周尉遊簡園〉、〈簡單令〉、〈集食日約蔡生以詩見慶次其韻〉、〈二弟在遠經年無書見張情忽求和蔡生以詩致書鱸次韻爲謝〉、〈和周尉以詩見寄〉、〈周尉丹砂次其韻〉、〈再謝〉（同前書卷五）。

胡宏撰〈向侍郎行狀〉（《五峰集》卷三）。

年代	事蹟	著述
宋高宗紹興二十三年癸酉（西元 1153 年）	夏，朱子年二十四，始受學于延平李侗之門（《朱子年譜》卷一上）。朱子嘗云：「初師屏山、籍溪。籍溪學於文定，又好佛老，以文定之學爲論治道則可，而道未至。然於佛老亦未有見。屏山少年能爲舉業，官莆田，接塔下一僧，能入定，數日後乃見了。老歸家讀儒書，以爲與佛合，故作《聖傳論》。其後屏山先亡，籍溪在，某自見此道未有所得，乃見屏山延平。」（《朱子語類》卷一○四）	胡寅撰《大孤人李氏墓誌銘》（《斐然集》卷二十六）。又有詩：〈送張倩歸衡嶽〉、〈邀朱推車令韻〉、〈周尉鄉梓人屋前梅花次車令韻寄未車令韻見和之〉（《斐然集》卷二）。
宋高宗紹興二十四年甲戌（西元 1154 年）	胡寅居新州。	胡寅撰《魯語詳說》、〈魯語詳說序〉（《斐然集》卷二十七）。又有詩：〈示同尉〉、〈贈朱推〉、〈題蔡生竹裏茅齋似禁似竹木愷于同尉〉、〈同將德德施諸人賞簡園梨花〉、〈畫馬〉（《斐然集》卷二）、羅漢珣〈祭楊珣〉（同前書卷二十一）。
宋高宗紹興二十五年乙亥（西元 1155 年）	胡寅居新州。冬，十月，丙申，丞相秦檜死。（《續通鑑》卷一三○）十一月，宋高宗令所勒停編管諸人任便居住。（同前）十二月，癸巳，宋高宗詔胡寅爲歙州歙縣閣直學士，致仕。（同前）	胡寅撰《讀史管見》（胡大時《讀史管見》自見序）（《斐然集》卷六）、〈謝魏參政〉（三篇）（同前書卷十八）、〈自便謝政府及中司啓〉（同前書卷六）。張栻撰〈盤龍銘〉（《盧蒲筆記》卷九）。
宋高宗紹興二十六年丙子（西元 1156 年）	春，胡寅從水路歸南嶽，經清遠、到義彬，沿途有詩歌詠見聞還抱。（《胡黃年譜》）胡寅歸南嶽後，朱子嘗往見之，云：「胡致堂議論英發，人物偉然。向嘗待之」胡致堂議論英發，人物偉然。向嘗待之。胡寅明仲卒，年五十九（西元 1098～1156 年）。（《繫年要錄》卷一七五）	胡寅撰《新州重修廳記》（《斐然集》卷二十一）。又有詩：〈題清遠峽山寺〉、〈歸次義彬老人廖康吉意靈壽寺〉、〈魏曹參成達杖以二十八字謝之〉（《斐然集》）。

年代	事蹟	著述
	坐，見其數杯後，歌孔明出師表，誦張才叔自靖人自獻於先王明義，可謂蒙傑之士也。」(《朱子語類》卷一〇一) 閏十月，胡寅卒於衡州。(《繫年要錄》卷一七五)	被宥歸道南嶽以大篇侑酒見遺因成七絕以謝〉、〈簡彥達、黎才翁命蕭復來相迎目以二詩見既可謂一絕謝之〉(《斐然集》卷五)。 胡宏撰〈劉開府衡州墓表〉。(《五峰集》卷三)。
宋高宗紹興二十七年丁丑(西元1157年)	范如圭召赴行在、上殿、直祕閣、提舉江南西路常平茶鹽公事。(《朱文公文集》卷九十四〈范直閣墓記〉)	
宋高宗紹興二十八年戊寅(西元1158年)	三月，祕書少監曾幾上《神宗寶訓》一百卷。(《繫年要錄》卷一七九) 七月，祕書少監曾幾權禮部侍郎。(《續通鑑》卷一三二) 九月，范如圭改主管台州崇道觀。(《范直閣墓記》) 十一月，朱熹以親老請老請祠。(《朱子年譜》卷一) 十二月，朱熹至臨漳州南嶽廟。(《朱子年譜》卷一)	張栻撰〈困齋記〉(《南軒先生文集》卷十二)、〈遊東山記〉(同前書卷十三)。 曾幾撰〈永州倅廳咄堂記〉(《周濂溪集》卷一)。
宋高宗紹興二十九年己卯(西元1159年)	八月，大理司直胡憲守祕書省正字。(《繫年要錄》卷一八三) 秋，范如圭起知泉州，十月到郡。(《范直閣墓記》)(《朱文公文集》卷九十四《范直閣墓記》)	胡憲撰〈上蔡語錄跋〉(《上蔡語錄》卷末) 朱熹校定《上蔡語錄》，撰〈謝上蔡語錄後序〉(《朱文公文集》卷七十五)、〈與籍溪胡原仲先生書〉(同前書卷二十七)。 張栻編纂〈希顏錄〉(《南軒先生文集》卷三十三)、〈不息齋記〉(《趙臨齋墓表》卷三) 胡宏撰(《五峰集》卷三)。

年代	事蹟	著述
宋高宗紹興三十年庚辰（西元 1160 年）	范如圭伯達卒，年五十九（西元 1102～1160 年）。《朱文公文集》卷八十六〈直祕閣贈朝議大夫范公神道碑〉 胡憲除祕書省正字，赴館供職。《朱文公文集》卷一百六 六月，呂祖謙監潭州南嶽廟祠滿，赴銓試，從胡憲遊。《東萊集附錄》卷一〈年譜〉 冬，朱熹始受學於李侗。《朱子年譜》卷一	朱熹有詩：〈送籍溪胡丈赴館供職二首〉、〈寄籍溪胡丈及劉致中二首〉（《朱文公文集》卷二）。 胡宏有詩：〈朱元晦寄詩劉員父有風籍溪先生之意篤妙而意朱員父作三絕〉（《五峰集》卷一）。
宋高宗紹興三十一年辛巳（西元 1161 年）	胡宏仁仲卒，年五十七（西元 1105～1161 年）。《朱文公文集》卷八十一〈跋胡五峰詩〉。 胡宏辭除祕書省正字，改授宣教郎主管台州崇道觀以歸。《拙齋文集》卷十八〈祕省正字胡明宣教行狀〉 張栻往湖南拜胡宏為師。《南軒先生文集》卷二十六〈答陳平甫書〉云：「始時聞五峰胡先生之名，見其話言而心服之，時時以書質疑求益。辛巳之歲，方獲拜之于文定公書堂。」《五峰集》卷二〈與孫正孺書〉云：「敬夫特訪陋居，一見真如故交，言氣契合，天下之英也。」 春，金將遷都南京。《續通鑑》卷一五四 五月，宋始議調兵守江淮之策，以吳璘為四川宣撫使。（同前） 六月，金主完顏亮自汝州如南京。（同前） 九月，金人大舉入寇。（同前）十月，宋高宗下詔親征。金人陷揚州 張浚復觀文殿大學士、判潭州。（同前書卷一三五） 十一月，詔張浚改判建康府兼行宮留守。虞允文敗金兵于采石。（同前）金主完亮至瓜洲，為其部下所殺。（同前） 冬，朱熹與樞密院事黃祖舜書，建議起用張浚，委以抗金重任。《朱文公文集》卷二十四〈與黃樞密書〉	胡宏撰〈彪君墓誌銘〉（《五峰集》卷三）。 朱熹有詩：〈聞二十六日之報喜而成詩七篇〉、〈次子有聞捷韻四首〉（《朱文公文集》卷二）。

年			
宋高宗紹興三十二年壬午（西元1162年）	胡憲原〈仲卒，年七十七（西元1162年）。《朱文公文集》卷九十七〈籍溪先生胡公行狀〉）	二月，以虞允文爲川、陝宣諭使，措置招軍買馬，且與吳璘相見議事。 宋高宗還臨安。（《續通鑑》卷一三六） 二月，吳璘復大散關，分兵守和尚原。（同前） 三月，吳璘復德順軍。（同前） 四月，吳璘遣將改熙州，拔之。（同前書卷一三七） 六月，宋高宗內禪，孝宗即位。召見張浚，浚力陳和議之非，勸帝堅意以圖事功。於是加浚少傅，進封魏國公。除江淮宣撫使，節制屯駐軍馬。翰林學士史浩與浚朗議議事不合。浩既參知政事，浚所規畫，浩必沮之，竟無成功。 八月，監南嶽廟朱熹應詔上封事，首言帝王之學，必先格物致知，次言金人與宋有不共戴天之仇，不可議和，次言守令之賢否關係生民之休戚。（《朱子年譜》卷一） 十二月，詔吳璘班師。（《續通鑑》卷一三七） 冬，宋孝宗召陳俊卿及張栻赴行在所。張栻進言曰：「陛下上念宗社之恥，下欄中原之塗炭，惕然於中而思有以振之，臣謂此心之發，即天理也。願益加省察，稽古親賢，以自輔，毋使其少息，則今日之功，可以立成。」（同前）	朱子作〈與胡籍溪先生書〉（《朱文公文集別集》卷三）、〈壬午應詔封事〉（《朱文公文集》卷十一）
宋孝宗隆興元年癸未（西元1163年）	游九功生。（九功卒於宋理宗淳祐九年，年八十一，逆推當生於此年。）李同愿原中卒，年七十一（西元1093～	正月，以史浩爲尚書右僕射、平章事兼樞密使；張浚進樞密使，都督江淮東西路軍馬，開府建康。（《續通鑑》卷一三八）	朱熹編纂《論語要義》、〈論語訓蒙口義〉成。（《朱子年譜》卷一）又撰〈癸未垂拱奏札〉（《朱文公文集》

1163年）。《朱文公文集》卷九十七〈延平李先生行狀〉	張栻辭宣撫司督府書機宜文字，以軍事入見皇帝，詔除直祕閣。（《朱文公文集》卷八十九〈右文殿修撰張公神道碑〉） 吳璘奉詔自德順班師復三州、三軍。金人乘其後，遂陷新復十三州。（《續通鑑》卷一三八） 四月，張浚被命入見，孝宗銳意恢復，浚乃即日降詔幸建康。史浩以為「先當守備是為良規」，與張浚辨于殿上。孝宗以張浚之言為然，乃議出師渡江。遣李顯忠、邵宏淵分道伐金。（同前） 五月，（張栻）尚書右僕射、平章事史浩罷知紹興府。 李顯忠大敗金人，復宿州。金人復攻宿州，邵宏淵按兵不動，諸將以顯忠、宏淵不協，各遁去。顯忠敗。金兵夜引還，至符離，師大潰。（同前） 六月，（張浚）乞致仕，且請通好於金。孝宗以符離離敗，乃議講和。貶張浚為江、淮東西路宣撫使。（同前） 七月，以湯思退為尚書右僕射、平章事兼樞密使。（同前） 八月，孝宗以陳俊卿言，復張浚都督江、淮兵馬。又遣盧仲賢與金議和。 張栻入奏，帝引見於德壽宮。（同前） 十月，朱熹召對垂拱殿，其言有三：一以正朝廷舉措無以觀理，即理以應物；二以非戰無以致勝，非守無以致戰，三願開納諫諍，黜遠邪佞，杜塞倖門，安邦固

| 宋孝宗隆興二年甲申（西元 1164 年） | 張浚德德遠卒，年六十三（西元 1102～1164 年）。《朱文公文集》卷九十五〈少師魏國公張公墓誌銘〉 | 三月，詔張浚視師江淮。《續通鑑》卷一三八）

四月，召張浚還朝，罷尚書右僕射、同平章事。浚留平江，凡八上疏乞致仕。帝察其忠，乃命以少師、保信節度使判福州。（同前）

五月，張浚除體泉觀使。《朱會要輯稿·職官五十四之二十六》浚既去，朝廷遂決和議，浚繼上疏言事，勸帝務學親賢。《續通鑑》卷一三八）

六月，張浚行次餘干，七月，得疾。手書付二子栻、枸曰：「吾嘗相國家，不能恢復中原，雪書祖宗之恥，不欲歸葬先人墓左，即死，葬我衡山足矣。」八月二十八日卒。《朱文公文集》卷九十五〈少師魏國公張公墓誌銘〉

九月，張栻兄弟護張浚遺言，運其靈柩赴湖南衡山安葬。朱熹聞訃，專程赴隊章，於靈船上悼念張浚，並與護送至墨城，舟中與張栻共處三日，相與討論學術。朱熹嘗論張栻言曰：「其名質甚敏，學問甚正，若充養不置，何可量也。」《朱文公文集·續集》卷五〈答羅參議〉） | 本。《朱文公文集》卷十一〈癸未垂拱奏札〉）

張栻表奏盧仲賢辱國無狀，擅許四州，下大理寺，奪三官。《續通鑑》卷一三八）

十二月，張浚入見，力言金未可與和，請帝幸建康以圖兵。時湯思退等主和議，不悅朱熹奏札所陳，故除是職。（同前） | 朱熹編《困學記聞》成（《朱子年譜》卷一），又撰〈跋胡五峰詩〉《朱文公文集》卷八十一） |

年代	事蹟	著述
宋孝宗乾道元年乙酉（西元1165年）	張栻上疏，言：朝廷嘗興師伐虜，然玉帛之使未嘗不行乎其間，是以講和之念未嘗忘於胸次之際，此所以無以感格平天人之心……繼今以往，益堅此志，誓不言和，專務自強，雖折不撓，使此心純一。疏入不報。則遲以歲月，功必能成。（《朱文公文集》卷八十九〈右文殿修撰張公神道碑〉）劉珙任湖南安撫使，籌畫修復嶽麓書院，屬州學教授邵穎經紀其事。（《南軒先生文集》卷十〈潭州重修嶽麓書院記〉）	張栻撰〈胡子知言序〉（《南軒先生文集》卷十四）。朱熹撰〈跋胡文定公詩〉（《朱文公文集》卷八十一）。
宋孝宗乾道二年丙戌（西元1166年）	朱熹與張栻書，論中和問題。（《朱子年譜》卷一）丙戌、丁亥間，張栻與朱熹、劉珙論校正程氏文集，書任密切。然多失傳。（然朱子書信編考證》）劉珙修復嶽麓書院成，張栻嘗任觀焉，愛其山川之勝，堂宇之嚴，徘徊不忍去。（《南軒先生文集》卷十〈潭州重修嶽麓書院記〉）書院既成，乃延聘彪居正為山長。（《湖潭縣志・列傳》）	張栻編纂《程氏粹言》成。撰〈河南程氏粹言序〉（《程伊川年譜》）、〈潭州重修嶽麓書院記〉（《南軒先生文集》卷十）、〈答朱元晦祕書〉「論校正二先生集事」（同前書卷二十一）。朱子撰〈答張敬夫書〉「人自有生」、「前書所扣」（《朱文公文集》卷三十、「前書所稟」（同前書卷三十二）。內容多討論中和問題。〈答欽夫書〉「昨見共父家問」「不先天而開人」「稱任固未安」「伏蒙垂諭」四篇（同前書卷三十），內容多論校正程氏文集事。
宋孝宗乾道三年丁亥（西元1167年）	呂祖謙講學於明招山中、陳亮、張栻常與之往還、互究所學。（《陳亮年》）四月，吳璘卒。（《續通鑑》卷一四〇）六月，以慶充文爲資政殿大學士、四川宣撫使，以代吳璘。（同前）	張栻編纂《經世紀年》成。撰〈經世紀年序〉（《南軒先生文集》卷十四）。〈南嶽唱酬序〉（同前書卷十五），朱熹撰〈答張敬夫書〉「論喻曲折數

| 宋孝宗乾道四年戊子（西元 1168 年） | 陳傅良師事鄭伯熊、薛季宣，講學於仙巖僧舍。（《陳文節公年譜》）

七月，劉珙參知政事。（《續通鑑》卷一四〇）

十一月，劉珙出為江西安撫使。（同前）

十二月，召建寧布衣魏掞之赴行在，入對，帝問治道以何者為要？按之言治道以分君子小人、別正邪為要。詔賜同進士出身，除太學錄，尋以掞之因敢言直抗疏，罷為台州教授，病卒。（同前） | 張栻撰〈彬州學記〉（《南軒先生文集》卷九）、〈衡州石鼓山諸山武侯祠記〉、〈答呂德美書〉（同前書卷十）、〈答呂德美書〉（同前書卷二十五）。

朱熹編次《程氏遺書》成。《朱子年譜》卷一）撰〈答張敬夫書〉「祭說辨丁精審」，「所示胤文書論天命未契處」二篇，辨訂精審，「所示胤文書論天命未契處」二篇《朱文公文集》卷三十）、〈謝上蔡語錄後記〉、〈建寧府崇安縣二公祠記〉（同前書卷七十七）。 |
| | 閏七月，劉珙自湖南召還，除翰林學士。（同前）

八月，朱熹偕林用中從福建崇安出發，「行程二千里」，往潭州訪張栻，九月八日抵長沙，相與論學。《朱子年譜》卷一）朱熹〈與曹晉叔書〉云：「熹此月八日抵長沙，荷曹晉叔之益。相與講明其所未聞，日有問學之益。敬夫愛予庭篤，有問同慇懃，所見卓然。近讀其語表，誠可歎服。」《朱文公文集》卷二十四）

十一月六日，朱熹與張栻、林用中往遊衡山，十五日，胡廣仲、范伯崇來會同遊。二十三日至福州，二十四日與張栻作別。《朱子年譜》卷一、《朱文公文集》卷五〈南嶽唱酬諸詩〉、《南軒先生文集》卷十五〈南嶽唱酬集序〉）

劉珙知樞密院事，薦張栻學行於帝。（《紀事本末》卷九十三） | 條」（《朱文公文集》卷三十二）。

〈少師魏國張公行狀〉（同前書卷九十五）、〈東歸亂稿序〉、〈南嶽遊山後記〉（同前書卷七十七）。 |

年代	事蹟	著述
宋孝宗乾道五年己丑（西元1169年）	彭龜年登進士第。（《朱子實紀》卷八） 陸九齡登進士第。（《呂東萊文集》卷十三〈陸先生墓誌銘〉） 八月，呂祖謙除嚴州州學教授。（《東萊集·附錄》卷一〈年譜〉） 十二月，張栻除知嚴州。（張栻自隆興二年護其父靈柩歸葬湖南，至乾道五年赴任嚴州之前，講學於嶽麓學院。）入見。上言：欲復中原須得民心之士，必先收中原內百姓之心。又言讒諛必誤國事，乞聽言考實，帝以為然。栻至郡，問民疾苦，首以丁鹽絹錢太重為請，詔蠲其半。（《續通鑑》卷一四一）	張栻撰〈桂陽軍學記〉（《南軒先生文集》卷九）、〈送品主管序〉（同前書卷十五）。 朱熹撰〈太極圖書後序〉（《朱子文集》）、又撰〈西銘解〉，推翻前此「目心發已發，而性為未發之中」之觀點。（《朱子年譜》卷一）
宋孝宗乾道六年庚寅（西元1170年）	朱熹得書谷於建陽西北，始號晦庵，時年四十一。（《朱文公文集》卷七十八） 陳傅良始識張栻、呂祖謙，數請間扣以學大指，互相發明，二公亦喜得友之晚。（《止齋集》卷五十二附蔡幼學撰〈行狀〉） 張栻知嚴州，呂祖謙為州學教授，為張栻作〈乞免役錢狀及謝表〉，又編次《閫範》，張栻為之序。（《東萊集·附錄》卷一〈年譜〉） 五月，召呂祖謙除太學博士，張栻為尚書吏部員外郎兼權起居郎。 閏五月，呂祖謙如臨安，與張栻同巷而居。（《東萊集·附錄》卷一〈年譜〉） 以起居郎范如成金折請使，求陵寢及更定受禮書。（《續通鑑》卷一四一）	張栻編纂〈洙泗言仁〉（《湖湘學派源流》）。撰〈靜江府學記〉、〈雷州學記〉「盧陵載君為雷州之明年」（《南軒先生文集》卷九）、〈通書後跋〉（同前書卷三十三）。 朱熹編纂《家禮》成（《朱子實紀》卷三）。

朱熹思想研究

年代	事蹟	出處
	六月，張栻進對奏言憸私不私干近，又言謀國當立一定之規。又上疏論罷龍祈請。（同前） 十一月，合祀天地於圜丘，大典禮成，張栻奏言：今日君子、小人之消長，治亂之勢有所未定，皆陛下之心終就斂畏，常如奉祠之際，則君子之心嚴恭就威，小人終可分，治道終可成，強敵終可滅。（同前書卷一四二）	張栻撰〈多稼亭記〉（《南軒先生文集》卷十八）（同前書）、〈江漢亭說〉、〈跋西銘示潘支端〉、〈跋西銘示宋伯潛〉（同前書卷三十二）
宋孝宗乾道七年辛卯（西元1171年）	陳傅良送張栻於吳門之碧瀾堂。《止齋集》卷八〈跋魏公南軒四益箴〉 二月，朝廷大開經筵，張栻任左司員外郎兼侍講，爲孝宗講解詩經（葛寬《張栻》）以進說，云：「治當常念稼穡之勞，忠愛國者每念稼穡之勞，則心之不存者存焉矣。周之先后勤儉如此，而其後世猶有休蠶織而爲閭閻以進。興亡之效，於此見矣。」（《右文殿修撰張公神道碑》、《續通鑑》卷八十九〈右文殿撰張公神道碑〉、《續通鑑》卷一四二） 三月，詔以知閤門事張說僉書樞密院事（張說妻爲太上后女弟），極諫說其不可，且語之語甚切，質責之語甚切，張說爲安遠軍節度使，提舉萬壽觀。然張栻亦因此受到排擠。（《宋元學案》卷五十〈南軒學案〉）	
宋孝宗乾道八年壬辰（西元1172年）	陸九淵成進士、尤袤、呂祖謙爲考官。《陸象山全集・年譜》 陳傅良登進士第。《攻媿集》卷九十五〈寶謨閣待制贈通議大夫陳公神道碑〉	張栻撰〈繫辭說〉、《南軒書說》、以《南軒書說》講義（《名山學派源流》）。又撰〈名周集說〉（《南軒先生文集》卷十八）

年代			著述
宋孝宗乾道九年癸巳（西元1173年）	胡實廣（仲）卒，年三十八（西元1136～1173年）。（《南軒先生文集》卷四十〈欽州靈山主簿胡君墓表〉）	舒璘登進士第。（《宋史》卷四一○〈舒璘傳〉） 張栻家居，講學於嶽麓書院。二月，以安遠軍節度使張說並簽書樞密院事。（《續通鑑》卷一四○二） 張栻家居，講學於嶽麓書院。刊本南軒先生論語解序〉（〈沈墨池重刊本南軒先生論語解序〉）	朱熹撰《論孟精義》〈後改名《集義》〉、《西銘解義》、《資治通鑑綱目》、《八朝名臣言行錄成》（《朱子年譜》卷一）。又撰〈中和舊說序〉（《朱文公文集》卷七十五）、〈克齋記〉（同前書卷七十七）、〈仁說〉、〈跋方伯謨家藏胡文定公帖〉（同前書卷八十一） 張栻撰《論語說》、《孟子說成》（〈沈墨池重刊本南軒先生論語解序〉、〈南軒先生孟子說序〉）。又撰〈同濂溪集〉、〈南軒傳心閣銘并序〉、《思終堂記》（《南軒先生文集》卷十一）、〈論語說序〉、〈孟子講義序〉（同前書卷十四）、〈仁說〉、〈晞顏錄跋〉（同前書卷三十六）。 朱熹撰《太極圖說解》、《通書解》、《西銘解》。編次《程氏外書》及《伊洛淵源錄》。又撰〈跋劉平甫南家藏胡文定公帖〉（《朱子年譜》卷一）。又撰〈跋胡文定公文集〉（《朱文公文集》卷八十一）。
宋孝宗淳熙元年甲午（西元1174年）		二月，四川宣撫使、雍國公虞允文卒。（《續通鑑》卷一四○四） 八月，知樞密院張說因歐陽龍，以太尉提舉興府州王隆觀。（同前） 冬，張栻除知靜江府經略安撫廣南西路（《朱文公文集》卷八十九〈右文殿修撰張公神道碑〉）次年春到任。（《南軒先生文集》卷十〈虎山瀟江二壇記〉）	張栻撰〈江陵府松滋縣學記〉、〈邵州復舊學記〉（《南軒先生文集》卷九）、〈跋范文正公帖〉（同前書卷三十四）。 朱熹編次《古今家祭禮》成（《朱子年譜》卷一）。

年代		事蹟、資料
宋孝宗淳熙二年乙未（西元 1175 年）	四月二十一日，呂祖謙偕如武夷訪朱熹，留月餘，同觀關、洛書，輯《近思錄》。(《朱文公文集》卷八十一、〈年譜〉、《朱子年譜》卷二)、《東萊集附錄》卷一、〈年譜〉、《朱子年譜》卷二) 五月，朱熹、呂祖謙與陸九齡、九淵兄弟會於信州鵝湖寺。(《朱子年譜》卷二) 八月，廣西經略張栻續緡錢四十萬而分之，一以爲諸州運鹽之費，出遭臺所積倉買鹽之本，一以爲諸州運鹽之費。詔從之。(《朱文公文集》卷八十九〈右文殿修撰張公神道碑〉、《續通鑑》卷一四四) 十一月，知靜江府張栻奏請推行保伍之法。又奏請辟舉邑巡檢使，詔從之。(《續通鑑》卷一四四)	張栻撰〈靜江府學三先生祠堂記〉、〈韶州濂溪周先生祠堂記〉、〈灘江二壇記〉、〈撫州重立唐魯郡顏公祠記〉(《南軒先生文集》卷十)、〈送嚴溥序〉(同前書卷十四) 彭龜年撰〈論雷等之異爲盛陰侵陽之證疏〉(《止堂集》卷一)。
宋孝宗淳熙三年丙申（西元 1176 年）		張栻撰〈五峰集序〉、《南軒先生文集》卷十四)、〈跋三家昏喪祭禮〉(同前書卷二十三)、〈答朱元晦祕書〉(同前書卷二十四)「某亲粗安」(同前書卷二十四)。
宋孝宗淳熙四年丁酉（西元 1177 年）	二月，詔知靜江府張栻試轉事郎、進直寶文閣、再任。(《朱文公文集》卷八十九〈右文殿修撰張公神道碑〉) 八月，朱熹差管武夷山沖佑觀。(《朱子年譜》卷二) 十一月，張栻知靜江府靜學，遣人至武夷山詔朱熹爲文以記之。(《朱文公文集》卷七十八〈靜江府學記〉) （吳翌晦叔卒，年四十九（西元 1177 年）。(《朱文公文集》卷九十七〈南嶽處士吳君行狀〉)）	張栻撰〈欽州學記〉、〈宜州學記〉、〈雷州學記〉「淳熙四年秋」〈南軒先生文集》卷九)、〈示吳益恭書〉(同前書卷十八) 朱熹撰〈論孟集註成〉、〈同易本義〉、〈論集傳〉、成《詩集傳》、《朱子實紀》卷二，《朱子年譜》卷二)。 又撰〈靜江府學記〉(《朱文公文集》卷七十八)、〈祭吳晦叔文〉(同前書卷八十七)。

年代	卒年記事	生平事蹟	著述
宋孝宗淳熙五年戊戌（西元 1178 年）		李燾遣二子壎、塾受業於劉清之介，並以清之介，得從張栻游。（《真文忠公文集》卷三十六） 五月，詔張栻除祕閣修撰、荊湖北路轉運使，尋改知江陵府，安撫本路。（《朱文公文集》卷八十九〈右文殿修撰張公神道碑〉、〈中興聖政〉卷五十六） 八月，朱熹差知南康軍，辭不就。（《朱子年譜》卷二） 十月，張栻新袁州郡學，立濂溪河南三先生之祠，以書屬朱熹爲記（作記〈袁州學記〉見《朱文公文集》卷七十八〈袁州學記〉）	張栻撰〈袁州學記〉（《南軒先生文集》卷九）、〈道州重建濂溪周先生祠堂記〉（同前書卷十一）、〈南樓記〉（同前書卷十一）、〈趙氏行實序〉（同前書卷十四）朱熹撰〈袁州學三先生祠記〉（《朱文公文集》卷七十八）、〈籍溪先生胡公行狀〉（同前書卷九十七）。
宋孝宗淳熙六年己亥（西元 1179 年）		李燾從張栻學，求道甚銳，栻戒以無急於成。（《朱子文年譜》） 二月，陸九齡自撫州訪朱熹於信州鉛山觀音寺。（《朱子年譜》卷二） 三月，朱熹赴知南康軍任。至南康，值歲不雨，講求荒政，多所全活。開諭郡學，引士子與講論。（《朱子年譜》卷二） 十月，朱子訪唐李渤白鹿洞書院遺址，奏復其舊，爲學規，俾守之。（《朱子年譜》卷二） 十一月，張栻作曲江樓，以書屬朱熹爲文以記之。（《朱文公文集》卷七十八〈江陵府曲江樓記〉）	張栻撰〈南康軍新立濂溪祠記〉、〈楚望記〉（《南軒先生文集》卷十）。朱熹作〈江陵府曲江樓記〉《朱文公文集》卷七十八、〈跋敘古千文〉（同前書卷八十一）。
宋孝宗淳熙七年庚子（西元 1180 年）	張栻敬夫卒，年四十八（西元 1133～1180 年）。（《朱文公文集》卷八十九〈右文殿修撰張公神道碑〉）陸九齡子壽卒，年四十九（西元 1132	二月，張栻卒於江陵府舍，朱熹罷宴哭之，又爲文祭之。（《朱子年譜》卷二）其母衡州衡陽老其舅南軒林君鈞葬其柩以歸，朱松以護其舅南軒林君鈞葬其柩子潭州衡陽，當其「柩出江陵，老縣楓林鄉龍塘之原。	二月二日張栻撰〈遺奏〉（《南軒先生文集》卷八）。朱熹撰〈祭張敬夫殿撰文〉（《朱文公文集》卷八十七）。又有詩：〈次

張都運哭敬夫韻二首〉（《朱文公文集》卷七）。彭龜年撰輓張南軒先生八首（《止堂集》卷十六）。

稚挽車號慟，數十里不絕。訃聞，上亦深為嗟悼，四方賢士大夫往往出涕相弔，而靜江之人哭之尤哀。蓋公為人坦蕩明白，表裏洞然，信道又篤，其樂於聞過而勇於徙義，則又奮厲明決，無毫髮滯吝之意，以至疾病垂死，而口不絕吟於天理人欲之間，則平日可知其德日新，業日廣，而所以見於論說行事之間者，上下信之，至於如此。」（《朱文公文集》卷八十九〈右文殿修撰張公神道碑〉）

～1180 年）。《呂東萊文集》卷十三〈陸先生墓誌銘〉）

參考書目

一、專書

（一）胡寅專著

1. 《敘古千文》，宋胡寅撰，黃灝註，台北藝文印書館影印《粵雅堂叢書》本，1966。
2. 《致堂讀史管見》三十卷，宋胡寅撰，台灣商務印書館影印《宛委別藏》本，1981。
3. 《崇正辯》三卷，宋胡寅撰、日本荒木見悟解題，中文出版社影印日本文正九年（西元 1826 年）和刻本。
4. 《崇正辯》三卷，宋胡寅撰，容肇祖點校，（與《斐然集》合刊），北京中華書局，1993。
5. 《斐然集》三十卷，宋胡寅撰，台灣商務印書館影印文淵閣《四庫全書》第一一三七冊，1983。
6. 《斐然集》三十卷，宋胡寅撰，容肇祖點校，北京中華書局，1993。

（二）經類

1. 《四書訓義》二十四卷，清王夫之撰，《無求備齋論語集成》第八函，台北藝文印書館。
2. 《毛詩注疏》四十卷，漢毛亨傳、鄭玄箋、唐孔穎達疏，台北藝文印書館，1965。
3. 《孝經注疏》三卷，唐玄宗注、宋邢昺疏，台北藝文印書館，1965。
4. 《周易注疏》十卷，魏王弼、韓康伯注，唐孔穎達疏，台北藝文印書館，1965。
5. 《周禮注疏》四十二卷，漢鄭玄注、唐賈公彥疏，台北藝文印書館，1965。

6. 《周禮》主體思想與成書年代研究》，彭林著，中國社會科學出版社，1991。

7. 《尚書注疏》二十卷，舊題漢孔安國傳、唐孔穎達等疏，台北藝文印書館，1965。

8. 《孟子注疏》十四卷，漢趙岐注、宋孫奭疏，台北藝文印書館，1965。

9. 《春秋公羊傳注疏》二十八卷，漢何休解詁、唐徐彥疏，台北藝文印書館，1965。

10. 《春秋左氏傳注疏》三十卷，晉杜預集解、唐孔穎達疏，台北藝文印書館，1965。

11. 《春秋胡傳》三十卷，宋胡安國撰，成都巴蜀書社影印明善堂重梓怡府藏板，1987。

12. 《春秋宋學發微》，宋鼎宗著，台北文史哲出版社，1986。

13. 《論語集解義疏》十卷，魏何晏集解、梁皇侃疏，台北廣文書局，1977。

14. 《論語集註》十卷，宋朱熹撰，《中國子學名著集成》編印基金會。

15. 《論語或問》二十卷，宋朱熹撰，《和刻影印近世漢籍叢刊》，台北廣文書局。

16. 《禮記注疏》六十三卷，漢鄭玄注、唐孔穎達疏，台北藝文印書館，1965。

（三）史類

1. 《二程學管見》，張永儁著，台北東大圖書公司，1988。

2. 《十七史商榷》一〇〇卷，清王鳴盛撰，台北大化書局，1977。

3. 《廿二史劄記》三十六卷，清趙翼撰，台北世界書局。

4. 《三國志集解》六十五卷，晉陳壽撰、劉宋裴松之注、清盧弼集解，台北藝文印書館。

5. 《三朝北盟會編》二五〇卷，宋徐夢莘撰，台灣商務印書館影印《四庫全書》第三五〇～三五二冊，1983。

6. 《文獻通考》三四八卷，元馬端臨撰，台北新興書局，1963。

7. 《文獻通考經籍考》七十六卷，元馬端臨撰，台北新文豐出版社，1986。

8. 《四庫全書總目》二〇〇卷，清紀昀總纂，台北藝文印書館，1964。

9. 《四庫全書總目提要補正》，胡玉縉撰，台北木鐸出版社，1981。

10. 《公藏先秦經子注疏書目》，張壽平編著，台北國立編譯館印行，1982。

11. 《中國歷代詩文別集聯合書目》，王民信編，台北聯經出版公司，1983。

12. 《中國善本書提要》，王重民撰，台北明文書局，1984。

13. 《中國叢書目錄及子目索引匯編》，施廷鏞主編，南京大學編印。

14. 《中國人才史鑒》，李大生等著，黑龍江人民出版社，1990。

15. 《中國史學思想史》，吳懷祺著，安徽人民出版社，1996。

16. 《中國史學史稿》，劉節著，台北弘文館出版社，1986。

17. 《中國哲學史》，勞思光撰，台北三民書局，1986。

18. 《五代史記注》七十四卷，宋歐陽修撰、徐無黨注、清彭元瑞補注，台北藝文印書館。

19. 《史記》一三〇卷，漢司馬遷撰，台北藝文印書館。

20. 《史通通釋》二十卷，唐劉知幾撰、清浦起龍釋，台北里仁書局，1980。

21. 《史學與傳統》，余英時著，台北時報文化出版公司，1982。

22. 《史籍舉要》，柴德賡著，北京出版社，1982。

23. 《司馬光哲學思想述評》，董根洪著，山西人民出版社，1993。

24. 《司馬光學述》，陳克明著，湖北人民出版社，1990。

25. 《伊洛淵源錄》十四卷，宋朱熹撰，《和刻影印近世漢籍叢刊》，台北廣文書局，1972。

26. 《伊洛學派及其教育思想》，程鷹著，北京教育科學出版社，1993。

27. 《朱子書信編年考證》，陳來著，上海人民出版社，1989。

28. 《朱子實紀》十二卷，明戴銑編，《和刻影印近世漢籍叢刊》，台北廣文書局，1969。

29. 《朱子年譜》二卷，清王懋竑撰，台北世界書局，1966。

30. 《朱子新學案》，錢穆撰，台北三民書局，1985。

31. 《朱子哲學思想的發展與完成》，劉述先著，台灣學生書局，1984。

32. 《光緒湖南通志》二二八卷，清李翰等修、曾國荃、郭嵩燾等纂，光緒十一年重刊本，台北華文出版社。

33. 《宋史》四九六卷，元脫脫等撰，台北藝文印書館。

34. 《宋元理學家著述生卒年表》，麥仲貴撰，香港新亞研究所，1968。

35. 《宋史質》一〇〇卷，明王洙撰，台北大化書局，1976。

36. 《宋元學案》一〇〇卷，明黃宗羲撰、清全祖望補、王梓材等校，台北世界書局，1983。

37. 《宋人傳記資料索引》，昌彼得等編，台北鼎文書局，1975。

38. 《宋會要輯稿》，台北世界書局，1964。

39. 《宋史新探》，蔣復璁撰，台北正中書局，1975。

40. 《宋代地域經濟》，程民生著，河南大學出版社，1992。

41. 《宋代教育》，苗春德主編，河南大學出版社，1992。

42. 《宋代史學思想史》，吳懷祺撰，安徽黃山書社，1992。

43. 《宋代經學之研究》，汪惠敏著，台北師大書苑，1989。

44. 《宋代儒釋調和論及排佛論之演進——王安石之融通儒釋及程朱之排佛反王》，蔣義斌撰，台灣商務印書館，1988。

45. 《宋明理學》，蔡仁厚撰述，台灣學生書局，1983。

46. 《宋代理學與佛學探討》（朱子理學與佛學之探討），熊琬著，台北文津出版社，1985。

47. 《宋代蜀人著作存佚錄》，許肇鼎撰，成都巴蜀書社，1986。

48. 《李德裕研究》，湯承業著，嘉新研究論文第二六七種，1973。

49. 《江蘇省立國學圖書館現存書目》二十卷，江蘇省立圖書館編，台北廣文書局，1970。

50. 《直齋書錄解題》二十二卷，宋陳振孫撰，台北廣文書局，民57年。

51. 《兩宋史研究彙編》，劉子健著，台北聯經出版社，1987。

52. 《南史》八十卷，唐李延壽撰，台北藝文印書館。

53. 《南宋高宗偏要安江左原因之探討》，張峻榮著，台北文史哲出版社，1986。

54. 《貞觀政要》十卷，唐吳兢撰，，台北河洛圖書公司，1975。

55. 《後漢書集解》一三○卷，宋范曄撰、清王先謙集解，台北藝文印書館。

56. 《建炎以來繫年要錄》二○○卷，宋李心傳撰，《筆記小說大觀》二十四篇第二～四冊，台北新興書局。

57. 《建炎以來朝野雜記》（甲、乙集）四十卷，宋李心傳撰，台北新興書局《筆記小說大觀》九編第三—四冊。

58. 《晉書斠注》一三○卷，唐房喬等撰、吳士鑑、劉承幹注，台北藝文印書館。

59. 《唐書》二二五卷，宋歐陽修、宋祁撰，台北藝文印書館。

60. 《唐代的史學與《通鑑》》，牛致功著，陝西師範大學，1989。

61. 《校點本二十二史考異》一○○卷，清錢大昕撰，台北樂天出版社，1971。

62. 《張載》，黃秀璣著，台北東大圖書公司，1988。

63. 《張栻與湖湘學派研究》，陳谷嘉著，湖南教育出版社，1991。

64. 《國史大綱》，錢穆著，台灣商務印書館，1994。

65. 《御批資治通鑑綱目》五十九卷，宋朱熹撰、清聖祖批，台灣商務印書館影印《四庫全書》第六八九—六九一冊，1983。

66. 《崇安縣志》八卷，清管聲駿纂修，康熙九年刻本，《稀見中國地方志彙刊》第三十二冊，北京新華書店，1992。

67. 《善本書室藏書志》四十卷，清丁丙輯，台北廣文書局，1967。

68. 《善的歷程——儒家價值體系的歷史衍化及其現代轉變》，楊國榮著，上海人民出版社，1994。

69. 《善的衝突——中國歷史上的義利之辨》，黃緯合、趙海琦著，安徽人民出版社，1992。

70. 《景定嚴州續志》十卷，宋景定三年鄭瑤、方仁榮纂修，台灣商務印書館影印《四庫全書》第四八七冊，1983。

71. 《現存宋人著述目略》，國立中央圖書館編，《中華叢書》編審委員會出版，1970。

72. 《邵亭知見傳本書目》，清莫友芝撰，台北成文出版社，1959。

73. 《新校資治通鑑》二九四卷，宋司馬光撰、元胡三省注、章鈺校記，台北世界書局，1972。

74. 《新校標點續資治通鑑》二二○卷，清畢沅撰，文光出版社，1975。

75. 《資治通鑑司馬光史論之研究》潘英編著，台北明文書局，1987。

76. 《皇王大紀》八十卷，宋胡宏撰，台灣商務印書館影印文淵閣《四庫全書》第三一三冊，1983。

77. 《胡宏》，王立新著，台北東大圖書公司，1996。

78. 《道南源委》六卷，明朱衡撰、清張伯行考訂，《百部叢書集成》第廿六《正誼堂叢書》，台北藝文印書館。

79. 《湘潭縣志》十二卷，清陳嘉榆等修、王闓運等纂，影印清光緒十五年刊本，《中國方志叢書》華中地方第一一二號，台北成文出版公司。

80. 陸象山研究，林繼平著，台灣商務印書館，2001。

81. 《湖湘學派源流》，朱漢民、陳谷嘉撰，湖南教育出版社，1992。

82. 《閩中理學淵源考》九十二卷，清李清馥撰，台灣商務印書館影印《四庫全書》第四六七冊，1983。

83. 《福建通紀》三一一卷，福建通志局編纂，影印民國 11 年刊本，台北大通書局，1968。

84. 《郡齋讀書志》二十卷〈附志〉五卷，宋晁公武撰、趙希弁附志、清王先謙校刊，台北廣文書局，1968。

85. 《赫遜河畔談中國歷史》，黃仁宇著，台北時報文化出版公司，1989。

86. 《漢書補注》一○○卷，漢班固撰、清王先謙補注，台北藝文印書館。

87. 《增入名儒講義皇宋中興聖政》六十四卷，不著撰人，台灣商務印書館影印《宛委別藏》本，1981。

88. 《增補歷代紀事年表》，清龔士炯撰、王之樞等增補，台北華國出版社，1959。

89. 《葉水心先生年譜》四卷，周學武撰，台北大安出版社，1988。

90.　《靜嘉堂文庫漢籍分類目錄》，靜嘉堂文庫編纂，台北大立出版社，1970。

91.　《顏李學派》，姜廣輝著，北京中國社會科學出版社，1987。

92.　《續疑年錄》，清吳修撰，台北藝文印書館影印《粵雅堂叢書》本，1966。

93.　《鐵琴銅劍樓藏書目錄》二十四卷，清瞿鏞撰，台北廣文書局，1967。

94.　《讀通鑑論》三十卷《宋論》十五卷，清王夫之著，台北里仁書局，1985。

（四）子類

1.　《大乘起信論義記》七卷，唐釋法藏撰，台北新文豐出版公司，1989。

2.　《上蔡語錄》三卷，宋朱熹編，《和刻影印漢籍叢刊》，台北廣文書局，1972。

3.　《心體與性體》，牟宗三撰，台灣學生書局，1991。

4.　《正蒙初義》十七卷，清王植撰，台灣商務印書館影印《四庫全書》第七九七冊，1983。

5.　《玉堂嘉話》八卷，元王惲撰，台灣商務印書館影印《四庫全書》第八六六冊，1983。

6.　《玉海》二○四卷，宋王應麟撰，台北華聯出版社，1967。

7.　《西山讀書記》四十卷，宋真德秀撰，台灣商務印書館影印《四庫全書》第七○五～七○六冊。

8.　《余嘉錫論學雜著》，余嘉錫著，台北河洛圖書公司，1976。

9.　《困學紀聞》二十卷，宋王應麟撰，《中國子學名著》基金會。

10.　《周張全書》，明徐必達編，《和刻影印漢籍叢刊》，台北廣文書局，1972。

11.　《知言》六卷〈附錄〉一卷，宋胡宏撰，台灣商務印書館影印《四庫全書》第七○三冊，1983。

12.　《胡子知言》六卷《疑義》一卷，宋胡宏撰，台北藝文印書館影印《粵雅堂叢書》本，1966。

13.　《性理大全書》七十卷，明胡廣等奉敕撰，台灣商務印書館影印《四庫全書》第七一○～七一一冊，1983。

14.　《政道與治道》，牟宗三撰，台北廣文書局，1974。

15.　《荀子集解》，清王先謙集解，台北藝文印書館，1967。

16.　《新譯莊子讀本》，黃錦鋐註譯，台北三民書局，1974。

17.　《新論》，漢桓譚撰、清孫馮翼輯注，台北中華書局，1966。

18.　《新校標點朱子語類》一四○卷，宋黎靖德編，台北華世出版社，1987。

19.　《勤有堂隨錄》一卷，元陳櫟撰，台灣商務印書館影印《四庫全書》第八六六冊，1983。

20.　《賓退錄》十卷，宋趙與時撰，《筆記小說大觀》六編第四冊，台北新興

書局。

21. 《齊東野語校注》二十卷，宋周密撰、朱菊如等校注，上海華東師範大學出版社，1987。

22. 《管錐編》，錢鍾書著，台北蘭馨室書齋。

23. 《韓非子集釋》，陳奇猷校注，台北河洛出版社，1974。

24. 《蘆蒲筆記》十卷，宋劉昌詩撰，台灣商務印書館影印《四庫全書》第八五二冊，1983。

（五）集類

1. 《二程集》，宋程顥、程頤撰，台北漢京文化事業公司，1983。

2. 《大隱集》十卷，宋李正民撰，台灣商務印書館影印《四庫全書》第一一三三冊，1983。

3. 《止齋集》五十二卷，宋陳傅良撰，台灣商務印書館影印《四庫全書》第一一五〇冊，1983。

4. 《止堂集》十八卷，宋彭龜年撰，台灣商務印書館影印《四庫全書》第一一五五冊，1983。

5. 《文忠公集》一五三卷，宋歐陽修撰，台灣商務印書館影印《四庫全書》第一一〇三冊，1983。

6. 《文忠集》二〇〇卷，宋周必大撰，台灣商務印書館影印《四庫全書》第一一四七～一一四八冊，1983。

7. 《文定集》二十四卷〈附拾遺〉，宋汪應辰撰，台北新文豐出版公司，1984。

8. 《文溪集》二十卷《附錄》一卷，宋李昴英撰，台灣商務印書館影印《四庫全書》第一一八一冊，1983。

9. 《王臨川全集》一〇〇卷，宋王安石撰，台北世界書局，1966。

10. 《司馬溫公文集》十四卷，宋司馬光撰，台北中華書局，1966。

11. 《五峰集》五卷，宋胡宏撰，台灣商務印書館影印《四庫全書》第一一三七冊，1983。

12. 《北山集》四十卷，宋程俱撰，台灣商務印書館影印《四庫全書》第一一三〇冊，1983。

13. 《西山文集》五十四卷，宋真德秀撰，台灣商務印書館影印《四庫全書》第一一七四冊，1983。

14. 《竹洲集》二十卷《棣華雜著》一卷，宋吳儆撰，台灣商務印書館影印《四庫全書》第一一四二冊，1983。

15. 《攻媿集》一一二卷〈拾遺〉，宋樓鑰撰，台北新文豐出版公司，1984。

16. 《吳文正集》九十八卷，元吳澄撰，台灣商務印書館影印《四庫全書》第

一一九七冊，1983。

17. 《拙齋文集》二十卷，宋林之奇撰，台灣商務印書館影印《四庫全書》第
一一四○冊，1983。

18. 《昌黎先生集》四十卷《外集》十卷，唐韓愈撰，台北新興書局，1967。

19. 《和靖集》八卷，宋尹焞撰，台灣商務印書館影印《四庫全書》第一一三
六冊，1983。

20. 《南軒先生文集》四十四卷，宋張栻撰，《和刻影印近世漢籍叢刊》，台北
廣文書局，1972。

21. 《東萊集》十五卷《別集》十六卷《外集》六卷《附錄》三卷，宋呂祖謙
撰，台灣商務印書館影印《四庫全書》第一一五○冊，1983。

22. 《眉山文集》二十二卷，宋唐庚撰，台灣商務印書館影印《四庫全書》第
一一二四冊，1983。

23. 《范文正集》二十卷，宋范仲淹撰，台灣商務印書館影印《四庫全書》第
一○八九冊，1983。

24. 《張載集》，宋張載撰，台北漢京文化事業公司，1983。

25. 《浮溪集》三十二卷，宋汪藻撰，台灣商務印書館影印《四庫全書》第一
一二八冊，1983。

26. 《晦庵先生朱文公文集》一○四卷，宋朱熹撰，《和刻影印近世漢籍叢刊》，
台北廣文書局，1972。

27. 《茶山集》八卷，宋曾幾撰，台灣商務印書館影印《四庫全書》第一一三
六冊，1983。

28. 《象山集》二十八卷，宋陸九淵撰，台灣商務印書館影印《四庫全書》第
一一五六冊，1983。

29. 《雲莊集》二十卷，宋劉爚撰，台灣商務印書館影印《四庫全書》第一一
五七冊，1983。

30. 《舒文靖集》二卷，宋舒璘撰，台灣商務印書館影印《四庫全書》第一一
五七冊，1983。

31. 《渭南文集》五十卷，宋陸游撰，台灣商務印書館影印《四庫全書》第一
一六三冊，1983。

32. 《詩人玉屑》二十一卷，宋魏慶之撰，台北九思出版社，1978。

33. 《滹南遺老集》四十五卷附〈詩集〉，金王若虛撰，《叢書集選》，台北新
文豐出版公司，1984。

34. 《龜山集》四十二卷，宋楊時撰，台灣商務印書館影印《四庫全書》第一
一二五冊，1983。

35. 《陳亮集》三十卷，宋陳亮撰，台北漢京文化事業公司，1983。

36. 《豫章文集》十六卷，宋羅從彥撰，台灣商務印書館影印《四庫全書》第一一三五冊，1983。

37. 《默齋集》二卷，宋游九言撰，台灣商務印書館影印《四庫全書》第一一七八冊，1983。

38. 《鶴山集》一〇九卷，宋魏了翁撰，台灣商務印書館影印《四庫全書》第一一七二冊，1983。

二、論文

（一）學位論文

1. 《井田問題重探》，陳瑞庚撰，台大中研所博士論文。

2. 《宋史藝文志史部佚籍考》，劉兆祐撰，台灣師大國研所博士論文。

3. 《宋永嘉學派之學術思想》，董金裕撰，政大中研所博士論文。

4. 《南宋中興四鎮》，石文濟撰，文化大學史研所博士論文。

5. 《胡五峰思想研究》，李在哲撰，台大中研所碩士論文。

6. 《張南軒研究》，簡宗修撰，台大中研所碩士論文。

（二）期刊論文

1. 〈二程先生「闢佛說」合議〉，張永儁撰，《臺大哲學評論》，第五期。

2. 〈中國史學思想的概述〉，呂謙舉撰，載《中國史學史論文選集》，台北華世出版社。

3. 〈中國史家的史德修養及其根源〉，雷家驥撰，《鵝湖月刊》。

4. 〈由宋史質談明人的宋史觀〉，王德毅撰，載《宋史質》卷首。

5. 〈宋代史學的義理觀念〉，呂謙舉撰，載《中國史學史論文選集》，台北華世出版社。

6. 〈宋代正統論的形成背景及其內容〉，陳芳明撰，載《中國史學史論文選集》，台北華世出版社。

7. 〈宋明儒學的三系〉，牟宗三撰，《鵝湖》一卷 7 期。

8. 〈宋代的詩學風氣與《南軒經解》的弊丙〉，朱學瓊撰，《中國文化復興月刊》第七卷，第六期。

9. 〈南宋胡氏家學與湖湘學統〉，蔡仁原撰，《孔孟學報》，第二十一期。

10. 〈南宋湘學與浙學〉，吳康撰，《學術季刊》，第四卷，第二期。

11. 〈胡寅傳考異〉，杜光簡撰，《責善半月刊》，第二卷，第二十二期。

12. 〈紹興十二年以前南宋國情之研究〉，林瑞翰撰，《大陸雜誌》十一卷 6～7 期。

13. 〈張栻「洙泗言仁」編的源委〉，程元敏撰，《孔孟學報》，第十一期。

14. 〈新舊五代史之比較研究〉，周師虎林撰，載《高仲華先生八秩榮慶論文集》。

15. 〈試論宋代幾個重要的「理學世家」〉，張永儁撰，《臺大哲學評論》，第六期。